国家社会科学基金教育学一般项目

情境教育促进儿童创造力发展

理论探索与实证研究

王灿明　等著

中国社会科学出版社

图书在版编目（CIP）数据

情境教育促进儿童创造力发展：理论探索与实证研究／王灿明等著．
—北京：中国社会科学出版社，2019.12
ISBN 978 - 7 - 5203 - 5937 - 5

Ⅰ.①情… Ⅱ.①王… Ⅲ.①儿童教育—研究 Ⅳ.①G610

中国版本图书馆 CIP 数据核字（2020）第 018418 号

出 版 人	赵剑英
责任编辑	孔继萍
责任校对	冯英爽
责任印制	郝美娜

出　　　版	中国社会科学出版社
社　　　址	北京鼓楼西大街甲 158 号
邮　　　编	100720
网　　　址	http://www.csspw.cn
发 行 部	010 - 84083685
门 市 部	010 - 84029450
经　　　销	新华书店及其他书店

印刷装订	北京市十月印刷有限公司
版　　次	2019 年 12 月第 1 版
印　　次	2019 年 12 月第 1 次印刷

开　　本	710×1000　1/16
印　　张	32.5
插　　页	2
字　　数	500 千字
定　　价	178.00 元

凡购买中国社会科学出版社图书，如有质量问题请与本社营销中心联系调换
电话:010 - 84083683

与中国教育学会原副会长、情境教育创始人李吉林对话

第二期实验课题开题论证会

第一次课题推进会

情境教育与儿童创造力发展高层论坛

中国教育学会情境教育研修与推广中心
成立大会暨"情境教育"第一期推广活动

中国情境教育儿童学习范式国际研讨会

前　言

　　本书系国家社会科学基金教育学一般项目"情境教育与儿童创造力发展的实验与研究"（课题编号：BHA120051）的结题报告。

　　2012 年 11 月，该课题获批立项。经过精心筹备，翌年 4 月举行课题论证会，得到与会专家的高度评价。中国心理学会副理事长卢家楣教授认为："该课题体现了中国基础教育的特点和南通教育的特色，符合当今世界创新人才培养的大趋势。"中国教育学会原副会长、情境教育创始人李吉林认为，该课题具有开阔的研究视野和多元的研究方法，不仅有益于情境教育的进一步推广，而且有益于带动实验学校和实验教师的共同成长。2017 年 11 月，该课题顺利通过全国教育科学规划办公室组织的专家鉴定，鉴定等级为"良好"，并作为四项优秀成果之一向全国推广。其间，总课题组先后召开 37 次研讨会，编写 31 期《课题视窗》，出版 10 部专著，并在《光明日报》《教育研究》等中外报刊发表论文 215 篇，取得一批具有前瞻性、创新性和可操作性的研究成果，在国内外产生了广泛影响。

　　作为该课题的研究成果，本书大致分为上、下篇：

　　上篇为理论研究，包括第一章至第九章，概述情境教育与儿童创造力发展的理论基础，盘点国内外儿童创造力培养的最新进展，阐明儿童创造力的发展特征与情境建构，系统论述道德情境教育、语文情境教育、数学情境教育、英语情境教育、科学情境教育促进儿童创造力发展的理论基础、运行机制和实践路径，并对情境教育促进教师创造力发展进行扎根研究，为开展实验研究夯实理论基础。

　　下篇为实验研究，即第十章，包括情境教育促进儿童创造力发展实验研究的总报告和 6 个分报告。教育科学的生命在于实验。不经过实验检验的教育模式充其量只是一个思想模型，唯有通过教育实验，才能验证其科学性和有效性。我们采用前后测实验设计，在江苏南通的有关小学开展了为期两年的实验研究，结果发现情境教育实验显著促进了小学生创造性思维发展，说明本课题所做的理论研究和实验方案是经得起实验验证的。

2014 年 11 月 29 日，我应邀担任中国教育学会第 27 次学术年会"对话李吉林"专场活动的访谈嘉宾，就情境教育内涵、小学语文情境教学、情境课程体系构建、情境教育与立德树人、李吉林的成长历程对未来教育家培养的启示等问题展开深入探讨。会后，我专程拜访了国家教育咨询委员会委员、中国教育学会名誉会长顾明远教授。他热情鼓励我走出大学的象牙塔，走下基层，走进课堂，和一线教师共同探索，并一再叮嘱："质量比速度更重要，结题要有新东西。"为此，我们在一期实验基础上，又启动了二期实验，将情境教育从繁华城市推广到偏远乡村，实验班儿童的创造力也得到了显著提升，证明实验具有可重复性。即便在书稿通过专家鉴定之后，我们还进行了一年多的挖掘、提炼和修改，就是为了写出一部读者"看得进、信得过、用得上"的精品。本书由王灿明担任主编，钱小龙、王柳生、陆红兵、张洪涛担任副主编，编委包括陆平、严奕峰、王俊英、许映建、吴和平、施建平、杨惠娟、陈志萍、柳小梅、王玉娟、张杰、赵娟、丁寿平、薛志华、薛小丽。

习近平总书记说过："幸福都是奋斗出来的。"回眸课题研究历程，我们所遇到的困惑、困扰和困难是难以想象的，但大家不抛弃、不放弃，迎难而上，破解了制约理论探索与实证研究的一个又一个难题。在此过程中，著名儿童教育家李吉林凭借多年积累的科研经验，从课题设计、中期推进到成果鉴定进行了全方位指导。日本创造学会会长徐方启、中国创造学会副理事长张增常、中国创造学会创造教育专业委员会副主任张中韧、陕西师范大学博士生导师胡卫平、西南大学博士生导师邱江、华东师范大学博士生导师庞维国、山东师范大学博士生导师张景焕、中国科学院大学博士生导师汤超颖等多位学者给予了许多指点和帮助，华中师范大学博士生导师周治金和龚少英、江苏省教育学会副会长叶水涛、江苏省教育学会情境教育专业委员会副理事长严清、南通市教育科学研究院副院长冯卫东先后参加书稿讨论会，与各章作者展开别开生面的跨界对话，通过不同观点的交锋碰撞出许多智慧的火花，在此一并致以诚挚的谢意！

当前，我国基础教育已进入全面提高质量的新阶段。今年6月，中共中央、国务院出台了《关于深化教育教学改革全面提高义务教育质量的意见》，明确提出要注重培育、遴选和推广优秀教学模式、教学案例，重视情境教学，切实提高课堂教学质量。

我们深知，情境教育与儿童创造力发展研究是一项具有时代意义、富有开创性的研究课题，还有许多亟待解决的问题，竭诚邀请心怀梦想的有志之士加入我们的团队，恳请有关专家、同行和广大读者批评指正！

王灿明
2019年9月1日于江东书房

目　　录

第 一 章

情境教育与儿童创造力发展的理论基础

国家社会科学基金教育学一般项目"情境教育与儿童创造力发展的实验与研究"（课题编号：BHA120051）定位于创新人才的早期培养，将课题研究深深扎根于李吉林情境教育思想的沃土，积极借鉴西方创造力汇合理论、具身认知和教育神经科学研究的最新成果，在理论研究与实验探索的互动中实现本土化，不断提升课题研究境界。

李吉林是改革开放以后成长起来的著名教育家，其情境教育研究得到原国家教委副主任柳斌的持续关心和支持。他充分肯定"情境教育是在中国的大地上土生土长发展起来的，是有中国特色的教育思想流派"，同时也提醒我们，情境教育是一个开放包容的理论体系，应通过深入研究而不断发展完善[1]。为了贯彻柳斌同志提出的指导意见，在情境教育创始人李吉林的亲自策划和直接指导下，江苏情境教育研究所、南通大学、南通市教育科学研究院以及南通市县 12 所小学[2]的有关专家和老师积极投入这个研究项目，已出版《儿童创造教育新论》《对李吉林语文创新教育的认识和实践》等 10 部专著，并在《教育研究》等 CSSCI 源刊发表论文 15 篇，在《人民教育》等核心期刊发表论文 19 篇，在《光明日报》

---

[1] 柳斌：《再谈李吉林老师的"情境教育"》，《中国教育报》2008 年 12 月 10 日第 2 版。

[2] 这 12 所小学分别为江苏省南通师范学校第二附属小学、南通市崇川学校、南通市郭里园小学、南通市城中小学、海门市实验小学、海门市能仁小学、海门市三和小学、如东县宾山小学、如东县曹埠镇孙窑小学、如东县洋口镇洋口小学、如东县河口镇于港小学、如东县河口镇河口小学，其中江苏省南通师范学校第二附属小学、南通市崇川学校、南通市郭里园小学、海门市实验小学、如东县宾山小学、如东县曹埠镇孙窑小学、如东县洋口镇洋口小学、如东县河口镇于港小学等 8 所小学为实验基地。——笔者注。

等主流媒体发表论文 22 篇，其中 1 篇被《新华文摘》、9 篇被人大复印报刊资料全文转载。此外，还在国外学术期刊 *Social Behavior and Personality*（SSCI 期刊）、*Journal of Special & Gifted Education*、*Journal of East-West Thought* 和中国台湾学术期刊《创造学刊》上发表论文 4 篇。2017 年 11 月，该课题通过全国教育科学规划领导小组办公室组织的课题鉴定，鉴定等级为"良好"，并作为四项优秀成果之一向全国推广。《中国社会科学报》《中国教育报》《新华日报》《江苏教育报》等媒体先后进行了跟踪报道。

本书系该课题的结题成果，大致可分为理论研究（第一章至第九章）和实验研究（第十章）两个部分，其研究进路是以理论研究引导并推动实验研究，以实验研究检验并矫正理论研究，以形成理论研究和实验研究之间的良性互动。本章为课题研究的理论基础，首先是情境教育的理论解读，不仅回顾情境教育的发展历程，而且分析情境教育的发展趋向；不仅阐释情境教育的理论架构，而且解析情境教育的操作体系，为课题研究提供理论与方法武装。其次，基于西方创造力研究的发展路径分析，聚焦近年来快速崛起的创造力汇合理论，试图将课题研究推向国际前沿，体现出"国际视野下的本土探索"的课题研究特色。

第一节　中国情境教育的理论解读

李吉林，是一个时代的镜像。情境教育是她基于长期的教育实验研究，并吸纳中国古代文论"意境说"的理论滋养而创建的蕴含民族文化意蕴的一种小学教育模式。情境教育有狭义与广义之分。狭义的情境教育是基于情境教学整体优化的发展构想，由语文情境教学向其他各科教学、课堂教学向课外活动延伸而形成的较为宏观的一种小学教育模式，但主要是学科的情境教学。广义的情境教育是运用优化的情境，开发情境课程，实施情境教学，激发儿童快乐高效的情境学习，全面提高儿童素质的一种小学教育模式。显然，广义的情境教育由狭义的情境教育发展而来并且包含了狭义的情境教育。原国家教委副主任柳斌盛赞"情境教育是对素质教育的一种有效的、成功的探索，而李吉林老师则是我国素质教育的一面鲜艳的旗帜。"① 2014 年，国家教育部将首届基础教育教学成果特等奖颁给她主持的"情境教育的实践探索与理论研究"，专家组一致认为："李吉林具有持之以恒、实事求是的优秀研究品质，研究成果具有原创性，在研究范式上将实践与理论自然融合，其影响已经走向世界。"②

一 情境教育的求索之路

依据教育实验的基本内容，我们可将情境教育的发展历程分为情境教学探索、情境课程开发和情境学习建构三个主要时期。

（一）情境教育的学科探索（1978—1996 年）

1978 年，劫后余生的李吉林再次走进南通师范学校第二附属小学，很快发现小学语文存在的教学内容单一、教学形式单调、教育空间狭窄等问题，给儿童的身心发展带来许多负面影响，语文教学已到了"非改不可的地步"。于是，她大胆移植英语教学中的"情景教学法"，并从中国古典文论《文心雕龙》中得到灵感，认为"情以物迁，辞以情发"蕴含着客观世界与人的内心情感及文学创作的本质联系，进而寻求符号认知与生活感受之间的对话，从真实的生活情境出发，让学生写出情真意切的作文。她开始从儿童生活中选取那些形象亲切的典型情境，进行语言描写的片断训练，极大地调动了儿童学习的积极性，他们在课堂上争先恐后地表达自己的见闻和体验，由此开发出"观察情境说话、写话""情境作文"等作文教学的崭新样式。1980 年新华社记者韦顺、殷学成慕名而来，对李吉林进行专访。为了验证实验班学生作文的真实水平，还当场进行了测试。采访后，《人民日报》在头版发表专题报道，肯定："通过这种教学，尽可能给孩子们提供鲜明、准确、丰富的感性知识。孩子们看得多、感受得多，加上老师适当的启示，对字、词、句、篇的理

---

① 柳斌：《再谈李吉林老师的"情境教育"》，《中国教育报》2008 年 12 月 10 日第 2 版。

② 张滢：《奏响小学教改的中国旋律——记国家级教学成果特等奖获得者李吉林和她持续 36 年的"情境教育实践探索与理论研究"》，《中国教育报》2014 年 10 月 23 日第 1 版。

解和运用技能就会大大提高，从而智力也就得到了发展。"① 在这篇报道中，李吉林首次将她的教学实验称为"情境教学"，很快引起全国关注。

李吉林反思作文改革成功的缘由，将其归结为"美的驱动力"。教学需要美，但我们的教学却常常忘记和远离了美，她倡导以图画再现情境、以音乐渲染情境、以表演体会情境、以生活展现情境、以实物演示情境，并将这些途径统称为"艺术直观"，加之语言描绘，便构成了情境创设的六种途径，语文情境教学由此拉开序幕并得到迅速传播，成为影响全国的"情境教学法"②。30多年过去了，现在提起情境教育，人们往往最先想起的还是"情境教学法"，其声誉之高、影响之久可见一斑。

情境是情境教育的逻辑起点，也是情境教育的理论内核。"情境"（situation）这一词汇被著名教育家杜威（John Dewey）首先引入教育学，杜威提出"思维起于直接经验的情境"的著名论断③。在他看来，情境就是指与人的经验相联系的日常生活，是对人有直接刺激意义的具体环境。李吉林和杜威的情境观完全不同，她从《文心雕龙》关于"情以物观，物以情观""物我交融，情景相生"等论述中领悟到，情境不仅是客观的环境，而且联结和牵动着个体的情感体验，应更多地关注客观环境与主观情感之间的交互作用，情境就是通过儿童的主观情感与客观环境的相互交融而生成的学习性场域。在她看来，情境就是人为优化的学习环境，它"不再是自然状态下的学习环境，而是人为优化的学习环境，是富有教育的内涵，富有美感而又充满智慧和儿童情趣的生活空间"④。李吉林自觉地从古典文论中汲取理论滋养并创造性地转化为自己的教育主张，使情境教育彰显出浓郁的东方智慧和民族文化特色。

1983年，她执教的五年制实验班与其他学校六年制毕业生一起参加统考，结果合格率达到100%，省市重点中学的录取率为75%，首次以优

---

① 韦顺、殷学成：《用心血催开智慧花朵的李吉林》，《人民日报》1980年10月11日第1版。

② 王劲松：《李吉林和情境教学法》，《光明日报》1980年9月1日第3版。

③ ［美］约翰·杜威：《思维与教学》，孟宪承等译，华东师范大学出版社2010年版，第55页。

④ 李吉林：《情感：情境教育理论构建的命脉》，《教育研究》2011年第7期。

异成绩向社会证明情境教学的高效能。语文情境教学取得成功之后，李吉林又萌生了新的想法："儿童的发展是整体的，怎么让其他各科也能像语文那样学得既轻松又扎实？"1990年春天，她根据儿童素质全面发展的目标，悉心策划了情境教育整体改革实验方案，将情境教学向思品、科学常识、音体美等学科拓展，结合学科特点提出了各科运用的具体策略。她注重抓实验班，抓学科骨干，抓课堂教学，从"试验课"到"观摩课""示范课"，再到"随堂听课"，促进情境教学成果的转化推广。在此基础上，她将情境教学界定为"创设典型场景，激起儿童热烈的情绪，把情感活动和认知活动结合起来的一种教学模式"[①]。她旗帜鲜明地反对烦琐的习题训练和刻板的机械记忆，积极提倡通过优化的情境创设，充分利用形象，将认知活动和情感活动有机结合起来，使每一个儿童都能体验到学习的快乐与幸福。

1996年12月11日，全国"情境教学—情境教育"学术研讨会隆重召开，时任国家教委副主任柳斌出席会议，充分肯定李吉林的探索是成功的，"'情境教学—情境教育'是植根于中国的大地，是有中国特色的，而且对于解决目前中国基础教育存在的一些问题是有效的"[②]。教学论专家董远骞教授认为，情境教学已发展成为一种具有中国特色的教学流派，是"从小学语文教学论流派发展到普通教学论流派的典型"[③]。研讨会呼吁加强情境教学研究，加大宣传、推广情境教学的力度，使之更加完善，这也为开发情境课程指明了方向。

（二）情境教育的课程开发（1997—2006年）

众多领导与专家的赞誉并没有让李吉林停下前行脚步，"我想得最多的是如何让更多的儿童获益，而不是一个实验班、一所学校。于是我选

---

① 李吉林：《为全面提高儿童素质探索一条有效途径——从情境教学到情境教育的探索与思考（上）》，《教育研究》1997年第3期。

② 柳斌：《重视"情境教育"，努力探索全面提高学生素质的途径》，《课程·教材·教法》1997年第3期。

③ 董远骞：《略谈中国教学流派——参加全国"情境教学—情境教育"学术研讨会有感》，《课程·教材·教法》1997年第3期。

择开发情境课程,希望以此走向大众化"①。情境课程是基于情境教学的实践探索和情境理论的研究成果,融合了中国古代的意境说、美学、哲学与当代课程论的理论精华而构筑的具有时代特征和民族文化特色的一种课程模式。情境课程注重以优化的情境激发学生的积极情绪,促进学生的主动参与,进而将学科课程与活动课程、显性课程与隐性课程有机融为完整的课程体系,从而促进学生快乐高效的学习。

李吉林提出,情境课程的开发应该包括三个维度:一是儿童维度。情境课程开发要适应儿童身心的发展特征,让儿童感到亲切,让他们体验知识的根本和来源,感受知识所蕴含的文化价值。二是知识维度。情境课程通过一系列直观手段和教师的生动语言来创设情境,将知识镶嵌到情境之中,凭借情境进行能力训练和智力开发。三是社会维度。社会生活在本质上是情境性的,它不仅散发出个体生命的感性光彩,而且蕴含着人类历史和科学的逻辑思考,因而情境课程中的情境应是社会生活的模拟再现。根据情境课程的不同性质和功能,李吉林将情境课程分为学科、主题性大单元、野外以及过渡性情境课程。图1—1为笔者整理的四个领域课程的示意图,学科情境课程处于中心,其他三个领域课程为学科情境课程提供丰富的课程滋养,学科情境课程为其他三个领域课程提供坚实的知识支撑。

1. 核心领域:学科情境课程

学科情境课程是基于各科教材的特点营造、渲染富有美感、智慧和童趣的情境,通过儿童活动推进教学过程、促进情感与认知活动融合的一种学科课程模式。为了充分发挥儿童的主体作用,李吉林提出应该"把学科课程与活动课程结合起来"②,以克服单纯学科课程存在的重讲授而轻活动、重知识而轻能力的弊端。

2. 综合领域:主题性大单元情境课程

为了追求教育的整体性,李吉林在国内率先开发了"主题性大单元情境课程"。这是以语文为主,贯穿道德教育,打通各科教学,充分利用

---

① 李吉林:《揭开儿童快乐高效学习的秘密》,《中国教育报》2014年1月15日第9版。

② 李吉林:《情境课程的开发》,《课程·教材·教法》1997年第6期。

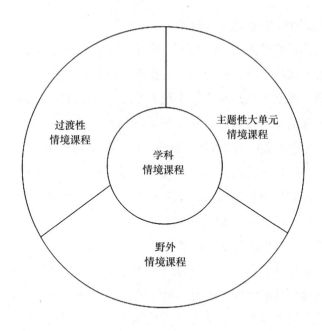

图1—1　情境课程示意

课程内容中的"最大公约数"，将其整合起来，围绕主题从不同方面进行教育的一种综合课程模式，深受师生欢迎，并为"德育的全覆盖"和"课程走向综合"找到了突破口。

3. 源泉领域：野外情境课程

野外情境课程是通过优选周围世界的典型场景，开展观察说话、情境作文、环境调查、科学探究、工程测绘、社会实践等野外学习活动，引导儿童亲近大自然，使儿童在积极探索周围世界的同时，潜移默化地受到思想、道德和审美教育的一种生态课程模式。野外情境课程常常与各科教学和主题性大单元教学相结合，并相继开发出适应季节时令变化的课程实施方案。日新月异的社会变迁，使儿童生活越来越城市化、数字化，大自然正成为一个文艺作品和媒体上的概念而非亲身体验的空间，带领儿童走进大自然，不仅是学习知识、培养能力的需要，更重要的是丰富儿童的精神世界，感受大自然的诗意恬静和鬼斧神工，在大自然的熏陶中获得心灵的自由与解脱，匡正后工业化社会带来的丧失理智和人性缺陷，让儿童的生命自由舒展。

4. 衔接领域：过渡性情境课程

学龄前儿童非常向往小学生活，但当他们真正开始小学学习的时候，却发现学习方式从"以游戏为主"转变为"以课堂教学为主"并不容易，老师的要求、课堂常规乃至作息制度都让他们难以很快适应。为此，李吉林提出加强幼小衔接教育，在新生入学的前三周开设"幼小过渡性情境课程"，注重创设生动的富有美感的情境，将室内短课与室外观察有机结合起来，增设户外活动，学习形式既接近于幼儿园又比幼儿园的教学要求高，增强教学内容的形象性和趣味性，从而减缓学前教育和小学教育的坡度，克服因为缺乏幼小衔接而严重挫伤儿童学习积极性的弊端，使他们能够尽快适应新的学习环境。

情境课程的开发积极回应全球课程改革的挑战，是探索具有时代特征和本土文化特色的课程改革的可贵尝试，并在构建与之相适应的教学、教材、课程资源以及教师专业发展方面取得了突出成就，为自下而上推进基础教育课程改革提供了一条新的路径。

（三）情境教育的学习模式（2007 年至今）

情境学习是基于情境教学和情境课程的实践探索，融合了学习科学、脑科学及教学设计的理论精华而创建的一种学习模式。李吉林将情境学习描述为"择美造境，境美生情，以情启智，情智融合，让儿童在境中学、思、行、冶的学习模式"[1]。情境学习利用艺术之美、情感生成之力、凭借儿童活动、发展儿童的创造力进行教学设计，为他们营造一个愉悦的、丰富的、安全的且可以活动其中的学习环境[2]。她归纳出情境学习的基本策略，包括儿童至上、以情激智、以美育美、学用结合以及链接生活等[3]。学习科学是 20 世纪 90 年代以后西方学者创建的研究认知和学习过程的一门学科，儿童的学习是其关注的核心议题。情境学习的探索准确把握这一研究前沿，探寻情境教育促进儿童快乐高效学习的机制，总

---

① 康丽：《38 年只做一件事：为儿童研究儿童》，《中国教师报》2016 年 5 月 4 日第 15 版。

② 李吉林：《学习科学与儿童情境学习——快乐、高效课堂的教学设计》，《教育研究》2013 年第 11 期。

③ 李吉林：《为儿童的学习：情境课程的实验与建构》，外语教学与研究出版社 2008 年版，第 419—430 页。

结促进情境学习的原则与途径，并提炼出情境教育促进儿童学习的创新模式。2016 年，李吉林因为对情境学习的开创性研究而荣获全国教育科学优秀成果一等奖。

从情境教学到情境课程、情境学习的探索，李吉林的教育思想日臻成熟，其扎根田野的研究范式和原创性的研究成果日益引起国内外学者的关注。2008 年 11 月，"李吉林情境教育国际论坛"隆重召开，时任中国教育学会会长顾明远教授认为："长期以来，我们只介绍宣传外国的教育家，把他们的学说拿来推广引用，总说没有出现我们自己的教育家。今天终于看到了我们自己的土生土长的教育家，看到了她的教育思想体系"①。中国教育学会副会长朱小蔓教授对李吉林情境教育予以高度评价，认为它是散发出中国本土芬芳的素质教育典范，"无论从其理论及其支撑资源的丰富、完备看，还是从其产生的中国教育文化脉络传承和浓郁特色看，她的探索已经成为反映中国当代基础教育先进教育文化成果的情境教育学派"②。

2019 年 6 月，中共中央、国务院在《关于深化教育教学改革全面提高义务教育质量的意见》中更是明确提出"重视情境教学"，这是党和政府对情境教育的充分肯定，对情境教育的深化与发展也是一种极大的鼓舞。

二 情境教育的理论架构

从一个小学教师到著名儿童教育家，李吉林之所以能够在教育研究的道路上越走越远，是因为她不仅注重总结自己的教改经验，而且具有"攀越理论大山"的意识，"由此建立起来的情境教育学说体系，大多发前人所未发，在传统的教育学、课程论、教学论教科书里都难得一见"③。情境教育理论是植根于中国本土文化资源和本土实践探索的原创教育理论，受到中外学者的广泛关注和好评。

---

① 刘堂江：《为中国教育家走向世界喝彩》，《中国教师报》2008 年 12 月 9 日第 1 版。
② 朱小蔓：《中国基础教育实践与研究的典范》，《人民教育》2011 年第 20 期。
③ 吕型伟：《蕴含民族文化意韵的教育理论》，《光明日报》2012 年 2 月 1 日第 6 版。

（一）情境教育的基本原理

情境教育的基本原理是基于大量现象观察和实践探索，并通过归纳概括而抽象出来的理性认识，是对情境教育本质的规律性认识。它能有效指导情境教育的实践，又经受着情境教育实践的检验。

马克思认为，"环境决定论者"以纯粹的自然环境或社会环境的改变来解释人的发展，忽视了人自身的主观能动性，环境能够改变人，但人也可以改变环境，人是受动性和能动性的辩证统一。所以，"人创造环境，同样环境也创造人"①。正是这种"人的活动和环境改变的一致性"为情境教育提供了丰富的理论给养，以至李吉林总是习惯地将情境称为"人为优化的环境""儿童能动地活动其中的环境"。李吉林借鉴哲学和心理学的研究成果，坚持不懈地进行探索，逐步提炼出情境教育的基本原理。

1. 情感驱动原理

我国心理学家卢家楣教授认为，在教学活动中，情感对学生的发展具有"两重性"："情感一旦发挥其积极的作用，将会促进学生各方面的发展；反之，则会阻碍学生的发展。"② 正因为如此，李吉林十分重视通过情境建构激发学生的积极情感，并将情感驱动称为情境教育的"第一原理"。她引用《文心雕龙》中的"情以物迁，辞以情发"，强调优选或优化的各种情境都要激发儿童的学习兴趣和学习动机。由于儿童一直浸润于情境教育所建构的优美情境，他们的情感不断内化和拓展，直至弥散到整个精神世界，并融入他们的心灵之中。归根结底，情感驱动是培养儿童健全人格的有效手段。

2. 暗示诱导原理

心理暗示原为一种医学疗法，保加利亚学者洛扎诺夫（Georgi Lozanov）受此启发，研发出风靡世界的暗示教学法③。李吉林认为，多年来，中国教师习惯于以"直接传递"的方式进行灌输式教学，不仅加重了课

---

① 《马克思恩格斯全集》（第 1 卷），人民出版社 1995 年版，第 92 页。
② 卢家楣：《论情感教学模式》，《教育研究》2006 年第 12 期。
③ 廖坤：《洛扎诺夫暗示教学法的技术特点分析》，《比较教育研究》2003 年第 6 期。

业负担，而且阻碍了学生的潜能发展。情境教育恰当运用图画、音乐等艺术直观手段，或选择真实生活的特殊场景，让他们不知不觉地投入到学习活动之中。"这种不显露目的、用创设情境、优化情境的间接方式，对儿童的心理及行为产生影响，从而一步步达到既定的教育目标的过程，就是暗示的作用。"① 暗示诱导为学生快乐高效学习的重要机制，对我们提倡"减负增效"具有现实意义。

3. 角色转换原理

角色是指演员扮演的剧中人物。自从美国心理学家莫雷诺（Jacob Levy Moreno）创设心理剧以后，角色扮演就成为团体辅导、心理咨询以及体验学习的新方法。通过角色扮演，我们可以体验另一种生活态度和行为模式，扩展生活空间和感受，提升心理弹性和挑战性。李吉林认为，当下教师的主导作用被过度夸大，学生的主要任务变成了"静心"听讲，学习被异化为一种机械地接受学习，学校教育与儿童生活渐行渐远。贴近儿童生气勃勃的生活空间，情境教育就必须结合教材特点让学生担当教材中的角色，引导他们走进角色的生活情境，体味角色的内心情感。角色转换推动儿童按自己的角色身份去思维，按教材和同学的角色期待去行动，教科书中的抽象知识就摆脱了惰性知识的束缚，变得生动鲜活起来。因此，情境教育致力于建构"有我之境"，与其说是对儿童天性和经验的关注，毋宁说是学生主体地位的回归与强化。

4. 心理场整合原理

德国学者勒温（Kurt Lewin）首先创造出"心理场"（psychological filed）这一概念，并提出一个经典公式 $B = f(PE)$②。这里 B 代表行为，P 代表个体，E 代表心理环境。这就意味着，任何人的行为都是个体状态和心理环境交互作用的结果。基于勒温的"心理场"理论，李吉林提出："人为创设的教育情境、人际情境、活动情境、校园情境都渗透着教育者的意图，使儿童的生活空间不再是一个自然状态下的生活空间，而是富

---

① 李吉林：《为全面提高儿童素质探索一条有效途径——从情境教学到情境教育的探索与思考（上）》，《教育研究》1997 年第 3 期。

② ［德］库尔特·勒温：《拓扑心理学原理》，竺培梁译，浙江教育出版社 1999 年版，第 92 页。

有教育内涵的，富有美感的，充满智慧和儿童情趣的生活空间。"① 情境教育刻意建构的这种情境，会对行动其间的学生产生"正诱发力"，而儿童自觉、主动和积极的投入又使创设的情境更为愉悦、丰富，情境、儿童和教师影响的多向折射，认知、情绪和活动的多维整合，使课堂教学在不经意间进入"沸腾状态"。

情境教育基本原理的提出既有哲学基础，又有心理学支撑，使之很快超越了情境教学的"工具理性"，开始寻求情境教育的"价值理性"，从而进入了更高的理论境界，为情境教育的广泛运用提供了科学依据，已经成为情境教育理论宝库中极为重要的成果。

（二）情境教学的主要特征

在不断提炼实践经验的同时，李吉林一刻也没有停止理论上的追问。她反复研读中国古典文论，最终从"意境说"中提炼出"真、情、思、美"四大元素，并创造性地运用到情境教学之中："真"即真切，强调给儿童一个真实世界，让他们走进生活，走进大自然，以此感悟生活，认识周围世界；"情"即情感，注重将儿童的认知与情感、学习与审美结合起来，强调以情激情、以情育人；"思"即思维，关注儿童的思维特别是创造性思维的培养，强调建构广远的意境和宽阔的想象空间；"美"即审美，情境教学区别于西方情境认知的关键要素，就是倡导美感性教学原则，强调以美育人②。她善于"借古人之境界为我之境界"，赋予情境教学以"形真"、"情切"、"意远"和"理寓其中"等鲜明特征。正是那生动逼真的形象、真切感人的情意、深邃广远的意境以及耐人寻味的哲理使情境课堂变成了充满活力的生命舞台，极大提高了情境教学的效益。

1. 形真

情境既需要优化，也需要优选，并非任何情境都具有教学论意义。比利时教育家罗日叶（Xavier Roegiers）将情境形态分为"建构的情境"

---

① 李吉林：《为全面提高儿童素质探索一条有效途径——从情境教学到情境教育的探索与思考（下）》，《教育研究》1997年第4期。

② 李吉林：《"意境说"给予情境教育的理论滋养》，《教育研究》2007年第2期。

和"自然的情境"，前者的命令是清晰的，要求学生自己寻找恰当的信息来解决问题；而后者的命令是隐形的，是从情境中自然流淌出来的。他更强调建构的情境，认为教学情境"只在建构的情境中才有意义"①。在情境教育探索之初，李吉林也注重自然情境的选择，但她发现，虽然原生态情境真实自然，贴近生活，但其局限性也不容小觑，教师不可能随时将学生带到野外，更不可能将山川田野、风雨雷电都搬进课堂。她从京剧的白描手法中得到灵感，认为情境教学应该强调"形真"，尽管不能将真实情境搬进课堂，但我们可以模拟与儿童真实生活相通的情境，以"神似"表现"形真"，追求形神兼备，同样富有真切之感。从这里可以发现，李吉林的"形真"思想与罗日叶的"建构情境"具有异曲同工之处，但李吉林更多地从中国古典文论中汲取营养，体现出更多的中华民族的教育智慧。

2. 情切

情切即情真意切，用情感去促进儿童的认知发展。"情境教育最简单地说，就是让儿童的情感伴随着他的学习活动，这样因为情感的因素，就会产生一种力量，孩子就要学、喜欢学，学习效果就会更好。"② 每个儿童都有自己的内心世界，有他们的激情和梦想，需要教师去点燃和激发。情境教育以真切意远的情境，激发儿童的积极情绪，连同教师感人的语言、真挚的情怀以及轻松和谐的教学氛围营造出一个充满情感、情趣和情调的心理场，使它们共同作用于儿童的心理世界。古人云："感人心者，莫先乎于情。"教师应将自己对课文的感受、感悟、感动传递给学生，即使是自己的言语、手势和眼神也应饱含着对学生的信任、激励和期待，以达到"不教之教"的境界。

3. 意远

"意境是指抒情性作品中呈现的那种情景交融、虚实相生、活跃着生

---

① ［比］易克萨维耶·罗日叶：《为了整合学业获得：情境的设计和开发》，汪凌译，华东师范大学出版社2010年版，第66页。

② 王琦、商亮、孙大陆：《李吉林：潜在智慧是一个人才最可贵的东西》，《教育家》2015年第4期。

命律动的韵味无穷的诗意空间。"① 李吉林是从移植英语教学的"情景教学"走上教改之路的，之所以后来改称"情境教学"，是因为她汲取了古典文论"意境说"的理论精华，提倡"情境要具有一定的深度和广度"②。在李吉林看来，"意远"即意境广远，儿童正处于想象力快速发展的时期，应引入广远意境来培养儿童丰富的想象力。她将持续积累表象、即时嵌入想象契机和引入广远意境作为开发儿童创造力的主要手段，并采取创造性复述、想象性情境说话、想象性作文和童话创作等手段进行有效的想象训练，取得了很好的教学成效。她不仅结合学科教学，而且强调意境广远，将学科教学中的儿童想象力培养提升到一个新的高度，为实施儿童创造教育开辟了新的空间。

4. 理寓其中

理念是客观事实的本质性反映，是其内在规定性的外在表征。由于理念具有较强的概括性、客观性、间接性、逻辑性、深刻性和灵活性，对以形象思维为主的小学生而言，它是难以理解的。李吉林提出"理寓其中"，就是通过精心创设与教学目标、教材内容相吻合的教学情境，将抽象的理念蕴藏至广远的情境之中，并通过儿童学习过程中的情感与认知、形象思维与抽象思维的相互转化，从而掌握教学内容的精髓，有效地推进儿童的深度学习。

（三）情境教学的基本原则

情境教学的基本原则是有效实施情境教学必须遵循的基本要求。情境教学的基本原则是从长期的教改实践中总结出来。最早是李吉林通过总结语文情境教学第一轮实验的成功经验，提出语文情境教学促进儿童发展的"五要素"，即"以培养兴趣为前提，诱发主动性""以指导观察为基础，强化感受性""以陶冶情感为内因，渗透教育性""以发展思维为重点，着眼创造性"和"以语言训练为手段，体现实践性"③，揭示出语文情境教学促进儿童发展的过程机理，使语文情境教学奠基于心理学

---

① 吴刚：《情境教育与优质教学》，《课程·教材·教法》2009 年第 6 期。
② 李吉林：《情境教学的理论与实践》，《人民教育》1991 年第 5 期。
③ 李吉林：《从整体出发，着眼儿童发展——试论改革小学语文教学的途径》，《教育研究》1985 年第 1 期。

研究的基础之上。随着语文情境教学向其他学科不断拓展，她发现这些概括依然具有普遍性，于是将其提升为情境教学的基本原则，即"主动性原则""感受性原则""创造性原则""教育性原则"和"实践性原则"①。

1. 主动性原则

主动性是一种不待外力推动而行动的学习态度，是优化学习过程的认知内驱力，也是一种勤学善思、自强不息的学习境界。李吉林提出，诱发主动性的关键是激发儿童的好奇心和求知欲。任何一个儿童入学时，都带着许多美好的愿望，求知欲很强，但随着单调的教学和过量的作业，厌学逃课现象日趋严重，情境教学应通过形象化的教学手段和生活化的学习情境，重新激活他们的好奇心和求知欲，帮助儿童树立自信心和自尊心。因为儿童的心灵非常脆弱，他们能敏锐地从教师的表情、语气和眼神中感受到称许或责备、赞赏或讥讽，教师应通过情境创设引发他们的联想和想象活动，对他们表达出来的感受、想象出来的画面，给予热情鼓励和及时肯定。此外，还要注重养成学生良好的学习习惯，使他们即使碰到枯燥乏味的学习内容，也能凭借顽强的意志和良好的习惯坚持学习。

2. 感受性原则

感受性是感官对刺激的觉察能力，相同刺激物的持续影响、不同分析器的相互作用、客观环境的需求都会引起感受性的变化。针对传统教学的烦琐哲学和形式主义，情境教学倡导"强化感受，淡化分析"②。李吉林认为，关键是选择形象生动的优美情境，一是风景壮观的大自然，旭日东升、蓝天白云、繁花似锦都是儿童观察的对象和智慧的源泉；二是丰富多彩的校园生活、日新月异的家乡新貌以及传递正能量的社会风尚，均具有生机勃勃的生命力量；三是通过儿童想象呈现出来的灵性空间，如静谧幽美的湖泊、山鸣谷应的群山、五彩缤纷的晚霞等意境广远的事物，都可以强化儿童的感受性。

---

① 李吉林：《情境教学五原则》，《中国教师报》2013 年 9 月 11 日第 4 版。
② 李吉林：《为全面提高儿童素质探索一条有效途径——从情境教学到情境教育的探索与思考（上）》，《教育研究》1997 年第 3 期。

3. 创造性原则

作为"教育创新的一面旗帜"（卓晴君语），李吉林始终关注创新人才的早期培养。从提出"以发展思维为核心，着眼创造性"到倡导"培养学生的创新精神应成为教育的灵魂"，无不显示出她对创新人才早期培养的真知灼见。她提出，不少教师勤勤恳恳、兢兢业业，却从未意识到"自己辛辛苦苦的讲解、严格的要求、标准的答案，是一种划一的、统死的教学，是对儿童潜能的扼杀，把儿童智慧的嫩芽掐断，使之枯萎"[①]。因而，她语重心长地提醒教师，以教学催发儿童的创造潜能具有"不易性"，希望大家清醒地认识到儿童创造潜能开发中的"递减现象"，及时唤醒这种"沉睡的力量"。首先，以艺术滋养儿童创造的土壤，让儿童进入最佳思维状态；其次，以民主唤醒儿童的创造潜能，使情感推进智慧成长；再次，以想象扩展儿童的创造空间，帮助儿童的思维自由飞翔；最后，以学科训练提升儿童的实践能力，为儿童的创造筑牢根基[②]。尽管她的论文和专著中很少出现"创造教育"或"创新教育"等词汇，却将"创造性原则"作为一条教学原则提出来，她将儿童创造力培养渗透到情境教学的机体之中，实现了两者之间的融合与共生。

4. 教育性原则

当代学校德育面临着许多严峻挑战，如教育的功利主义触目惊心，分数至上的评价机制窄化、扭曲了德育空间，道德失范问题也亟待解决。对此，李吉林忧心忡忡，认为道德教育的任务不能仅仅依赖哪一门学科或哪一堂课，需要各门学科的整合和日积月累的渗透，需要运用情感陶冶激发儿童的主动性[③]：一是走进大自然、大社会，为儿童构建一个宽阔的、开放的德性成长空间；二是缩短教师和学生、学校与社区、家庭的距离，让儿童进入自由、安全的心理状态，主动参与德育活动；三是通过角色扮演，激发儿童的真情实感，使他们从"被动接受"变成"主动思考"；四是弘扬"滴水穿石"精神，开展丰富多彩的实践活动。显然，

[①] 李吉林：《学习科学与儿童情境学习——快乐、高效课堂的教学设计》，《教育研究》2013 年第 11 期。

[②] 李吉林：《教育的灵魂：培养学生的创新精神（上）》，《人民教育》2001 年第 9 期。

[③] 李吉林：《情境教育与德育》，《中国德育》2006 年第 9 期。

基于情境优化的德育渗透彰显了德育的人性化根基，开启了一条从刚性德育向柔性德育转变的崭新道路。

5. 实践性原则

针对传统的智力理论，美国心理学家斯腾伯格（Robert J. Sternberg）提出成功智力理论，认为"成功智力由三种基本心理成分构成，即分析性智力、创造性智力和实践性智力"[①]。实践性智力引导我们将所学知识有效地运用于现实生活，以解决实际问题。李吉林进一步提出，学习是一种情境化的实践，而实践则是基于真实情境的教学。"实践是儿童认识的起点，知识只有通过实践才能真正掌握。"[②] 她早就清醒地认识到实践的价值，倡导拆掉儿童认知学习与社会实践之间的围墙。在她看来，实践主要有三重内涵：一是以了解和服务社会为目标的社会实践；二是以教学情境创设为目标的模拟实践；三是以应用知识为目标的学科能力训练。她把实践作为认识的源泉和认识发展的动力，将实践性原则贯穿于情境教学的全程。

反思情境教学的基本原则，除"教育性原则"以外，情境教学的基本原则既鲜见于现行的教育学、教学论教科书，又与布鲁纳、赞科夫、巴班斯基的教学原则迥然不同，体现出鲜明的创新性。李吉林从情境教学的过程构建她的教学原则体系，五条原则分别针对情境教学的前提、基础、内因、重点和手段，分开来有很强的针对性，合起来有很强的全面性，既体现出她卓然不群的思想品格，也彰显出教学论研究的中国气派。

三　情境教育的操作体系

情境教育的实践探索是卓有成效的，其操作体系主要包含了情境教育的"四个基本模式"与"五大操作要义"。这是李吉林以毕生心血精心总结并得到广泛应用的创新成果，"这种一线教师的草根化研究为实践工

---

① 刘志宏、魏华忠：《斯腾伯格的成功智力理论及其启示》，《中国教育学刊》2002 年第 6 期。

② 李吉林：《情感：情境教育理论构建的命脉》，《教育研究》2011 年第 7 期。

作者的专业化发展和对中国教育科学的贡献提供了一个成功的、鲜活的范例"①。

（一）情境教育的基本模式

李吉林对情境教育的成功探索进行系统分析，精心提炼出四个基本模式，即"拓宽教育空间，追求教育的整体效益""缩短心理距离，形成最佳的情绪状态""利用角色效应，强化主体意识"和"着眼实践创新，促进素质全面发展"②。我们将其简化为空间拓宽模式、心距缩短模式、角色扮演模式和创新实践模式。

1. 空间拓宽模式

教育与空间的关联至今还没有被学术界充分认识到。李吉林多次跟笔者聊过，如果一棵小树长在盆景里，几年之后可能还是一棵小树，若把它移栽到大自然之中，用不了多少年就可能长成一棵大树。由此，她意识到教育空间的独特价值，认为拓宽教育空间有助于人才成长。一方面，她将课堂这一狭小的空间延伸到广阔的课外教育活动、主题性大单元教育活动及野外情境教育活动，使儿童的成长能够获得情境综合活动的滋养；另一方面，她呼吁打破学校与社会的区隔，将学校这一有限的空间延伸到丰富多彩的家庭和社会，让学生切身体验真实的社会生活，这不仅可以丰富认知建构的源泉，而且有利于将所学知识应用于社会实践。

2. 心距缩短模式

心距即心理距离，用来表示人与人之间情感的亲疏程度。传统教学由于缺乏互动和交流，师生之间存在心理隔阂，这种异化的人际交往使教学丧失了应有的人性和温情，更阻碍了儿童对学习的主动投入。缩短心理距离，一方面可通过建构"亲、助、乐"的人际情境，缩短师生之间的距离，重塑平等和谐的师生关系；另一方面可通过建构"美、智、趣"的教学情境，缩小儿童与课文之间的差距，帮助儿童更快地认识和

① 田慧生：《情境教学——情境教育的时代特征与意义》，载顾明远主编：《李吉林和情境教育学派研究》，教育科学出版社 2011 年版，第 325—332 页。

② 李吉林：《情境教育的独特优势及其建构》，《教育研究》2009 年第 3 期。

理解课文，加速认知建构的过程。

3. 角色扮演模式

角色效应是指儿童进入角色、角色转换或者被赋予某个角色以后，所产生的角色意识和角色体验，以及表现出来的某些角色行为。情境教育注重让儿童在情境建构中担当和扮演角色，一是课文中出现的角色，二是儿童自我憧憬的角色，三是童话故事中的角色，四是现实生活中的角色。利用儿童的角色转换，唤醒其主体意识，激发其积极情绪，教学也顺其自然地从"无我之境"变成"有我之境"，从而进入了主体教育的佳境。

4. 创新实践模式

创新与实践并非彼此割裂的，而是紧密相连的，"创造性智力是联系分析性智力和实践性智力的桥梁"①。实践是创新的基础，创新是实践的结果，儿童只有积极参与课堂教学内外的各种创造性活动，才能取得具有一定创新意义的实践成果。李吉林主张在优化情境中进行实践能力的训练，并总结出序列化、系统性的实践操作方式：一是实体性现场操作。教师应引导儿童走出校门，走向生活，走入社会，并以此积累素材，寻找创新灵感；二是模拟性相似操作。不管是进行角色模拟还是进行实验模拟，都应该通过原型启发进行创新；三是符号性趣味操作。儿童的创新不是教出来，而是玩出来的，应寓教于乐，以趣激创。显然，创新实践模式以儿童的创新发展为旨趣，以实践情境建构为手段，实现了游戏娱乐、模拟操作和社会实践之间的互动，彰显了情境教育的独特优势。

（二）情境教学的操作要义

情境教育的基本模式从理论上建构了教学的基本规范和逻辑框架，但提高教学质量必须向课堂45分钟要效益。为此，李吉林进行了矢志不渝的探索，发表了标志性成果《谈情境教育的课堂操作要义》，首次提出并阐述了情境教学的操作纲领，即以"美"为突破口，以"思"为核心，

---

① 刘志宏、魏华忠：《斯腾伯格的成功智力理论及其启示》，《中国教育学刊》2002 年第6 期。

以"情"为纽带，以"儿童活动"为途径，以"周围世界"为源泉①。该文被评为《教育研究》创刊30周年杰出论文。后来，她又提出，美既是情境教育的手段，又是情境课程的境界，进而提出以"美"为境界②，对操作要义进行局部调整，使之臻于完美。

1. 以"美"为境界

从最早提出"让艺术走进语文教学"到后来主张"美感性原则"，从最早提出"以美为突破口"到现在主张"以美为境界"，李吉林的教育美学观在不断飞跃。以"美"为境界，其操作路径包括：一是再现美的教学内容。每门学科都蕴含着很多美的元素，唯有再现美的内容，才能让儿童感受到其中的美，并从中感悟美的力量，探寻美的真谛。二是选择美的教学手段。运用图画中的色彩、线条、形象，音乐的节奏、旋律，表演中的角色、情节，让儿童在优化情境中充分感受文学和科学之美。三是运用美的教学语言。教师的语言是否优美，直接关系到教学效果，美妙的语言就像天籁之音，能够拨动儿童的心弦；而粗俗的语言却似丑陋的魔鬼，常常拒人于千里之外。四是表现美的教师仪态。教师的形象应焕发出美的光彩，其仪表和体态具有美的感染力，成为"充满魅力的灵魂工程师"。

2. 以"思"为核心

李吉林早就提出，教学的一个特殊任务就是将儿童教聪明，主张"以发展思维为核心，着眼创造性"③。其操作路径包括：一是倾注期待。情境教育相信学生的智慧潜能，以真挚的情感去鼓舞学生，激发他们向上的内驱力。二是启迪想象。想象是"会飞的思维"，情境教学采用创造性复述、想象性作文、续编故事、创作童话等多种手段，发展儿童的想象力。三是设计训练。儿童只有在学习具体知识的时候，才能发展他们的智力；如果脱离了具体的学科，思维能力的培养将成为"无源之水"。因而，学科训练务必将思维训练作为其核心任务，唯此，学科核心素养

① 李吉林：《谈情境教育的课堂操作要义》，《教育研究》2002年第3期。
② 李吉林：《为儿童的学习：情境课程的实验与建构》，外语教学与研究出版社2008年版，第419—430页。
③ 李吉林：《教学的特殊任务：把孩子教聪明》，《人民教育》1996年第9期。

才能得以实现。

3. 以"情"为纽带

传统教育过分关注认知而忽略情感，是"忘记了方向""丢掉了另一半的教育"①。而情境教学的特色恰恰在于以情感为纽带，情境课堂因为情感的介入而充满了人性魅力。以"情"为纽带，其操作路径包括：一是教师与学生的真情交融。教师必须珍爱儿童的纯真情感，为促进儿童的协调发展而倾注真情。二是引发教材与学生的共鸣。对学生而言，教材只是一个客观存在，更是一个未知领域，如果能够再现教材中的相关情境，或者创设帮助学生理解教材的前置情境，就能够引导他们自己去探究、去发现，使教材成为引发学生心理共鸣的载体。三是学生与学生的合作。情境教学倡导合作学习，在"如切如磋，如琢如磨"的情境中培养学生的团队精神，缩短学生之间的心理距离。

4. 以"儿童活动"为途径

李吉林痛心疾首于灌输式教学支配下的"惰性知识"，认为儿童必须通过自主活动去体验生活、认识世界，其操作路径包括：一是活动融入学科课程。学科课程走出"重知识、轻能力"的困境，其路径必然是将知识传授与活动训练结合起来。二是利用角色效应。让学生扮演、担当教材中的相关角色，使学生带着情感体验去学习。三是融合能力训练。倡导儿童活动，并非为了追求单纯地活跃课堂气氛，而是通过儿童的自主活动更好地掌握学科知识，训练他们的综合能力。可见，基于情境教学的儿童活动是一种目的，更是一种手段。

5. 以"周围世界"为源泉

情境教学一贯主张拓宽教育空间，引导儿童走入大自然、大社会，在真实情境中感受知识产生和发展的过程，促进相关知识的理解和迁移。其操作路径包括：一是渐次认识大自然。大自然对儿童充满着诱惑力，对大自然的感情也是在日积月累中养成的，因而不要将大自然一览无余地呈现给儿童，而应渐次揭开其神秘面纱。二是潜心启迪智慧。周围世界隐藏着许多不为人知的秘密，虫鱼鸟兽、风雨雷电都能激发起儿童的

---

① 朱小蔓：《情感教育论纲》，人民出版社 2008 年版，第 28—29 页。

探究和思考，应优选自然世界和社会生活的真实情境，为他们提供思维的原材料。三是融合道德与审美教育。我们的周围世界中蕴含着智力元素，但同样充满了道德与审美元素，教师应该加强道德与审美教育，以塑造学生真善美的理想人格。

情境教学受到基层教师的普遍欢迎，但由于一些教师对情境建构的认识不系统、理解不深刻，操作中出现了某些摆花架子、赶时髦、追求形式的作秀乃至表演现象，致使课堂华而不实，实际成效并不显著。针对这些迷惑甚至迷离的问题，李吉林及时提出"情境教学最优化"的主张，希望"教师有目的地选取、创设情境，组织教学过程的最优方案，从而在规定的教学时间内，使教学、教育任务达到可能范围内的最大效果"①。她将"效果要高"和"耗费要低"作为情境教学最优化的两条主要标准：所谓"效果要高"并非单纯地完成传授知识的任务，而是必须综合完成传授知识、培养能力、发展智力和陶冶情操等多项任务；所谓"耗费要低"，是指教师的准备时间和制作所需材料的低耗费，更是指学生的学习时间和精力的低耗费，倡导快乐高效的情境学习。从这个意义上讲，"情境教学最优化"的提出和实践，也使得情境教学成为独树一帜的高效课堂教学模式。

（三）情境学习的操作要则

从情境教学到情境教育、情境课程，情境教育始终围绕着儿童学习这一"主旋律"。近年来，她将情境学习概括为"择美构境，境美生情，以情启智，把情感活动与认知活动结合起来，让儿童在境中学、思、行、冶的儿童学习范式"②。择美构境、境美生情、以情启智、情智交融是情境学习的操作要则。

1. 择美构境

没有一个孩子不爱美，爱美是儿童的天性。李吉林认为，美能给幼小心灵带来愉悦，儿童喜欢美的景、美的物、美的人，喜欢做美的事，喜欢倾听美的音乐、歌曲，连同大自然的天籁和美妙的音响，儿童都喜

---

① 李吉林：《李吉林文集（卷一）》，人民教育出版社 2006 年版，第 64 页。
② 李吉林：《中国式儿童情境学习范式的建构》，《教育研究》2017 年第 3 期。

欢去听。他们从所见所闻之美，获得快乐的审美感受和愉悦的审美情绪，展开美妙的联想和神奇的想象。因而，"择美构境"是适性教学的有效路径。

2. 境美生情

通过富有美感的音乐、图画、戏剧等艺术手段与语言描绘相结合，再现教材相关的情境。所谓"情由境生"，富有美的情境，会使儿童萌发积极的情绪，激发他们快乐学习。而一旦情感伴随儿童的学习活动，他们学习的主动性就会提高，并积极展开思维活动，个个跃跃欲试。伴随着这种普遍高涨的学习热情，他们的学习效能就会得到提升。

3. 以情启智

李吉林认为，情感是手段也是目的，是教学促进儿童发展的有效措施。长期的教学探索与教学科研让她深刻地感悟到，情感具有形成动机的力量，正是情感的链接、牵拉使教师与学生、与教材之间，生成了一股看不见的、却蕴藏极大能量的"力"，在这种氛围中，儿童的智慧火花竞相迸发，相互碰撞，相互感染。于是，她及时提出"以情启智"，由此显示出"真、美、情、思"促进儿童快乐、高效学习的优越性。

4. 情智交融

回顾自己上过的1000多节教改实验课，李吉林发现，把儿童带入优选或优化的学习情境之中，美就顺乎自然地激发了儿童的情感，普遍生成热烈的情绪，学习主动性得到很大提升。由于认知活动渗透着情感体验，思维活动就会积极展开，课堂容易进入忘我的沸腾状态。"我意识到，儿童情感的小河水涌动起来，孩子智慧的门扉已被我推开。"[1] 由此，她明确指出，情感与认知活动是不可分割的，情智交融是情境学习的核心。它改变了儿童的被动学习状态和被动学习方式，使他们从被动接纳知识转变为积极参与，从而在主动学习中获得主动发展，使学习成绩和学习效率得到提高。

总之，李吉林情境教育既有理论之"据"，又有实践之"根"，它成功构建了具有中国特色、中国风格、中国气派的教育思想体系，也为促

---

[1]　李吉林：《中国式儿童情境学习范式的建构》，《教育研究》2017年第3期。

进儿童的生动活泼发展探索了一条具有普遍意义的途径。

四 情境教育的发展展望

(一) 加强情境教育学研究

情境教育学的建构是情境教育理论与实践发展的必然诉求，只有扎实的情境教育学科理论研究才能为情境教育的繁荣发展提供理论支撑。梳理当代教育学的有关文献，笔者发现英国学者麦克纳马拉（McNamara, D.）和中国学者傅道春曾先后提出过"情境教育学"这一术语，但前者提出的情境教育学（Vernacular Pedagogy）是指那些由一线教师基于经验而开发出来的实践教育学知识，而不是通过系统严谨的学术研究而产生的教育学知识[1]；后者编写的国家统编教材《情境教育学》是为了改变教育学教材"艰涩难懂、枯燥乏味"的弊端而引入情境案例，以"境"证"理"，帮助师范生更好地理解和掌握教育基本理论[2]。因此，麦克纳马拉和傅道春的情境教育学和我们这里讲的情境教育学是大相径庭的，麦克纳马拉所讲的情境教育学主要是扎根教学实践的教育内隐观，既缺乏严密的逻辑论证，又没有完整的理论体系；傅道春主编的《情境教育学》虽具备完整的学科体系，但其真实意图是以情境案例解说教育理论，并没有突破现行教育学的理论框架。笔者这里所讲的情境教育学是对李吉林情境教育思想的全面提升，它应以发生现象学和扎根理论研究为主要方法，以情境教学、情境课程和情境学习为经，以本体论、价值论、认识论和方法论为纬，对情境教育的已有成果进行回溯性分析和规律性揭示，逐步建构以情境为逻辑起点的情境教育学科体系。这是情境教育学派的奠基性工程，需要奉献我们的热忱和智慧。

(二) 加强学前情境教育研究

当下，情境教育正沿着两个不同路向发展：一是从小学延伸到初中和高中的各个学科；二是从小学延伸到幼儿园的各个领域。这两个发展路向都有着相当广阔的发展空间，但笔者认为更应该加强学前情境教育

---

① McNamara, D. , "Vernacular Pedagogy", *British Journal of Education Studies*, 1991（3）.

② 傅道春：《情境教育学》，黑龙江教育出版社1996年版。

研究，其理由主要有二：首先从已经发表的教研论文看，中等教育的数量远远多于学前教育，学前情境教育相对薄弱；其次从儿童的思维发展特点看，儿童的年龄越小，其思维的动作性、形象性越强，情境教育应该更适用于学前教育。学前情境教育是指根据李吉林情境教育思想，通过师生共同建构的优化情境，激发学前儿童热烈的学习情绪，引导儿童全面协调发展的一种学前教育新模式。它不仅涵盖健康、语言、社会、科学、艺术五大领域中的情境教育，而且涵盖一日生活、区域活动、野外活动中的情境教育，是一种全方位、宽领域、多层次的教育体系。李吉林关于情境教育的早期探索曾从幼儿教育中汲取过不少灵感，近年来，通师二附幼儿园、实验幼儿园和通州幼儿园也一直追随李吉林从事情境课程和情境学习的实验探索。遗憾的是，至今并未形成完备的学前情境教育的理论体系和操作模式，其概念界定、基本原理、教学原则、操作要义均未得到系统深入的理论研究，即便是已取得成功的一些实践经验也没有得到及时总结和提炼，以致学前情境教育犹如"雾中看花"一般，亟待理论工作者与实践工作者携起手来，共同探索学前情境教育的本质和基本规律，尽快建构学前情境教育的理论大厦。

（三）加强情境创造教育研究

以移动网、大数据和人工智能为支撑的第四次工业革命激荡全球，加速创新社会的崛起。《国家创新驱动发展战略纲要》开启了科技创新强国建设的时代列车，备受关注的《中国学生发展核心素养》总体框架公开发表，"实践创新"在六大核心素养中赫然在列，培养和造就创新时代的"弄潮儿"已成为基础教育不可推卸的责任。作为"中国教育改革的第一批弄潮儿"，李吉林比谁都清楚创新人才的意义，总是将创造力的培养作为情境教育的追求，提出："让儿童在美的、宽松的、快乐的情境中，通过发展想象力来培养创造力。"[①] 情境创造教育研究应积极借鉴西方学者关于创造力研究的最新成果，并加以融会贯通、有机整合，全面科学地揭示情境教育促进儿童创造力发展的原理与方法，建构植根本土

---

① 李吉林：《学习科学与儿童情境学习——快乐、高效课堂的教学设计》，《教育研究》2013 年第 11 期。

实践的理论形态和行动方式。在此过程中，应特别关注情境教育促进儿童创造力发展的基础理论研究，着力探讨情境教育促进儿童创造力发展的内涵、要素、机理、资源与路径，使情境创造教育的实践有理可循。强化情境创造教育的研究，既能为我国中小学创造教育开辟一条新的道路，又能为情境教育的丰富和发展提供一个新的突破口。

（四）加强情境智慧教育研究

随着"智慧地球"概念的提出，"智慧教育"（Smart Education）得到各国政府和学者的高度关注。我国学者桑新民指出：信息时代学习新文化的生成发展，"需要具有全球化战略眼光和教育智慧的教育改革家们联合起来，不断总结和提升来自教育实践中的新思想、新技术、新经验，设计和推动教育系统在复杂、渐进的矛盾运动中实现学习方式的历史变革"。[1] 李吉林认为："每一个大脑健全的儿童都潜藏着智慧，理想的教育完全可以而且也应该充分开发儿童的潜能，使他们变得智慧起来。"[2] 应该说，情境教育和智慧教育都共同强调以优化的环境促进儿童健康、全面、智慧地成长，两者有着天然的关联性，如果能够发挥各自的特点和优势，将它们整合为"情境智慧教育"，或许能让情境教育搭上信息化的时代快车，再次领跑基础教育的创新。情境智慧教育研究应立足于情境教育和智慧教育的已有成果，着力探寻情境智慧教育的理论基础，构建情境智慧教育的方法体系、实践模式和评价机制，以进一步提升情境教育研究和实践的层次与水平，最终提供符合中国国情和具备本土特色的情境智慧教育模式。

总之，在国家教育行政部门越来越重视情境教育的研究和推广的大背景下，我们对情境教育的拓展应有新的思考，首当其冲的是加强情境学习的实施模式、学科特色、评价体系以及实证研究，情境德育、情境美育以及情境体育也有很大的发展空间。只有实现情境教育的实践探索与理论研究的持续互动，情境教育才能走向一个更加光辉灿烂的明天。

---

① 桑新民、郑旭东：《凝聚学科智慧 引领专业创新——教育技术学与学习科学基础研究的对话》，《中国电化教育》2011 年第 6 期。

② 李吉林：《情境教育的独特优势及其建构》，《教育研究》2009 年第 3 期。

第二节　西方创造力研究的汇合理论

在西方创造力研究的历史进程中，虽然有过艰难起步和曲折推进，但随着生产力和科技的发展，创新人才在社会发展和国际竞争中的作用越来越大，创造力研究得到越来越多的关注。从高尔顿的遗传论、弗洛伊德的升华论、韦特海墨的顿悟论到马斯洛的自我实现论和吉尔福特的创造性才能理论，中外学者纷纷进入创造力研究行列，积累了令人瞩目的研究成果①②③④⑤⑥⑦。近年来，西方心理学逐渐发展出一种"汇合理论"（confluence approaches），代表性的有艾曼贝尔（Teresa. M. Amabile）提出的创造性组成成分理论、奇凯岑特米哈伊（Csikszentmihalyi）提出的创造性系统理论、斯腾伯格（Robert J. Sternberg）等提出的创造力投资理论以及考夫曼（James C. Kaufman）等提出的创造力游乐场理论，实现了创造力研究从"元素论"到"结构论"的根本转变，并日益重视创造的内部动机、人格特质以及文化情境的作用。

一　创造性组成成分理论

美国哈佛大学艾曼贝尔教授认为，在以前的 30 年中，创造性研究主要是强调创造性人才的特征研究，而排斥了创造性情境，偏重于创造性的内部因素，而排斥了外部因素，这是有失偏颇的。为了鉴别哪些特定的社会条件影响着绝大多数人的创造性，她提出"创造性组成成分理论"，认为创造性包括"有关领域的技能""有关创造性的技能"和"工

---

① James C. Kaufman，Robert J. Sternberg，*The International Handbook of Creativity*，New York：Cambridge University Press，2006.

② ［美］斯腾伯格：《创造力手册》，施建农等译，北京理工大学出版社 2005 年版。

③ 董奇：《儿童创造力发展心理》，浙江教育出版社 1993 年版。

④ 张文新、谷传华：《创造力发展心理学》，安徽教育出版社 2004 年版。

⑤ 张庆林、曹桂康：《创造性心理学》，高等教育出版社 2004 年版。

⑥ 王灿明：《儿童创造心理发展引论》，社会科学文献出版社 2005 年版。

⑦ 周治金、谷传华：《创造心理学》，中国社会科学出版社 2015 年版。

作动机"三种成分①。艾曼贝尔认为，这三种组成成分对创造性而言都是必备的，缺一不可。

首先是领域技能。它是基于特定领域进行各种活动的根本。在关于物理学家的系列研究中，那些被同事称为"极富创造力"的人，总是在积极汲取自己学科的知识，而且能够在不同学科中灵活使用这些知识。有关领域技能常常导致创造成果的重大差异。领域技能包括实际知识、专门技能以及该领域的特殊"天赋"。艾曼贝尔强调，一个人要在某一领域做出创造性成就，必须熟谙该领域的知识（包括事实、原理、观点、范例及标准等），掌握该领域的这些技能（如实验技术）。他以爱因斯坦、莫扎特为例，将一个人娴熟的高水平技能称为"天赋"，虽然这种技能也需要专门训练，但"在一个天赋很高的人身上，高水平的技能将他或她很清楚地区别于普通人"②。这也为我们研究拔尖创新人才的选拔和培养提供了全新视角。

其次是创造性技能。它包括适当的认知风格、诱发产生新观念的知识以及有效的工作方式，决定了他的成果或反应能够超出该领域以前的成果或反应水平。创造性的某些技能取决于他的人格特质，但另一些技能也可以通过教育训练来直接传授。这些创造性人格特质包括"喜欢自作主张""延迟奖赏的能力""百折不挠""独立判断""容忍不同的解释""高度的自主性""没有性别偏见""意愿承担风险""高水平的、自发的、旨在出人头地的工作"③。在艾曼贝尔看来，这些常常得到负面评价的人格特质恰恰是与创造性行为息息相关的，宽容、欣赏和激励创新人才确实并非一件轻而易举的事情。

最后是工作动机。它是个体对特定工作的态度。艾曼贝尔特别强调"内部动机"的激励作用，认为外部压力损害创造性思维的机制，而"浸入于工作"的内部动机截然不同，在内部动机中，创造性活动本身就是目的。因此，当一个人从事的某项工作与他的爱好、兴趣相匹配时，就

---

① ［美］艾曼贝尔：《创造性社会心理学》，方展画等译，上海社会科学院出版社1987年版，第80—92页。

② 同上书，第83页。

③ 同上书，第88页。

会增加他的创造性。

艾曼贝尔认为，上述三种组成成分是在不同的专门化程度上进行活动的，其中创造性技能是在最普遍程度上进行活动的，它可以影响任何一个领域的创造活动，因此某些具有高度创造性的人才能够在许多领域作出贡献；领域技能是在中等的专门化程度上进行活动，但它包括了整个领域的相关技能，而不仅仅是某个领域中的某项具体技能，因而具备某一领域的高水平技能就有可能在此领域做出成就；工作动机是在最专门化程度上进行活动的，对某项工作而言，动机会在一段时间内发生变化，比如对某一课题具有极强的动机，而对另一个课题则兴趣漠然，因此创造动机往往限制在领域中的某一特定工作上。"创造性组成成分理论"突破人们对创造力概念的狭隘理解，它昭示我们加强儿童创造力的培养，不能排斥"创造性情境"，要加强学科知识的教学，高度重视"特异化"的特殊才能儿童的发现与培养；加强儿童创造性思维和创造技法训练，同时应关注他们的创造性人格发展。更为重要的是，引导儿童参加创造发明活动，应精心呵护儿童创造兴趣和内在动机。

二　创造性系统理论

美国芝加哥大学的奇凯岑特米哈伊教授通过对艺术家的追踪研究，发现一些最具有创造力的人放弃了艺术创作而选择了普通职业，而另一些看来不太有创造性的人却坚持着，并最终做出了创造性成就[1]。因而，他认为创造性不仅是心智事件，而且是文化和社会事件，只有在一个系统的内部因素的相互作用中才能观察到。创造性系统模型由"专业"、"业内人士"以及"个人"三种因素构成[2]。其中，同一序列的符号、规则以及程序构成一个专业。数学就是一个专业，如果分得再细点，代数和数论也可以看成专业。专业处于我们通常称为文化或由每个社团共有的符号知识之中，脱离专业领域奢谈创造是不切实际的。在创造性系统

---

① ［美］斯腾伯格：《创造力手册》，施建农等译，北京理工大学出版社 2005 年版，第257 页。

② ［美］米哈伊·奇凯岑特米哈伊：《创造性发现和发明的心理学》，夏镇平译，上海译文出版社 2001 年版，第 2—3 页。

理论中，业内人士包括所有的专业带头人，他们决定某种新观点或新产品是否可以被纳入该专业。只有当一个人的新观点被某一专业所接受，这种变化才能随时间而传递下去，才能被称为"创造性成就"。换句话说，大多数新想法之所以很快被人们忘掉，就是因为这些想法没有被那些专业带头人所采纳。按照创造性系统理论，只有个人、文化、社会三者的交互作用才能产生出创造性成果，"归根到底，是社会而不是个人使创造力显现出来"①。创造性系统理论是基于各界精英的案例分析作出的理论概括，他关注创造者的内部心理过程（思维过程、情绪和动机），更关注创造的文化和社会因素，这对学校和班级如何营造良好的创新文化、对教师和家长如何充当儿童创造的"守门人"都有积极的借鉴意义。

三　创造力投资理论

多年来，美国耶鲁大学的斯腾伯格以其充沛的精力和独树一帜的思考，一直走在西方智力研究的前沿。从智力的"三元理论"到"成功智力"理论，从智力的"平衡理论"到创造力的"综合模型"，他不断挑战着传统的智力理论，也在不断地超越自我②③。

1991 年，斯腾伯格和鲁巴特（Todd Lubart）提出"创造力投资理论"。他们认为，高创造力的人向他人呈现那些起初不被看好的想法——"低价买进"，接着，说服其他人相信这些想法的价值。在其他人信服了这些想法的价值后（增加投资价值），高创造力的人把这些想法留给其他人，继续构思新的想法，从而"高价卖出"④。按照创造力投资理论，创造是有一定风险的，但正因为有风险，其回报率也高。这里有两个环节应该引起我们的关注，一是对创意的高度认同，二是对创造成果的有效

---

① ［美］斯腾伯格：《创造力手册》，施建农译，北京工业大学出版社 2005 年版，第 276 页。

② 王本法、刘翠莲：《从"三元智力"到"成功智力"——斯腾伯格对传统智力理论的两次超越》，《南京师大学报》（社会科学版）2008 年第 4 期。

③ 蒋京川、叶浩生：《国外有关斯腾伯格智力理论的论争及其思考》，《教育研究与实验》2007 年第 2 期。

④ ［美］斯腾伯格：《智慧·智力·创造力》，王利群译，北京工业大学出版社 2007 年版，第 110 页。

推广。从表面看来，这两个环节与创造过程关联并不大，但这两个环节与创造过程首尾相连，恰恰是它们放大了创造价值。这也提示我们，应该建立更广义的创造过程观。

创造力投资理论告诉我们，影响个体的创造力实现的不仅包括其内部资源（主要是智力、知识、思维风格、人格、动机），而且包括其外部资源（主要指环境）。它们从来就不是孤立地发挥作用的，而是相互作用、相辅相成。这些资源之间有不同的匹配方式，不同匹配方式可能决定了创造力的不同实现程度。我们已经发现有的孩子从小智力超群，或者知识渊博，日后并没有成长为创新人才，可能就是因为他缺乏创造动机或创造性人格，也有可能是因为他不适应自己的工作环境。所以，创新人才的早期培养不能仅仅局限于某一或某几个方面，应该更多地进行全面培养，这就要求我们树立创新人才早期培养的整体观。

分析以上六种资源，其中两种资源与情境教育存在着较大的关联：首先是智力。斯腾伯格认为有三种能力是特别重要的：一是以新的角度看问题、跳出传统思想束缚的综合能力；二是对有关创意评价其价值有无和大小的分析能力；三是实用—情境（practical-contextual）的能力，也就是知道如何去说服其他人并以自己认为合适的价钱把想法"卖"给别人的能力。其次是环境。环境对创造的支持方式有三种：拥护创造思想；宣传创造思想；修正创造思想。斯腾伯格的思想启发我们，在教育实验中应该建构一些合适的情境，使得儿童的创造性才能和独特想法能够被人所欣赏。

四　创造力游乐场理论

或许是受智力研究的影响，人们总是觉得创造力为一种跨领域的普遍特质和能力，甚至认为不同领域的高创造性者也具有相同或相似的创造性人格，如果一个人在某一领域具有高创造力，那么他在其他领域也可能具有较高的创造力。这确实可以在达·芬奇、富兰克林、牛顿等散点式案例身上得到证明，但随着学科分化越来越细，在许多领域同时做出创造性成就的科学家已经越来越少。哈佛大学著名学者加德纳（Howard Gardner）提出的多元智能理论，使人们意识到创造力也是多元的，创造力所需要的知识和能力在不同领域具有较大的差异性。无论是艾曼贝尔的"领域技能"，还是奇凯岑特米哈伊的"专业"，抑或是斯腾伯格的"知识"，都以不同方式认同了创造力的领域特殊性。研究发现，创造性人格结构非常复杂，既具有领域一般性，又存在领域特殊性，比如科学家通常具有高度的责任心和坚持性，艺术家的责任心和自控能力却相对较差；科学家的情绪变动较小，艺术家却往往有不少焦虑和抑郁的困扰①。显然，从领域一般性转向领域特殊性已经成为创造力研究的一个趋向。

近年来，美国加利福尼亚州立大学教授詹姆斯·考夫曼和约翰·贝尔（John Baer）提出了一个全新的"创造力游乐场理论"（The Amusement Park Theoretical Model of Creativity，APT）。该理论以游乐场做隐喻，将创造力分为"先决条件""一般主题层面""领域"以及"微领域"，并将创造力的领域一般性和领域特殊性联系起来，认为这两种成分在层级结构中往往存在着不同程度的"重叠性"与"两重性"②。APT 因为发现了创造力的领域一般性和特殊性的重叠机制而得到世界各国心理学家的广泛关注。

考夫曼和贝尔认为，创造力的结构与我们去迪士尼主题乐园游玩是非常相似的。去迪士尼乐园，首先要购买门票才能进入大门，进去以后依靠地图挑选主题公园，再排队参观具体的游乐设施。人类的创造力也是如此。首先为创造力的基础层面，包含个体的智力、动机和环境。这是所有创造活动的必要条件，相当于通向游乐场的门票。如果个体达不到这个层面的最低水平，就不可能产生任何创造力。其次为处于第二级的一般主题层面，是创造活动的基础，可以用心理领域来进行描述和解释。考夫曼通过因素分析，得出七个一般主题层面，包括言语艺术、视觉艺术、企业、人际、数学/科学、表演和问题解决③。这就好比进入迪

---

① 吕凯：《创造性人格的领域性及其对教育的启示》，《黑龙江高教研究》2014 年第 1 期。

② Kaufman, J. C., & Baer, J., The Amusement Park Theoretical（APT）Model of Creativity, *The Korean Journal of Thinking & Problem Solving*, 2004（2）.

③ Kaufman, J. C., Cole, J., & Baer, J. "The construct of creativity: Structural model for self-reported creativity ratings", *Journal of Creative Behavior*, 2009（2）.

士尼乐园后，需要选择哪个主题公园。这个层面已显示出创造力的领域一般性与特殊性的区别，其中最明显的就是科学与艺术的思维、语言方式都有明显差异。我们也发现，对某个一般主题层面非常重要的技能，对另一个主题层面却可能不一定重要。再次为处于第三级的领域，相当于某一特定主题公园中的各种板块。在这一层级，领域与领域的差别愈发鲜明，即使都是工科这一主题层面，建筑工程、信息工程的学生都需要良好的数理化基础，但他们之间的差异依然很大，比如学建筑工程需要有更强的空间感，学信息工程需要有更强的逻辑性。思维模式上如此，动机类型、知识储备、人格特性等方面都有明显区别。最后为处于第四级的微领域（或任务）。这就好比去迪士尼乐园的明日世界，游客既可以选乘太空轨道车高速行进，也可以置身立体影院体验太空冒险，还可以坐云霄飞车超越太空山，不同的科幻设施给人不同的太空体验。就创造而言，即使是同一个专业，因为研究方向不同，涉及的创造潜能也有一定差异。"总之，APT理论的第一个水平（先决条件）是一般性的，而下面的几个水平越来越具有领域特殊性，到最后一个水平（微领域），其领域特殊性就更加明显了。"①

APT重申，创造力技能往往具有"重叠性"与"两重性"。"重叠性"意味着一般主题层面、各领域以及微领域之间不仅需要一般的知识、思维、语言技能和人格特质，而且需要特殊的知识、思维、语言技能和人格特质；而"两重性"意味着某些知识、思维、语言技能和人格特质在概念层面具备一般性，但运用层面却又具备特殊性。比如创造性思维在所有领域都是必要条件，它具有一般性，但在不同领域的运用中其表现形式又有一定的特殊性。所谓"隔行如隔山"，不仅涉及知识问题，而且涉及思维问题，在科学研究、文学创作、视觉艺术乃至企业管理领域，其思维方式截然不同，其领域特殊性是显而易见的。综上，APT已认识到创造力的领域一般性和特殊性是并存不悖的，并发现了领域一般性和特殊性在层级结构中的重叠机制，有助于摆脱创造力领域一

① 刘桂荣、张景焕、王晓玲：《创造力游乐场理论及其实践涵义》，《心理科学进展》2010年第4期。

般性和特殊性的争论，将创造力研究提高到一个新阶段。这也启示我们，创新人才培养不仅要重视一般创造力的发展，而且要关注领域创造力（如语言、数学、科学、艺术以及道德创造力）的培养，并努力寻找将两者有机结合起来的有效途径。从层级结构分析，儿童年龄越小，学科课程越少，创造力的领域一般性越重要；而随着儿童年龄的增加，学科课程越来越分化，创造力的领域特殊性就显得越来越重要。这个问题在儿童创造教育中并没有引起足够重视，今后应开展更多的理论研讨和实验探索。

作者：王灿明

第 二 章

国内外儿童创造力培养的新进展

儿童期是创造力发展的关键期，尽早的教育介入有助于发现和培养创新人才，对国家的科技发展和社会进步都具有重大的现实意义和长远的战略意义。通过多年的不断努力，国内外对于儿童创造力培养的研究和实践取得了长足进步，有必要就发展现状和趋势进行分析总结，进而更有效地指导儿童创造教育。

第一节　国外儿童创造力培养的新进展

西方国家十分注重创新人才培养，进入新世纪之后又陆续推出了一些新举措，其主要观点、做法和经验具有借鉴意义。为此，课题组主要成员先后赴美国、日本、英国、德国、法国、意大利、澳大利亚、新西兰交流访学，并与新加坡、韩国、瑞典等国学者开展学术交流，考察创新人才早期培养的最新动向，积极探寻国外儿童创造力培养的研究成果与实践经验，这些国家不断强化课程设计的整体性，提升教学实践的实效性，实现教师专业发展的持续性，以及推广信息技术的应用给我们留下了深刻印象。其中，美国、英国和澳大利亚积极推进儿童创造教育改革，创建了一系列典型的培养模式，包括基于软件开发的儿童创造力培养模式、基于园艺教育的儿童创造力培养模式，以及基于艺术教育的儿童创造力培养模式，对世界各国产生了深远而广泛的影响。

一　国外儿童创造力培养的历史考察

（一）美国的儿童创造力培养

美国是儿童创造力培养活动开展得最为广泛的国家。从 1930 年起，美国科技发展得越来越好，创新能力也增强不少，这些都是美国成为世界科学中心无法忽视的成因。直到今天，美国始终注重科技创新教育，为自身的创新型国家地位奠定了坚实基础。第一颗人造卫星是苏联在 1957 年发射的，这件事在美国获得了很高的关注度，使美国开始对儿童创造力培养进行全面反思，期望在科技领域重新赢得优势。美国在 1972 年设置了一个叫作"天才儿童教育中心"的机构，用专款安排了对应的专职人员。从 1975 年开始，美国的儿童创造教育逐渐摆脱了当初的稚嫩，开始走向成熟，越来越体系化和系统化。1979 年，高恩等教育专家为了使天才儿童学到更高层次的知识与技能，为天才儿童制定了个性化的课程计划。美国政府在 1993 年发布了《培养美国人才的一个实例》的报告，提出学校必须在多种场合为天才儿童服务，不仅仅是在常规教室，还要在课堂、社区、大学或博物馆、电脑前等任何出现需要的场合①。按照美国法律条例的规定，获得适合自己的教育是每一个天才儿童应有的权利。美国儿童创造力的培养，最重要的地方是挖掘儿童对各种环境适应的潜能，重点培养儿童的领导才能、团队合作能力、独立与创造能力。近百年来，美国儿童创造力的培养在机构设置、科学研究、政策出台以及法律制定等方面都取得了长足发展。这些体制机制日渐成熟，使美国成为世界上为推进儿童创造力培养投入研究最多和从教人员力量最大的国家。

（二）英国的儿童创造力培养

英国经过了 100 多年的探索，在儿童创造力方面形成了成熟的培养体系。20 世纪 70 年代中期，英国的一些天才儿童以及他们的父母组成了"英国天才儿童协会"，主张"天赋不仅仅是智力，天赋还包含个人的性

---

① 孔燕、孟伟：《美国促进天才教育的政策探析及启示》，《当代教育科学》2015 年第 1 期。

格以及与他人交往的能力"，为天才儿童的培养指引了方向。自 2000 年起，英国天才儿童培养目标更加明晰。他们主张在普通儿童中甄选天才儿童，鼓励他们发挥自己的才能。英国为了培养天才儿童，开展了一系列和精英有关的计划。这些计划实施的第一步是到每一个学校选拔超常生，根据个人实际情况为他们制定培养计划。英国教育部在儿童创造力培养方面担负着主要责任[1]。首先，英国教育部明确提出，儿童创造力培养不仅仅是激发"天才和专才"，更多的是将那些"天才和专才"培养出丰富的创造性思维能力。因此，英国教育部参考国际上运用较为广泛的儿童智力水平评估方法，设立了"超常生国际水平测试"。这个测试分为三个年龄段：9 岁、13 岁和 18 岁。其次，英国的教育部从大方向上对天才儿童的教育做把控和引导，教育局指导分科以及天才儿童的各项学习，语文和数学教研组为天才儿童的教育制订了大纲计划，明确学习步骤，还鼓励学校自己结合特色进行教学计划的创新。与此同时，教育局较为注重小学、中学和大学三者之间的联系，还在牛津的布鲁克斯大学设立"高能儿童研究中心"，为创新人才教育做好长期准备。

（三）澳大利亚的儿童创造力培养

澳大利亚在儿童创造力培养上有着比较丰富的经验。澳大利亚的教育人士大都赞同人的天资是不同的，天资优越的儿童最终会在擅长的领域获得成就，因此这些天才儿童需要一种特别教育。这种特别教育可以帮助他们探究和厘清自己的思考模式，最终成为在学习上具有独立性、批判性、探究性和创新性的天才儿童。澳大利亚选择与确定天才儿童的标准分为综合智力、特殊的学术能力、创造性思维等若干方面。天才儿童鉴别的具体步骤是：首先，有意向测试的儿童向教师表达意愿，其次教师对其进行整体素质评估、智商水平测试以及综合素质水平测试，最后结合这三种测试结果对儿童是否能够进行创造力培养进行鉴定。当儿童被认定为天才儿童创造力培养对象后，学校将与儿童及家长签订一份特别教育协议，标明天才儿童的发展目标、可能获得的最大成就、获得

---

① 陈维、刘宁宁、苗建青：《关于拔尖创新人才培养的研究综述》，《知识经济》2016 年第 10 期。

这些成就所需要的时间等等。在儿童创造力培养过程中，教育者需要充分了解每一个儿童的方方面面。为此，教育者可以从校园儿童档案管理处查看儿童的档案包，了解儿童的学习兴趣和学习风格。在教学过程中，教育者运用诸如产婆术的方法与儿童进行辩论，使得儿童学会独立、合作以及研究性学习，教师着重培养儿童用辩证的观点看待世界，用批判性思维去观察和处理事情。儿童创造性思维培育是澳大利亚目前教育研究的热点，诸多大学为此创建了儿童创新能力培育机构。新南威尔士大学成立了英才教育机构。这个机构的主要业务是英才教育的咨询中心、信息中心和研究中心。在南半球，这个机构可以视作最早的儿童创造能力培育机构。这个机构从建立到如今，已有60多名教育工作者获得了英才教育硕士学位，还有来自澳大利亚各地以及新西兰、中国香港等地区的600名教育工作者在此完成了关于英才教育课程的学习①。

二 国外儿童创造力培养的进展情况

（一）关于儿童创造力培养的认识

不同的心理学者关于创造力的界定一直存在分歧，比较有代表性的有以下三种：第一种看法认为，创造力是一种无意识动机；第二种看法认为，创造力是具有综合性特点的复杂联合体；第三种看法认为，创造力是一种思维技能，是一种个体属性，是一种创造性思维的产物。不同的学者有不同的主张，这些各具特色的主张造就了创造力研究的不同路径与方法，在教育界中，主要是行为主义、认知主义以及人本主义等理论流派对创造力进行了相关研究，这些理论流派着重研究和重点关注如何协调教学中的目标、策略、内容和评价，才能更好地促进儿童的创造力发展。尽管有关儿童创造力培养方式的争议由来已久，但对于儿童创造力培养的重要价值是达成共识的。早在20世纪中期，人们对于通过培训来发展创造力就给予了很多关注，不少心理测量研究者致力于通过精确测量个体的创造力以增强其存在的现实。心理学家吉尔福特认为，与绝大多数行为一样，创造性活动能够在一定程度上反映出很多已经掌握

---

① 尤晓梅：《英才系统教育初探（上）》，《天津市教科院学报》2013年第6期。

的技能，尽管通过遗传来获得这些技能还存在一定限制，但可以确信的是，通过学习能够发展这些技能以突破限制。于是，一些用来帮助刺激个体创造力发展的特定培训项目出现了，包括思维工具、头脑风暴技能和创造性问题解决模式。爱德华创建了一种思维工具，他提出的"六项思考帽"（6 Thinking Hats）就是一种思维模型，不同颜色的帽子代表不同的思维角色，贯穿在思维的全过程，既包括个人的思考行为，也包括群体的讨论行为，特别关注每个人发表各种不同意见。美国创造学家奥斯本发明的头脑风暴是针对要解决的问题，让每一个人尽量多地提出自己独特的解决思路和方法。创造性问题解决模式（Creative Problem-Solving Model）是由奥斯本和帕内斯（Sidney Parnes）共同完成，该模式分为明确挑战、寻求事实、发现问题、提出想法、探寻解决方案以及确定解决方案六个阶段，每一阶段都始于发散思维（可能的事件、选项、标准、问题的广泛探索），终于收敛性思维活动（通过分类、组织、评价、选择等集中性关注）。

（二）学校教育在儿童创造力培养中所扮演的角色

当然，除了一些实效性的培训项目培养创新人才，正规的学校教育系统仍然扮演着儿童创造力培养的主导角色，从不同视角和领域分析大体可以分为三种培养路径：第一，教学实践的促进，主要通过创新教学方法和变革教学过程来刺激高水平思维、多元智能、发散思维的发展，以及解决实际问题的培养能力；第二，社会环境的营造，为激发学习者的创造动机和触发学习者的创造热情营造良好的支持性环境，进而引发学习者的富于创造性的想法和行为；第三，教育工作者对于儿童学习态度的指引，这在儿童创造力发展方向上发挥着关键作用。教育工作者对培养儿童创造力所发挥的主导性作用是毋庸置疑的，主要表现为以一种积极开放的态度来对待儿童的创造性想法或行为，更多地关爱儿童，而不是用自己的理念控制儿童，更加灵活地运用多种方式来应对儿童的创造性事件，以及对于儿童独立思考的价值给予足够的重视。当前创造力和创造性思维研究仍然处于比较混乱的状态，而现实世界中儿童的创造力培养与此息息相关，因此选择性地将相关培训项目所采用策略应用到教育系统中是完全有必要的，我们可以在现有的教育系统中对儿童创造力培养的相关理论进行研究，用聚合方法将可能的影响因素进行全面整合，从而形成有关儿童创造力培养的整体观点。当然，20世纪90年代以来，不少学者一直致力于构建儿童创造力培养理论框架，并取得了显著进展，然而，有关儿童创造力培养研究仍然存在着"只见树木，不见森林"的情况，每一个研究者只会关注这一庞大研究领域的很小一部分，却将其视为该研究领域的全部，并对其他研究者的研究成果持否定态度，于是就出现了大量无法形成合力的研究碎片，影响了儿童创造力培养研究的整体发展，所以通过协调不同维度和不同视角的研究以形成合力已经成为当前的一种必然趋势。

（三）儿童创造力培养的最新进展

自20世纪末以来，儿童创造力培养已经成为反映社会进步和经济发展的世界性热门话题，成为各国提升全球竞争实力的迫切需要。伴随着教育功能的重新构建，教育除了传统的知识传播与文化传承功能之外，还被赋予了通过培养年轻一代的创新和变革能力来强化人力资本的功能。与此同时，教育政策的调整、教育体系的修正和教学实践的改革在西方发达国家不断推进，而亚洲地区的韩国和新加坡也在积极实施教育改革项目，通过自上而下的方式推进儿童创造力培养。

美国是儿童创造力培养体制最为成熟的国家之一，也是世界上最早研究儿童创造教育的国家。美国用一些方法选出天才儿童，再对这些天才儿童进行个性化教学。学校从小学一年级就开始对儿童进行智力测验，选拔出一些天赋异禀的儿童进入"天才儿童培训中心"。中心里的教学专门针对天才儿童设置难度和进度，接受与其智商与天赋更加匹配的教育方式和教学内容。约翰·霍普金斯大学的天才青年中心每年都会去发掘天才儿童，因此在过去的30年里大约有150万名学生参加该中心的暑期课程，其中最小的天才是一个小学二年级学生。为了促进创新人才的培养，美国于1985年启动"2061"课程改革工程，这次课改主要是为了科普知识，提出了一个从根本上提高国民科学知识、改变美国教育体制的目标。2002年1月8日，《"不让一个儿童落后"法案》的发布统一了美国中小学的大纲和考试，为时代造就有用人才，同时通过提供诸如特殊学校、天才学校和家庭学校等多元化人才培养途径，为开发儿童潜力和创造力准备必要条件。此外，2010 年奥巴马政府公布了《中小学教育法授权改革蓝图》（A Blueprint for Reform for the Reauthorization of the Elementary and Secondary Education Act），倡议各级政府机构和非营利组织为所有儿童提供加速学习的机会，通过"早期大学或双注册项目"（Early-college or Dual-enrollment Programs）在高中设立大学水平的先修课程。在初中和小学提供更多的高级课程选项，并建立相应的学分替代和学分互换等配套措施，从而加强天才教育的发展，这是进入 21 世纪以来首次由总统提出关注天才儿童的政策。

英国教育和技能大臣克拉克（Charles Clarke）于 2004 年宣布启动一项广泛的国家战略，致力于在英国的教育系统与世界各地的伙伴学校之间建立起紧密联系，要求英国的儿童在知识、技能和创造力方面都能符合世界发展潮流，满足在竞争力日益加剧的全球社会生存的基本条件。为有效落实这项战略，英国一些顶尖大学与政府合作，每年定期举办暑期夏令营，给天才儿童一个接受特别教育的机会，激发天才儿童的天赋异禀，弥补日常教学中涉及不到的地方。夏令营课程不拘一格，不仅包括对幸福生活哲学的探讨，也有学术范儿十足的诸如盎格鲁 – 撒克逊考古学研究。2005 年，时任英国中小学大臣的大卫·米利班德发起了一项名为全英天才青少年学院的重点项目，专门为英国的公立学校中有天赋的儿童开设特别的教学课程。该计划采用暑期夏令营的形式，面向 11—16 岁的学生在 8 所英国顶尖大学设立 53 门相关课程，实施当年的支持资金已达 7000 万英镑，受益学生超过了 1000 名。

韩国政府极其关注儿童的创造教育，将英才教育视为针对儿童的首要教育方案。21 世纪初，韩国政府相继出台了《英才教育振兴法》《英才教育法案》和《英才教育实施令》。为了更好地推进儿童创造力培养，韩国政府还对现有课程进行调整，2001 年发布了第七版国家课程，目标是培养创造性的、独立的、自我驱动的公民，以引领信息、知识与全球化的时代。具体策略包括革新基础教育以孕育创造性、实施学习者为中心的教育发挥自我驱动的潜能，以及赋予学校更多的自主权以彰显特色办学思想。2005 年 8 月，韩国教育部门发布了《针对科学领域中有天赋的低年级学生实施适合其能力的科学教育》报告，着手对免费英才教育进行研究。该方案从小学中选拔天才儿童，并为天才儿童分配一对一的专家教育。为了提高儿童创造力培养的效率，韩国于 2007 年调整了英才教育计划，为英才教育设立了单独机构，设置了专门的发明教育中心和发明教室并将其教学与学校的常规课程学习融合，实现学分互认，使得发明英才学生数迅速达到了总人数的 5%。

新加坡的教育水平在全世界一直名列前茅，其对于儿童创造力培养也给予了足够重视，认为天才儿童虽然人数不多，但他们对社会的贡献可能更大，为此培养他们是一件十分重要的事。新加坡为天才儿童创建专门的教学计划和课程，将儿童的思维深度提高到一个新的层面。新加坡政府于 1997 年启动了一项名为"思考的学校，学习的国家"课程改革项目，致力于培养具有批判思维能力的、积极主动的创造性学习者，具体策略包括讲授批判性与创造性思维技能、削减课程内容、修订评价模式、强化教学过程而非结果等。新加坡的"天才教育计划"每年在小学的三、六年级挑选 5000 名儿童，培养这些天才儿童全面发展。为了让天才儿童拥有更加健全的人格，新加坡教育部于 2007 年实施天才儿童与大众化儿童融合项目，要求他们每天的课堂时间必须有 1/3 以上是在一起度过，鼓励他们之间通过各种途径，包括班级融合、课程辅助活动和社区服务活动进行交往以建立彼此的感情和激起对同一兴趣的激情。新加坡教育部还通过对普通教师进行天才教育的培训，提升学校教师素质，支持学校完成两类学生的融合。

尽管各国在儿童创造力培养方面都取得了或多或少的进展，但仍然没能将儿童创造力研究透彻，有很多不统一的词汇概念和策略，因此我们需要对传统的教学模式重新思考和定位，整理出一个完整的创新人才早期培养的理论框架。

三 国外儿童创造力培养的价值取向

（一）儿童创造力培养的目标定位

在每个人的一生中，都有一个对情感发展方向、智力开发程度、素质养成起到决定作用的关键期。儿童创造力培养的目标，就是在这个人才成长的关键期，根据每个儿童不同发展的需要，安排特定的课程，施加特别的影响，为儿童成为创新人才打下坚实基础。翁科（Jutta Wer-mke）将儿童创造力培养的目标视为一个综合概念，她假设了 4 个常规目标，其中每个目标都能带来个人发展：生成行动自由的主题；研究日常生活并发现新的观点；创造梦想世界；怀疑老套的问题并克服它的局限性①。一个人再有天赋，要成为一个创新性人才，他需要具备的目标与愿景、知识与涵养素养以及创新的想法和能力，都应该在特定的培养周期内完成。教育者们在儿童的早期学习培养实验中不能过于急切，导致揠苗助长，也不能只认准儿童成长过程中的某一个阶段的发展。相比于先小范围地开展实验来研究推广儿童创造教育，更重要的是应该让创造意识广泛传播。第一，从生物学角度来说，人在先天的智力和擅长的技能上是有差别的。有的天才儿童只需要制定一些适合他们的教育轻轻点拨，就可以为国家和社会作出贡献，如果教育忽略了这类天才儿童，对他们的发展保持随意的态度，那么很可能让国家和社会失去宝贵的人才。第二，人与人的成长环境不同直接影响了人与人的智力和潜力不同。纵观历史发展，有人早慧贡献社会，有人大器晚成，推进社会发展。所以说，我们不能片面理解早期培养，若是简单地理解为将早慧的神童培养成有用的人才，则背离了一开始的初衷。第三，就算天才儿童得到了适合他们的特殊教育，但能不能成为对国家有用的创新人才，还要看天才儿童是否有优异的人品和心理素质。因此，儿童创造力培养需要通过心理学家、教育学者、教师和学校领导者之间紧密合作，为具有特殊智能优势和发展潜质的儿童提供适合他们发展的全面素质教育，这样天才儿童成为创新人才的概率才更大。

（二）儿童创造力培养的科学甄别

儿童创造力培养的对象是需要特定选取的，无论哪一种培养对象的选取都要经过科学的程序和方法。当人们对儿童创造力的培养研究越来越深入的时候，以往的"唯智商是举"的选拔方法慢慢地失去了主导性地位。早期的儿童创造力培养研究主要集中在发掘和判断儿童是否有先

① Makel, Matthew C. , Plucker, et al. , "Review of The International Handbook of Creativity", *Psychology of Aesthetics Creativity & the Arts*, 2007 (1).

天的超常智力。高尔顿的相关智力存在高遗传性的研究与心理学家推孟的"天才"儿童智商范围的测定研究，都有一定的影响。赖斯和朱利伦选择了一些智力测量结果和成绩测量结果排在前5%的学生与排在前15%到25%的学生，将他们完成项目的质量进行对比，发现这两种人群并没有显著差异。所以，这两位研究者反对将儿童的创造力培养限定在排名3%到5%的学生中，强调选择天才儿童需要具有以下三种素质：创造性、积极的任务使命感、中等以上的智力，其中强烈的创造动机才是社会精英作出突出贡献的主要因素①。同时期泰勒的研究表明，每个人都可以算是天才，或是说每个人都有才能，儿童的创造力培养可以看作是一种接纳、感受以及教育所有的儿童拥有的天生才能的适宜方式。泰勒的理念中所看重的具体能力包括学习知识和技能的能力、与他人交流的能力、创造的能力以及全面规划的能力、对问题和即将发生的事情有预测和决策的能力。许多国外的儿童创造力培养计划已经将泰勒的理论当作是课程实施的指导理念了。在早期培养计划的实施中最让人烦恼的工作是对儿童潜能的发掘。从现实层面来说，一个人不管有多少优异的天赋，他的童年和少年时段都不容易获得真正意义上的"杰出表现"，然而潜在能力又很难用"卓越"这种词汇来表达。如何去考核每个拥有不同素质特长的人的发展潜质，还需要缜密的研究。相对于推荐和遴选等环节，将现行的考试成绩作为选材标准称得上是最容易、最简便但也是最草率、最不负责任的一种方式。总的来说，如果要加强儿童的创造力培养，第一步要做好的就是对相关人才的甄别选拔标准、方式和程序进行深入研究。

（三）儿童创造力培养的教学模式

只有深刻掌握什么是创新人才的发展需要，才能更加准确地掌握早期教育的本质。儿童创造教育从来没有标准答案，培养结果与每个儿童的独特需求和独特的教育环境有很大关系，在培养的每一步中都可能有差池，不管是在教学目标的制定上、参与者的选取上，还是教学效果的

---

① 陈维、刘宁宁、苗建青：《关于拔尖创新人才培养的研究综述》，《知识经济》2016年第10期。

评判上。儿童创造力的培养应研究怎样在有天赋的基础上，重点发展儿童的创新意识和创新能力；怎样在开发智力的同时，重点培养他们的成就动机以及意志精神；怎样从个性化的教学活动里学会与他人合作共享，培养团队精神；到底是集中培养，还是侧重混合编队；在这个过程中是针对儿童的共性进行相对统一的要求，还是说尊重每一个儿童的个性并为他们提供多样的选择。开放的课堂教学可以看作一种比较有效的儿童创造教育的模式，它既包括空间的灵活程度，也包括课堂内容的综合程度，同时还有个别教学和小组教学。课堂教学的开放性以一种开放的气氛展现，对儿童的创造力发展有很大帮助。哈登选择 200 多名家庭背景社会经济地位差不多的儿童，研究对象中的一半儿童在传统教学模式中学习，另一半的儿童在开放教学模式的小学中学习，通过测验他们的各种创造力来进行研究。结果显示：在开放教学模式下学习的儿童比在传统教学模式下学习的儿童优秀很多[1]。除此之外，苏里汶（Sullivan）的研究结果也证明了这一结论。这个研究表明，在开放的教学模式下的儿童不但在创造力测验中较传统教学模式下的儿童得分高，还在讲故事的活动中表现了更加生动的语言和更加灵活的句式；在家庭作业观察中，开放教学模式下的儿童更倾向于独立地完成家庭作业；开放教学模式下的儿童更倾向于独立完成东西的制作[2]。同时，托兰斯通过研究教学未竟性发现：教学的未竟性能够有效提高儿童的创造性发展的进程[3]。

（四）儿童创造力培养的评价标准

一个儿童未来能获得的事业成就和对社会的贡献受很多方面的制约，并不是接受了创造力培养试验的儿童就会成为这个社会的精英。作为一名教育者，我们的责任不过是尽力提高每个儿童成为精英人才的可能性，我们需要了解和尊重每一个儿童的个性特点、情感志趣、擅长之处以及未来选择的发展方向，激发她们的发展潜力，帮助每一个儿童做好取得

---

① 韩琴、胡卫平、周宗奎：《国外对课堂教学中学生创造性问题提出能力的影响研究》，《比较教育研究》2007 年第 1 期。

② 李志清：《少年儿童创造力发展的心理健康因素及其体育教育的作用》，《体育科技》2001 年第 3 期。

③ 张武升：《国外创造性教学研究的发展与特点》，《教师教育学报》2014 年第 2 期。

成功的准备。如果说创新是一个儿童的创造力培养的本质特性，那么创新具体又是什么呢？熊彼特（Joseph Alois Sehumpeter）认为：创新没有那么神秘，它可以是一种新产品的使用，一种新的生产方法的发现与使用；一个新的市场的开辟；创新也可能是一种在一开始或者开始之后，为生产提供一种新的能源和资源的供给来源；用新的思维模式将原有的工业框架进行重新整合，从而形成新的工业组合①。不过，创新发展到今天，已经超越经济领域，涵盖科技创新、产业创新、体制创新等各个领域。虽然创新人才的标准说法不一，但还是有一些我们所谓的主流看法。第一，拥有渊博的知识。创新是建立在对大多数事物本身有一个较为广泛的理解之上的，这样可以在了解事物的基础上对事物进行创新；不单单是对自己学科领域内的基本知识与技能的掌握，还应当了解其他学科领域的知识与技能，最终形成一种可以为自己长远目标的实现打下坚实基础和提供更多发展可能性的具有综合性的知识框架体系。第二，可以从问题的多种角度去思考它的解决问题的方法，具备创业的人和做企业的人所拥有的开拓创新精神，可以从宏观的角度用多个方向的思维甚至可以用批判性的思考模式去分析和解决问题。第三，寻找突破口能力强。创新性人才拥有超越当前时代的意识，可以在擅长的领域从前辈研究的基础上找到突破口，可以跟紧时代潮流创新一种社会发展所需要的新工艺、新想法、新产品、新技术等。第四，心理上不轻易被打败，始终保持一颗平静的心。对自己的事业专一和负责，在自己的事业上有坚忍不拔的气质，执着地追求，能够坚持到底；优质的人格心理品质，能够承受各种事情，可以淡定自若地应付变革与困难，较好地应付各方压力；交际能力强，可以与他人合作，可以明白自己与他人的互相依赖关系，在维护自己尊严和利益的同时谋求集体的共同发展。第五，创新手段和思维模式。创新方法有很多都值得使用，例如反向思考法、"用手去思考"、演绎方法等等。创新意识是指内心强烈的创新愿望或强大的推动力量，这个强烈的愿望源自对世界万物的强烈的求知欲。第六，创新人才

---

① 王丽娟、吕际云：《学习借鉴熊彼特创新创业思想的中国路径研究》，《江苏社会科学》2014 年第 6 期。

必须从事创新。一个拥有创新素质、创新方法和创新意识的人定会从事创新，很难想象他不从事创新。

四 国外儿童创造力培养的典型案例

当今世界的经济和技术不断发展，竞争越来越激烈，创造力的培养不再只是一种尝试，而是在未来世界中获得成就的必要组成部分。与此同时，儿童创造力的培养早已摆脱了价值取向与社会脱节的弊病，当它发展得越来越好的时候，就会逐渐成为国家提高自主创新能力以及实现科技快速发展的必然要求。长期以来，美、英和澳等国积极开展儿童创造力培养，并将儿童的创造力发展作为教育的核心使命之一，创建了一些经典的儿童创造力培养模式。

（一）美国：基于软件开发的儿童创造力培养模式

一直以来，基础教育领域存在着这样一种矛盾的情形：虽然儿童可以在课堂里学到很多知识，锻炼一些能力，但基础教育的课堂并不教儿童去设计某个事物或是感受事物的设计过程；基础教育的课堂允许儿童玩电子玩具，却不教会儿童如何发明新的玩具；允许儿童玩计算机游戏，却不教儿童如何设计计算机游戏。麻省理工学院媒体实验室（MIT Media Lab）为了达到一种可以帮助儿童的创造教育目标，设立了一个终身性的幼儿园小组（The Lifelong Kindergarten Group）。在这个终身幼儿园里，儿童没有闲着的，他们设计听音乐的软件、与别人交朋友的软件又或是进行游戏玩耍的软件等等。可以说，这个终身幼儿园是个学习的好地方。不论儿童来自什么背景，学会组织、思考和抒发自我是十分重要的。终身幼儿园激发儿童的灵感，教儿童学会如何持续地进行创造性的小组思考和小组学习。目前，这个创造性教学活动主要包括计算机俱乐部和涂鸦两个项目。在1993年成立的计算机俱乐部涵盖了20个国家的100个课后中心，从创立至今，已有20000多个家庭收入较低的10—18岁儿童或青年在这里接受过创造教育。计算机俱乐部帮助每一位儿童按照自己的取向创造属于自己的模型。小组与时代潮流紧密结合，不断运用新科技，开辟了新的职业潮流，扩大这种终身幼儿园的范围，造福更多的儿童。涂鸦项目于2007年成立，自创立之初就有很高的人气，讨论和分享是它的主要特色，创意方案的产生则是讨论与分享的成果。儿童（8 岁以上）可以在涂鸦项目中开发自己的程序和模型在站点分享。目前，涂鸦项目中每天分享的作品数千件，儿童可以是同伴、可以是教师，也可以是学生。这个项目也证明了数字化学习的存在意义。

（二）英国：基于园艺教育的儿童创造力培养模式

英国成立了皇家园艺协会（Royal Horticultural Society），从 2007 年就倡导学校进行园艺运动，提高学校花园的使用效率。除此之外，园艺运动需要的其他资源也会通过多种方式进行供给。英国学校园艺运动的初衷是每一个儿童不管家庭背景如何，都有接触自然的机会，成为具备基本的生活能力、热爱自然以及和自然和谐相处的年轻一代。学校园艺运动主要的目标如下：第一，倡导学校使用园艺教学；第二，园艺增强学校课程的丰富性、锻炼学生的生存技巧，促进学生的身体质量和思想的发展；第三，将园艺作为培养未来合格公民的重要手段。通过英国皇家园艺协会的引导和支持，每个学校都按照自己学生学习的真实情况展开园艺教育。在此之上，用"3Rs"创造性课程来教育儿童学会独立思考、创意思考、灵活处事、与他人合作和充满责任感等品质。园艺教育采用综合性评价，将课程分为五个等级，不同的等级形成不同的水平和规模，这五个等级分别是策划、启动、发展、经验分享以及形成规模水平，并将结果在网上公示。学校园艺活动因为它的公益性得到了社会中大部分人的认同，如今 12000 多所学校和独立的教育机构和协会签约，积极开展活动取得了良好的成效。例如英国南部的皮顿·希尔小学（Pirton Hill Primary School），这个学校的 2/3 的学生是经济贫困的少数民族，1/5 的学生不说英语，他们中的大多数没有较高的技能水平，基本低于英国的平均水平，不能够经常与自然接触。为此，将学生分成不同的小组，在学校种植南瓜，学生要将南瓜成长过程中的每一次变化都详尽地记录在本子上，互相协作完成南瓜的培育，大大改善学生原先的存在感弱的情况，刺激创造性思维的产生。在南瓜的成长中，儿童看到了南瓜种子的发芽、开花和结果，同时还有虫子的出现，这个过程的每一步都激发了儿童的创意思考，不仅培育了南瓜，也培育了儿童的创造力。

（三）澳大利亚：基于艺术教育的儿童创造力培养模式

一般情况下，艺术教育被认为是与发展艺术技能直接挂钩的，也是文化思想传播与理解的主要途径，但并未与儿童创造力培养建立紧密的关系。在 OECD 2000 年的调查中也发现，当时只有美国、英国、德国、荷兰、韩国和日本在有关艺术教育的国家政策中将发展创造力视为主要目标之一。实际上，在澳大利亚的塔斯马尼亚州、西澳大利亚州和昆士兰州很久以前就认同艺术教育对培养儿童思维能力和问题解决能力有着极其重要的作用。只是一直到 2005 年，澳大利亚才在《国家教育与艺术声明》中明确提出要在澳大利亚现有的教育系统中营造一种革新的文化，将艺术教育进行到底。墨尔本大学的早期学习中心（The Early Learning Centre，ELC）是一个专门开展学前儿童创造教育的实践与研究机构，该机构主要是针对 3—5 岁的儿童，采用艺术教育为核心的学前教育，并进行长期教育。早期学习中心以尊重儿童的好奇心与天性为宗旨，致力于使用艺术教育来进行创造力和表达能力发展的实践探索。有一些项目为了能够激发儿童天然的艺术特质，充分彰显儿童的个人思想和生活经验，设置了可以使儿童与家长合作的充满情感的感知、表达与回顾反思的学习课程，同时用绘画的方法、跳舞的形式、表演的方法，又或是音乐与诗歌的创作，以此为儿童提供更加多元与丰富的机会来抒发自己的想法和情感，这样可以促使儿童成为具有好奇心、观察力、宽阔的胸怀和充满奇思妙想的一代新人。早期学习中心还为儿童构建了丰富安全的以及充满激情的学习环境，用以提升儿童在学习过程的愉悦感和对知识的欲望，期望他们在玩耍过程中慢慢养成有自我驱动力的、独立的学习者，这样可以更深入地挖掘与激发儿童的潜能。探究式学习（inquiry-based learning）在创造力教育项目的实施过程中运用得十分广泛，它包括小组合作方案策划、经验性的实践探索和反思性的过程评价。艺术教育工作者为儿童创建了一个兼具创意和美的学习框架，儿童在这个学习体系中，可以想象自己在一个充满着真实情境的幻想世界，有点类似于虚拟和现实叠加的一个世界，正是在这种没有负担的快乐想象中，儿童可以锻炼出更多的勇气和探索精神，同时也会将自己的未来愿景抒发出来。早期学习中心的项目参考了澳大利亚早期关于创造教育的学习框架，将艺术教育作为调动教育者、父母与儿童的注意力的一种方式，同时用艺术教育的形式来培养创新人才：艺术教育活动可以让儿童亲身体验和感受关于新事物的知识，满足儿童的求知欲望；如何去思考和解决在艺术教育活动中遇到的问题可以帮助儿童对以后生活中遇到的问题都保持积极解决的心态，不逃避，专注解决；合作性的艺术教育活动既可以锻炼到儿童与他人合作的能力，同时也能让儿童学习到自己与他人共存的关系，对自己有一定约束，这样可以使儿童渐渐地遵守社会规则，成为良好公民。

五　国外儿童创造力培养的主要经验

儿童创造力培养的关注点逐渐由高等教育领域向基础教育领域，甚至是学前教育领域转移，更早地将批判性思维、创造性思维、与他人合作的能力以及其他关键能力的培养融入教育教学实践，并通过制订和实施国家级的考核与评价政策来引导这种转移。从教育系统内部来看，儿童创造力培养体现出一种显著的聚合策略和复杂模式的应用，将课程设计、教学实践、教师专业发展以及信息技术作为主要关注点，通过深入挖掘其中的因果关系和简化行动的预设来寻求儿童创造力培养的可持续发展。

（一）学校课程设计的重要角色

虽然不同的国家和地域在课程设置上有明显的差别，但毋庸置疑的是，开设课程为儿童创造力的教育带来极大的价值和效果。在学校课程设计的过程中，不少人以一种非常宽泛的方式理解创造力，他们将其视为人才培养必须拥有的才能的一种，思考方式和解决问题的创造性是课程学习中必不可少的关键之处。创造力对于儿童能否培养自信、善于学习、乐于奉献以及承担责任的品质有很大帮助；另一些人则是从相对而言较小的视角来看待创造力的概念，他们觉得儿童创造教育主要是通过人文类和艺术类的相关学科，创造力和人类的文体艺术活动联系得较为密切。当然，绝大部分教师相信可以在所有的学校课程中培养创造力，而不是局限于视觉艺术、音乐、喜剧和艺术表演课程。不过，在普通课程中培养创造力并非不存在任何困难，其中最为突出的问题是跨学科课程的缺乏。对于绝大多数学校课程来说，所有科目是相互分离的，很难经由某种主题或脉络联系在一起，违背了知识的整体观和主题式学习的基本理念，要确保在一系列非主题相关的课程中实现创造力培养几乎是不可能的。因此，创造与文化教育国家咨询委员会（National Advisory Committee on Creative and Cultural Education，NACCCE）在其报告《我们全部的未来：创造性、文化和教育》中明确提出，要创建平衡和广泛的课程系统，在国家课程与学校课程之间、在纷繁复杂的课程内容和主题之间、在课程安排的时间与空间之间寻求平衡。除此以外，课程容量也需要寻求平衡，过多的课程内容和课程教学任务对于创造力活动的开展无疑是有害的，导致无法发展儿童的深度理解能力和知识与技能的迁移能力。一些教育专家认为，课程内容的"超重"将导致无法为灵活性、创新意识和冒险精神的培养提供足够的时间和空间。

总之，在学校课程设计过程中，应该优先为儿童提供发展认知和创造潜能的机会，给创造力下一个统一定义，对于如何进行儿童创造教育制定一套有评价和参照标准的科学有用可行的方案，这样可以帮助创造教育扩大应用范围；设计课程时应该分析一下设计课程对时间地点有什么要求，是否都能灵活安排；所开设的课程内容是否顺应了时代发展的潮流，是否符合当代经济社会发展的需要（跨领域、跨学科、跨文化和数字化）；通过提供引导性辅助文件帮助教师基于课程教学开展创新人才培养，提升教学实践和创造力发展的相关性与适切性，最大限度地促进每一个儿童的创造力和创新意识发展；将多元化的社会机构作为重要角色来开展课程的评价与反馈，并更多地鼓励私营的社会组织参与进来，从而开发出能够引起广泛共识的课程。目前，不少国家都在开展课程改革，修订课程政策和计划，而强化课程在发展创造力和创新意识中的作用成为课程改革的重要使命之一。例如，捷克为个别化和个性化的教学设置优先权，希腊为创造性课堂活动和跨学科课程教学安排专门的时间，苏格兰以创造性学习为中心制订关键性技能培养计划，威尔士将"做中学"活动、动态参与活动和经验性学习活动融入课程教学。

（二）教学实践的融入

在教学实践中，儿童创造力培养面临着诸多困难，这些艰难之处形成的原因有很多，可能是由于知识、课程与创造性之间的复杂关系，或是由于在教学过程中一直发展变化的不同教学手段，又或是由于教育者创造性教学与以创造性为指导思想的教学存在的差异，这些都造成了教学策略和评价方法的选择对创造教育的影响，这种影响可能是正面的，也可能是反面的。对学校的教学实践能够产生影响的主要因素是教学策略的选择与评价方法的运用。它们的运用是一种推进还是一种阻力我们无从定论，但最后成果与教师在日常教学过程中所演绎和起到的作用有很大关系。

教师在课堂中对教学结果起到关键作用的情况在现实生活中还是有迹可循的，欧盟理事会在 2011 年的一项报告中提出，当今普遍运用的教学评价方法太过注重学生记忆和回顾知识的能力，而不怎么关注真正主导这些能力的关键能力的习得情况。对于儿童的创造教育，虽然很多教育工作者都秉持积极开放的态度，甚至认为创造力是英才教育的基础组成部分，但当谈论到儿童创造教育的开展以及评价时，教育者们则表现出一种消极的态度，并且这种消极的态度还会延续到教育者的工作实践中。由此，发挥教学实践对于儿童创造力培养的基础性作用非常必要，可以从国家政策、教学策略、教学评价三个方面来入手。

第一，国家政策的指引。国家政策对于教学实践的影响并没有设想的那么显著，这是因为在学校系统中，不管在选择教学方法或遴选教材上，还是在如何组织教学活动和运用何种评价手段上，学校和教育者们都有一定的话语权和独立权。随着课改的大力发展，政府教育主管部门应该相应地对相关考核机制、考试政策、评价手段以及教育质量测评进行改变与调整，不管哪一种教学实践改革，若是没有紧跟政策的改变做相关调整，那么这个教学改革实践短时间内是无法获得较大进展的。相关政策的制定者需要改革创新，需要对教学实践过程中不断涌现的富有创造性的教学理念和教学方法有积极灵敏的反应，当原本的教学标准和教学手段有新的发展时，教育者们应当及时更新。与此同时，制定政策的人应该将提高教育质量作为首先要做的事情，为天才儿童的创造力发展提供更好的学习环境和学习资源。

第二，教师教学策略的选择与运用。虽然国家统一制定的课程标准会对教师的教学实践产生影响，特别是中等教育阶段的教学内容与教学评价（与高考联系紧密），但国家并没有明确对初等教育阶段的教学提出太多规定性的要求。因此，少了政府大方向上的把控，一般情况下，教育者会使用最便捷、最贴合自己实际情况的教学手段。由此，制订一整套促进教师专业发展的配套措施是非常必要的，应该确保每一个教师都拥有足够的技能和自信来运用各种新的教学策略，而不能墨守成规，一味采用传统的教学风格来开展教学实践。此外，还应该积极引入迅猛发展的信息与通信技术，将技术与儿童创造力培养的实践有机融合起来。将新科技方法引入课堂教学中时，教育部门应该指引与支持教育工作者们，这样可以保证教育工作者在课堂使用更多的新媒体和新手段，为教育改革增添前进动力。

第三，教学评价的调整。在教学实践中，各个国家的教育工作者大多是采用传统的评价方式即总结性评价，但是通过有关形成性评价的应用实践和多元化评价方式（竞赛、演讲、电子档案袋）的科学运用，形成性评价对于儿童创造力培养的促进作用也一再得到证明，给儿童创造教育带来更多的发展空间和发展动力。所以，增加形成性评价的使用频率，可以使儿童更加全面地了解自己，包括了解自己学了什么知识，提升了什么技能以及在情感上有什么发展。

不管教学策略和评价方法如何，多元化都在教学改革前进道路上指引着方向，也更加有利于创新人才的早期培养。不过，现实的困境在于教师的时间、空间、能够承受的压力和获得的支持都是有限的，而这直接关系着能否满足儿童的需求，能否实施动态的教学活动，能否采用更加灵活的评价方式，并最终决定了能否在更高水平上发展儿童的创造力。

（三）教师的专业发展

每一个教师都有培养创新人才的潜能，但这种潜能能否转化为现实则取决于所具备的专业技能、实践经验以及在工作中能够获得的持续支持，于是教师的专业发展成为培养创新人才的基础性条件。时代的进步与社会发展更新了世间万物，与此同时，教育也早已和以往的日子不一样了，新的教学内容、教学手段冲击着教师自身专业素养的发展。新时代的教师不仅要有极高的专业素养，还要有创新思想、开阔视野、改革精神，这些也是一个培养儿童成为创新人才的教育工作者必须拥有的品质。美中不足的是，目前我们传统教学模式下的教育工作并没有紧跟这个潮流的发展，所以，我们应该进行积极的改革。首先，从培养新手教师的课程开始改革，将教师教育与时代接轨，培养新时期的教育工作者；其次，为在职教师开展专门的培训，鼓励在职教师的终身学习和专业素养的提升。如果要很好地实现儿童创造力的发展，教师创造力的提升就非常重要，哪怕教师只是在思想上对创新教育持支持态度。有研究证明，自身接受过创造力培训的教育工作者更擅长运用创造力，还会将创造力看作教学过程中最基本的教学手段。尽管绝大多数教师对于教育中的创造性有一定的认识和理解，但在尝试通过教学培养创造力、关注儿童的创造力发展需求以及扫除关于创造力的一些根深蒂固的错误观念等方面，还存在很大的改善和发展空间。对于一名合格的教育者来说，拥有明确的专业发展意识、清晰的专业发展愿景以及对于创造过程的正确理解是至关重要的。然而，现实的情况看起来并不似我们想象的那样好，在现在的教育教学中，有主导权的、让人们深信的仍然是沿用至今的传统教育理念和教育手段，还没有办法很好地将教师教育做一些变化，也没能很好地将创造力培养融入进去。一些有经验的教育工作者也都是在传统教学模式下接受的教育，因此，关于目前存在的一些教师培训，大多是形同虚设，没有对其进行统一的灵活管理。

如何为现在的普通教师提供更多的创造教育的实践指导是当前教师培训的重点。教师创造力的培训千万不能墨守成规，培训内容除了传统的知识和技能，还有教师信息传达能力的培训，也就是说，扩大人与人的沟通与交流并借此传播创造力。培训形式也不单单是在学校里培训，应该倡导更加丰富多元的培训形式，如个性化的、国际性的培训形式。除此之外，培训不一定要面对面，可以通过网络形式，开展一些主题讨论与合作研究。世界经合组织（OECD）的调查充分证实了多元化培训形式的重要性。初任教师接受适应和发展培训时，首先要学会如何进行课堂实践，实战经验的现场指导十分重要，创造性教学方法也非常重要。国家教育管理部门应该制定教师培训中发展创造性学习和教学的指南，实施各种以培养创造力为中心的教学法与评价策略，形成创新性教师的关键能力框架要求。在教师发展中，可以在现有的条件中创建一些网络平台来分享不同国家和地区教师的经验，甚至可以帮助不同地区的教师开展网络合作，大量的数字化资源也保障了教师的工作热情。教育部门应该从不同层级的教育工作者中选出秉持"活到老，学到老"理念以及坚持提升自己专业修养的老师，为他们开设一些免费的创造力培训课程，这样可以促进教师创新性教学的发展。尤其是在一些教师不受尊重和被忽视的国家和地区，教育部门应该制定相关政策，倡导教师职业的创造性，为教师的创造力发展增添动力。

（四）信息技术的整合

在一些教育基础落后的国家，中小学计算机的设备数量离实际需求差距较大，但不容置疑的是，信息技术必将带动教育的变革，信息技术必将推动儿童创造教育。很多国家和地区已经将信息技术和教学结合得很好，他们主要采取的形式是交互式白板、多媒体教学和虚拟实验室。当然，信息技术在教学中的应用还有很大的提升空间，甚至有不少教师由于自身原因仍然无法接受新科技在教学中使用，导致学校买来的本该发挥作用的设备被扔在角落里，失去了本该发挥的作用。尽管多数教育工作者在精神上对计算机技术融合到创新人才培养中持开放态度，尤其是信息技术运用到教学中，教学变得更加丰富多元，教学流程更加顺畅，教学内容更加生动形象，将教学结合信息技术比传统教学更具有优越性。然而，面对各种复杂的新技术和新媒体，由于缺乏相应的技能培训和技术指导，再加上教师本身教学压力较大，缺少自我学习和提升的动力，很难有效运用这些新技术和新媒体。教育部门应该制定一些技术维护、设备升级的规范，多投资信息技术教育，同时给予信息技术教学一些指导和支持。当前十分重要的是信息技术和创造教育如何进行有效地整合，教育部门应该制定一个全方位的计划，在这个计划中，教师可以有大量的技术支持资源，也可以学到很多在自身实践中学不到的经验。

第二节　国内儿童创造力培养的新进展

在改革开放的时代大潮中，我国儿童创造力培养在理论研究、实践创新和组织建设等方面开展了大量有益的探索。纪念改革开放 40 周年，全面回溯和理性探寻儿童创造力培养的主要模式与基本经验，可为不断完善儿童创造教育理论体系贡献"有意义的思想资源"，也可为全面推广和深入实施儿童创造教育提供值得借鉴的操作样式，从而更好地担当"为世界科技强国奠基"的神圣使命。

一　国内儿童创造力培养的进展情况

陶行知是我国儿童创造教育的开创者，他潜心理论探索，并身体力行，给我们留下了弥足珍贵的思想财富。新中国成立后，我们全面学习苏联的教育思想和教育体制，儿童创造力培养没有得到应有重视，"文化大革命"彻底否定了陶行知和他的创造教育。改革开放以后，我国儿童创造力培养经历了艰难破冰、积极探索和加速振兴三个时期。

（一）破冰期（1978—1984 年）

解放思想似惊雷划破长空，改革开放像春风吹绿大地。面对尚未突破的思想禁区和僵化教条，邓小平同志明确指出："干革命，搞建设，都要有一批勇于思考、勇于探索、勇于创新的闯将。没有这样一大批闯将，我们就无法摆脱贫困和落后的状况，就无法赶上更谈不上超过国际先进水平。"[①] 十一届三中全会吹响了实现四个现代化的集结号，解放生产力首先必须解放人的创造力，儿童创造力培养逐渐回暖，破冰期由此到来。一是开展"五小"活动。作为改革开放的桥头堡，上海的创造教育始终走在全国前列。1980 年，上海市教育局、团市委等在中小学开展"小建议、小改革、小创造"活动，得到积极响应。此项活动很快扩散到全国，并发展为"五小"（小发明、小创造、小实验、小论文、小制作）科技活动，催生出一批"科技小明星"。二是成立学术团体。尽管人才学的建立、创造学的引进提供了一定的理论依据，但科技活动如何走上正常化轨道，还需要加强交流和协作。中国青少年科技辅导员协会于 1981 年成立，陶行知教育基金会于 1984 年成立，翌年又成立中国陶行知研究会，

---

① 邓小平：《解放思想，实事求是，团结一致向前看》，载《邓小平文选（第 2 卷）》，人民出版社 1994 年版，第 143 页。

成为熔铸理想、凝聚力量的重要平台。三是举办创造发明比赛。为了展示和推进青少年科技活动成果，中国科协、教育部等相关部委最早于1979年首次举办"全国青少年科技作品展览"和"全国青少年科学讨论会"。1981年中共中央批准成立"全国青少年科技活动领导小组"，时任中国科协主席周培源担任组长，举办了"第一届全国青少年科学创造发明比赛和科学讨论会"，现已演变为国内最权威的全国青少年科技创新大赛。这个时期的特征主要表现为解放思想，拨乱反正，对儿童创造教育的内容和方式进行了初步探索，发挥了宣传、发动和组织的作用。

（二）探索期（1985—1998年）

农村联产承包责任制取得突破，计划经济暴露出体制上的缺陷，十二届三中全会提出加快经济体制改革，建设充满活力的社会主义经济体制。为了满足经济体制改革的人才需求，1985年出台的《中共中央关于教育体制改革的决定》提出"四有""两热爱"和"两精神"的培养目标，其中就包括"不断追求新知，具有实事求是、勇于创造的科学精神"。"勇于创造"第一次被写进培养目标，极大地鼓舞了理论与实践工作者，儿童创造力培养犹如春潮涌动，扬帆起航。一是开发校本课程。大家逐渐认识到，不能简单地将科技活动与创造教育画等号，应加快课外科技活动向学校科技教育的转变，聚焦儿童创造力培养，只有切实有效地开发校本课程，才能让创造教育落地生根。二是开展教育实验。受科学实证主义影响，实验研究在此时期受到推崇，创造教育实验遍及全国。由于实验设计科学，覆盖范围较大，干预成效显著，张武升主持的"创造性思维与个性教学模式的实验研究"、陈泽河与张景焕主持的"儿童创造力开发的实验研究"、陶文中主持的"小学低中年级学生创造能力培养的实验研究"产生了较大影响。[1][2][3] 三是推进学术研讨。经过胡锦涛、倪志福等国家领导人和钱学森、钱伟长等科学家的联合倡议，中国发明协会、中国创造学会相继成立。1992年，中国发明协会中小学创造

---

① 张武升：《创造性思维与个性教学模式的实验研究》，《教育研究》1993年第2期。

② 张景焕、陈泽河：《开发儿童创造力的实验研究》，《心理学报》1996年第3期。

③ 陶文中：《小学低中年级学生创造能力培养的实验报告》，《教育研究》1998年第9期。

教育分会发起召开"首届全国中小学创造教育学术研讨会",至今已召开25届学术年会,有力推进了儿童创造力培养的学术研讨与交流工作。该时期的基本特征是满怀豪情、积极探索,大力推进儿童创造力培养的课程开发和教育实验,儿童创造教育研究也走上了繁荣发展的新征程。

(三)振兴期(1999年至今)

世纪之交的中国教育面临着严峻挑战,悄然而至的知识经济时代加剧了国力竞争,教育体制改革取得积极进展,但教育理念、培养模式、课程与教学改革仍然滞后于时代发展,应试教育的危害亟待根治。为此,1999年颁布的《关于深化教育改革全面推进素质教育的决定》提出全面推进素质教育,并将"培养学生的创新精神"规定为素质教育的重点。此前,创造教育被认为是与主体教育、愉快教育、情境教育等并列的素质教育"八大模式"之一①,而这一规定意味着创造教育已成为全体老师的职责,成为所有教育活动的核心,成为各种教育改革的主线,这就走出了因应试教育制约而被边缘化的困境。儿童创造力培养紧紧抓住这个机遇,由此开启了加速振兴的黄金时代。一是加强多元探索。既有全面推进,又有重点突破,或开发校本课程,融入学科教学,或搭建创新平台,组建科技社团,或整合社区资源,借力高等院校和科研机构,逐步形成各具特色的多种教育模式。二是建设教育基地。中国教育学会、中国陶行知研究会、中国发明协会、中国创造学会先后命名了一批创造教育实验基地,特别是教育部重点课题"创新教育研究与实验",由原中央教育科学研究所牵头、27个省区市共同组织实施,建立数千教育基地,开展全方位的实验探索,产生了较强的示范与辐射作用②。三是强化课题研究。创造教育的科学性和实效性有赖于理论研究,课题作为主要载体,也是重要抓手。据笔者统计,2001—2018年仅全国教育科学规划项目就有32项小学创造教育相关课题获得立项资助,其中国家重点课题1项、国家一般课题12项、国家青年课题1项,教育部重点课题14项、教育部

---

① 燕国材:《素质教育的回溯、成就与思考》,《上海师范大学学报》(哲学社会科学版)2009年第2期。

② 华国栋:《推进创新教育 培养创新人才》,《教育研究》2007年第9期。

青年课题 6 项，取得了一批具有前瞻性和引领性的研究成果①②③④。这个阶段的显著特征是以只争朝夕的紧迫感推进儿童创造力培养，理论研究和实践探索的本土化水平不断攀升，为促进创新人才早期培养提供了"中国方案"。

伴随第四次工业革命的崛起，创新成为引领发展的第一动力。《国家创新驱动发展战略纲要》提出以 15 年的奋斗跃进创新型国家前列，再以 20 年的拼搏成为世界科技强国。为实现这一梦想，2017 年颁布的《关于深化教育体制机制改革的意见》强调在"双基"培养过程中，切实加强关键能力培养，并将创新能力列为"四项关键能力"之一。从"勇于创造"到"创新精神"再到"创新能力"，看似文字表述的差异，实为教育思想的飞跃。"勇于创造"关注部分学生的创造发明，"创新精神"重视培养全体学生的创新人格，而"创新能力"则强调创新思维、创新人格和创新行为构成的"三位一体"的心理结构，这就意味着教育对象从面向少数精英转变为面向全体学生，教育内容从单一的创新行为训练转变为创新素质的全面提升，它既反映了改革开放后我国创新人才早期培养的成功经验，又为今后如何实施儿童创造力培养指明了正确方向。

二　国内儿童创造力培养的典型案例

通过长期的追踪调查，笔者将全国各地的儿童创造力培养概括为基于科技教育、校本课程、家庭实验室、少年科学院、创造学院或名师工作室的创造力培养模式，并通过典型案例剖析它们的基本内涵、结构要素和实践成效。

（一）重庆市南岸区珊瑚实验小学：基于科技教育的儿童创造力培养模式

科技创新是全面创新的核心，科技教育是创造教育的灵魂。基于科

---

① 林崇德：《培养和造就高素质的创造性人才》，《北京师范大学学报》（社会科学版）1999 年第 1 期。

② 朱永新、杨树兵：《创新教育论纲》，《教育研究》1999 年第 8 期。

③ 张志勇：《关于实施创新教育的几个问题》，《教育研究》2000 年第 3 期。

④ 胡卫平、余国良：《青少年的科学创造力研究》，《教育研究》2002 年第 1 期。

技教育的儿童创造力培养模式是以科技教育驱动校本课程建设、创新课堂教学、开展科学体验活动的一种儿童创造力培养模式。从早期的科技活动到现在的科技教育，涌现出一大批科技特色学校，重庆市南岸区珊瑚实验小学就是一个典型代表。近年来，基于科技教育的儿童创造力培养模式正向机器人教育、STEM 教育、创客教育等方向发展，显示出蓬勃生机。

坐落于南坪商圈的珊瑚实验小学，始终坚持科研兴校，对科技教育进行整体规划，确立"亲于做人，善于学习，敢于创造，趣于生活"的育人目标。基于科技教育的儿童创造力培养模式，主要包括校本课程、亲亲课堂、科学体验三个要素。一是建设基于科技教育的校本课程体系。既在学科基础课程中确保科学课的落实，又在趣味拓展课程、特长彰显课程中提供足够的科学实践和创新体验项目，让学生自主选择。二是构建以"教学要素亲和、学习过程亲证、生命能量亲在"为核心的"亲亲课堂"①。将亲亲课堂作为实施科技教育的主阵地，不遗余力地推行创造性教学。三是开展丰富多彩的科学体验活动。坚持做到常规活动与专项活动相结合、普及活动与特色活动相结合、课内活动与课外活动相结合，学生参与率达到100%。

珊瑚实验小学的科技教育取得了显著成效，很多学生拥有自己的发明专利，在美国世界杯国际青少年机器人大赛、日本青少年电脑机器人世界杯总决赛、葡萄牙青少年电脑机器人世界杯总决赛中斩获金牌，郑凯同学获首届中国青少年科技创新奖。学校被中国科协、教育部等七部委授予"全国科技教育创新十佳学校"。该校的"小学特色科技教育的体系创新与实践探索"获首届国家级基础教育教学成果二等奖。

(二)济南市经十一路小学：基于校本课程的儿童创造力培养模式

早在20世纪80年代中期，上海、北京就有小学开设《创造发明》《创造性思维》等特色课程，影响波及全国。基于校本课程的儿童创造力培养模式就是以校本课程为中心来开发、实施与评价小学生创造力的一

---

① 谭劲：《珊瑚最红，孩子最亲——重庆市南岸区珊瑚实验小学办学理念的实践解读》，《人民教育》2012年第11期。

种儿童创造力培养模式。该模式在各省市许多学校得到推广，济南市经十一路小学便是最具代表性的学校之一，被评为全国创造教育先进单位、全国中小学生创造力培养示范学校。

坐落在英雄山下的经十一路小学，以"与发现为友，与真理同行"为校训，以"创造无限，大爱无边"为办学理念，以"创造是一种大爱"为价值追求，精心建构基于校本课程的创造教育模式，主要包括开发、实施与评价三个要素。一是构建适合儿童创造力发展的课程体系。从1999 年开始，在全校专设创造教育课程，其中一至三年级为《创造活动》，四、五年级为《创造发明技法》，六年级为《科学史话》，每周 1 节课。2008 年增设 DI 创新思维训练课程，近年来又增加了机器人社团课程。同时，将儿童创造力培养贯穿于学科课程，并以此重构学生的第二课堂，将一年一度的科技节、艺术节、图书交易节纳入课程计划，不断完善"创造为魂"的校本课程体系。二是构建促进儿童创造力发展的智慧课堂。先后组织"如何提高学生学习的参与度""如何使学生深层次参与小组合作学习""如何有效评价学生创造力的表现"等十几个专题研究，解决教学改革难题，推进创造力课堂探索。三是构建促进儿童创造力发展的评价体系。为了促进小学生创新能力发展，该校从是否有创新性问题、是否有创新性思维、是否有创新性方法、是否有创新性观点与结论等四个观察点评价课堂教学创新。

经十一路小学实施基于校本课程的儿童创造力培养模式，有效激发了儿童的创造力，他们共获 671 项国家发明专利，2600 多人次在各级创新竞赛中获奖，其中 26 人获评中国少年科学院小院士，1 人被团中央评为中国创新少年。近年来，该校学生在国际机器人比赛中获 5 项冠军，引发基础教育和新闻媒体的广泛关注。

（三）温州市实验小学：基于家庭实验室的儿童创造力培养模式

西方家庭实验室由来已久，无论是"发明大王"爱迪生，还是诺奖得主钱永健，都起步于家庭实验室。基于家庭实验室的儿童创造力培养模式是以家庭实验室为平台，以真实任务为切入点，实施镶嵌式实验指导，形成家校联动机制的一种儿童创造力培养模式。该模式起源于温州市实验小学，目前已推广到全市的 260 多所小学，成为温州基础教育的一张名片。

该校陈耀老师发现，科学课布置学生回家做实验，成效甚微，便组织学生家庭开展"角落中的世界"行动，最终93%的学生认真完成了家庭实验。陈耀老师备受鼓舞，决定将家庭实验室推广到3至6年级的每个家庭，让科学"飞入寻常百姓家"。无论是地窖、车库，还是阳台、书桌，仅需一个角落，就可安放儿童的实验室①。基于家庭实验室的儿童创造力培养模式主要包括真实性问题、嵌入式指导和多元性评价三个要素。一是提出真实性问题。之所以有的学生不能认真完成实验，是因为课题脱离他们的生活，教师应引导学生结合生活背景和兴趣爱好提出适合自己的真实性问题。二是创新家庭实验指导模式。为了解决教师指导过多学生力不从心的问题，该校实施"嵌入式指导模式"，促进教师指导和家长指导的相互嵌入，教师将主要精力聚焦在选题、设计和结题环节，家长主要承担家庭实验的指导职责。三是构建多元性家庭实验评价机制。评价主体不仅有教师，而且涵盖家长和同学，不仅注重研究成果评价，而且关注实验过程评价，实验成果不仅在校内评比，而且走出校门进行展览，大家共同分享实验的乐趣，体验成功的喜悦。

温州市实验小学的家庭实验室立足课堂，延伸课外，科研成果先后获全国青少年科技创新大赛一、二等奖，不少同学申请了国家发明专利，矢志创新的陈耀老师也获评"全国模范教师""中国十大科学传播人物"称号。

（四）南京市凤凰街小学：基于少年科学院的儿童创造力培养模式

少年科学院是学生开展科技活动的群众组织。首家少年科学院由浙江临安县的11名小学生于1958年发起成立，得到周恩来总理的鼓励和称赞。1999年，为了发现和培养优秀少年科技人才，团中央、全国少工委创建了中国少年科学院。基于少年科学院的儿童创造力培养模式是通过少年科学院开展科技研习、科技发明和科技竞赛等活动，加强创新人才早期培养的儿童创造力培养模式。这种模式以南京市凤凰街小学为典型，该校的少科院已推广到南京的100多所学校，成为助推南京"教育名城"

---

① 宋晓梦：《温州：创新科学教育》，《光明日报》2008年10月29日第10版。

建设的排头兵。

1996年，秦淮河畔的凤凰街小学成立"娃娃创造科学院"，下辖5个研究所，聘请特级教师陈长明担任顾问。"娃娃创造科学院"引进竞争机制，开展丰富多彩的研习、发明和竞赛活动，极大地激发了学生的创造力。一是着力科普研习。除了每周1节的创造教育课，定期邀请相关科研院校的知名专家进校园，开展全员科普，推介科技前沿，引导学生关注科技知识的发现过程，体验创造发明的奥秘。二是加强科技发明。首先，科技辅导员每周指定一个生活用品，请学生运用缺点列举法，找出其缺点，提出其改进"点子"。然后，在科技辅导员指导下，对评选出的"金点子"进行研究、设计和制作，从而转化为科技小发明。这一流程与从发散到聚合的创造性思维过程完全吻合，收到显著成效。三是举办科技竞赛。每年4月、10月举办"航模节"和"科技活动节"，10月最后一周举办"创造发明节"，每两年还举办一届大型博览会，集中展示学生的创造发明作品，并遴选优秀作品参加省市科技创新竞赛。

凤凰街小学给儿童插上梦想的翅膀，其中7名学生获评中国少年科学院院士，1名学生获评"全国十佳少先队员"，1名学生获评中国青少年科技创新奖，"娃娃创造科学院"也被评为"全国科技教育活动示范基地"。

（五）上海市静安区和田路小学：基于创造学院的儿童创造力培养模式

改革开放以后，全国涌现出一批创造教育名校。如何发挥它们的优势，促进区域创新人才的早期培养，日益引起人们的思考。基于创造学院的儿童创造力培养模式是以创造学院为平台拓展创造空间、丰富课程层次、集聚资源效益的一种区域创造教育模式。该模式肇始于上海市静安区和田路小学，因有效解决了上述问题而获国家级基础教育教学成果二等奖。

2011年秋天，创造学院在和田路小学落成，它是该校创造教育课程的实施场所，同时辐射到静安区50多所小学，其创新举措已初见成效。一是拓展创造空间。以"点燃每个学生的创新之火"为愿景，设置艺术创新、科技创新与数字化创新三类课程，构建完整的拓展型课程体系。二是丰富课程层次。面对不同学生实施三个层次的课程："微课程"定位于创造力发展的基础知识，通过"菜单式"课程活动单的设计，激发儿童的创造乐趣；"短课程"定位于常见创造技法的训练，每学期完成一件作品，养成儿童的创造习惯；"长课程"定位于专项技能的培养，主要面向学业成就高、创造潜力大的学生，提升儿童的创新能力。三是集聚资源效益。建立"小学生创造护照"评价机制、向区域开放活动的流动机制、志愿者服务机制、校园主题活动机制，为学校特色课程体系的实施提供可借鉴的样本。四是创新评价方式。倡导过程性评价与形成性评价相结合，用9个"创造好习惯"作为评价指标；以"创造专利认证制度"激发学生创造的主动性和积极性，充分展现他们的个性特长；以"创造学院护照"对学生自主探究与解决问题能力进行评价，积极探索儿童创造力发展积分评价方式。

作为上海市创新实验室建设的优秀案例，创造学院以其独一无二的课程模式和操作样式成为全国首家小学生创造学院，近年来共获得200余项国家专利授权，两次代表中国参加世界创新大赛并获2013年DI全球总决赛冠军，被誉为儿童创造的"梦工厂"。

（六）长沙市肖宗文科技创新特色工作室：基于名师工作室的儿童创造力培养模式

儿童创造力培养走出了一批名师，却因为数量较少而孤军奋战。基于名师工作室的儿童创造力培养模式是以名师工作室为载体，以师徒结对为纽带，以教育科研为导向，开展科技创新活动的一种区域创造教育模式。该模式以长沙市肖宗文科技创新特色工作室为代表，是以创造性教师成长推进区域儿童创造力培养的最佳实践案例。

为了发挥全国优秀科技辅导员肖宗文的引领作用，长沙市教育局于2013年成立"肖宗文科技创新特色工作室"，精准设计和倾力推进"五大工程"，开展儿童创造力培养的区域性探索。一是实施"名师引领工程"。精心制定实施方案，延聘顾问，构建名师和骨干教师两支团队，积极承担创造教育活动。二是实施"师徒结对工程"。共分6个小组，每位工作室成员至少指导3位青年教师。三是实施"理论提升工程"。定期邀请中国发明协会、中南大学、湖南省总工会的有关专家作专题讲座，组织理论研修，构筑理论高地。四是实施"示范引领工程"。对每位学员进行教学诊断，完善生涯规划；定期开放科技创新活动，展示课题研究成果；深入成员学校，强化科技创新活动指导。五是实施"信息共享工程"。建设科技创新教育网站，开辟创新动态、名师对话、成长园地、课题资料、创新比赛、优秀案例、知识产权等专栏，实现"名师引领，共建共享"。

"五大工程"推动了教师的专业发展，涌现出多名特级教师、骨干教师，儿童创造力也得到加速发展。仅2013—2015年，他们在全国青少年科技创新大赛上获一等奖2项，全国DI创意大赛上获13块金牌，全国机器人大赛上获18块金牌，国际发明展上获5块金牌。区域连片、分组辐射，促进了长沙市各区县科技创新教育的均衡发展，带动了一批科技特色学校成长起来，其中长郡芙蓉中学和天心区沙湖桥小学被国家知识产权局、教育部评为"全国知识产权教育试点学校"。

三 国内儿童创造力培养的基本经验

儿童创造力培养模式既有各自特有的个性，也有广泛存在的共性。提炼这些模式生成与发展的基本经验，我们应坚持以理念更新为前提，以课程建设为抓手，以教学改革为根本，以资源整合为依托，以教师成长为基石，以评价改革为导向，以创新文化为保障，积极构建创新人才早期培养的有效机制。

（一）理念更新是儿童创造力培养的前提

创新人才的早期培养对学校培养目标、课程设置、课堂教学、校外课外活动、教育评价、教师成长乃至校园文化建设都提出了较高要求，没有新的教育理念，就很难完成这些任务。早在改革开放之初，上海市静安区和田路小学就开始了儿童创造力培养探索，在长期实践中形成三个教育理念。一是"让创造成为一种乐趣"：创造是一种目标，也是一种过程，每个师生都要追寻创造梦想，追寻创造激情，在不断追寻中体验创造乐趣；二是"让创造成为一种习惯"：创造并非刻意作秀，更不是被迫行为，而是一种率性而为，一种蓦然回首，是日久天长中形成的一种习惯；三是"让创造成为一种理想"：创造是一种价值追求，也是一种人生愿景，应将创造视为自己的事业去经营①。济南市经十一路小学的老师始终将儿童创造力培养作为学校发展的引擎，20 年来从未动摇，是因为他们都有一些共同理念。在他们看来，创造是人的本质，是敢为人先，无中生有，有中求新；创造力是最宝贵的智力资源，具有"用进废退"的特点，应该积极开发利用②。尽管对创造的理解不同，但勇于追求创造、为学生的创新人生奠基的目标是一致的，正是这些共同的教育理念驱使他们不懈努力，最终走上了儿童创造力培养的成功之路。

（二）课程建设是儿童创造力培养的抓手

改革开放之初的教师既缺乏理论，又缺乏经验，只能"摸着石头过河"。多年探索使他们意识到，课程建设是创造教育的主要抓手，培养儿童的创造力，必须构建促进儿童发展的课程体系。上海市静安区和田路小学是小学创造教育的先锋学校，也是小学创造教育的标杆学校，该校1980 年开始举行"五小"科技活动，着力于儿童的创造发明教育；1984年推出"和田创造十二技法"，加强创造技法训练；1998 年启动创造教育课程开发，全面加强创造能力培养。他们积极探索和精心构建了创造教育的基础型课程、拓展型课程和探究型课程，共三大类 58 门课程，全部列入教学计划，规定基础型课程必须对教材进行"二度开发"，每节课至少有 1—2 个培养学生创造力的问题或环节，并明显体现在教案上；拓展型课程定位于丰富学生的活动体验，提倡"腾出一个空间，让学生往前走；搭建一个平台，让学生去锻炼；创造一个机遇，让学生去把握；选择一个主题，让学生去探究"；探究型课程是学校的校本课程，是在原有课程基础上经过整合、改编或重组的课程，如基于"和田创造十二技法"编写的《创造发明》《创意制作》，以信息技术为载体开发的《虚拟创造》，为训练创新思维而编写的《创新思维》，为趣味小实验而编写的《创意实验》，为开发艺术创造力而编写的《创意剧场》。重庆市珊瑚实验小学、济南市经十一路小学、南京市凤凰街小学之所以能取得骄人成绩，

① 张军瑾：《让创造成为一种文化》，《教育发展研究》2003 年第 11 期。

② 陶继新、王新梅：《创造无限，大爱无边——济南市经十一路小学"十年磨一剑"的求索》，《中国教育报》2014 年 11 月 30 日第 4 版。

也都离不开学校开发的儿童创造力培养课程。

（三）教学改革是儿童创造力培养的根基

儿童创造力可以借由科技活动和科技教育而激发，也可以借助创造性思维和创造技法训练而习得，但究其本质而言，它还是根植于课堂，离开了教学，儿童创造力发展就会成为"无源之水"。济南市经十一路小学认为，课堂教学是实施素质教育的主战场，只有实现教学方式的根本转变，让学生成为学习的主体，他们的创造力才能得到发展和提高。因此，关注课堂、深入课堂、改造课堂，重建课堂文化是推进创造教育必须解决的问题。在情境教育创始人李吉林的指导下，江苏省南通师范学校第二附属小学始终坚持"以发展思维为重点，着眼创造性"[①]，将儿童创造力培养有机融入学科教学之中。一是确立教学原则。根据儿童和谐发展原理，贯彻教学的主动性和实践性原则，同时实施教学的美感性和创造性原则，促进学生快乐高效学习。二是优化教学过程。通过长期的情境教学实验，形成充满活力的教学流程，即"引入情境，在感受中诱发创造动机"→"凭借情境，在探究中激发创造性思维"→"融入情境，在体验中延展创造灵性"→"拓宽情境，在活动中培育创造能力"，将儿童创造力培养贯穿于情境教学全程。三是开发教学策略。实施生活融入策略、活动建构策略、思维协同策略、情智相谐策略，使儿童在人为优化的、有情有趣的学习空间中自由伸展生命灵性，唤醒他们的创造潜能。该校将情境教学作为推进儿童创造力培养的主要载体，不仅促进了儿童创造力发展，而且提高了学科教学的境界（参见本书第十章第二节）。

（四）资源整合是儿童创造力培养的依托

无论是课程建设，还是教学改革，都离不开资源开发。对乡村小学而言，投入不足、资源匮乏是制约儿童创造力培养的"瓶颈"问题，这就需要我们转换思路求生存，因地制宜谋发展。江苏省连云港市赣榆区柘汪镇第二中心小学是一所位于黄海之滨、苏鲁交界的乡村小学。该校以"点燃科学的火种，成就科学的梦想"为理念，巧妙挖掘区域自然资

---

① 李吉林：《激情萌发智慧：李吉林情境教育论文选》，教育科学出版社2016年版，第74页。

源，开展"绣针河中下游野生植物研究"。每逢兴趣小组活动时间、周末和节假日，儿童在老师的带领下，走遍绣针河沿岸的所有区域，仔细观察每株植物，采集制作植物标本。这项活动历时4年，重点研究近200种野生植物的生长习性和药用价值，搜集上千个民间偏方、验方，编成被誉为"绣针河本草纲目"的专辑《中草药卷》，成果获全国青少年科技创新大赛一等奖，学校也被评为"全国科技教育十佳单位"。他们总结经验，再接再厉，又发起"拥抱绣针河——绣针河系列科技实践活动"，积十年之功陆续编出专辑《贝类卷》《民居卷》《鸟类卷》《野生动物卷》《水文卷》《土壤卷》，为乡村小学走出创造教育困境开辟了一条新路。相比农村而言，虽然城市小学的资源要丰富得多，但也存在着不断增长的创新需求与资源不足的矛盾。作为中国创造学会创造教育实验基地，上海市长宁区愚园路第一小学为了弥补师资力量的欠缺，加强与长宁区少科站、科协、科研单位、街道的共建，让社区科普基地成为教学资源的补充。特别是与中国科学院上海硅酸盐研究所合作共建，组织学生参加硅酸盐研究所的科普活动，参观实验室，听取科普报告，开展实验探究，邀请硅酸盐研究所的专家到学校作巡回讲座，激发学生的创造志趣。总结上海市静安区和田路小学创造学院、长沙市肖宗文科技创新特色工作室以及温州市实验小学家庭实验室的成功经验，也应归功于他们对社区和家庭教育资源的有机整合。

（五）教师成长是儿童创造力培养的基石

创新社会的崛起，要求不断提高教师的创新素养。"现代意义上的教师已不再仅仅是知识的传授者，同时也是播种者、唤醒者、鼓舞者——去播撒创新的种子，去唤醒创新的潜能，去鼓舞创新的志向。"[①] 教师的角色转变，重在引导，贵在践行。重庆市南岸区珊瑚小学推行创造教育不搞运动，不靠强制，坚持因势利导，抓住科技教育典型给予表彰，着力宣传其做法，使科技教育成为全体教师的自觉行为。作为一所名不见经传的乡村小学，连云港市赣榆区柘汪镇第二中心小学只有70多名教师，却拥有1名全国优秀教师、1名全国优秀少先队辅导员、1名省特级

---

① 李吉林：《教育的灵魂：培养学生的创新精神（上）》，《人民教育》2001年第9期。

教师、10 名省"333 高层次人才培养工程"培养对象，其奥秘就在于"教师与学生共成长，学校与教师同发展"。例如，在开展"家乡的桥"调研之前，该校了解桥梁知识的教师只有 3 人，而活动之后所有辅导教师都在这方面愈加精通；通过"中草药研究"活动，十几名教师更是成为一方"名医"。这种以教师成长带动学生发展、以学生发展倒逼教师成长，追求师生成长同频共振的思路是难能可贵的，其成功经验值得我们借鉴。

（六）评价改革是儿童创造力培养的导向

实施儿童创造力培养，必须对培养目标、课程设置、教学过程等各方面进行改革，而评价改革制约着这些改革能否取得成功，它是影响教育教学活动的"指挥棒"，更是引领教育教学改革的"变频器"。近年来，基础教育在这方面进行了大量尝试。比如，济南市经十一路小学将学生的"素质报告单"设计为 7 个大项 40 个小项，在德育、智育、体育、社会实践活动基础上，增加学生的"爱好特长""创造能力"和"读书档案"三个项目，七个项目的权重完全相同。不仅如此，他们还在品德评价中增加影响创造性人格因素"心胸豁达"和"乐观自信"；在爱好特长中增加"交流项目"，着重考察学生的演讲能力、辩论水平和讲故事的能力；在创造能力中增加了"最佳创意奖""金点子奖""最佳表演奖""最佳制作奖"等十几个奖项；在读书档案中增加了"读书的新发现"和"读书的小评论"项目，引导学生开展创造性思维和批判性阅读。这种新的素质报告单颠覆了传统评价体系，使师生和家长更加关注综合素质，这就为全面培养儿童创造力提供了良好条件。

（七）创新文化是儿童创造力培养的保障

"教育的真谛乃是文化的自我创生"[1]。分析儿童创造力培养模式的生成和发展过程，可以发现创新文化具有举足轻重的地位。有的学校儿童创造力培养也曾轰动一时，但很快便成为"明日黄花"，往往是因为这些学校的领导急功近利，教师消极应对，所以创新文化很难扎下根来；而有的学校从一个兴趣小组、一门课程、一个教师开始，发展到全域覆盖、

---

[1] 朱永新：《教育的真谛乃是文化的自我创生》，《教育研究》2012 年第 3 期。

全力推进、全员参与，成为学生拥护、家长信赖、社会欢迎的名校，就因为这些学校的儿童创造力培养在体系化、常态化、精细化上下功夫，逐渐形成了崇尚创新、勇于创新、包容创新的文化氛围。为了营造具有科学特色的文化氛围，重庆市南岸区珊瑚实验小学增加投入，先后建成综合实验室、气象台、水族馆、机器人工作室、小水滴科技电视台，在全国小学规模最大的现代科技馆内，仿真机器人、双足步行机器人、马尾术、无皮鼓、三维滚环、万花筒、多像镜等数十个科技项目引导儿童走进奇妙的科技世界。此外，他们还在教学楼内建成科技知识长廊、科技展览室，建设"时间园""循环喷泉"等标志性设施，充分利用学校的每一块绿地、每一盆花木、每一幅字画营造创新环境，使师生浸润在触手可及的科技创新氛围中。这也启示我们，创新文化不仅是"无形"的，而且是"有形"的，最重要的是实现从"无形"到"有形"再到"无形"的转化，从而弥漫校园的每个角落，丰盈师生的每个灵魂，为创新人才的早期培养提供生生不息的强大动力。

总之，儿童创造力培养的 40 年是星火燎原的 40 年，也是百舸争流的 40 年。迈进社会主义现代化建设新时代，我们能否把握第四次工业革命的新机遇，问鼎世界科技强国，在很大程度上取决于创新人才的早期成长。习近平同志强调，少年儿童是实现中国梦的主力军，期盼他们"从小学习做人、从小学习立志、从小学习创造"。我们应该牢记使命，砥砺前行，共同谱写儿童创造力培养的新诗篇。

作者：钱小龙、王灿明、许映建

第 三 章

儿童创造力的发展特征与情境建构

　　探讨情境教育与儿童创造力发展问题，首先应明确儿童创造力的发展特征，再根据这些发展特征建构情境。看上去这是一个轻而易举的问题，但认真推敲以后却发现是一项至今无人涉足的难题。无论是哲学、修辞学还是心理学、戏剧学，许多学科都在研究情境，其定义纷繁复杂，莫衷一是，即使是不同的情境教育研究者，认识也相差甚远。因而，如何厘清各个学科的认识，科学解读情境的内涵、要件及其本质特征，并将它与李吉林情境教育的研究发现贯通起来，探讨基于儿童创造力发展的情境建构就成为本章的核心目标。这是一项创新任务，也是一项艰巨任务。

第一节　儿童创造力的发展特征

　　我们既要归纳创造力发展的一般规律，又要解析它在不同年龄阶段的发展特征。只有弄清这些年龄特征，儿童创造教育才能有的放矢，取得更好成效。

一　儿童创造性思维的发展特征

　　创造性思维是指以解决问题为前提，用独特的思维方法，创造出具有社会价值的新观点、新理论、新知识、新方法的心理活动过程。创造性思维是开拓人类未知领域的思维，可以扩大人们的认识范围，不断推进人类认识世界的水平。基于国内外学者关于儿童创造性思维发展特征研究的文献综述，本课题采用《托兰斯创造性思维图画测验》对江苏省南通市 1587 名小学生进行了科学测量和精准分析，为开展情境教育促进儿童创造力发展的实验研究提供实证依据。

（一）研究回顾

国内外学者对儿童创造性思维的发展过程进行了大量研究，对儿童创造性思维发展的实验干预也取得了振奋人心的成果。

1. 儿童创造性思维的发展过程

回望历史，在创造力这个概念还没有充分发育之前，研究最多的是创造性想象。20 世纪初柯克帕特里克（Kirkpatrick）就测量过一至八年级学生，结果发现其创造性想象发展呈波浪型，一至三年级显著高于五至六年级，四年级开始降低，但到七、八年级出现回升；在此基础上，辛普森（Simpson）开发了创造性想象量表，结果证明，小学三年级学生的水平最高，但到四年级就出现了"骤降现象"，引起不少学者关注[1]。

对创造性思维发展研究贡献最大的首推美国心理学家托兰斯（E. P. Torrance），他不仅开发了创造性思维测验（TTCT），而且开展了大样本研究，首次证实了创造性思维发展的犬齿形曲线。就其流畅性而言，一至三年级一直在提高，四年级降低，五年级回升，六、七年级再次降低，然后就一直维持着上升态势[2]。这一结论引发了世界各地相关学者的强烈兴趣，他们纷纷开展验证性研究，最终证实托兰斯的结论具有一定普遍性。

我国儿童的创造性思维发展究竟如何，近年来陆续发表了一些研究报告，其中影响最大的是沃建中领导的科研团队。他们在深圳、成都和北京选择四至十二年级的儿童进行测验，结果表明，不同任务条件下儿童的发散思维发展显示出不同特点：如果采用言语任务测验，小学四年级学生的发散思维处于发展低谷，四年级之后呈上升态势，八至十年级为上升期，但十年级以后就进入相对稳定的阶段；但如果采用图形任务

---

① 董奇：《西方关于儿童创造力发展研究综述》，《外国心理学》1985 年第 1 期。

② Torrance E. P., The Minnesota studies of creative behaviors: national and international extensions. *Journal of Creative Behavior*, 1967（1）.

测验，四年级就没有出现低谷，八年级和十年级是两个发展高峰①。为了扩大取样范围，增加可信度，他们还采用分层整体取样，以北京、湖北、四川、河南、山东、广东等6省市的10所中小学3301名学生为被试，不仅测验发散思维，而且测验聚合思维，发现我国青少年创造性思维在小学四年级以后就处于上升阶段，在六、七年级有显著提高，九年级到达巅峰，然后从十年级开始下降，但十一、十二年级之间并不存在显著差异②。可见，高中生的创造性思维发展明显低于初中生，应与他们学业负担过重存在着密切关系。这已不是一两所学校、一两个地域的问题，高中教育如果不能做出实质性改革，创新人才的早期培养成果就可能在这个学段被消减，导致儿童创造教育的功败垂成。

2. 儿童创造性思维发展的实验研究

自从吉尔福特（Joy Paul Guilford）所做的创造力开创性研究以来，发散思维就一直被作为创造性思维的核心，得到国内外学者的普遍重视。沈德立课题组曾对天津市某中学的初一学生进行发散思维训练，每周1课，为期半年。实验结果显示，被试的发散思维取得了显著进步③。此外，基于吉尔福特的智力结构问题解决模式，暴占光等学者以长春市某实验学校的初一学生为被试进行发散思维训练，每周1课，1年后的测验显示，不仅被试的发散思维测验得分明显提高了，而且被试的创造性人格与创造性思维测验得分也明显提高了④。但由于该实验样本偏小，到底两者之间是否存在着发展的"同步性"，尚需要进一步实验验证。

---

① 王福兴、沃建中、林崇德：《言语、图形任务条件下青少年发散性思维的差异研究》，《心理科学》2009年第1期。

② 沃建中、王烨晖、刘彩梅、林崇德：《青少年创造力的发展研究》，《心理科学》2009年第3期。

③ 沈德立、吕勇、马丽丽：《中学生发散思维能力培养的实验研究》，《心理学探新》2000年第4期。

④ 暴占光、华炜、张向葵、田录梅：《发散思维训练对62名初一学生创造力的影响》，《中国心理卫生杂志》2007年第3期。

20 世纪 90 年代以后，我国儿童创造性思维实验涌现出不少优秀成果[1]。其中，始终致力于青少年科学创造力探索的胡卫平教授以极大热情投入"学思维"活动课程的研发，每两周上 1 节课。该实验在提升被试创造性思维的同时，还有效提高了他们的语文与数学成绩[2]。该实验有良好的理论基础和完善的技术开发，堪称当代中国创造教育实验研究之典范。

3. 儿童创造性思维实验的相关研究

近年来，学业成就评价一直受到世界各国的重视。按照布卢姆（Benjamin S. Bloom）的目标分类理论，学业成就应包含认识、情感和动作技能领域，但由于情感和动作技能评价比较困难，通常侧重于有关学科的学业水平测试[3]。我国政府已把学生的学业成就作为基础教育质量监测的重要指标，许多校长和家长甚至把学业成就是否提高作为支持创造教育的依据。我们不妨看看两份先锋实验报告。一份报告来自张景焕、陈泽河的研究成果。该实验在山东省的 100 余所小学同步进行，主要是开展创造活动课的单项实验，结果被试的创造意识、创造性人格和创造性思维均得到明显提升，同时他们的智商与学业成就也得到明显提升[4]。还有一份报告源于刘文明的实验，主要是开展创造教育的综合实验。结果显示，被试的创造力获得明显提升，同时中高考的考分也实现了超常增长[5]。无论是单项实验，还是综合实验，创造教育都行之有效地提高了学

---

① 杨孟萍：《小学生创造性思维训练的实验研究》，《心理学探新》1992 年第 2 期；徐青：《小学三~五年级儿童创造性思维训练的实验研究》，《应用心理学》1999 年第 5 期；张武升：《创造性思维与个性教学模式研究》，《天津市教科院学报》2000 年第 5 期；谷玉冰、耿兆启、李士萍等：《小学体育教学中儿童创造性思维的训练》，《武汉体育学院学报》2006 年第 8 期；张孝义：《"留守儿童之家"项目对留守儿童创造力影响的实验研究》，《黄山学院学报》2012 年第 1 期。

② 胡卫平、张蕾：《"学思维"活动课程对小学生思维能力和学业成绩的影响》，《教育研究与实验》2009 年第 6 期。

③ 田慧生、孙智昌、马延伟等：《国内外中小学生学业成就调查与测评研究进展及启示》，《教育发展研究》2007 年第 11B 期。

④ 张景焕、陈泽河：《开发儿童创造力的实验研究》，《心理学报》1996 年第 3 期。

⑤ 刘文明：《初高中学生创造能力和学习能力同步增长实验报告》，《教育研究》1997 年第 3 期。

生的学业成就，证明创造性思维与学习成绩并无冲突，相反，还具有提高学业成就的积极功能。

（二）小学生创造性思维的发展研究

1. 研究对象与方法

（1）研究对象。

采用分层抽样法，从江苏省南通市市区、县城、乡村分别选取 3 所、2 所、3 所小学，从每所小学的一、三、五年级各选取 2 个班的学生作为测验对象。研究共发放测验问卷 1700 份，回收问卷 1636 份，剔除无效问卷 49 份，保留有效问卷 1587 份，其中：男生 826 人，女生 761 人；城市 302 人，县城 701 人，乡村 584 人；一年级 413 人，三年级 602 人，五年级 572 人。之所以选择江苏省南通市，是因为它是我国情境教育的发祥地，在情境教育的实践探索和理论研究方面有较好基础，便于开展本课题的实验研究。这八所学校就是本课题选取的实验基地，测验对象为实验班级和对照班级的全体学生。

（2）研究工具。

采用由美国心理学家保尔·托兰斯（E. P. Torrance）编制、上海师范大学叶仁敏和洪德厚修订的《托兰斯创造性思维图画测验》[①]。该测验包括图画构成、未完成图形、平行线测验三个任务，测量儿童思维的流畅性、独创性、标题抽象性、精致性、沉思性五个维度，其中流畅性是儿童思维的速度，即在特定情境中能流利顺畅地产生多种想法；精致性是儿童思维的精细度，即对细节和意境的精准把握；沉思性是儿童思维的广度，即思维的开放性，强调通过多维思考，获得更多想法；独创性是儿童思维的新颖度，即在问题解决过程中产生新的想法、方法或作品；标题抽象性为儿童思维的综合度，要求概括标题时能够准确捕捉信息点，做出新颖而独特的描述。该测验的 Cronbach's α 系数为 0.581，各维度之间的相关系数在 0.194—0.428 之间，各维度与总分之间的相关系数在 0.527—0.815 之间。

---

① 叶仁敏、洪德厚、［美］保尔·托兰斯：《〈托兰斯创造性思维测验〉（TTCT）的测试和中美学生的跨文化比较》，《应用心理学》1988 年第 3 期。

（3）研究过程。

研究共分三个阶段：一是准备阶段。所有团队成员共同学习测验指导语、熟悉测验流程，然后在小学进行预测验，并根据学生的反馈和老师的建议，将指导语修改为学生可以理解的语言。二是测验阶段。《托兰斯创造性思维图画测验》采用团体测验，主试按照统一指导语实施，要求被试在 30 分钟内完成测验。三是评分阶段。整理问卷，剔除废卷，对有效问卷进行编码，学习评分细则，进行正式评分，力求做到客观公正。所有数据均采用统计软件 SPSS19.0（中文版）进行录入、统计与分析。

2. 研究结果与分析

（1）小学生创造性思维发展的总体水平。

以小学生创造性思维的得分为变量进行描述性统计分析，结果显示，小学生的创造性思维总分为 45.34。根据评分手册，20 世纪 60 年代美国学者托兰斯测出的美国小学生创造性思维总分为 62.23 分，比南通小学生得分高 16.89 分，尤其在"精致性""沉思性""独创性"和"标题抽象性"四个维度的得分均明显高于南通小学生。对照 20 世纪 80 年代后期中国学者叶仁敏、洪德厚和美国学者托兰斯所做的跨文化研究，上海学生在"流畅性""精致性""沉思性""独创性"四个维度的得分均明显低于美国小学生[①]，这两份研究结果也是基本一致的。这从一个侧面揭示出中美基础教育的差异，也揭示出中美文化的差异。台湾政治大学吴静吉教授几十年来始终关注着亚洲特别是华人学生的创造力发展问题，并通过实证研究揭示华人学生的创造力显著低于西方学生，"仍然处在卧虎待启、藏龙待醒的阶段"[②]。在 2001 年举办的"华人创造力国际学术研讨会"上，他就这一议题发表演讲，引发了中国大陆、香港、台湾和新加坡学者的热烈讨论。为此，台湾学术期刊《应用心理研究》开辟专栏，

---

① 叶仁敏、洪德厚、［美］保尔·托兰斯：《〈托兰斯创造性思维测验〉（TTCT）的测试和中美学生的跨文化比较》，《应用心理学》1988 年第 3 期。

② 吴静吉：《华人学生创造力的发掘与培育》，《应用心理研究》2002 年第 9 期。

刊发这些专题讨论文章①，从不同领域分析和验证了这一结论。从某种意义上说，研究如何通过情境教育促进小学生创造性思维发展，不仅可以为中国大陆，而且可以为大陆以外的华人世界，探索一个创新人才早期培养的有效模式。

（2）小学生创造性思维发展的年级差异。

以小学生的年级为自变量，创造性思维总分及其各维度为因变量，进行单因素方差分析，结果见表3—1。

表3—1　　　　不同年级小学生创造性思维发展的差异（M±SD）

	n	流畅性	精致性	沉思性	独创性	标题抽象性	总分
一年级（A）	413	21.37 ± 7.98	3.87 ± 1.64	6.29 ± 3.07	5.62 ± 3.82	1.12 ± 1.59	37.46 ± 12.50
三年级（B）	602	25.12 ± 7.55	4.28 ± 1.83	6.03 ± 3.27	7.34 ± 3.45	4.48 ± 3.13	47.51 ± 12.55
五年级（C）	572	25.89 ± 8.45	4.26 ± 1.93	5.97 ± 3.53	7.43 ± 4.20	5.16 ± 3.42	48.74 ± 14.90
F		42.003 ***	7.390 ***	8.385 ***	32.212 ***	246.508 ***	92.267 ***
事后多重检验		A<B*** A<C***	A<B*** A<C***	A<B*** A<C*	A<B*** A<C***	A<B*** A<C*** B<C***	A<B*** A<C***

注：* 表示 $p<0.05$，** 表示 $p<0.01$，*** 表示 $p<0.001$，下同。

---

① 张武升：《开发与培育学生创造力的理论与实践》，《应用心理研究》2002年第9期；施建农：《创新教育何为先》，《应用心理研究》2002年第9期；郑英耀：《学校创新再见!?》，《应用心理研究》2002年第9期；颜鸿森：《知者创物，巧者述之》，《应用心理研究》2002年第9期；刘诚：《何时才见虎跃龙腾、生龙活虎?》，《应用心理研究》2002年第9期；林幸台：《青少年的创造力发展》，《应用心理研究》2002年第9期；陈佩正：《科学发史的教学与学生的创意》，《应用心理研究》2002年第9期；张秋政：《华人学生创造力缺乏之问题与解决之道》，《应用心理研究》2002年第9期；［新加坡］黄奕光：《培育独断的创造者以唤起卧虎睡龙》，《应用心理研究》2002年第9期。

表3—1显示，小学生创造性思维总分及其各维度存在极其显著的年级差异。事后多重检验发现：一是在"标题抽象性"维度上，五年级小学生的得分极其显著地高于三年级、一年级小学生，三年级小学生的得分极其显著地高于一年级小学生；二是在总分和"流畅性""精致性""独创性"维度上，三年级、五年级小学生的得分极其显著地高于一年级小学生；三是在"沉思性"维度上，三年级小学生的得分极其显著地高于一年级小学生，五年级小学生的得分显著地高于一年级小学生。

（3）小学生创造性思维发展的性别差异。

以小学生性别为自变量，创造性思维的总分及其维度为因变量进行独立样本 t 检验，结果见表3—2。

表3—2　　　　不同性别小学生创造性思维发展的差异（M±SD）

	n	流畅性	精致性	沉思性	独创性	标题抽象性	总分
男	826	24.86±8.27	3.98±1.82	5.87±3.35	6.91±3.96	3.61±3.21	45.26±14.19
女	761	23.95±8.09	4.37±1.81	6.04±3.27	6.94±3.85	4.11±3.54	45.42±14.27
t		2.211*	-4.322***	-0.984	-0.194	-2.932**	-0.229

表3—2显示，小学生创造性思维总分并不存在显著的性别差异，但在"精致性"维度上，女生的得分极其显著的高于男生；在"标题抽象性"维度上，女生的得分非常显著的高于男生；而在"流畅性"维度上，男生的得分又显著的高于女生。

（4）小学生创造性思维发展的区域差异。

以小学生区域为自变量，创造性思维及其各维度为因变量进行单因素方差分析，结果见表3—3。

表3—3　　　　不同区域小学生创造性思维发展的差异（M±SD）

	n	流畅性	精致性	沉思性	独创性	标题抽象性	总分
城市（A）	302	26.57±7.68	4.77±1.84	7.74±3.53	8.03±3.62	3.69±3.67	50.87±15.14
县城（B）	701	24.28±8.28	4.16±1.46	6.03±3.01	6.16±3.33	3.80±3.41	44.47±14.00
乡村（C）	584	23.48±8.17	3.85±2.12	4.93±3.14	7.27±4.47	3.99±3.19	43.53±13.30

	n	流畅性	精致性	沉思性	独创性	标题抽象性	总分
F		14.612***	25.648***	79.254***	28.845***	0.947	29.937***
事后多重检验		A > B*** A > C***	A > B*** A > C*** B > C**	A > B*** A > C*** B > C***	A > B*** A > C** B < C***		A > B*** A > C***

表3—3 显示，小学生创造性思维的"总分"和"流畅性""沉思性""精致性""独创性"维度存在极其显著的区域差异。事后多重检验发现：一是在"流畅性"和"总分"维度上，城市小学生的得分极其显著地高于县城和乡村的小学生；二是在"精致性"维度上，城市小学生的得分极其显著地高于县城和乡村的小学生，县城小学生的得分非常显著地高于乡村小学生；三是在"沉思性"维度上，城市小学生得分极其显著地高于县城、乡村小学生，县城小学生的得分极其显著地高于乡村小学生；四是在"独创性"维度上，城市小学生的得分极其显著地高于县城小学生，城市小学生的得分非常显著地高于乡村小学生，县城小学生的得分极其显著地高于乡村小学生。

（5）年级、性别、区域对小学生创造性思维影响的方差分析。

为了具体探讨年级、性别、区域对创造性思维发展的影响，以年级、性别、区域为自变量，小学生创造性思维总分及其各维度为因变量进行方差分析，结果见表3—4。

表3—4　　　　　不同自变量对小学生创造性思维的方差分析

	流畅性	精致性	沉思性	独创性	标题抽象性	总分
区域 * 性别	1.216	0.453	0.294	0.516	0.302	0.651
区域 * 年级	6.614***	9.165***	46.684***	20.644***	16.196***	13.767***
性别 * 年级	1.588	0.095	0.039	2.264	1.523	1.099
区域 * 性别 * 年级	0.328	0.769	1.245	2.024	0.085	0.464

表3—4 显示，区域与年级在小学生创造性思维总分以及"流畅性""精致性""沉思性""独创性""标题抽象性"维度存在极其显著的交互作用。为了深入探讨区域与年级的交互作用，我们对区域与年级又做了简单效应分析，结果见表3—5。

表3—5 区域与年级的简单效应分析

		流畅性	精致性	沉思性	独创性	标题抽象性	总分
城市	一年级（A）	23.91	3.98	4.91	5.61	0.42	38.85
	三年级（B）	26.82	4.98	8.24	8.24	4.72	53.04
	五年级（C）	29.38	5.46	10.49	10.60	6.41	62.42
	多重比较	A＜B** A＜C*** B＜C*	A＜B*** A＜C***	A＜B*** A＜C*** B＜C***	A＜B*** A＜C*** B＜C***	A＜B*** A＜C*** B＜C***	A＜B*** A＜C*** B＜C***
县城	一年级（A）	22.13	3.86	5.43	4.46	0.77	36.74
	三年级（B）	25.42	4.52	6.53	6.81	4.56	47.84
	五年级（C）	24.65	3.98	5.91	6.78	5.40	46.75
	多重比较	A＜B*** A＜C**	A＜B*** B＞C***	A＜B*** B＞C*	A＜B*** A＜C***	A＜B*** A＜C*** B＜C***	A＜B*** A＜C***
乡村	一年级（A）	17.59	3.78	5.93	7.63	2.39	37.32
	三年级（B）	23.99	3.67	5.13	7.62	4.25	44.67
	五年级（C）	25.66	4.05	4.30	6.80	4.48	45.29
	多重比较	A＜B*** A＜C*** B＜C*		A＞B* A＞C*** B＞C**	B＞C*	A＜B*** A＜C***	A＜B*** A＜C***

简单效应分析发现，在城市小学生中，首先在创造性思维总分及"沉思性""独创性""标题抽象性"维度得分上，一年级学生极其显著地低于三年级、五年级学生，三年级学生极其显著地低于五年级学生；在"精致性"维度上，一年级学生极其显著地低于三年级、五年级学生；在"流畅性"维度上，一年级学生非常显著地低于三年级学生，一年级学生极其显著地低于五年级学生，三年级学生显著地低于五

年级学生。这就证明城市小学生在创造性思维总分及其各维度上年级效应显著。

在县城小学生中，首先在"流畅性"维度，一年级学生极其显著地低于三年级学生，一年级学生非常显著地低于五年级学生；在"精致性"维度，一年级学生极其显著地低于三年级学生，三年级学生极其显著地高于五年级学生；在"沉思性"维度，一年级学生极其显著地低于三年级学生，但三年级学生显著高于五年级学生；在"标题抽象性"维度，一年级学生极其显著地低于三年级、五年级学生，三年级学生极其显著地低于五年级学生；在创造性思维总分及"独创性"维度上，一年级学生极其显著地低于三年级、五年级学生。这就证明县城小学生在创造性思维及其各维度上年级效应显著。

在乡村小学生中，首先在"流畅性"维度，一年级学生极其显著地低于三年级学生，一年级学生极其显著地低于五年级学生，三年级学生显著低于五年级学生；在"沉思性"维度，一年级学生显著高于三年级学生，一年级学生极其显著地高于五年级学生，三年级学生非常显著地高于五年级学生；在"独创性"维度，三年级学生显著高于五年级学生；在创造性思维总分及"标题抽象性"维度上，一年级学生极其显著地低于三年级、五年级学生。这也证明乡村小学生在创造性思维总分及"流畅性""沉思性""独创性""标题抽象性"维度上年级效应显著。

（6）儿童创造性思维对不同自变量的回归分析。

为了探讨区域、性别、年级对儿童创造性思维发展是否具有预测作用，以年级、性别、区域为预测变量，创造性思维总分及其各维度得分为因变量进行多元线性回归分析，结果见表3—6。

表3—6　　　　　儿童创造性思维对年级、性别、区域的回归分析

	自变量	B	β	Adjust R^2	F
流畅性	年级	1.199	0.229 ***	0.068	39.849 ***
	性别	−0.875	−0.054 *		
	区域	−1.780	−0.158 ***		

续表

	自变量	B	β	Adjust R^2	F
精致性	年级	0.120	0.103 ***	0.051	29.410 ***
	性别	0.407	0.112 ***		
	区域	− 0.477	− 0.189 ***		
沉思性	年级	0.209	0.099 ***	0.097	86.596 ***
	区域	− 1.424	− 0.312 ***		
独创性	年级	0.445	0.178 ***	0.031	26.137 ***
	区域	− 0.292	− 0.054 *		
标题抽象性	年级	0.968	0.448 ***	0.205	205.628 ***
	性别	0.482	0.071 ***		
总分	年级	2.950	0.324 ***	0.130	119.286 ***
	区域	− 4.145	− 0.212 ***		

表3—6显示，年级对"流畅性"维度具有极其显著的正向预测作用，性别对"流畅性"维度具有显著的负向预测作用，区域对"流畅性"维度具有极其显著的负向预测作用；性别、年级对"精致性"维度具有极其显著的正向预测作用，区域对"精致性"维度具有极其显著的负向预测作用；年级对"沉思性"维度具有极其显著的正向预测作用，区域对"沉思性"维度具有极其显著的负向预测作用；年级对"独创性"维度具有极其显著的正向预测作用，区域对"独创性"维度具有显著的负向预测作用；年级、性别对"标题抽象性"维度具有极其显著的正向预测作用；年级对创造性思维总分具有极其显著的正向预测作用，区域对创造性思维总分具有极其显著的负向预测作用。

3. 研究结论与启示

（1）中国小学生创造性思维的发展水平明显低于美国小学生。

研究表明，中国小学生创造性思维总分以及"精致性""沉思性""独创性"和"标题抽象性"维度得分均低于美国小学生，说明中国小学生的创造力特别是想象的独特性、细节的精致性、思维的活跃性以及概括性都比美国小学生低。在从"教育大国"迈向"教育强国"的征程中，这不能不引起我们的深思，如何缩短基础教育在创新人才早期培养上的差距，恐怕我们还有很长一段路要走。

（2）小学生创造性思维呈现出随着年级增长而递增的发展趋势。

研究表明，小学生创造性思维总体存在极其显著的年级差异，且呈现出随着年级增长而递增的发展趋势，这与张金荣等人的研究结果存在着相似之处①。本研究的研究对象为小学 1、3、5 年级的学生，而他们的研究对象为小学 6 个年级的学生，两个研究的结果是可以相互印证的。该结果与沃建中、杜艳芳等人的研究结果基本一致②③。不同之处在于，本研究的研究对象为小学 1、3、5 年级学生，他们的研究对象为小学 4、5、6 年级学生，研究对象不同但也有一定交叉，其发展趋势是大致相同的。结合前文的研究回顾，我们可以肯定，和中学阶段相比，近年来我国广大小学在实施素质教育方面做出了许多探索，也积累了不少经验，对促进学生的创造性思维发展起到了一定的积极作用。

此外，研究还发现，在创造性思维总分及各维度得分上，年级与区域的交互作用极其显著。首先在城市中，小学生创造性思维总分及其各维度之间存在显著的年级差异，且随着年级的增高而上升。其次在县城中，小学生创造性思维及其各维度之间存在显著的年级差异，且在创造性思维总分及"独创性""流畅性""标题抽象性"维度上逐步提高，但在"精致性""沉思性"维度上呈现出先上升后下降的发展趋势。最后在乡村中，小学生创造性思维总分及"流畅性""沉思性""独创性""标题抽象性"维度存在显著的年级差异，但在"沉思性""独创性"维度上呈下降的趋势。之所以城市和农村小学生的创造性思维存在差异，是因为城市和农村小学生的基础教育存在差异，城市小学的办学条件好，师资质量高，课程与教学改革比较到位，相比较而言，农村小学的办学条件、师资质量、课程与教学改革都相对较差，发展不平衡的问题非常

① 张金荣、刘宁、冷珊：《情绪特质、心境与小学生创造性思维发展的关系研究》，《中小学心理健康教育》2010 年第 11 期。

② 沃建中、王烨晖、刘彩梅、林崇德：《青少年创造力的发展研究》，《心理科学》2009 年第 3 期。

③ 杜艳芳、刘芳丽：《小学生创造性思维对学业成绩的影响研究》，《教育探索》2012 年第 10 期。

严重，即使在县城小学，这样的矛盾依然突出，许多问题亟待解决。缩小城乡教育差距，还需要做大量细致的艰苦工作。从这个意义上说，本课题将获首届基础教育国家级教学成果特等奖的情境教育推广到农村小学是具有战略意义的。

（3）小学生创造性思维发展不存在显著的性别差异。

研究表明，小学生创造性思维发展整体上不存在显著的性别差异，这与陈健兴、徐青等人的研究结果完全一致[1][2]，与沃建中等人的研究结果基本一致[3]。但我们也不能因为创造性思维整体上的平衡性而否定一些具体维度上存在的性别差异，比如女生的"精致性""标题抽象性"得分显著高于男生，而男生的思维"流畅性"得分显著高于女生。这就证明，小学男女生在创造性思维的表现上是各有千秋的，我们不能因为一两个维度得分高而推出其他维度得分也高，从而产生性别歧视现象。这也有悖教育的公平原则。

（4）小学生创造性思维发展存在明显的区域差异。

研究表明，小学生创造性思维的发展存在极其显著的区域差异，城市小学生的得分极其显著地高于县城和乡村的小学生。这里有教育和文化的原因，也有区域经济发展的原因。创造力发展离不开经济发展，快速发展经济有利于创造性思维的形成，使人们更容易接受新鲜事物，加强改革创新。笔者在研究江苏省青少年创新大赛时，曾发现苏南、苏中、苏北的区域分布不平衡问题，也发现了城乡分布的严重不平衡问题，在获奖的 169 件作品中，79.8% 的作品来自城市，只有 20.2% 的作品来自农村，前者几乎为后者的 4 倍[4]。多年来形成的城乡二元经济结构对儿童创造性思维发展的影响是很大的，推进新型城镇化不仅意味着城镇数目

---

① 陈健兴、李晓晨：《南宁市小学、初中学生创造力的调查》，《基础教育研究》2000 年第2 期。

② 徐青：《小学三~五年级儿童创造性思维训练的实验研究》，《应用心理学》1999 年第5期。

③ 沃建中、王烨晖、刘彩梅、林崇德：《青少年创造力的发展研究》，《心理科学》2009 年第3 期。

④ 王灿明、张海燕：《江苏省青少年科技创新的现状、问题与对策》，《中国青年研究》2009 年第1 期。

的增多和城市人口规模的扩大，而且意味着民众生活水平的提高和创造力的开发，必须是"以人为核心"的城镇化，这才是新型城镇化的本质内涵。

二　儿童创造性人格的发展特征

创造性人格是美国心理学家吉尔福特（J. P. Guilford）提出的一个概念，用来代表创造性人物的行为特性的组织方式①。通过对创造性天才成长的研究，他认为创造力并不能保障创造成果的产生，真正保障这种成果产生的是创造性人格。由此，创造性人格引起西方广大学者的关注，并取得了丰硕的研究成果。基于国内外学者关于儿童创造性人格发展研究的文献综述，本课题采用《威廉姆斯创造倾向测验》对江苏省南通市1587名小学生进行了集中测验和准确分析，为开展情境教育促进儿童创造力发展的实验研究提供第一手的科学数据。

（一）研究回顾

在过去的20年中，儿童创造性人格研究越来越得到重视，无论是发展过程研究，还是教育实验研究都取得了长足进步。

1. 儿童创造性人格的发展过程

儿童创造性人格的研究，仅仅使用静态的因素分析是不够的，因为它忽视了儿童发展。事实上，儿童在不同的年龄阶段，人格特征的表现具有一定的动态性。朱晓红对南京市的3所普通小学的3—5年级的368名儿童进行测验，发现三个年级学生的创造性人格具有明显差异，显示出随年级升高而递增的态势②。但不同地区的研究结果并不相同，比如杜艳芳等学者对太原市两所小学4—6年级的2330名儿童开展测验，结果并没有发现儿童创造性人格逐年递增现象，其得分情况为：4年级最高，6

---

① ［美］吉尔福德：《创造性才能：它们的性质、用途与培养》，施良方等译，人民教育出版社2006年版，第6—7页。

② 朱晓红：《儿童学习动机类型与创造性倾向关系的研究》，《南京师范大学学报》2001年第6版。

年级其次，5 年级最低①。研究者认为，伴随着年级的上升，儿童的升学压力也在上升，对其创造性人格发展产生了消极影响。

上海市教科院普教所曾联合天津、重庆、南京、杭州以及南昌市教科所进行中小学生创造力发展现状调查，通过 106 所中小学校 11098 名学生的大样本调查，结果发现，小学生、初中生的创造性人格较高，但高中生显著下降，"在小学、初中和高中的衔接点都有一个下降过程"②。心理测量的结果也有几乎一致的结论。聂衍刚等学者采取分层抽样的方式，对广东省的 3—12 年级 3729 名学生进行测验，把创造性人格发展分为稳定期（10—15 岁）、突变期（15—18 岁）、稳定期（18—19 岁，水平近乎于第一阶段）三个阶段。其中，9—10 年级学生的创造性人格迅速降低，显然和学业负担剧增有关③。上述两项研究的样本量很大，研究结论有较强的代表性，之所以难以出现创新人才，应该与长期以来的应试教育有着不可分割的关系，儿童创造性人格被严重扭曲和扼杀了。

按照正常想象，超常儿童的创造性人格可能高于普通儿童。其实不然，何金茶等学者对北京、上海的 297 名 10 岁学生进行创造性人格测验，表明超常儿童与普通儿童并不存在显著差异，但他们的"好奇心"明显超过常态儿童，具体表现为观察力强，乐于接受新鲜事物，爱好提问④。当然，这项报告仅报道了大城市的 10 岁儿童的发展现状，全国情况究竟如何，还有待于后续研究去揭示。

近年来留守儿童研究引起关注。张孝义对安徽两所小学的 5—6 年级学生进行创造性人格测验，结果显示，留守儿童与非留守儿童的创造性人格并不存在显著差异，留守儿童的创造性人格也不存在性别差异和年

---

① 杜艳芳、牛芳萍：《创造性人格对小学生学业成绩的影响研究》，《教育探索》2013 年第 2 期。

② 六城市中小学生创造力培养联合调研组：《六城市中小学生创造力发展现状调查报告》，《上海教育科研》2010 年第 6 期。

③ 聂衍刚、郑雪：《儿童青少年的创造性人格发展特点的研究》，《心理科学》2005 年第 2 期。

④ 何金茶、查子秀、谢光庭：《十岁儿童创造倾向特点分析》，《心理发展与教育》1998 年第 2 期。

级差异①。

在创造性人格方面，对普通学校的探讨较多，但对职业学校的探讨很罕见。本课题对江苏省南通市12所职业学校的873名学生进行分层抽样调查，结果发现，一年级与三年级学生的创造性人格得分基本持平，二年级学生处于低谷，三个年级之间的差异非常显著，呈V形分布②。

2. 儿童创造性人格发展的实验研究

我们肯定创造性人格的相对稳定性，同时也应该承认它的可塑性。国外有报道披露，发散思维训练能促进学生的创造性人格发展，国内亦有专家做过这样的实验。胡卫平教授以山西1所中学的初一学生为被试，每两周上1节"学思维"课，1年后的测验显示，被试的创造性人格得到了明显提升③。近年来，一些学者研究发现，无论是中学毕业班，还是小学毕业班，高强度的复习和应试压力伤害乃至扭曲了学生的创造性人格。为解决这个问题，本课题引进美国学者库伯（David A. Kolb）的体验学习理论并尝试与李吉林情境教育理论有机整合，以优选优化的情境规避行为风险，建构有利于学生解决问题的生活情境，科学设计情智相长的游戏活动，每周利用主题班会或课外活动时间开展一次体验活动，实验周期为7个月，被试的创造性人格总分得到了明显提升④。尽管这两个实验具有一定差异，但还是能够证明，实验只要设计合理、操作严谨，就能有效提升儿童的创造性人格。

3. 儿童创造性人格发展的相关研究

尽管不同学者有不同的关注点，但可能关注学业成就的人更多一点。何金荼等学者较早对北京、上海小学的四年级学生进行测验，发现创造

① 张孝义：《小学高年级留守儿童创造性思维与创造性人格的调查与分析》，《中国特殊教育》2010年第8期。

② 王灿明、殳德明：《职业学校学生科学创造力与创造性人格研究》，《南通大学学报（社会科学版）》2013年第5期。

③ 武宝军、巩彦甜、胡卫平：《"学思维"活动课程对初中生创造性人格、学习动机和自尊影响的实验研究》，第十二届全国心理学学术大会论文，1999年11月。

④ 王灿明、顾志燕、严奕峰、张志泉：《体验学习影响小学生创造性人格发展的实验研究》，《华东师范大学学报》（教育科学版）2014年第2期。

性人格与语文、数学平均成绩存在显著关系①。无独有偶，杜艳芳等学者对山西省太原市的四至六年级儿童实施创造性人格测量，显示它和语文、数学两门课的期末考试成绩的相关性非常显著②。但王纬虹等学者对河南省开封、平顶山、洛阳三市的四年级小学生进行测验，结果却表明，创造性人格和语文、自然学业成绩的相关性并不显著，但和数学学业成绩的相关性非常显著③。究竟创造性人格与哪些学科的学业成绩存在着显著相关，相关机制又是什么，仍有待于深入探讨。

（二）小学生创造性人格的发展研究

1. 研究对象与方法

（1）研究对象。

采用分层抽样法，从江苏南通市市区、县城、乡村分别选取 3 所、2 所、3 所小学，从每所小学的一、三、五年级各选取两个班的学生作为测验对象。研究共发放测验问卷 1700 份，回收问卷 1636 份，剔除无效问卷 49 份，保留有效问卷 1587 份，其中男生 826 人，女生 761 人；城市 302 人，县城 701 人，乡村 584 人；一年级 413 人，三年级 602 人，五年级 572 人。

（2）研究工具。

采用美国心理学家威廉姆斯（F. E. Williams）编制、我国台湾学者林幸台和王木荣修订的《威廉姆斯创造倾向量表》来测验小学生的创造性人格。该测验包括 50 道选择题，采用三级评分制，每题均有三个选项，计算被试在冒险性、好奇性、想象力和挑战性四个维度上的得分。其中冒险性是指个体趋近或回避风险的心理倾向，主要包括勇于面对失败或批评、敢于大胆猜想、善于在杂乱无序的情境中完成任务、勇于为自己的观点辩护等指标；好奇性是个体遇到新奇事物或置身于新的情境

---

① 何金荼、查子秀、谢光庭：《十岁儿童创造倾向特点分析》，《心理发展与教育》1998 年第 1 期。

② 杜艳芳、牛芳萍：《创造性人格对小学生学业成绩的影响研究》，《教育探索》2013 年第 2 期。

③ 王纬虹、段继扬：《小学生智力、创造性思维、创造性倾向与其学业成绩的相关研究》，《信阳师范学院学报》1999 年第 1 期。

中所产生的注意、操作、提问的心理倾向，主要包括富有追根究底的精神、主意多、乐于面对模糊性和不确定性的情境、喜欢通过深入思考发现事物的规律、善于把握一些特殊现象并观察其结果等指标；想象力是指个体对头脑中已有表象进行加工改造从而创造新形象的能力，主要包括善于将意念和各种抽象的概念视觉化、善于幻想、善于进行直觉推理、善于突破感官及现实的界限等指标；挑战性是指个体敢于直面困境、乐于挑战自我的倾向，主要包括善于发现各种可能性、善于寻找现实性与可能性之间的差距、善于从零乱中整理出秩序、乐于探究复杂问题等指标。四个维度单独计分，各个维度的分数累加后得出量表的总分，得分越高，表明创造性人格越强。该量表的 Cronbach's α 系数为 0.785，各维度之间的相关系数在 0.429—0.539，各维度与总分之间的相关系数在 0.733—0.825，具有较好的信度和效度。

（3）研究过程。

研究共分为三个阶段：一是准备阶段。主试共同学习测试指导语、熟悉测验流程，并通过预测的实际情况将指导语修改为通俗易懂的语言。二是测验阶段。进行团体测验，由主试根据统一的指导语向学生讲解题目，然后由学生做出回答。三是评分阶段。根据评分标准进行评分，其中正向题目回答"很适合"得 3 分，"部分适合"得 2 分，"完全不适合"得 1 分，反向题目得分与此相反。所有数据均采用统计软件 SPSS19.0（中文版）进行录入、统计与分析。

2. 研究结果与分析

（1）小学生创造性人格发展的总体水平。

对小学生创造性人格得分进行统计，结果显示，江苏省南通市小学生创造性人格总分为 115.38 分，明显高于江苏省盐城市小学高年级学生的测验结果①，与广东省 3—6 年级学生的测验结果基本一致②。

（2）小学生创造性人格发展的年级差异。

---

① 杨小晶、李德勇、孙香苗：《小学高年级儿童创造性人格及其与家庭环境的关系》，《现代教育科学·普教研究》2011 年第 6 期。

② 聂衍刚、郑雪：《儿童青少年的创造性人格发展特点的研究》，《心理科学》2005 年第 2 期。

以年级为自变量，创造性人格总分及其各维度为因变量进行单因素方差分析，结果见表3—7。

表3—7　　　　不同年级小学生创造性人格发展的差异（$M \pm SD$）

	n	冒险性	好奇性	想象力	挑战性	总分
一年级（A）	413	25.93 ± 2.87	34.48 ± 4.15	28.72 ± 4.46	28.82 ± 3.29	117.95 ± 11.56
三年级（B）	602	24.65 ± 2.99	32.94 ± 3.92	27.93 ± 3.92	28.79 ± 3.29	114.31 ± 10.80
五年级（C）	572	24.69 ± 3.19	33.25 ± 3.97	27.80 ± 4.45	28.90 ± 3.34	114.64 ± 12.11
F		26.635***	19.292***	6.212**	0.157	14.173***
事后多重检验		A > B*** A > C***	A > B*** A > C***	A > B** A > C***		A > B*** A > C***

表3—7显示，小学生创造性人格的总分以及"冒险性""好奇性"维度存在极其显著的年级差异，"想象力"维度存在非常显著的年级差异。事后多重检验发现：一年级学生的"总分"以及"冒险性""好奇性"得分极其显著地高于三年级、五年级学生；一年级学生的"想象力"得分极其显著地高于五年级学生，一年级学生的"想象力"得分非常显著地高于三年级学生。

（3）小学生创造性人格发展的性别差异。

以性别为自变量，创造性人格的总分及其维度为因变量进行独立样本t检验，结果见表3—8。

表3—8　　　　不同性别小学生创造性人格发展的差异（$M \pm SD$）

	n	冒险性	好奇性	想象力	挑战性	总分
男	826	24.96 ± 3.16	33.80 ± 3.98	27.90 ± 4.23	28.77 ± 3.38	115.42 ± 11.62
女	761	25.04 ± 3.00	33.07 ± 4.09	28.30 ± 4.31	28.92 ± 3.23	115.32 ± 11.54
t		-0.456	3.564***	-1.863	-0.923	0.168

表3—8显示，小学生创造性人格发展整体上不存在性别的显著差

异，但男生的"好奇性"得分极其显著的高于女生。

（4）小学生创造性人格发展的区域差异。

以区域为自变量，创造性人格及其各维度为因变量进行单因素方差分析，结果见表3—9。

表3—9 不同区域小学生创造性人格发展的差异（M±SD）

	n	冒险性	好奇性	想象力	挑战性	总分
城市（A）	302	25.66±2.89	34.66±3.81	29.33±4.02	29.83±3.16	119.48±11.03
县城（B）	701	25.19±3.07	33.86±3.89	28.08±4.28	29.15±3.16	116.28±11.37
乡村（C）	584	24.43±3.09	32.33±4.08	27.45±4.27	27.96±3.35	112.17±11.25
F		18.425***	41.431***	19.582***	39.327***	45.858***
事后多重检验		A>B** A>C*** B>C***	A>B** A>C*** B>C***	A>B*** A>C*** B>C**	A>B** A>C*** B>C***	A>B*** A>C*** B>C***

表3—9显示，小学生创造性人格的"总分"以及"冒险性""好奇性""想象力""挑战性"维度均存在极其显著的区域差异，城市学生高于县城学生，县城学生高于乡村学生。事后多重检验发现：一是在"冒险性""好奇性""挑战性"维度上，城市学生的得分非常显著的高于县城学生，乡村学生的得分极其显著的低于县城、城市学生；二是在"想象力"维度上，城市学生的得分极其显著地高于县城、乡村学生，县城学生的得分非常显著地高于乡村学生；三是在"总分"上，城市学生的得分极其显著的高于县城、乡村学生，县城学生的得分极其显著的高于乡村学生。

（5）年级、性别、区域对创造性人格的多元方差分析。

为了具体探讨年级、性别、区域对创造性人格的作用，以年级、性别、区域为自变量，创造性人格及其各维度为因变量进行多元方差分析，结果见表3—10。

表3—10　小学生创造性人格的年级、性别和区域因素多元方差分析

	冒险性	想象力	好奇性	挑战性	总分
区域*性别	0.177	0.602	0.706	0.049	0.144
区域*年级	1.728	6.885***	2.035	2.186	1.079
性别*年级	0.292	1.412	1.524	0.193	0.520
区域*性别*年级	1.007	0.676	0.092	0.699	0.486

表3—10显示，区域与年级在"想象力"维度上的交互作用极其显著，进一步简单效应分析发现，在乡村小学中，一年级学生的得分（$M = 29.43$）极其显著的高于三年级的得分（$M = 26.73$）和五年级的得分（$M = 27.21$），说明了乡村学生的想象力具有显著的年级效应。

（6）创造性人格对不同自变量的回归分析。

为了探讨年级、性别、区域对创造性人格是否具有预测作用，以年级、性别、区域为自变量，创造性人格总分及其各维度得分为因变量进行线性回归分析，结果见表3—11。

表3—11　　创造性人格对年级、性别、区域的回归分析

	自变量	B	β	Adjust R^2	F
冒险性	年级	−0.256	−0.130***	0.038	31.987***
	区域	−0.556	−0.131***		
想象力	年级	−0.165	−0.060*	0.027	15.812***
	性别	0.441	0.052*		
	区域	−0.848	−0.144***		
好奇性	年级	−0.202	−0.078***	0.059	34.127***
	性别	−0.671	−0.083***		
	区域	−1.147	−0.206***		
挑战性	区域	−0.977	−0.214***	0.045	76.352***
总分	年级	−0.538	−0.073**	0.058	50.157***
	区域	−3.557	−0.223***		

表3—11显示，年级、区域对"冒险性"维度具有极其显著的负向预测作用；年级对"想象力"维度具有显著的负向预测作用，性别对"想象力"维度具有显著的正向预测作用，区域对"想象力"维度具有极其显著的负向预测作用；年级、性别、区域对"好奇性"维度具有极其显著的负向预测作用；区域对"挑战性"维度具有极其显著的负向预测作用；年级对创造性人格总分具有非常显著的负向预测作用，区域对创造性人格总分具有极其显著的负向预测作用。

3. 研究结论与启示

小学生创造性人格的总分为115.38分，如果将此结果与该量表的平均分100.00进行比较，表明小学生创造性人格处于中等偏上水平。研究显示，小学生创造性人格发展不存在显著的性别差异，但存在着明显的年级差异和区域差异，这就为我们开展情境教育促进儿童创造力发展的实验研究提供了可靠的实证依据。

（1）小学生创造性人格呈现出随着年级增长而下降的发展趋势。

关于我国小学生创造性人格发展，现有研究结论并不一致，有研究者认为随着年级增长而呈递增发展趋势[1]，也有研究者认为随着年级增长而呈下降发展趋势[2]，还有研究者认为四年级到六年级学生创造性人格发展呈波浪形发展趋势[3]。本研究表明，小学生创造性人格发展存在显著的年级差异，并呈现出下降的发展趋势，这与上海、天津、重庆、南京、杭州和南昌等六市中小学生创造力培养联合调研组所做的大样本调查结果基本吻合。这也从一个侧面反映出当下的小学教育模式是不利于学生创造性人格发展的，应采取切实有效的措施进行改革。

（2）小学生创造性人格发展不存在显著的性别差异。

---

① 朱晓红：《儿童学习动机类型与创造性倾向关系的研究》，《南京师范大学学报（社会科学版）》2001年第6期；申继亮、王鑫、师保国：《青少年创造性倾向的结构与发展特征研究》，《心理发展与教育》2005年第4期。

② 六城市中小学生创造力培养联合调研组：《六城市中小学生创造力发展现状调查报告》，《上海教育科研》2010年第6期。

③ 杜艳芳、牛芳萍：《创造性人格对小学生学业成绩的影响研究》，《教育探索》2013年第2期；杨小晶、李德勇、孙香苗：《小学高年级儿童创造性人格及其与家庭环境的关系》，《现代教育科学·普教研究》2011年第6期。

对我国小学生创造性人格发展的性别差异，目前的研究结论还不一致，有研究者认为小学生创造性人格存在显著的性别差异，女生优于男生[①]；也有研究者认为小学生创造性人格存在显著的性别差异，男生优于女生[②]；还有研究者认为小学生创造性人格不存在显著的性别差异[③]。本研究表明，小学生创造性人格的发展不存在显著的性别差异，但男生的"好奇性"得分极其显著地高于女生。因而，在小学教育中，应加强女生好奇心的培养。

（3）小学生创造性人格发展存在明显的区域差异。

关于小学生创造性人格发展区域差异的研究结果基本一致，有研究者认为小学生创造性人格存在显著的区域差异，城市优于农村[④]；也有研究者对城区和郊区小学生的创造性人格得分进行比较，证明存在显著的区域差异，城区优于郊区[⑤]。本研究表明，小学生创造性人格的发展存在极其显著的区域差异，城市优于县城，县城又优于乡村，乡村学生的创造性人格发展水平最低。这与本课题对小学生创造性思维发展的研究结论是一致的，从而证实小学生创造力发展存在着明显的区域差异。党的十九大报告和2018年的《政府工作报告》明确提出要"发展公平而有质量的教育"，本课题将情境教育实验延伸到偏远的乡村小学，就是为了让乡村儿童共享公平的优质教育，为乡村振兴培养更多的高素质创新人才。

---

① 杜艳芳、牛芳萍：《创造性人格对小学生学业成绩的影响研究》，《教育探索》2013 年第2 期。

② 六城市中小学生创造力培养联合调研组：《六城市中小学生创造力发展现状调查报告》，《上海教育科研》2010 年第6 期。

③ 杨小晶、李德勇、孙香苗：《小学高年级儿童创造性人格及其与家庭环境的关系》，《现代教育科学·普教研究》2011 年第6 期。

④ 杜艳芳、牛芳萍：《创造性人格对小学生学业成绩的影响研究》，《教育探索》2013 年第2 期。

⑤ 六城市中小学生创造力培养联合调研组：《六城市中小学生创造力发展现状调查报告》，《上海教育科研》2010 年第6 期。

第二节 基于儿童创造力发展的情境建构

在不同发展阶段中，儿童创造力的发展速度和水平是不同的，这是儿童创造力发展的阶段性特征。同样，在不同教育情境中，儿童创造力的发展内容和方向也是不同的，这是儿童创造力发展的情境性特征。如果要科学探讨儿童创造力发展的情境性特征，首先必须弄清楚学术界对情境的认识，搞明白李吉林对情境的认识，厘清情境认识的异同点，才能去探讨儿童创造力发展究竟需要什么类型的情境，基于儿童创造力发展的情境究竟应该如何去建构。

一 情境的多维透视

对"情境"这一范畴，可以从哲学、修辞学、戏剧学以及教育学等不同学科进行横向研究，也可以将它分成内涵、类型以及构件进行纵向研究，还可以将横向研究与纵向研究结合起来，进行交叉性研究，这样得出的结论也许会更客观、更可靠。

（一）情境的内涵

"情境"一词有多重释义，多见于修辞学、艺术学、心理学和教育学的相关研究，其他学科如哲学、人类学、社会学、传播学亦有涉及，不同学科的解读有较大差异。

尽管词典的解释简明扼要，影响却很大。由于《汉语大词典》把情境解释为"情景，环境"[①]，人们常常将它与"情景""环境"通用，要么用来指称某一活动的客观情形或场景，要么用来指称周围环境或条件。《辞海》的释义稍许复杂点，它把情境界定为"一个人在进行某种行动时所处的社会环境，包括机体本身和外界环境有关因素"[②]。这一释义看上去仅仅增加了"机体本身的因素"，却有其深文大义，因为它表明情境包

[①] 汉语大词典编辑委员会、汉语大词典编纂处：《汉语大辞典》，上海辞书出版社2007年版，第4314页。

[②] 辞海编辑委员会：《辞海》，上海辞书出版社1999年版，第2679页。

含外部的环境要素，还包含了机体的主观因素，暗含着环境与机体的互动作用，并与纯粹客观的"情景"形成了本质区别。

修辞学对情境的研究源远流长。早在古希腊修辞中就有"凯洛斯"（Kairos）这一术语，用来表示特定时间的场景、适当的时机或论据的适合性，如果演讲没有关注这些，就不可能成为成功的演讲，这是修辞的基本原则。20世纪60年代，美国修辞学家比彻尔（Lloyd Bitzer）率先开展了修辞情境的系统研究，并发表了他的经典论文《修辞情境》，将它界定为"一个由人物、事件、物体及关系组成的复合体"[1]。比彻尔筛选出修辞情境的三个要件，并按其重要性顺序排列为缺失、听众以及限制条件，其中缺失作为至关重要的第一要件而倍加关注，其意为一种缺陷、阻碍或有待解决的问题，正因为不完善，它才需要通过修辞而做出建设性改变。

在所有艺术家中，戏剧家是最重视情境的。如果不把人物的悲欢离合安排到引人入胜的情境之中，就不可能产生强烈的艺术感染力。狄德罗（Denis Diderot）创立了"情境关系说"，并把"家庭关系、职业关系和敌友关系"作为戏剧情境的主要构件[2]。西方一些戏剧家秉承他的理论，至今仍然非常关注戏剧中的情境冲突。黑格尔（Georg Wilhelm Friedrich Hegel）也很重视戏剧冲突，但并不赞成戏剧冲突的本质就是关系冲突，并转而提出人物性格与情境的"情致说"，将情致作为戏剧创作的中心。在他看来，情致就是人的动情状态，既包含着情感，又表现出理性，是能够引发理性行动的情感[3]。显然，"情致说"更加注重情感冲突，它关注人物的主观情绪和人生态度，并视之为客观情境引起主观情致的内因。此外，斯坦尼斯拉夫斯基（Constantin Stanislavski）还创造了"规定情境"这一术语，包含外部情境与内部情境，前者为剧本的故事情节、人物关系、艺术风格等，是演员表演的客观依据；后者主要指演员

① 袁影、蒋严：《论"修辞情境"的基本元素及核心成分——兼评比彻尔等"修辞情境"观》，《修辞学习》2009年第4期。

② 朱光潜：《西方美学史》，人民文学出版社2003年版，第486—487页。

③ 钱雯：《黑格尔美学的"情致"说》，《安徽师范大学学报》（哲学社会科学版）1997年第2期。

的精神状态，如目标诉求、价值取向、审美趣味等，是演员表演的主观依据①。"规定情境说"启示我们，教材的文本内容是情境建构的客观依据，而师生的精神状态就是情境建构的主观依据，只有通盘考虑师生和教材的诸种条件，才能创设出合情合理的情境。

尽管心理学中充斥了"情境"这一术语，但其用法却未必一致。行为主义起初仅仅关注行为研究，情境主要指向于外部环境的刺激。后来，社会学习理论提出，情境刺激不会自动引起行为，人对情境是有选择性的，只有被人激活，情境才能发挥作用。譬如一本图画书，即使印得再精美，倘若儿童不想看，就不可能发挥作用。班杜拉（Albert Bandur）的"交互决定论"明确提出，情境可以影响人，但人也能够影响情境，人的行为是人与情境的交互作用所决定的。格式塔心理学针对行为主义的局限性，提倡研究直接经验和行为，以便从整体上把握人的心理，形成了独树一帜的心理场论。格式塔心理学认为，如果主体所处的情境发生改变，心理场也就随之而改变。比如，当他独处时是一个场，群处时就变成了另一个场，这时出现的思想和行为转变应是情境改变引起的。作为"社会心理学的先驱"，勒温（Kurt Lewin）则将格式塔心理学理念扩大到社会情境，致力于团体的氛围、关系和领导作风探索。建构主义认为，学习并非知识的简单接纳，而是基于情境的同化和顺应。近年来，勒纳（Richard M. Lerner）创立的发展情境论引人关注，其主要内容包括：一是具身情境观。在勒纳看来，情境就是具身的环境，离开了儿童，仅有"背景"或"环境"，并不能构成情境。发展之中的儿童既是发展目标，也是情境建构的主体。二是情境性发展观。儿童发展源于遗传，源于经验，更源于儿童与情境持续的交互作用。归根究底，儿童心理发展取决于他所处的情境，勒纳称之为"情境性发展"②。三是交互作用观。情境对儿童的影响可能是单向的，但更多的是双向影响，情境的不同水

---

① 阎立峰：《斯坦尼斯拉夫斯基、布莱希特和阿尔托戏剧距离观之比较》，《外国文学评论》2002 年第 2 期。

② Richard, M. L., *Concept and Theories of Human Development*（3rd ed.）. London：Lawrence Erlbaum Associates，2002，p. 73.

平影响着儿童发展的过程和结果，但儿童发展的不同特征也影响着情境的建构和完善。只有在儿童与情境之间建立最佳的"拟合优度模型"，才能实现他的最优发展。由此可以发现，心理学对情境的认识经历了一个从排斥到接受、从物理情境到心理情境、从个体情境到社会情境、从反射作用到互动作用的发展历程。

无疑，是杜威（John Dewey）率先把"情境"一词引进教育研究之中，并作出"思维起于直接经验的情境"① 这一论断的。学校本该呈现朝气蓬勃的现实生活，以真实情境激发学生的积极思维，课程内容却从他们的生活中分化出来，进而强迫学生去学习那些"呆滞的知识"，使课堂教学变得老气横秋，了无生趣。怀特海（Alfred North Whitehead）将这种枯燥僵化、一知半解的知识称为"去情境化"知识，这种知识可以用来应付考试，却不能解决任何实际问题②。杜威发现，教学过程与思维过程是一致的，应按照反省思维研究成果推导出"问题解决教学模式"。这一模式起步于情境，也结束于情境，从而确立了情境在问题解决教学中的重要地位。80 多年来，问题解决教学的研究之广、模式建构之多，应与杜威的极力提倡和积极推动有着密切关系。尽管杜威从未明确提及"情境教育"，但他透过反省思维研究而最早认识到情境价值，并提出基于情境的"问题解决教学模式"，成为西方情境教育的开山之祖。

在多数情况下，情境是作为一个专业术语而存在的，但也有例外，这就是自称"后马克思主义"的情境主义国际（Situationist International）。它致力于通过艺术和政治的联合寻求社会革命。20 世纪中叶，因为西方社会商品生产的剧增，铺天盖地的广告、高端的娱乐设施和豪华的高档商店诱骗、迷惑和控制了广大消费者，"消费主义"之风长盛不衰，人们发疯般地追逐异化消费，而无法看穿其背后赤裸裸的资本逻辑，精神世界越来越空虚。情境主义国际提出，应该将马克思主义提出的"政治反抗"改变为"文化革命"，其斗争手段就是"建构情境"（construc-

---

① ［美］约翰·杜威：《思维与教学》，孟宪承等译，华东师范大学出版社 2010 年版，第55 页。

② ［英］怀特海：《教育的目的》，徐汝舟译，生活·读书·新知三联书店 2002 年版，第7—10 页。

ted situation)。其创始人德波（Guy Debord）给出的经典定义为，"建构情境是由一个统一的环境和事件的游戏的集体性组织所具体地精心建构的生活瞬间"①。他们试图引导人们摆脱枯燥乏味的日常生活，追求超凡脱俗的"在场的瞬间"。这种"生活瞬间"尽管转瞬即逝，却是革命性的，因为它打破艺术和生活的藩篱，将人性从世俗中解放出来。尽管情境主义国际已经成为一段尘封的历史，但他们提出的以艺术建构"生活瞬间"、以情境建构实现日常生活乃至社会革命的主张对当下世界仍然具有一定的警示作用。

（二）情境的类型

关于情境，既有来自辞书的分类，也有来自不同学科的分类。相比较而言，来自辞书分类的普遍性要强些，影响也更大。《辞海》把情境分成真实的、想象的和暗含的情境，而《MIT 认知科学百科全书》则分成真实的、虚拟的和多媒体的情境。它们的共同点是将情境作为从真实到虚拟的连续体，不同点是前者将暗含的和想象的情境作为虚拟情境，更重视思维的间接性，而后者将虚拟的和数字化情境作为虚拟情境，更重视情境的技术性。从表面上看，这种差异并非什么学术鸿沟，但仔细推敲，我们就会发现美国的技术创新已经渗透到学术研究的每个角落。由此得到的启迪是，只有注重前沿的信息技术应用（如虚拟现实技术），才能促进情境教育的现代化。

无论是胡塞尔（Edmund Husserl），还是海德格尔（Martin Heidegger），许多现象学家都对情境做过一定研究。新现象学家施密茨（Hermann Schmitz）继承这些传统，并进行了更深入的探索，认为人类的生活世界是由情境组成的，只有凭借情境，我们才能产生丰富多彩的生活体验。他强调情境的具身认知，"入身"便是身体和情境互动的基本方式，个体通过持续的身体互动而生成更新的情境。施密茨把情境分成广义与狭义的、当前型与现状型的以及个人的与共同的情境②，为我们提供了新的分类视角。

---

① 姚继冰、张一兵：《"情境主义国际"评述》，《哲学动态》2003 年第 6 期。
② 李昕桐：《新现象学的审美情境》，《理论与现代化》2015 年第 3 期。

不管我们是否承认，人们还是更多地继承了"情境即情景"的传统认识，认为教育情境就是学生置身的特定背景或周围环境。对此，西方学者杜兰蒂（A. Duranti）等人表示不同意见，并提议把教育情境分成四层：一是学生置身特定时空构成的情境之中，能够意识到某一事件在情境中的存在意义；二是基于学生的已有经验，研习该事件在情境中的存在意义；三是基于学生和情境的互动，努力揭示该事件的相关性信息；四是生成可迁移到其他情境的认识成果[①]。显然，这四个层次的情境反映出学生的学习深度，我们常说的情景只是杜兰蒂所宣称的"情境"的第一层次，仅仅是客观的背景或环境。情境的层次越高，主体与周围环境的互动就越多，就越深入，他不仅能够体验到情境中蕴含的意义，而且有利于知识的迁移。我国学者黄翔等按照抽象水平程度，将数学情境分成原始的、复制的、简化的、改造的、其他课程的以及数学本身的情境六个层次，提醒数学老师关注情境的"度"，既要避免"去数学化"，又要避免"去生活化"[②]。这一建议充满辩证法，是令人信服的。

近年来，教学情境得到了许多学者的重视。依据结构功能主义，张广斌从多个维度系统研究教学情境的分类问题：一是按照目标分成认知取向、动作技能取向以及态度情感取向的情境；二是按照场域分成自然、交际以及体悟的情境；三是按照效果分成无效、弱效以及强效的情境；四是按照方式分成物质性、交际性以及推理性的情境；五是按照体验水平差异分成体验性、动机性以及问题性的情境；六是按照真实性分成真实、准真实以及虚拟的情境[③]。这是迄今最为全面的分类方式，大致揭示了教学情境的复杂结构，有助于我们加强教学情境的操作性。

（三）情境的要件

情境的要件，亦即构成情境的基本要素。之所以借用工程力学的这

① Gilbert, J. K., "On the Nature of 'Context' in Chemical Education", *International Journal of Science Education*, 2006（9）.

② 沈林、黄翔:《数学教学中的情境设计：类型与原则》，《中国教育学刊》2011 年第6 期。

③ 张广斌:《教学情境的结构与类型研究——结构功能主义视角》，《教育理论与实践》2010 年第5 期。

个概念，是因为笔者想借此强调情境是一个系统结构，构件就是系统结构的一个部件。换句话说，情境结构是由一个个构件所组成的，这些构件具有可识别、可设计、可连接、可集成的特征。如果能够准确把握情境要件，情境的设计、建构和操作也就有了科学依据。

毋庸置疑，社会学家最关注社会情境。香港学者黄枝连提出，时间、空间、人物、任务、活动方式和物质占用为社会情境的要件，他视社会情境为从宏观、中观到微观的连续体，每个层次的情境都由这五个要件组成①；内地学者洪艳提出，行为主体的人、人物关系、社会互动以及环境为社会情境的四个要件。② 可见，社会情境关注物理背景、场合，但更关注作为主体的人物及其社会互动。

艺术情境究竟包含哪些构件，学界存在不同看法。张群力认为，戏剧情境由人物行为的时空背景、意外事件和由此而构成的人物关系组成③；李波提出，审美客体的物质、审美活动的背景、审美主体的个体特征、审美主体的文化认知结构、社会文化群体结构为审美情境的主要构件④。显然，要取得理想效果，作为特定的艺术情境，应更好地处理虚和实、动和静、美和丑的辩证关系。

尽管心理学研究侧重实证，但他们始终关注概念框架。王亚南较早对情境心理学进行了研究，并根据特定的时空边界，将客观的生态、行为的背景、团体的结构、居民的特征以及心理、社会特征和团体气氛概括为情境的五个要件⑤；发展情境论的开创者勒纳将情境界定为"由影响个体发展的各种变量所构成的交互作用系统"，物理环境、社会成员、个体发展以及基于时代变迁的情境变量为其要件⑥。显然，发展情境论视域中的情境超越了我们日常所说的情形、境地、场景、周围环境概念，它

---

① 黄枝连：《论社会情境的结构形态及其变革处理》，《中国社会科学》1987 年第 1 期。
② 洪艳：《从情境论看电视真人秀的真实与表演》，《中国广播电视学刊》2013 年第 10 期。
③ 张群力：《纪实情境论》，《现代传播》2000 年第 2 期。
④ 李波：《审美情境与美感——美感的人类学分析》，博士学位论文，复旦大学，2005 年，第 45 页。
⑤ 王亚南：《情境心理学的若干问题》，《心理学动态》1996 年第 4 期。
⑥ 张文新、陈光辉：《发展情境论：一种新的发展系统理论》，《心理科学进展》2009 年第 4 期。

是个体与环境的互动结果，个体已成为情境的主动构建者。

教学情境是基于师生与环境互动而形成的教学系统。依据功能分析，张广斌提出，主体、资源、空间、时间为教学情境的要件①。在教学情境的几个构件中，他特别强调情境资源的开发与利用，这让我们意识到情境建构不仅仅是一种经验和智慧，更是一种选择和创新。

以上对社会情境、艺术或修辞情境、心理情境以及教学情境逐一进行解读，从中可以发现具有共同性的情境要件包括以下四个。①情境主体（situational subject）主要指人。情境为入身的环境，环境为离身的情境。如果没有主体的互动，那就仅仅是"环境"，而没有成为"情境"。情境的主体可以是个体，也可能为团体。②情境空间（situational space）是情境主体所处的位置，它既可能是微观的，也可能为宏观的，既可能是真实的，也可能为虚拟的。③情境时间（situational time）即情境活动的持续性，它既包括一波三折的科学探究，又包括心花怒放的生活瞬间。④情境互动（situational interaction）是人和环境的互动性。无论是施密茨、杜兰蒂，还是班杜拉、勒纳，情境互动得到了越来越多学者的重视。假如没有互动，情境就丧失了它的本质规定性。因此，我们可以将情境定义为"主体在特定时空中的互动活动"。这是我们分析不同学科的情境内涵所得出的结论，也是解读李吉林情境观的理论基础。

二　李吉林的情境观

李吉林是新中国培养起来的"当代教育名家"。扎根于小学教育这片沃土，从情境教学到情境课程，再到情境学习，她以40年的不懈探索创立了蕴含民族文化智慧的情境教育学派，并因此而成为"我国素质教育的一面鲜艳的旗帜"②。2014年，她主持的"情境教育的实践探索与理论研究"荣获首届国家级基础教育教学成果唯一的个人特等奖，受到习近平、李克强同志的接见。无论是情境教育的实验探索，还是情境教育的

---

① 张广斌：《教学情境的结构与类型研究——结构功能主义视角》，《教育理论与实践》2010年第5期。

② 柳斌：《再谈李吉林老师的"情境教育"》，《人民教育》2009年第5期。

理论研究，李吉林都做出了难以超越的杰出成就，成为"散发本土芬芳的素质教育典范"①。情境是建构情境教育学派的核心范畴，也是理解情境教育理论的突破口。那么，在情境教育创始人李吉林的心目中，情境究竟意味着什么，其本质特征是什么？它有哪些类型？应该如何建构？对这些问题，学术界有过不少讨论②③④，但还缺乏较为系统的研究，更未达成共识。利用课题研究的平台，笔者系统搜集和精心整理李吉林关于情境的所有论述，通过文本细读、深度访谈和扎根研究将这些思想碎片拼接起来，尝试还原和诠释李吉林的情境观，为深入研究儿童创造力发展的情境性特征奠定良好基础。

（一）情境的内涵

李吉林的情境观是不断深化的。早在20世纪70年代末，她就发现空洞烦琐的分析讲解已将原本非常丰富的语文教学搞得支离破碎，五花八门的习题、无休无止的抄写和一知半解的背诵充斥着儿童生活，于是她将外语情景教学移植到小学作文教学实验之中，取得了良好成效。在那段时期，"情境"几乎等同于"情景"，主要是指某些故事、某些事件发生的场所或戏剧表演的片段，因而"场景"成了这个时期她最常用的词汇。首次尝试情景教学，李吉林和她的学生以角色扮演创设了小红和妈妈对话的生活场景，结果同学们以各不相同的词汇生动地描述了小红说话的神情，其生动程度完全出乎李吉林的意料之外⑤。这次尝试也让她意识到，如果能为学生创设一些熟悉的生活场景，加之教师恰当的语言引导，就能促进儿童的思维和想象活动，帮助他们理解与掌握字词句篇的相关知识。她喜欢实验探索，更喜欢独立思考，一段时间以后，她发现西方的"情景"与中国的"情境"概念之间存在着一定差异，"情景"

① 朱小蔓：《中国基础教育实践与研究的典范》，《人民教育》2011年第20期。

② 吕型伟：《蕴含民族文化意蕴的教育理论》，《光明日报》2012年2月1日第16版。

③ 李庆明：《书写儿童教育的"中国诗篇"：情境教育的一个核心词和六个关键词》，载顾明远主编《李吉林和情境教育学派研究》，教育科学出版社2011年版，第154—161页。

④ 成尚荣：《情境教育学派的讨论意义及其理论内核的初步分析》，载顾明远主编《李吉林和情境教育学派研究》，教育科学出版社2011年版，第141—149页。

⑤ 李吉林：《激情萌发智慧：李吉林情境教育论文选》，教育科学出版社2016年版，第20—21页。

缺乏一定的深度与广度，情境教学要探索一条契合中国文化的本土之路，就必须从古典文论"意境说"中汲取滋养。她从刘勰所著的《文心雕龙》中发现了"情以物迁，辞以情发"这一论述，由此领悟到"物"（客观外物）、"情"（情感活动）、"辞"（语言表达）之间的相互作用的传导机制，进而找到了"以物激情——以情发辞——以辞促思"的作文教学思路。由此，李吉林完成了从"情景教学"向"情境教学"的转变，"情景交融"成了"情境"区别于"情景"的根本特征。后来，她还将"情感驱动原理"列为情境教育的第一原理。

马克思主义关于人和环境辩证统一原理是情境教育构建的哲学基础。马克思主义认为，人与环境是辩证统一的关系，环境制约和支配着人的发展，但人也不是环境任意摆布的奴隶，"人化的环境"就是人以环境为对象性的存在和人的本质力量对象化的重要体现。李吉林从马克思主义哲学的高度阐述情境这一范畴，认为："情境教育之'情境'实质上是人为优化了的环境，是促使儿童能动地活动于其中的环境。这种根据教育目标优化的环境，这种充满美感和智慧的环境氛围，与儿童的情感、心理会发生共鸣而契合，促使儿童在现实环境与活动的交互作用的统一和谐中，获得全面发展。因为这种人为优化的情境，可以做到主体的能动活动与现实环境优化的统一，激发儿童潜能与培养塑造的统一，最终达到素质的全面提高与个性充分发展的统一。"[1] 李吉林认为，情境的实质是"人为优化的环境"，并阐述了人为优化的三重目标和情境优化促进儿童发展的心理机制，应该引起我们的足够重视。如果说中国古典文论"意境说"彰显了情境教育的人文性，那么马克思主义关于人和环境辩证统一原理则提升了情境教育的科学性，两者融合成就了情境教育的科学性与人文性的统一。

梳理李吉林情境教育研究的相关著述，发现她对情境内涵的论述不仅是系统的，而且是稳定的。在她的心目中，人为优化的情境是富有教育内涵的生活空间和多向折射的心理场，也是走进真实世界的开放系统

---

[1] 李吉林：《为全面提高儿童素质探索一条有效途径——从情境教学到情境教育的探索与思考》，《教育研究》1997 年第 4 期。

和理寓其中的靶向情境。

1. 人为优化的情境是富有教育内涵的生活空间

当代西方哲学倡导超越知识论，走向存在论，回归生活世界。在李吉林看来，当代教育之所以面临着课本内容的抽象化与学生认知的具象化、培养模式的标准化与学生发展的个性化之间的双重冲突，就是因为"考试→分数→升学"的教育模式阉割了教育目标，学校围墙和教室门窗阻隔了教育与生活的天然联系，儿童生活的空间变得越来越小、越来越单调，要走出这些困境，教育也必须回归生活。她从胡塞尔（Edmund Husserl）的"生活世界"、赫勒（Agnes Heller）的"日常生活"以及马克思（Karl Heinrich Marx）的"现实生活世界"中得到启示，提出"生活空间"这一概念，主要是指个体在特定时间所能感知的外部世界。她认为，儿童生活的每片区域都是一个教育源，唯有课内和课外结合，学校和社会相通，教学与活动互动，才能打开学生认识世界的更多窗户。她提出，学生生活空间的不同区域都应以"智"为中心，以"美"为境界，进而创设有趣的教学情境、清洁的校园情境、快乐的活动情境和洁净的家庭情境，从而构成一个同步协调的优化情境。因此人为优化的情境已不复为原生态的客观环境，而是教师优选或优化的生活空间，它聚焦教学目标，充盈着德性、智慧和美感，其新异性、独特性和针对性足以改变儿童的心灵世界。

2. 人为优化的情境是多向折射的心理场

如果说生活空间是儿童发展的外部环境，那么，心理场就是儿童发展的内生环境，尽管两者对儿童发展的影响机制有所差异，但对儿童发展均具有重要价值。美国心理学家勒温（Kurt Lewin）提出，个体的心理活动依存于特定的心理场，它是主体的需要和心理环境相互作用的结果。比如学生考试，有没有教师监考非常重要，如有教师监考，学生的作弊行为就会减少，而没有教师监考，学生的作弊行为就会增加，这就是心理环境在发挥作用。心理场是意识和潜意识共同作用的结果。勒温将心理环境分为"准事实的环境""准社会的环境""准概念的环境"三类[1]，

---

[1]　［德］勒温：《拓扑心理学原理》，竺培梁译，浙江教育出版社1997年版，第24页。

并提出一个人类行为的著名公式：$B = f(PE)$。这里的 f 是函数，B 是行为（Behaviour），P 是主体（People），E 就是指心理环境（Environment）。这就为情境建构提供了方法论支撑，但李吉林认为情境教育所建构的心理场既存在着儿童与情境的交互作用，又存在着教师与情境的交互作用，还存在着教师与儿童的交互作用。那些聚焦教学目标、具有新异性、独特性和针对性的教学情境使学生的好奇心与求知欲得到激发，驱动他们主动投入到教学活动之中；身临其境的教师品尝到教学的快乐，又以更乐观的情绪投身课堂教学，进而建构了情境—教师—学生相互促进的心理场，从而通过"以情启智，情智互动"的心理机制，不断完善和优化学生的认知结构，使学生在不增加课业负担的前提下能够实现自我超越和自我发展①。这便是"多向折射的心理场"，是情境教学多重效应产生的机理所在。

3. 人为优化的情境是走进真实世界的开放系统

耗散结构理论提出，系统并非单一存在的，它包括孤立、封闭和开放系统三种类型，其中孤立系统和环境既无物质转移，又无能量转移；封闭系统和环境虽无物质的转移，却有能量的转移；唯有开放系统和环境既有物质的转移，又有能量的转移②。以此观之，我们一直以为"学校是传授知识的专门场所"，并以学校的高墙、教室的门窗阻断儿童与外界的联系，符号认知割断了儿童的生活经验，使知识越来越抽象，认知难度越来越大，认知热情越来越少，课堂实际成为一个缺乏物质和能量转移的孤立系统。由这个孤立系统培养出来的学生，只能传承知识，而很难创新知识。对此，李吉林忧心忡忡，在她看来，情境认知与真实世界是一种同质异构的关系，人为优化的情境应该拓展教育空间，走进真实世界，引导学生走出教室和校门，不断向家庭、社会和大自然延伸，日新月异的社会生活和绚丽多彩的大自然直接作用于他们的大脑发展，并

---

① 李吉林：《为全面提高儿童素质探索一条有效途径——从情境教学到情境教育的探索与思考》，《教育研究》1997 年第 4 期。

② 卢艳芹、彭福扬：《基于耗散结构理论的自然与社会互动关系探析》，《生态经济》2016 年第 2 期。

随着认识视野的拓展，不断扩大思维空间①。这种开放情境，在课堂教学和真实世界、符号认知和多彩生活之间架起一座互动之桥，学生的认知乐趣、探究乐趣和审美乐趣也在其间培养起来。

4. 人为优化的情境是理寓其中的靶向情境

情境不是孤立的封闭系统，而是共享的开放系统，它由局部的若干具体情境所构成，每个具体情境之间又是相互关联的。理念就是情境整体构思的灵魂，贯穿于情境建构的全过程。"情境教学失去理念如同没有支柱一样，站不起来，深不下去，只能是内容贫乏、色彩苍白的花架子。"② 在李吉林看来，情境建构所依托的图画、音乐、实物、表演、语言及生活的场景，便是情境的表现形式，而通过文本显示出来的思想观点就是情境蕴含的理念。比如，《桂林山水》表现的是壮丽的祖国山河，《詹天佑》表达的是詹天佑的爱国情怀。诚如清代文学批评家叶燮在其名著《原诗》中所说："夫情必依乎理，情得然后理真。情理交至，事尚不得耶？"情境建构必须为理念服务，理念必须通过情境来实现，理念和情境的水乳交融就是情境教学的理想追求。因而，理念和情境的关系就是内容和形式的关系，如果脱离了理念，纯粹依靠自己的喜好、兴趣、经验去建构情境，就可能走入随意化、平面化乃至庸俗化的困境。李吉林之所以强调"理寓其中"，就是希望教师根据课文的中心，选择最恰当的教学手段去建构情境，其教学设计为"抽象的理念→形象的情境→抽象的理念"，这就决定了学生所获得的理念是伴随着形象与情感的，是具有生命活力的，但它又不停留于对表面现象的认识，而是透过现象去探寻和揭示事物的本质与规律。因而，这是一种理寓其中的靶向情境，对加强创新人才的早期培养具有十分重要的作用。

以上从四个方面简要分析了人为优化情境的内涵，如果说富有教育内涵的生活空间是目标优化，多向折射的心理场是主体优化，走进真实世界的开放系统是途径优化，理寓其中的靶向情境是效果优化，那么就

---

① 李吉林：《激情萌发智慧：李吉林情境教育论文选》，教育科学出版社 2016 年版，第140 页。

② 李吉林：《情境教学的理论与实践》，《人民教育》1991 年第 5 期。

可以认为人为优化的情境是从目标、主体到途径、效果的系统优化，从而也显示出它与"环境"和"情景"的明显区别。这是李吉林学习和运用哲学、美学、心理学、教学论的成果，更是她矢志不渝地探索情境教育的经验结晶和理论总结。

（二）情境的特征

情境是镶嵌知识的情境交融的生活环境，是师生共构的系统有序的教学场域，更是儿童全面和谐发展的成长空间。

1. 镶嵌知识

当代知识论认为，几乎所有的知识都具有情境依赖性，它总是在特定情境中生成的，因而在不同情境下生成的知识就可能表征不同的意义。然而，我们的学校却一直在孤立、抽象地传授知识，致使学生难以了解知识生成的具体情境和知识之间的逻辑关联，从而导致"惰性知识"的产生，"原本鲜活、有趣的知识成了单纯的抽象的符号，远离了儿童的生活，变得陌生、孤寂、冷落"[1]。这些知识可以用来应试，却难以解决现实生活中的实际问题。任何知识都从情境中来，也要回到情境中去，这就决定了教学情境的三重进路，即：知识→情境→知识→情境，其中"知识→情境"是情境化的进路，"情境→知识"是去情境化的进路，而"知识→情境"为再情境化的进路。唯有将知识镶嵌于特定情境，才能为儿童所理解和迁移，成为"活性知识"：一是将知识镶嵌于真实情境。李吉林不仅注重优选真实的生活情境，使儿童的知识植根于鲜活的现实生活，而且注重通过模拟情境来再现真实情境，因为真实情境的信息可能由于过于庞杂而遮蔽事物的本质，而虚拟情境则能够去粗取精、去伪存真，通过信息改造、简化、典型化来突出事物的本质联系。所以，她特别强调模拟情境与真实情境应神韵相似，富有真切之感。二是将知识镶嵌于美的情境。李吉林很早就提出"让艺术走进课堂教学"，通过创设情境进行审美教育，并因此而提炼出"美感性教学原则"[2]。多年的情境教学研究使她发现，运用图画、音乐、表演等艺术手段与老师的语言描述

① 李吉林：《情境教育的独特优势及其建构》，《教育研究》2009 年第 3 期。
② 李吉林：《一个值得倡导的教学原则：美感性》，《人民教育》1998 年第 4 期。

相结合可以卓有成效地实现情境的优化，使知识嵌入于审美情境之中，"经由形象与情感这两大通道，让儿童在悦耳娱目、怡情娱性的审美体验中打开世界的门窗，进入知识的殿堂"①。三是将知识镶嵌于活动情境。王国维在《人间词话》提出的"有我之境"和"无我之境"的划分给李吉林以极大启发，儿童爱美、多情、爱活动，他们不是情境的消费者，而是情境的生产者。她积极倡导角色扮演、野外观察和情境主题性大单元活动，大力提倡体验学习、合作学习和研究性学习，让儿童在"有我之境"中潜移默化地掌握知识，发展能力。

2. 情境交融

中国和西方语境中的情境概念有着很大差别，西方语境中的"情境"是一个单一词汇（situation），而在中文语境中却是一个复合词，可以拆分为"情"与"境"两个词语。李吉林接续了民族文化的传统，她所讲的"情"主要指"情感"，有时也指"情趣"或"情调"；她所讲的"境"，主要指"意境"或"境界"，有时也指"环境"或"场景"；如果将"情"与"境"合成起来，我们可以将情境理解为浸润着情感、充满着情趣和情调的教学场景。尽管西方语境中的"情境"有时也包含了情感，但主要还是一个空间概念，而李吉林情境教育中的"情境"更多地指向情感。在情境教育的探索初期，她曾通过移植外语情景教学进行语文教学改革，"情景""场景"等词汇使用较多，但她很快就从"意境说"中得到启示，意识到"意境"和"境界"的重要性，"情景交融，境界为上"几乎成为她一生的教育信念②。情境教育的不懈探索，让李吉林越来越重视情感的作用。一开始她将情感作为情境教学的"动因"，后来将它作为情境教学的"纽带"，最后将它作为情境教育的"命脉"。在她看来，如果情境仅仅是单纯的物质存在，而没有弥漫和浸润着人的情感，这种"无情之境"就不可能成为"人为优化的情境"，只有"有情之境"才能彰显出情境的整体动力性。

---

① 严清：《试论情境教育的美育观》，载顾明远主编《李吉林和情境教育学派研究》，教育科学出版社 2011 年版，第 302 页。

② 李吉林：《"意境说"给予情境教育的理论滋养》，《教育研究》2007 年第 2 期。

3. 系统有序

系统科学为情境教育研究奠定了方法论基础。既然情境是主体、空间、时间和互动活动所构成的系统，那么系统有序就是指系统内部的各种构件依照特定的程序与方向发生作用，实现系统功能的最佳化。一方面，情境要具备清晰的逻辑关系。李吉林表示，无论是真实情境、模拟情境还是语言情境、数字化情境，都必须呈现出内在的逻辑关系。比如，教学《要是你在野外迷了路》，可以建构从"白天"到"黑夜"、从"雨天"到"雪后"两个生活空间，情境之间呈现出"并列关系"；观察野花时，先让学生找野花，再让他们看野花，通过感受"野花之多""野花之美"进而认识"野花到处生根开花"的特点，情境之间呈现出"表里关系"；教学《富饶的西沙群岛》，以简笔画创设海底情境，因为海水深浅不一，所以海水色彩各异，情境之间呈现出"因果关系"①。另一方面，情境要具备较强的连续性。我们对情境并不陌生，许多教师用它来导入新课，激发学习动机。不同的是，情境教学将情境建构贯彻课堂教学的始终。正是这种系统有序的情境结构带来了快乐、高效的情境学习。李吉林将情境教学的基本流程总结为"带入情境——优化情境——凭借情境——拓展情境"，这里的情境就不再是缺乏关联的单一情境，而是一组彼此关联的连续情境，形成了循序渐进、环环相扣的"情境链"。比如，教学《海底世界》，她就根据教材内容，精心建构了系列情境。其中情境一是模拟潜水，引入考察情境；情境二是查阅资料，进入问题情境；情境三是借助录像，模拟探测情境；情境四是对比研究，进入展示情境②。正是通过这些层层深入的情境，逐步增加学生对海底奥秘和海底资源的了解，激发学生探索海洋的好奇和兴趣，让他们在积极参与中成为学习的主体。

4. 师生共构

李吉林的情境观是在实验探索和理论研究中不断发展的，她对情境

---

① 李吉林：《激情萌发智慧：李吉林情境教育论文选》，教育科学出版社2016年版，第92页。

② 李吉林：《为儿童的学习：情境课程的实验与建构》，外语教学与研究出版社2008年版，第336—342页。

的思考也是不断深化的。她先是使用"情境创设",强调教师的创造性;后来使用"情境设计",强调教师的科学性;最后使用"情境建构",强调师生共同建构,这个思想持续至今。南京师范大学鲁洁教授提出,情境教育是教师和学生"共同建构情境的过程"。这种建构是主动的而非被动的过程,是动态的而非静态的结构,是师生主体的相互作用而非主客体的关系制约①。吴康宁教授也认为,"师生共同建构"是情境教育"最值得称道之处",也是情境教育与其他教育模式"具有根本意义的区别"②。情境的师生共构有利于摆脱教师的绝对权威地位,只有教师不再去规定"标准答案"和通向标准答案的"正确方式",学生的独特体验和创造潜能才能被最大限度地激发出来。他们的质疑、想象、思维、情感和个性才能充盈于教育现场,成为情境中最具活力的因素,从而实现师生的共同成长。

(三)情境的类型

将各种情境进行合理分类,有益于教师更理性地选择合适的情境类型。近年来,不少学者对情境分类进行过研究。福建师范大学余文森教授依据情境创设的途径将情境分为实物、图像、动作、语言、关系、背景和问题等情境③。华东师范大学吴刚教授则根据营造情境的因素将情境分为唤起感觉的情境、符号工具营造的情境和媒体营造的情境三大类型④。依据情境对学生感觉器官的刺激作用,李吉林将情境分为以下类型⑤:

1. 实体情境

实体情境是基于物体原型而建构的情境。它可以是儿童在大自然中见到的湖光山色、草长莺飞,也可以是老师在教学中呈现的真实物体、动植物标本。由于看得见、摸得着,实体情境容易给人留下真切的感受

---

① 鲁洁:《一种不同范式的研究——对情境教育的再思考》,《人民教育》2011 年第 18 期。

② 吴康宁:《"情境教育流派"初探》,载顾明远主编《李吉林和情境教育学派研究》,教育科学出版社 2011 年版,第 193 页。

③ 余文森:《论教学情境的主要类型》,《教育探究》2006 年第 3 期。

④ 吴刚:《情境教育与优质教学》,《课程·教材·教法》2009 年第 6 期。

⑤ 李吉林:《情境教学实验与研究》,四川教育出版社 1992 年版,第 28—32 页。

和深刻的印象。

2. 模拟情境

模拟情境是以模型、图画、音乐和角色扮演再现实体原型或活动过程而建构的情境。基于相似原理，模拟情境的关键是突出事物的关键特征，无论是图画展现、音乐烘托，还是角色扮演、数字化技术，都可以非常形象地表现出事物的关键特征。尽管模拟情境不如实体情境那么具体真实，但它可以根据教学要求对实体原型进行概括、转换和变形，进行艺术化还原，突出关键特征，删减次要特征，使情境变得逼真、生动而易于理解，甚至可以取得比实体情境更好的教学成效。

3. 语表情境

语表情境是基于语言描绘而建构的情境。它需要教师凭借语言手段生动准确地描述特定的情境，并经由语言的意义分析、形象描绘、语速及节奏变化去激发儿童的热烈情绪和丰富想象，进而感受情境所承载的意义。有的文本无法以实体情境来展现，就更应该强调语表情境的运用。语表情境的运用应适应学生思维方式的发展，随着年龄增长，他们的形象思维逐渐过渡到抽象思维，语表情境也应随之增加。

4. 想象情境

想象情境是基于儿童的已有经验，把他们大脑中的表象进行新的组合而形成的情境。李吉林从《文心雕龙》提出的"文之思也，其神远矣"中得到启迪，认为文学创作不受时空限制，因为现实的生活空间是有限的，而诗人的想象空间是无限的。想象力是"儿童的巨大财富"，透过儿童的想象，可以打开思维的空间，形成情境的广远意境。情境教学培养了学生的想象力，学生的想象又进一步拓展了情境。

5. 推理情境

从形象思维向抽象思维过渡是小学生思维的特点，由于他们的抽象思维尚处在初级阶段，仍然需要形象思维的参与。推理情境就是伴随着形象进行分析与综合、判断与推理活动而形成的情境。推理情境不仅适用于数学与科学，而且适用于语文与艺术，有利于促进儿童由此及彼、由表及里地认识事物的本质属性。

李吉林的这一分类被广泛引用，已成为国内权威的教学情境分类方式之一。

（四）情境的建构

1. 情境建构的依据

人为优化的情境不是教师的任性建构，它不可能凭空产生，而是奠基于课程与教学论、教育认识论和教育艺术论所取得的研究成果。归纳起来，情境建构的依据大致包括三个方面：一是基于教材，二是基于经验，三是基于艺术。

一是基于教材。在情境教学实践中，个别教师过分关注情境形式而忽视教学目标、过分关注情境技术而忽视教学内容、过分关注情境新颖而忽视教学效果。这种现象引起了李吉林的严重关切，她强调，情境教学仅仅是一种教学手段，"是不是需要设置情境，以及设置怎样的情境，以什么样的形式出现，都必须从教材特点、教学要求出发"[1]。教学手段是由教学内容决定的，教学手段必须服务于教学内容，只有准确把握教材特点，才能有的放矢地建构情境。教师要努力寻找作家创作的生活源泉，揭示他们在字里行间倾注的情感和理念，因为教材本身就是有情有境的。但我们要尊重教材，又不能囿于教材，情境建构还需要对教材内容进行创造性开发。此外，其他学科也不要生搬硬套小学语文情境建构的手段，情境建构应充分反映各个学科的特点。北京师范大学资深教授王策三对此予以高度评价："情境教学坚持以教材为根据并以达成教材的要求为目的，避免了追求感性活动、情感活动而忽视甚至牺牲科学水平的片面性，也保证了情感、艺术认识活动本身的水平[2]。"

二是基于经验。人与环境的互动产生了两个结果：对人而言，这种互动的结果是"经验"；而对环境而言，这种互动的结果为"情境"。因而，情境与经验之间具有天然的内在联系，经验是在情境中形成和获取的，情境则是在经验中建构和伸展的。自从美国教育家杜威（John Dewey）提出"教育即经验的改造"之后，现代教育理论就十分重视经验的

---

[1] 李吉林：《激情萌发智慧：李吉林情境教育论文选》，教育科学出版社2016年版，第22页。

[2] 王策三：《现代教师的新追求 现代教育的新成就——李吉林情境教学实验的启示》，载顾明远主编《李吉林和情境教育学派研究》，教育科学出版社2011年版，第90页。

作用。学习科学提出，学生原先的知识和经验为他们学习新知识提供了支持性条件，如果能够调动他们积累的相关经验，就能引导学生加速学习进程，并少走弯路。对此，李吉林深有感触，认为封闭式的课堂教学肆意切断了儿童的生活经验，以致出现了符号与生活的断裂现象。因此，情境建构必须充分利用学生的生活经验，"儿童获得的知识是有背景的、相互联系的，是可以体验、可以感悟、可以周转应用的；而不是僵化的、黯淡的、只会背不会用的惰性知识"①。

三是基于艺术。由于教育理论一直强调教学认识的间接性，我们的课堂教学普遍偏重理性，科学化有余而艺术化不足，内容烦琐，枯燥无味。为了解决这个问题，李吉林提出"让艺术走进课堂教学"的主张。在她看来，尽管教育与艺术是两个不同的范畴，但其中蕴含的美是相通的，其中图画为沉静之美，音乐为流动之美，戏剧为动静合宜之美。她十分重视以图画再现情境、以音乐渲染情境和以表演体会情境，"使儿童不仅学到知识，而且使儿童欣赏到、感受到语文中表达的美，得到美的享受"②。情境教学把人类的认识过程进行精简和解构，再以艺术手法将教学内容还原和重构，有效实现了教学的科学性和艺术性的统一，使课堂充盈着高雅的审美情趣，洋溢着浓浓的艺术气息，成为儿童学而不厌、流连忘返的场所。

2. 情境建构的路径

基于教材、经验和艺术建构情境，这是情境建构的基本思路。如何进行实际操作，涉及情境建构的具体路径问题。基于情境归类，李吉林总结出情境建构的六大路径③。

一是生活展现情境。生活展现情境是围绕教学内容和目标，引领学生走向真实的社会和美丽的大自然，从中优选特色鲜明的典型场景作为观察对象，从而帮助学生从生活源泉中攫取丰富的素材。李吉林提出，把学生带入生活情境，其主要策略包括：首先是优选感知目标。生活场

---

① 李吉林：《学习科学与儿童情境学习》，《教育研究》2013 年第 11 期。

② 顾明远：《"情境教育"是具有中国特色的原创的教育思想体系》，载顾明远主编《李吉林和情境教育学派研究》，教育科学出版社 2011 年版，第 74 页。

③ 李吉林：《情境教学的理论与实践》，《人民教育》1991 年第 5 期。

景非常广阔，教师选取情境应有取舍，有先后主次之分，使情境具有教学的典型意义和鲜明的感情色彩；其次要有序带入情境。应按照从整体到局部再到细节的程序指导学生观察，训练他们的有序思维能力；最后是启发想象。观察只有与儿童的思维和想象活动相结合，才能加深他们的情境感悟和情感体验。

二是实物演示情境。实物演示情境以实物为主要对象，并创设相应背景，从而形成一个相互联系的系统。多年的实践使李吉林成功地归纳出其基本方式：首先是优选典型实物。只有寻找和优选典型的实物，才能使儿童认识事物的本质属性。其次是呈现实物背景。儿童对事物的感知具有全面性，无论是真实的原型实物，还是模拟的仿真实物，都要用背景来突出对象。最后是以模拟替代实物。我们不可能也没必要全部进行实物演示，实物模拟也可以营造具有操作性和探究性的情境。比如让学生观察一条活鱼在水中游来游去、有沉有浮的情境，可以帮助学生了解潜水艇的工作原理。

三是图画再现情境。以图画再现情境，通过直观手段呈现教材内容，符合儿童直观动作思维和具体形象思维的特点。用图画创设情境，形式多种多样，既可以使用传统的挂图、剪贴画、展板，也可以使用多媒体课件、数字化图像。但不管使用何种形式，都要重视以"形"激"情"，将学生顺利带入教材描写的情境之中。

四是音乐渲染情境。音乐可以表达那些无法描述的审美体验，营造那些无法想象的听觉感受。最重要的是选择那些和文本一致或相似的音乐，只有在旋律、节奏、音调、乐调上和谐统一，才能实现情境渲染的目标。如果暂时没有符合需要的歌曲，也可由教师即兴演奏、哼唱，或者请学生现场演唱，都是简单易行的办法。

五是表演体会情境。儿童是天生的演员，既爱上台表演，又爱观看表演。我们可以让学生想象为文本中的某一角色，也可以让他扮演文本中的某一角色。不管是通过想象进入角色，还是通过扮演塑造形象，都有利于学生从"文本表层"深入"文本深层"，使他们对文本的理解更具体、更深刻，从而享受到戏剧表演和深度学习的双重乐趣。

六是语言描绘情境。形象与语言本应浑然一体，形象与语言的相互剥离，使学生难以获得丰富的感性认识，产生强烈的情感共鸣。因而，情境展示必须以执教者生动传神的语言描述相伴，才能促进儿童心智能量的指向性集中，提升认知效率。随着学生抽象思维能力的发展，直观手段要慢慢削减，语表情境应相应添加。语言描绘情境对教师的语言素养提出了更高的要求，不仅要有主导性和示范性，而且要有启发性和形象性。

在实际教学过程中，教师可以灵活选用以上路径，可以单独选用其中一种，也可以综合选用多种路径，但无论如何选用，都必须和语言描绘相结合。情境建构的多元路径，可以调动学生的多种感官通道的协调活动，使教学氛围更为活跃，教学成效得到大幅提升。

三 儿童创造力发展的情境性特征

作为创新社会的核心素养，创造力从未受到如此的高度关注。通过深入研究，我们发现很难通过儿童的创造产生那些人类前所未有的革命性产品（"大C"），对儿童创造我们应该更多的基于个人活动来考察，只要相对于他们自己而言具有突破性就是创造（"小C"），这就需要对他们的新颖性、独特性给予更多的鼓励。尽管一些学者笃信儿童具有做出颠覆性创新的可能性，但大多数儿童的创造力仍然属于"广义的创造力"，其实质还是他们的创造潜能。认识这种创造潜能很重要，儿童创造教育的使命就是"保护、唤醒和实现儿童的创造潜能"[①]。儿童的创造力发展需要多种条件，早年的研究仅仅局限于儿童的创造素质，后来才逐步认识到仅仅具备这些主观条件是远远不够的，还需要适宜的客观条件，创造力的成长应该是主体与环境积极互动的结果。近年来，西方创造力研究的"汇合理论"尝试将创造力发展的主客观条件综合起来，使人们对这个问题的认识更深刻、更全面，其中最具代表性的学者为艾曼贝尔、奇凯岑特米哈伊、斯腾伯格以及考夫曼（详见第一章）。这也提示我们，在学校教育中我们不仅需要主动建构丰富、真切而富有美感的情境，而

---

① 王灿明、钱小龙：《创新时代的儿童情境教育：理论建构与实践路径》，《教育研究与实验》2016 年第 4 期。

且需要积极促进儿童与情境的互动活动。在教育科学、教育技术和文化艺术日益繁荣的今天，如何传承情境教育的创新精神，建构有利于儿童创造力发展的真实情境、虚拟情境和艺术情境，已经成为深化和发展情境教育的重要议题。

（一）儿童创造力发展的真实情境

真实情境是基于现实生活中存在的真实场景、真实事物或真实体验而建构的情境。创造力应当镶嵌于问题解决的过程之中，并通过真实情境的主动探究而获得。杜威（John Dewey）认为，只有"实际经验的情境"才可能引起儿童的科学探究①。他将问题解决过程归纳为从"情境"到"检验"等五个环节，将"情境"置于问题解决的两端，从而发西方情境教育之先声。为了发展创造力，奥斯本（Alex Faickney Osborn）和帕内斯（Sidney J. Parnes）进一步提出"创造性问题解决"（Creative Problem Solving，CPS），将创造性问题解决过程描述为了解问题—产生构想—计划行动三个阶段②。在创造性问题解决过程中，首先必须从各种经验、角色和情境中寻找挑战，从不同的观点、印象、感觉中分析各种可能性问题。无论是杜威的问题解决，还是奥斯本和帕内斯的创造性问题解决，都很重视真实情境的功用。在实际生活中，如果一些事物的属性和特征能为我们启发创造发明的灵感，我们就将这种事物称为"原型"（prototype）。其中最经典的案例就是鲁班模仿茅草的外形而发明了锯子，华佗模仿动物的动作而发明了"五禽戏"。原型启发有灵感和类比这两种表现形式。从飞鸟到飞机、从开水壶到蒸汽机、从蝙蝠到雷达，无一不是原型启发的结果。鼓励儿童走入真实情境，留心现实生活，就可能为解决一时解决不了的问题找到原型。促进儿童创造力发展的真实情境，主要包括生活情境、社区情境和野外情境。

1. 生活情境

生活本是教育活动的原点，却在现代教育中迷失了方向。杜威曾猛烈抨击教育和生活的严重脱节，学生的生活经验成不了课程资源，而他

---

① 赵祥麟：《杜威教育论著》，华东师范大学出版社1981年版，第297页。

② 王灿明：《儿童创造教育新论》，上海教育出版社2015年版，第183—184页。

们的寻常生活又用不上老师传授的知识，他称之为教育的"最大浪费"①。怀特海也认为，课程如果脱离了生活，就丧失了生命力，"教育只有一个主题，那就是五彩缤纷的生活"②。为了解决教育远离生活的问题，李吉林很早就提倡"教育回归生活"，并以其一生的不懈努力，寻求教育与生活链接的有效途径，创造性地提出"生活展现情境"的主张。概括起来，创设生活情境主要有两种基本路径：一是将知识点巧妙融入生活情境之中，在课堂教学中展现生气勃勃的生活情境，以此启发学生的创造性思维；二是引导学生直接走进生活世界，在社会生活的真实场景中进行研究性学习，以此锻炼学生的创造性行为。

2. 社区情境

社区是连接个人、家庭与社会的桥梁。无论是城市社区，还是农村社区，教育资源都是丰富而多元的，最重要的是它们都在儿童可利用的范围之内。由于儿童的好奇心强，探究能力强，他们会在这里发现丰富的写作素材，进行文学创作；他们会在这里发现充裕的创新资源，进行科技探究；他们也可以利用这里丰裕的生态资源，进行生态调查。社区是儿童的"成长乐园"，他们在这里玩耍、社交、探索，因为走出家门而拓展了视野，科学建构和合理利用社区情境是促进儿童创造力发展的一条有效途径。

3. 野外情境

人乃自然之子，大自然与人的心灵相通，可以启发人的生命灵性。古代教育家孔子站在泗水河边，看着奔流不息的河水，告诫他的学生："逝者如斯夫，不舍昼夜。"提醒他们要珍惜时间。李吉林认为大自然是每个孩子必备的"百科全书"，"在这广阔的田野上，孩子们所得之丰，所思之广，所悟之深，绝不是一两次课堂教学所能实现的"③。她组织学生进行野外活动，从学校旁边的一条小河、一座小桥、一块农田，到碧

① ［美］杜威：《学校与社会·明日之学校》，赵祥麟译，人民教育出版社1994年版，第61—62页。
② ［英］怀特海：《教育的目的》，徐汝舟译，生活·读书·新知三联书店2002年版，第12页。
③ 李吉林：《情境课程的操作与案例》，教育科学出版社2008年版，第43页。

波荡漾的濠河、静静流淌的运河、奔腾浩荡的长江，最终总结出"求近、求美、求宽"的优选三原则，使大自然成为儿童放飞梦想、快乐成长的摇篮。她率先提出"野外情境课程"并进行了长期探索，已成为当代创新教育领域中独具一格的课程范式。

从生活情境到社区情境，再到野外情境，是儿童生活空间的不断拓展，也是儿童心理世界的不断延伸，正是在这种不断延伸的过程中，儿童的创造力也得到了不断发展。

（二）儿童创造力发展的虚拟情境

虚拟现实技术（Virtual Reality，VR）的异军突起，对情境教育发展提出了严峻挑战，同时也带来了难得机遇。虚拟情境是利用虚拟现实技术开发的新型情境，其主要特征：一是沉浸性，儿童可以获得如临其境的非凡体验；二是交互性，儿童可以透过传感器对虚拟物体直接进行操纵，比如拿起虚拟情境中的冰块，一样可以体验到冰的温度、重量和形状；三是想象性，儿童可以通过直觉、联想、灵感、类比等思维活动对未来展开创造性想象。近年来，Facebook、Google、微软、阿里巴巴等科技巨头纷纷抢滩虚拟现实产业。2018年我国虚拟现实产业市场规模超过200亿元，2020年将超过900亿元。虚拟现实正迅速从概念走向现实，已经渗透到休闲娱乐、医疗卫生、艺术设计等诸多领域，成为公众关注的热词，同时以几乎完美的沉浸式体验为情境教育创新提供了最先进的信息技术手段。依据技术的可行性和成熟性，我们应更多地关注虚拟桌面情境、虚拟教室情境和虚拟实验室情境。

1. 虚拟桌面情境

桌面（Desktop）是计算机启动后呈现给用户的整个屏幕区域，是用户操作的一个平面。传统桌面是在台式机、便携式电脑上安装相应的操作系统而搭建的操作环境。中小学教师利用传统桌面建构情境，并与多媒体设备相连接，曾创造出丰富多彩的多媒体情境。但随着计算机技术的飞跃发展，我们发现，尽管个人计算机的购置成本低，但技术支持成本高，资源利用效率低，如何行之有效地采用虚拟桌面情境已成为情境教育发展的必然选择。虚拟桌面情境是基于计算机终端系统、虚拟机监控器、数据中心以及云平台的融合而实现的多用户共享的虚拟情境。凭借云计算的强大功能，用户无论何时何地都能访问虚拟桌面。虚拟桌面情境是以教师为中心的建设模式，应该鼓励教研部门集中制作教学情境，集中分享一些优秀教师（如特级教师、学科带头人）所制作的使用效果良好的教学情境，以消除教师桌面情境和特定硬件之间的绑定关系，降低制作成本，提高教学效率。无疑，拥有成熟的虚拟桌面已成为虚拟情境教育的重要标志。

2. 虚拟教室情境

虚拟教室（Virtual Classroom）是运用虚拟现实、多媒体、数字压缩和网络通信技术开发的网络教学平台。虚拟教室能够提供逼真的学习情境，学生登录客户端之后，只需要点击虚拟教室中的相关课件或视频就能听课、讨论和交流，进行别开生面的网上教学活动。它可以使儿童获取逼真的教学情境，并透过与教师、同学的双向交流和自由讨论而实现知识的深度学习与意义建构。建设虚拟教室，既能用于网络近程教学，也能用于网络远程教学，既能用于老师的虚拟上课，也能用于儿童的自适应学习，有利于助力数字化教育实现新跨越。

3. 虚拟实验室情境

美国学者沃尔夫（William Wolf）首先提出"虚拟实验室"（Virtual laboratory）这一概念，其目的是为科研人员搭建实验数据的共享平台，但随着虚拟仪器（Virtual Instrumentation）的诞生，虚拟实验室迅速发展并在发达国家得到普及，虚拟仪器的出现不仅给实验室带来了一次"颠覆性创新"，而且为远程教育发展提供了最新动力，学生可以在完全逼真的实验室里完成预定的科学实验，获取真实的实验结果和科学体验。更重要的是，虚拟实验室还能提供一些最高端、最领先的科研设备以及不可能发生的实验情境，使学生获得一些更先进的实验数据和更宝贵的实验感受。虚拟实验室既能适应老师主导的演示实验模拟，也能适应儿童主导的自适应实验，具有广泛的开发和运用前景。从客观上分析，尽管虚拟现实技术是一项蓬勃发展的全新技术，但应用虚拟现实技术开发虚拟情境可能还涉及软件和硬件方面的诸多问题，因而并非一蹴而就的坦途，这就需要教育管理人员、教育技术开发人员以及广大教育工作者风雨同舟，共同推进情境教育的创新发展。

（三）儿童创造力发展的艺术情境

情境教育是艺术化教育的典范。李吉林注重对儿童实施艺术和美的教育，并将艺术和美的方法创造性地应用到教育实践之中，使教育成为一种艺术①。回顾 60 年的从教生涯，她感触很深，认为儿童一旦置身于优美情境之中，就会进入最佳情绪状态，以情启智，开发他们的想象力和创造力②。艺术是按美的规律创造出来的存在物，艺术情境对儿童创造潜能的开发具有熏陶、激励和启发作用。教育神经科学研究已经证明："将艺术与教学内容进行整合可以改变学习的效果，同时也是一种培养儿童创造力的天然方式。"③ 艺术情境是基于视觉艺术、听觉艺术和视听艺术而建构的一种教育情境。艺术情境的建构必须遵循艺术形象与艺术理念相结合、情感体验与认知体验相结合、道德价值与美学价值相结合的原则。

1. 视觉艺术情境

视觉艺术情境是基于绘画、雕塑、摄影、书法、动漫等视觉艺术形式而建构的一种教育情境。李吉林一直强调"以绘画再现情境"，她将简易画、剪贴画、课文插图练到炉火纯青，可以将学生很快引入教材描写的情境之中。但视觉艺术属于造型艺术，其手法多种多样，我们应该在绘画情境基础上进一步拓展视觉艺术情境的领域。一是摄影情境。现代摄影技术发展很快，智能手机和数码相机已进入寻常家庭，能够把日常生活中稍纵即逝的生活情境转化为不朽的视觉图像，从而成为情境建构的主要素材。一些师生拍摄的风景名胜照片上传到微信群、朋友圈、个人博客等社交媒体，得到许多点赞和好评。如果按照教学目的和课文特点，鼓励教师和同学们去采风、摄影，这些照片容易得到儿童喜爱，也容易引起共鸣。国内外举办的各种新闻摄影竞赛，积累了大量具有艺术震撼力和感染力的风光摄影、肖像摄影、人文摄影、纪实摄影，也可通

---

① 边霞：《再论李吉林及情境教育的境界》，载顾明远主编《李吉林和情境教育学派研究》，教育科学出版社 2011 年版，第 193 页。

② 李吉林：《60 年，我在爱儿童中长大》，《中国教师报》2016 年 9 月 23 日第 16 版。

③ ［美］David A. Sousa：《心智、脑与教育：教育神经科学对课堂教学的启示》，周加仙等译，华东师范大学出版社 2013 年版，第 6 页。

过优选而成为教学情境。二是书法情境。书法被习近平同志誉为"中国文化瑰宝",具有很高的艺术价值。回望书法发展的历史,无论是摩崖石刻,还是牌匾楹联,几乎所有的书法作品都深深植根于一定的生活空间与艺术场域中,书法情境建构无疑有利于还原书法创作过程,使学生能够真切体验书法艺术的审美境界。三是动漫情境。随着中国动漫产业的跨越式发展,近年来动漫艺术凭借浓郁的本土民族特色快速崛起,并以其精妙的构思、奇异的想象、独特的幽默和情境交融的意境而备受儿童喜爱。无论是在学校还是家庭,无论是双休日还是寒暑假,都能发现儿童在兴致勃勃地分享动漫作品、谈论动漫话题,动漫正在掀起一场儿童文化的变革。情境教学与时俱进,及时将动漫艺术引进教学之中,使之成为情境建构中的一种时尚元素,寻找动漫艺术的娱乐性、艺术性与教育性之间的平衡点,可以为情境教学开辟一条充满活力的新路。

2. 听觉艺术情境

听觉艺术情境是基于旋律、节奏、和声和乐器伴奏而建构的音乐情境。儿童具有与生俱来的"音乐基因",无论是宁静典雅、旋律优美的古典音乐,还是内容通俗、形式活泼的流行音乐,都能引起他们心灵深处的共鸣。李吉林早年教《小白花》,这篇课文描述了清明节人民群众自发悼念周总理的情境。她出示了一张十里长街送总理的大幅黑白照片,并选取一首凄婉深沉的小提琴协奏曲,通过背景音乐的播放,营造出深切缅怀总理的感人场景,加之她的深情朗读,把所有学生感动得潸然泪下,取得了很好的教学效果[①]。30多年以后,实验班学生回到母校,对这节课依然记忆犹新。毫无疑问,当信息被嵌入音乐或节奏的时候,对它的回忆增强了。音乐具有情绪调节功能,能够激发积极情绪,疏散消极情绪。最新研究表明,音乐欣赏还有助于提高人的专注力,促进智力发展。美国学者罗斯彻(Frances Rauscher)和肖(Gordon Shaw)通过实验研究发现,聆听莫扎特的音乐能够显著提高被试的空间推理能力[②]。这一成果被

[①] 李吉林:《把训练语言和发展智力结合起来》,载李吉林《激情萌发智慧:李吉林情境教育论文选》,教育科学出版社2016年版,第12—13页。

[②] 侯建成、董奇:《音乐认知:脑与认知科学的研究成果及其教育启示》,《黄钟》2010年第2期。

国际顶级期刊 *Nature* 发表以后引起全球轰动，各国学者纷纷对"莫扎特效应"（Mozart Effect）进行验证性实验，发现几乎所有音乐都能使人的注意力更集中，思维更敏捷，大脑功能更强大。美国音乐家坎贝尔（Don Campbel）研究还发现，音乐不仅有助于认知和情感发展，而且有益于身心健康和创造力提升[①]。科学史研究也一再证明，许多科学发现与技术创新都得益于音乐启迪。无论是爱因斯坦，还是袁隆平，都非常喜欢拉小提琴。当科学研究陷入低潮，他们常常通过自己喜爱的乐曲来调节自己的生活节奏，并从中寻找灵感。音乐具有激活想象和灵感的作用，各种抽象的符号、和声的色彩和弹奏的乐器都是对人脑的有效刺激，健康愉悦的音乐有利于激发积极情绪，使人在轻松自由的心理状态下更好地进行创造发明。

3. 视听艺术情境

视听艺术情境是基于影视、戏剧、舞蹈和音乐剧等视听艺术形式而建构的艺术情境。作为艺术的两大门类，视觉艺术与听觉艺术既有对立性，又有共通性，"视觉艺术与听觉艺术的互动，两者相互渗透，相得益彰，其艺术效果远远大于视觉或听觉上的单一呈现而产生的艺术感染力"[②]。唯此，情境教学应该关注视听艺术的巧妙运用。一是影视情境。影视情境是基于电影、电视、动画等媒体而建构的艺术情境。影视是现代科技与艺术联姻的结果，主要通过画面、声音、蒙太奇、故事情节来表现和传达，因为数字化网络、电视、手机的日益普及，影视已成为儿童的"另一种生活方式"，对愉悦其心灵、拓宽其视野、促进其成长都发挥了积极作用。以影视建构艺术情境，既可以播映完整的影视作品，也可以剪辑一些影视片段，甚至还可以制作一些微电影。对此，一些教师已探索出不少成功经验，但就整体而言，与高度发达的影视制作技术和高度繁荣的影视市场相比，学校教育中的影视情境建构的研究和实践还比较落后，有待于进一步提高。二是戏剧情境。无论是《哈姆雷特》《推

---

① ［美］坎贝尔：《莫扎特效应：用音乐唤醒孩子的头脑、健康和创造力》，高慧雯等译，北京联合出版公司 2013 年版，第 8 页。

② 张洁夫：《视觉艺术与听觉艺术的互动效应浅论》，《人民论坛》2010 年第 26 期。

销员之死》，还是《雷雨》《茶馆》，作为"时代的记录者"，戏剧的舞台表现力和艺术感染性都很强。戏剧史上狄德罗率先提出"情境"这一范畴，强调将戏剧情境作为戏剧创作的重心，并通过"人物与情境的冲突"去塑造人物的鲜明性格①。黑格尔的艺术美学继承了狄德罗的戏剧思想，认为艺术创作的关键是建构"引人入胜的情境"，探寻那些触及灵魂的本质内涵与美学旨趣②。他重申，不能导致矛盾和冲突的情境就不是理想的情境，唯有在尖锐的情境冲突中才能将人物的性格刻画得惟妙惟肖，由此建构出完备的戏剧情境理论体系，其影响一直延续至今。应该说，戏剧情境和教学情境最契合，也是最值得借鉴的。为了更好地创设情境，李吉林曾登门向上海人艺著名演员陈琦学习朗诵，向表演艺术家张瑞芳、白杨、秦怡、黄宗英学习表演艺术。这也启示我们，应该更多地运用戏剧情境的理论和方法来建构教学情境，使教学情境产生更强的表现力和感染力。三是舞蹈情境。无论是幸福社会的建设，还是幸福教育的推进，都不能没有舞蹈。舞蹈情境就是通过音乐、动作、表情和造型等元素而建构的艺术情境。伴随着中国经济的快速崛起和人民群众精神生活需求的不断提高，近年来舞蹈艺术进入了快速发展时期，一大批舞蹈馆、会所、工作室悄然成立，国内外舞蹈比赛纷至沓来，广场舞跳遍了大江南北，"全民舞蹈"热潮正在掀起。2015 年，《关于全面加强和改进学校美育工作的意见》由国务院办公厅正式颁布，明确提出中小学要增设影视、戏剧、戏曲、舞蹈等地方课程。我们应抓住这千载难逢的机遇，积极探索以舞蹈建构艺术情境的有效方法，表现课文中蕴含的人物性格和思想感情，并以此影响儿童的情感和情调，增进他们的道德和审美素养，进而促进儿童健全人格的发展。

综上，我们成功构建促进儿童创造力发展的三个层次的情境：真实情境、虚拟情境和艺术情境。其中，真实情境是情境建构的根基，没有真实情境，情境建构就丧失了立身之本；虚拟情境是情境建构的拓展，没有虚拟情境，情境建构就丧失了新的发展空间；艺术情境是情境建构

---

① 朱光潜：《西方美学史（上卷）》，人民文学出版社 1963 年版，第 279 页。

② ［德］黑格尔：《美学（第 1 卷）》，朱光潜译，商务印书馆 1982 年版，第 254 页。

的境界，没有艺术情境，情境建构就丧失了艺术魅力。只有将情境的真实性、虚拟性和艺术性融会贯通，才能为儿童创造潜能的唤醒和实现提供源源不断的支持。这是对情境教育思想的自觉传承，也是创造性的发展，由此而彰显出情境教育学派所蕴含的旺盛生命活力。

作者：王灿明、纪晶

第 四 章

道德情境教育与儿童创造力发展

　　冬天多日阴雨后，太阳格外受到人们的青睐，小区内一位七十多岁的老太太和三个三十来岁的男女青年大爆粗口，拳脚相加，旁边还有几个懵懂的小孩儿。其原因只是为了晒被子，老太太把对方的被子折叠了一下，挪了点儿位置晒自家的被子。在生活中类似的矛盾冲突常常发生。现代社会的价值取向更加多元化，多种价值观因并存而碰撞，都想充分争取个体权益，再加上高楼越来越多，生活节奏不断加快，人与人之间越来越陌生，于是，社会道德事件层出不穷，比如小悦悦事件、复旦"黄山门"、湖南邵东杀师案，还有那让人尴尬的"扶不扶"问题。"做好事有好报"的原有社会道德规范被推入不稳定的结构状态，"扶老人有风险"迅速成为社会普遍默认的事实。

　　《中国青年报》做过一项调查："当遇到老人倒地，你的第一反应会是什么？"139000多人中仅有不到5.42%的人选择毫不犹豫主动扶起来。当人们面对摔倒的老人不是扶起，而是开始思考要不要扶的问题时，一定程度上说明社会道德出现了问题。

　　儿童教育家李吉林特别关注儿童道德的成长，她说："小学儿童正处于道德情感、道德行为养成的最佳时期，他们就像不断生长的树苗，边长边变，既可变好，也可变坏……趁着还未定型，打下好的底子，善加造就，才能使他们生长得美丽挺拔。"[①] 她在大量实践的基础上提出了情

---

　　① 李吉林：《为儿童的学习：情境课程的实验与建构》，外语教学与研究出版社 2008 年版，第 290 页。

境德育主张，为道德教育如何促进儿童创造力发展开辟了一条有效路径。

第一节　道德情境教育的发展历程与理论构建

一　道德情境教育的发展历程

20 世纪 70 年代末，李吉林创立了情境教学，此时期的实践与研究主要在语文学科，但情境教学应该不只适合于小学语文教学，对于整个小学教育也一样适用。80 年代末，情境教学走向多元化，李吉林大胆设想"运用情境教学促进儿童整体发展"，展开了国家教育部"九五"重点规划课题"情境教育促进儿童素质全面发展的实验与研究"，将情境教学向各学科推进，发展为情境教育。经过一个阶段的探索，情境教学顺利地向思想品德课延伸，在大量实践基础上，她及时提出了"情境德育"的主张，并总结出一些行之有效的实践策略。

（一）起始：让情感回归德育

1981 年前，我国中小学开设的政治课，基本都用成人化的方法教学，简单灌输，不联系学生的实际情况，不注重实效。教育部 1981 年制定的《全日制五年制小学教学计划（修订草案）》用思想品德课替换了当时的政治课。从 1982 年秋季开始，小学各年级普遍开设了思想品德课。小学思想品德课的教学并没有专职教师，都是由语文或其他学科老师兼任，教师都习惯于用文化知识的教学方法来上思想品德课，把道德观念灌输给儿童。这既不符合小学生的年龄特点，也不符合品德课教学的要求，道德教育缺乏实效性。针对这一弊端，李吉林将情境教学由语文学科首先向相邻学科——思想品德课延伸，把情感带进了思想品德课的课堂，动情晓理，充分发挥情感的作用，带着老师们开始"以情感为纽带，渗透教育性"的情境德育探索。

思想品德的课堂上，杜绝说教式的、抽象的教育方式。老师们在思品课课堂上，再也不仅仅满足于"导入—明理—巩固—导行"模式，而是想尽办法进行创新，将各种各样的情境引入课堂，让学生主动参与教学活动，充分发挥学生的创造性，鼓励学生自己去观察、去比较、去讨论、去交流、去思索、去体验。让他们面对现实，主动提出问题，自我解决问题，从现实生活中来，再回到现实生活中去。

老师们根据教材的特点和教育的需要，优选生动的手段，创设各种生动的情境，形象地再现教材内容所表现的情境，揭示情境所蕴含的道理。在教学《团结力量大》这课时，学生学习完课文后，播放故事《五个指头兄弟》，同时出现画面。清晰生动的画面上，依次出现五个拟人化的手指形象，他们互不服气，纷纷夸耀自己的本领大。这时，出现一个拟人化的皮球形象，说："我给你们评评理，谁能把我稳稳地举起来，就算谁的本领大。"五个指头都争先恐后地抢着要举起皮球，可谁也办不到，他们齐声问道："我憋足了劲，使出全身的力气，为什么不能举起皮球呢？"生动形象的画面使学生一目了然，很快找出其原因，并从中明白："一个人力量小，团结起来力量大。"接着，让学生讨论并想出解决的办法，进一步巩固认知，深化道理。再次出现形象，此时，手指五兄弟团结起来，合力举起了皮球。这里，教师不需要再进行任何讲解，学生已在轻松、愉快的故事情境中，不知不觉地领悟了这个道理。道德教育的内容就这样镶嵌在有声有色的故事里，学生们通过感官和心灵去感受、去体验、去理解。情与理交融在一起，学生们便毫无逆反地活动其中，用心主动感受。

思想品德课作为学科情境课程之一，把课程内容与儿童活动结合起来，通过创设德育情境，激起儿童道德情感，让沉闷、单调的思想品德课，顿时有了生机。情境品德课堂因为有了情感的铺垫，再也不枯燥乏味、令人生厌了，儿童道德观念的形成，变得具体可感了。道德教育真正走进儿童的情感世界，以情感为纽带，将道德概念与规范内化到学生的道德认知结构中，成为学生道德的自我需求，影响他们的意识，逐步养成道德行为。

（二）拓展：建设情境德育课程

1997 年原国家教委颁发的《九年义务教育小学思想品德课和初中思想政治课课程标准（试行）》将这门学科在学校教育中的作用明确为"指导作用"，良好道德品质的培养和文明行为习惯的养成不只是一周一课就能奏效的，还需要在其他各种途径中反复实践锻炼。情境教育在思想品德课的延伸中取得很好效果，让我们看到了情境教育在小学德育中运用的广阔空间。活泼好动是儿童的天性，遵循他们的天性，依据环境无不对儿童发生作用为根本出发点，我们把情境德育从思想品德的课堂向儿童活动拓展，利用各种途径，开展丰富多彩的活动，建设情境德育课程。

活动是儿童自主发展的重要渠道。情境德育以丰富的活动作为儿童道德素质发展的基本方法，也是道德的出发点、生长点。活动贯穿于道德情境教育的始终，道德教育在活动中层层深入，从儿童活动的各个区域着手，完善德育活动情境，从课堂到课外，从校内到校外，从家庭到社会，形成了一个连续的、动态过程，给儿童创造了许多活动空间，吸引儿童主动投入、主动参与，产生了积极影响。于是道德情境教育从课堂走向课外、走向野外，走到社会，把不同区域的教育紧紧地连在了一起，形成一个整体。

随着实践的深入，情境德育活动逐步系统化，形成一些固定的有特色的板块，我们把这些板块作为实现德育目标的基本课程。它有其独特的地方，体现着人的主体活动和现实环境的内在一致，属于李吉林倡导的"情境课程"的范畴——情境德育的活动课程，由四大块组成。

1. 教育周节活动课程

教育周节活动课程以全校为一个整体，改变了原来的各个班队活动各敲各的锣、各打各的鼓状态，以全年级或全校为一个活动群体，师生共同营造浓厚、持久的节日氛围，让儿童主动参与到活动中来，吸引广大儿童积极参与，以达到最佳教育效果。如三月的学雷锋周、四月的"小蜜蜂"读书节、五月的创造周、六月体艺节、十月的爱国月、十二月的童话节等。每个周节活动都有完整的活动方案，开发读本，供同学们阅读。教育周节活动在实践中不断丰富成为校本课程，得以传承。

在国际读书日到来之际，我们举办"爱书周（节）"活动，不仅指导儿童如何爱惜书本，还鼓励儿童多读课外书，和"好书交朋友"，让儿童体验春天正是读书时，在美好春光中享受阅读的快乐。校门口，一只可爱的"小蜜蜂"每天迎接儿童们的到来，校园橱窗里陈列着各年级的阅读推荐书目，甬道边悬挂着各色字体的"书"和读书的名人名言，引领儿童多读书。精彩的开幕式上制作了一个很大的书的模型，让儿童熟悉的许多名著的主人公从书中走出来；学校和新华书店联系举办的"金苹果"书市为儿童打开了通向书的海洋的大门；读书节间，各年级开展丰富多彩的读书活动，儿童浸润在书香之中。闭幕式上还表彰评选"最爱读书的小蜜蜂""书香班级""书香家庭"。其间还有儿童主动把自己的零用钱省下来买书送给贫困的同学，有儿童捐出自己喜爱的图书充实班级的图书角。在"爱书周"的日子里，整个学校洋溢着一种以读书为荣、以读书为乐的氛围。爱书、读书的教育不言而喻，读书习惯的养成不令而行。

在各种教育"周"、教育"节"里，儿童是真正的快乐的主人，而这些"周""节"也成了学校文化建设的重要组成部分，并成为情境德育的传统，使道德教育得到了强化。

2. 野外活动课程

大自然是人类赖以生存、发展的母亲，是人的"无机的身体"（马克思语），是人类智慧的源泉。野外情境课程带儿童走进大自然，就是走进蓝天下的学校，拥有了极为广阔的课堂，从家乡的山山水水中，从祖国的大好河山中，从日新月异的社会变化中了解家乡，了解祖国，这种有声有色的画面、场景留给儿童的对家乡对祖国的感受最真切。野外活动帮助儿童拥有了家国的记忆，积累起丰富深厚的人文情怀：爱祖国、爱家乡，认同祖辈、认同民族文化，热爱自然、善待动物……野外活动成了儿童最欢迎的融合各科教学及道德教育在内的综合课程。

都说爱祖国从爱家乡开始，热爱家乡的教育在一次次野外活动中，经过实地勘察，精心挑选，形成一个系列：从一入学就开始，带学生就近来到濠河边，认识家乡的小河；二年级亲亲濠河水，懂得环保的重要；三年级放飞风筝，了解家乡的特色文化；四年级走进烈士陵园，懂得先辈的付出，幸福生活来之不易；五年级端午看濠河龙舟赛，感受家乡传统文化；六年级开展"我家住在濠河边"主题活动，通过走访、调查，全面了解家乡的美丽景色、杰出的人物，透过濠河的变迁感受家乡的变化，激发对家乡的热爱之情。像这样，就逐渐构成了情境野外系列课程。此外，还有"我爱读春天这本最美的书""丰收的田野""我家住在长江边""走进家乡的博物馆"等。

"在梨树之下""杏坛之上"讲课是中国一代圣人孔子的教育方法。

李吉林和南通师范学校第二附属小学（以下简称"通师二附"）的老师们明白要使德育生动、有效就必须把学生领进大自然，到源泉中去感受、去思考、去领悟。情境德育主张由近及远地从周围世界优选生动美好的场景，慢慢地有计划有次序地把儿童带进大自然，用大自然的花鸟虫鱼、风雨雷电、春夏秋冬等来增长儿童的智慧、陶冶儿童的情操。品德课堂教学、教材是无法代替大自然的特殊作用的。

3. 少先队活动课程

把道德教育蕴含于色彩缤纷的活动中，是道德情境教育的特色。活动中，儿童的主体性得到充分的彰显，积极情绪被调动起来，主动自觉地参与进来。少先队是儿童自己的组织，队会是队组织的一种活动形式。学校每周五晨会的十分钟自主队会由于小而巧，深受儿童欢迎。每个中队依据学校每月教育主题，结合班级的具体情况，从材料的收集、组织，到程序的安排、主持词的撰写，讨论的话题以及黑板、教室的布置，都是队员自主讨论完成，老师只是辅助。每次队会由各小队轮流主持，形式自定，这给了儿童充分展示个性和才华的机会。经过精心准备，自主队会上幽默的相声、声情并茂的朗诵、节奏鲜明的快板、主题演讲会……儿童真正成了队会的主人，自我教育，自我管理，同伴互助，共同进步。十分钟自主队会成了学校最富特色的道德情境教育课程之一。

4. 主题性大单元情境课程

比起文化课程的学习，道德教育显得比较低效。针对这种低效现象，道德情境教育进行了"在优化情境中提高德育实效性"的实验研究，为增强教育的力度和广度，在道德情境教育课程中，设置了主题性大单元情境课程。

经过多年的实践总结，主题性大单元情境课程成了道德情境教育最具特色的课程。每次活动都有鲜明的主题来统领，通过各种教育资源的整合，使教育效果得到强化。它主题鲜明，每次用一个主题将各科教学、各种活动统领起来，使"力"用在一点上，这样儿童思考有方向，行动有目标；它有情感始终伴随，激发和保持了儿童的兴趣；它以儿童为中心，让儿童自主，强调学习者的全面发展；它角色众多，使儿童在德育情境中与教师、家长、校长、同学等合作控制，协助每个儿童成为具有创意的个体；它生态连续，与生活相通，强调意义和生活的改善，强调习惯和技能的养成。

主题性大单元情境课程每学期一般安排 2—3 次，用明确的主题使各个学科及活动横向沟通，又使全学期各阶段教育纵向贯穿，巧妙地将显性课程与隐性课程结合起来，使教育情境既具有生动性又有一定的深刻性，有利于儿童良好品德心理的和谐发展。

（三）延伸：开展社区教育实践活动

2000 年底，中共中央和国务院办公厅《关于适应新形势进一步加强和改进中小学德育工作的意见》提出："中小学校要认真组织好学生的校外活动，积极建立中学生参加社区服务制度，把组织学生参加社会实践等校外教育活动作为加强德育工作的重要途径。"我们都感受到在这样一个迅速发展的时代，要促成每个儿童全面健康发展，得与社区这个大气候乃至更大的社会联手，因为学校、家庭和社区是联系在一起的，是社区重要的组成部分，同时来自社区的信息、氛围以及人们的品行、生活态度也会作用于学校、家庭。学校德育社区化顺应了社会发展，体现着时代精神。

社区有着丰富的德育资源，都是儿童看得见、摸得着的，可感可亲的人、物、事，把这些资源开发出来，多途径、多方面开展社区教育实践活动，极大地丰富了道德情境教育的内容。于是，通师二附的老师们带着儿童走出校园，来到濠河边、光孝塔下、韬奋像前、烈士墓前，开展爱国爱家乡和革命传统教育；来到丰收的田野，在隆隆的联合收割机声中，为农民丰收而喜悦，真切体验到"谁知盘中餐，粒粒皆辛苦"；联系报社进行红领巾义卖报纸活动，将劳动所得捐给需要帮助的孤残儿童，通过自己的劳动，让爱心表达得更有分量；走进交警支队、军营，零距离接触交警、武警、军人，了解交通指挥中心的运行、武警的现代化装备、军队严明的纪律，从而培养对现代军人的崇敬之情；把各行各业的能手请进家长志愿者课堂，让儿童感受社会行业的发展，激发不断进取、服务社会的热情。

随着社区教育实践活动的深入，我们已形成以下系列：关爱他人，传递爱心；关注传统，传承文明；感受自然，爱护环境；走入社会，体验生活；学习榜样，寻找最美；行业体验，沟通交流。社区教育实践系列活动，引导学生走出课堂、校园，来到社区、街道，感知社会，拓宽视野，培养团队精神和协作能力、提升儿童的综合素质。这进一步拓宽了道德教育渠道，不断提高教育服务社区的水平。

我们利用大自然、周边的社会环境和校园的物质、人文环境，创设充满智慧、美感的活动情境，搭建多种舞台，提供多种途径，丰富活动形式，努力使活动在学校占有一定地位，让儿童成为活动的主人。这样就为儿童打开更多的认识世界的窗户，拓宽儿童施展各自才能的天地，展现他们良好的道德素养。

二　道德情境教育的基本内涵

道德情境教育也称为"情境型道德教育"，是根据李吉林情境教育理论，将道德教育镶嵌在优化情境中，促使儿童能动地活动于其中，在生活环境与教育活动的相互作用、交互协同中，激起儿童热烈的情绪，引导儿童主动活动、主动发展，使儿童养成良好习惯、品德，获得社会性发展，为成为会爱、有责任、敢担当、行为习惯好、个性品质优的公民奠定基础的道德教育模式。

优化的情境就是创设各种与儿童道德认知、道德情感、道德行为的需求相吻合的有情之境，它将多个教育生活场景与校园、家庭、社区融通，对多种教育资源进行统整，促使整体联动，相融相协，形成一个充满生机和情趣、自由美好的精神氛围。在这样的情境中，教育者不露痕迹地引导着儿童的道德发展。

"情境是人性化的、特别适应儿童作为一个完整的人全身心活动其中的教育环境。"① 道德情境教育强调构建有意义的德育情境，即德育情境的优化，贯穿一个"情"字，追求一个"美"字，注重一个"智"字，强调儿童的参与，关注儿童在行动、体验中获得道德知识，培养道德情感、意志，养成道德行为。这种德育过程是老师与儿童共同亲历与创造

---

① 施敏华、吴云霞、陈迎：《情境教育的班集体建设操作模式》，《中国德育》2008年第2期。

的一次体验经历，是一个知、情、意、行相互协同发展的过程，是一种着眼于儿童精神成长的道德教育。

道德情境教育具有以下主要特征：一是体现时代性。它以周围世界为源泉，与时俱进，因时制宜，紧紧把握时代发展脉搏，让德育情境打上鲜明的时代烙印。二是注重情感性。情感是道德情境教育的最主要特征。德育情境是有情之境，它以情为纽带，激起儿童热烈的情绪，伴随着情感进行，道德认识的提高、道德行为的形成都借力于"情感"纽带实现。三是凸显自主性。它有计划、有目的、有意识地引导儿童自主地在优化的情境中活动，主动发展，其核心在于鼓励儿童自主，相信儿童潜能，肯定儿童智慧，最大限度地调动儿童的道德积极性和主动性。四是贯穿体验性。没有体验就没有深刻的感受，就不能激发情绪，触动情感。把儿童看作完整的生命存在，通过创设立体多维的、可亲可感的情境，有序地组织道德实践活动，诱发道德体验，是它的核心价值所在。五是注重交互性。它整合环境、课程、人际多种教育资源，整体联动，相互作用，特别是克服传统课程的各科间以及各科与活动间的离散性，在同一主题的统领下，把各科及相关活动融通和整合起来，以达到"1 + 1"大于"2"的德育效果。

三　道德情境教育的情境分析

道德情境教育是一个立体的、多维的系统，任何德育情境的生成，都必须凝聚教育者的心血和智慧。但是，由于环境差异大，内容丰富多样，手段方法千变万化，创设的情境也是各具特色、各呈千秋、各显功能。

（一）生动的故事巧设情境

听故事是儿童特别喜欢的，利用这一特点，由教师把道德教育的内容融入一个个生动的日常生活中的小故事或一些富有道德寓意的童话、神话、传奇故事中，通过讲述，传达特定的情感，激起共鸣。即小故事，大道理。既可以丰富短短的晨会，又可以穿插于品德课堂。用生动的故事作为道德叙事背景，比直接而严肃摆出某种道德知识和观点效果更好。故事情境因语言的魅力而生动形象，易引起学生兴趣；因德育目的蕴含其中而鲜明可感；又因方便，随时随地可操作、可进行，是创设德育情境的首选。

（二）优选的画面再现情境

画面用鲜明的色彩和线条展示生动的形象，教学或活动时根据需要，可以现场勾勒简笔画，或出示已准备的图画再现情境。现代教育技术的发展，为再现生动的画面提供了更多、更为方便的途径，优选的照片、视频都是画面再现情境的好方式。

给儿童多种感官刺激，可以更容易产生真切感。运用画面再现情境时，在充分发挥画面优势的同时，还要强化与文字、声音的结合，构建图、文、声相谐的情境，这在品德教育良好氛围的创设、提高品德课堂教学和活动的效率方面，都比单纯画面的展示或文字的讲解更能激发儿童的学习兴趣，也更有效得多。

随着多媒体教学设备的普及和智能手机的广泛使用，画面再现情境时，会集视、听、触等多种感官作用于一体，充分地把儿童的视觉、听觉调动起来，帮助积累经验，让感性认识更加丰满。但要目的明确，善于捕捉兴趣点，有针对性地使用，不可滥用。如在上《我们为祖先而骄傲》品德课时，就可借助多媒体向学生展示中国书法作品的魅力，将最有代表性的书法家作品动态播放，还可以播放王羲之喜欢鹅的故事视频，让学生从视觉角度去感受书法与生活的关系，同时配以古筝音乐和对各位书法家艺术风格的介绍，可以把《兰亭集序》中姿态各异的"之"字凸显出来，让大家摹写，感受为祖先而骄傲的同时又传承、创新。每个人都被深深地打动了，情不自禁地一起朗诵起《我骄傲，我是中国人》。这样既渲染了课堂气氛，又创设了浓浓的中国文化的历史情境，在丰富的情境中达到了激发学生了解和学习祖国文化的强烈兴趣和爱国感情。

（三）参与表演的模拟生活情境

生活中有许多场景可以作为教育的情境，但却无法到现场去，如机场、马路，这时我们就要根据德育目标进行设计、优化，来模拟现实生活中的场景，采用虚拟与现实的巧妙结合，根据现实的场景和人物改编。模拟生活情境常常可以让师生共同参与表演，将生活画面生动地再现于眼前，把儿童的思绪带到特定的情境之中，直接影响人、感染人。儿童的表现欲望很强，因此教育教学中、活动时，我们应该想方设法调动儿童的积极性，让他们加入到表演中来。对角色的理解和表现还是一种自我教育。这种方法在创设德育情境时常可运用。如在品德与社会《让爷爷奶奶高兴》这节课上，表演打电话问候爷爷奶奶，用棉球塞住耳朵体验老年人听力的退化，感受到爷爷奶奶年龄的特点，从中悟出与他们交流要特别有耐心，音量要稍高些，才能让爷爷奶奶听得清，真正让他们高兴。又如情境行为训练课《行走在马路上》，就把提前拍摄的马路背景和地上贴的斑马线一起创设为一个模拟的大马路，由此训练小朋友如何在红绿灯的引导下，通过斑马线过马路，效果立竿见影。

模拟的生活情境虽然是虚构的，但它并不是无中生有的。值得一提的是，由于在创设情境时，根据德育的目标与内容、学生的年龄和心理特征进行了选择，把对德育过程中可能产生不良影响的真实生活场景的一些因素删除，去其糟粕，取其精华，而把能对德育产生积极作用的因素加以凸显、强化，这样就比原有的真实生活场景简洁明了，主题更集中、更鲜明。

（四）真实的生活情境

真实的生活情境来自于日常生活中的场景，是儿童生活中身处其中的场景，德育的意图不明显了，因此更易于激发学生的真情实感。真实的生活情境形象生动，内容丰富多彩，可以是集体用餐的班级生活情境，可以是大课间活动的校园场景，可以是慰问孤寡老人的社区活动，还可以是花鸟虫鱼等自然环境，还包括可遇不可求的具有道德教育意义的偶发性事件。

要使这样的情境发挥恰到好处的作用，首先要实地查看，根据需要进行优选，减少不必要的干扰因素。其次要设计好活动程序和导语，将儿童逐步带入选定的真实的生活情境。第三还要组织好现场，确保良好的秩序。在一年级小朋友入学初，为了让儿童尽早了解、熟悉学校及周边环境，激发爱学校、爱家乡的情感，我们可以带小朋友参观学校周边的主要建筑、设施设备和美好的校园环境，可以到学校附近的小河边、亭台楼阁等自然或人文景观游览，还可以到高楼林立的新村数新房，感受家乡的繁荣。这些都是真实的生活情境。只要稍作调整就可以为德育所用，这些场景就在我们身边，真实、经济、高效。

（五）精心设置的两难辩论情境

美国心理学家科尔伯格（Lawrence Kohlberg）认为："道德发展的关键是学生道德判断能力的发展，而体现道德判断水平的是他们的道德判断形式，即判断的理由以及说明理由的过程中所包含的推理方式。"① 所以，在大家讨论时设置一些带有矛盾冲突性的情境，让大家思考、讨论、交流，在思辨中提高个体道德判断能力。如六年级满 12 周岁可以骑自行车后，一位同学在骑车上学的路上快迟到了，一个好友要坐他的车，是让他坐还是不让？在这里"小学生骑车不带人"是平时应当遵守的规范，"帮助好朋友"是反映同学友好的美德，还正赶上上学要迟到这个特定的时刻，这就发生了不可调和的冲突，儿童面对两者必须做出选择，并说出理由。在讨论、辩论中，启发儿童积极思考，从道德冲突中寻找合适的答案，促进儿童的道德判断力不断发展。

两难辩论情境中涉及两条或多条道德规范，并且冲突不可避免，而且每个难题都没有标准答案，还存在多种可能的选择，有时还互不相容，这样挑战儿童思维的情境，引导着他们对问题做出认真思考，儿童的道德思维逐步走上理性道德探究之路。

培养儿童的高尚情操是基础教育的崇高使命。道德情境教育强调以各种真情实感的情境促进儿童无意识地学习道德知识，从基本的道德行为习惯入手，培养道德思维能力。在优化了的充满教育元素的德育情境里，儿童的感受不再局限某个方面，视野更开阔了，发挥出主动性，思维更活跃了，感受更丰富了，儿童良好的道德品质和习惯逐渐养成。当道德教育走进人们的生活，它就会变得生动、可亲，才会出现"学习道德是快乐的，做有道德的人是幸福的"的景象。

四　道德情境教育的主要原则

道德情境教育的基本原则是有效实施道德情境教育必须遵循的基本

---

① 张艳：《柯尔伯格道德认知发展理论及其启示》，《沈阳师范大学学报》（社会科学版）2008 年第 5 期。

要求。道德情境教育作为道德教育的一种模式，应该贯彻以下主要原则。

（一）优化成长空间，润物无声

儿童生活于一定空间，优化成长空间，让德育成为一种无形的影响力暗示诱导儿童的道德言行。心理暗示现象是生活中比较常见的，每个人或多或少地都会接受着他人的暗示。"所谓心理暗示，就是用含蓄间接的方式对别人的心理和行为产生影响。暗示往往会使别人不自觉地按照一定的方式行动，或者不加批判地接受一定的意见和信念。"① 儿童是最容易接受心理暗示的。

道德情境教育根据德育不同时期的目标、儿童的特点，改革原来重说教的弊端，通过环境改善，借助于形式、色彩、韵律和节奏，直接诉诸儿童的感官，即人们常说的潜移默化、润物无声。

进入优化的德育空间后，儿童的正向情绪迅速萌发，越来越强，形成无意识的心理倾向，不由自主地融入德育学习，参与到德育活动中来，愉悦的真情实感由内而外地表现出来。这种最佳的暗示诱导正是挖掘学生潜在道德能力的重要渠道，最终使儿童的潜能得到充分发展。如在开展"我爱长江，我爱濠河"的主题教育活动时，力求给儿童一种心理暗示：进学校大门，映入眼帘的是长江、濠河的美丽风光图片展；耳畔回荡的是《长江之歌》《南通好家园》的旋律；走进教室，板报上展示的是有关长江、濠河的主题小报；晨会朗读的是歌颂长江、濠河的诗……这些美丽的图片、小报，令人心潮澎湃的音乐、诗歌无不作用于生活在校园中的每个儿童，产生一种无形的影响力，使每个生活其中的人自豪之感油然而生，不断激起心中爱家乡、爱祖国之情。

这里有三点值得注意：一是暗示者在被暗示者心目中的威信决定了这种无形影响力的大小。心理暗示的实施者应是德高望重、可亲可敬的人，具有让人信得过的人格力量。被暗示者首先信得过暗示者，才可能接受、消化并转化成自我暗示。二是影响力愈无痕，接受的程度越高。因此在德育过程中要尽可能少生硬的命令，多一些春风化雨般的提示、引导，起到润物无声的效果。三是优化成长空间时应具有艺术性。儿童

---

① 季华：《浅谈语文教学中心理暗示时机及方法》，《中等职业教育》2011 年第 9 期。

是美的天使、艺术的王子，他们对各种艺术形式很敏感，设计活动时如配上恰当的艺术形式，如美妙的音乐、色彩鲜明的画面，更能让儿童入情入境。

（二）激发道德情感，缩短心距

教育是伴随着情感进行的，道德教育如果没有道德情感的参与，道德行为是很难持久的。在德育实施过程中，道德认识的提高，道德行为的形成，必须借道德情感的动力作用方能实现，因为理性本身并不直接具有行为能力，只有转换为情感后才会产生人的内在冲动。因此，道德情感是促成道德行为发生的主要力量，也是使道德自觉行为保持恒久的主要力量。儿童内心世界无比纯真，在周边环境的影响下，很容易将自己的情感移至所感知的对象。道德情境教育应充分利用儿童的这一特点，从而发挥好情感的媒介作用和驱动作用。

道德情境教育首先要求教师有爱儿童的能力，要有读懂学生的肢体语言、内心世界以及与之进行艺术沟通的能力，从而缩短师生的心理距离，"因为只有当学生首先能够接受你这个人，然后才能接受你对他的教导!"[1] 教师才有可能引导儿童亲近伙伴、亲近自然、亲近社会，在优化的情境中，形成真切的主观感受，在深深的情感体验中陶冶情操，践行道德行为。整个过程情感伴随左右，这种情感活动与认知活动相互交融，齐头并进，对儿童的心灵产生潜移默化的熏陶感染作用，引领他们的道德行为。

为激发儿童对中华优秀传统文化的热爱之情，学校高年级开展了"汉字最美，母语最亲"的系列主题活动，其中就邀请篆刻专家走进课堂，讲解如何欣赏篆刻和篆刻的方法，儿童零距离接触篆刻，一下子就被大师的精湛技艺所折服。接着大师让每个儿童介绍自己名字的来历，并学着刻一枚自己的印章，儿童发现篆刻与自己的关系如此亲近，纷纷克服困难，兴致勃勃地刻出了一枚枚形态各异的印章。学校为他们举办篆刻、书法作品展，从校园的作品展上儿童获得成就感，增强自信心，激发他们坚持不懈地继续篆刻，为父母、为老师、为亲朋好友刻制印章，

---

① 刘晓明：《让道德教育展现人格的力量》，《中小学德育》2015 年第 3 期。

传递传统文化，享受为他人服务的乐趣。学校的语文、体育、音乐老师共同商讨，创造性地把古诗《春晓》《鹅》编进了大课间活动，边唱边跳，可感可学。这些活动让儿童感受汉字的神奇、汉语的美妙，喜爱之情溢于言表。对祖国优秀文化的热爱，使刻苦练书法、背诗词成为自觉的行动，在刻、诵的过程中陶冶性情。

"人的情感发展本身就是德育目标，改革传统的德育观念和工作方式后的新德育，应当是促进人的情感发展最重要的教育途径，应当把德育过程作为人的情感交往的过程，把德育过程作为导向情感的过程。"[1] 道德情境教育正是这样的德育。

（三）强化角色体验，注重实践

"角色是指一个人的身份，也可以说是指一个人在社会中的地位以及占据该地位后派生出来的相应的行为模式。"[2] 我们每个人每天都会拥有几种不同的角色，自己会自觉或不自觉表现出角色的行为，别人也会对你有相应的角色期待。儿童和成人一样，每天都在生活这个舞台上扮演着一定角色。不同的是他们更容易进入自己喜欢的角色，更会全情投入。

在优化的道德情境中，教育者往往将教育的意图暗含其中，常常会设计许多角色，或结合教材特点，或根据活动需要，让儿童来担当。这一过程可概括为：儿童进入情境后，扮演、担当一定的角色，展开相应的活动，在这过程中产生角色的知觉，凭着这种身临其境的角色知觉，很容易理解角色在情境中的地位，体验角色的情感，同时表现出角色相应的行为，不知不觉中完成了角色转化，实现自己与角色同一，主动参与德育实践活动。特定的情境所进行的角色转换，使儿童体验到了发生在别人身上的故事，儿童作为活动的主体意识在这期间逐步形成并强化。

在班级管理中，有一人一岗制、值日班长制，让儿童在服务、管理中体验责任的重要、劳动的艰辛，从而加倍珍惜别人的劳动成果；在表演活动中扮演伟人、英雄、普通劳动者、残疾人、童话人物，走进他们

---

① 鲁洁、王逢贤：《德育新论》，江苏教育出版社 2010 年版，第 1 页。
② 潘好好、杨明宏：《初任教师专业成长之心理困境》，《教学与管理》2011 年第 19 期。

的内心世界，在比较、感受、体验的过程中得到道德洗礼，明辨是非，懂得如何做一个好人；在红领巾志愿活动中体验服务他人的快乐，赠人玫瑰手留余香……角色体验，无处不在，道德教育就成了儿童主动参与的实践活动，体验越多，做最好最美的自己的意识就越强。

（四）整合"心理场"，调整言行

"心理场"是德国心理学家勒温（Kurt Lewin）提出的一个概念，他认为："人的心理现象具有空间的属性，人的心理活动也是在一种心理场或生活空间中发生的。"[①] 个体某一时间内的行为一定是受这个场内的所有情况影响甚至决定的。生活空间所包括的是个人和个人感知到的他人和客体。生活空间可以分解为个人和环境两个主要成分。

道德情境教育在实践过程中，力求构建富有教育智慧和内涵、富有美感和儿童情趣的生活空间。这样的空间把环境中许多因素有机融合，形成一个"德育场"，让全体儿童身处这个场，成为场的中心，将有助于儿童对道德的理解，有助于儿童道德品质形成。这种优化了的真切的、富有美感的德育情境，足以深深打动儿童的内心世界，使儿童得到一种满足。心理需求得到满足的儿童群体与其环境就构成更大的"场"，从整体情境上产生了向着德育目标推进的"力"，生活其中的儿童就不经意地接收来自场内的各种教育，自觉调整自己的认识、观点和行为。

2014年9月一开学，通师二附六9班和四12班两位小伙伴身患重病的消息在班内传开，大家都特别难过，班级红领巾志愿者和班主任商量为病重的同学写封信、到医院去看望，给他们鼓劲。得知医药费用数额巨大，还准备要为他们捐款。于是班会课上，介绍了病情，用图片介绍了医治情况，那重症病房的特别氛围、那无神但渴求生命的眼神、那化疗后脱发的头，深深打动了每一位同学。每个人心里都涌起为他做些什么的需求，形成了一个个强烈的愿望"我要关心我的伙伴、我的同学"。接着让同学们讨论怎样帮助生病的同学，在讨论和策划的过程中，"爱心"相互碰撞，产生爱的火花，纷纷行动起来，在《感恩的心》乐曲中，

---

① 丛育敏：《构建谈话"场"：从心理学角度谈电视谈话节目的氛围营造》，《当代电视》2013年第6期。

人人写封慰问信，把自己的零花钱捐献出来。这时先前的图片，播放的音乐，小小的慰问信，一张张一枚枚人民币和现场的每一个同学就构成了一个"爱心场"，满足了儿童表达爱心的需要，让他们从中感受到做人的"崇高"，激发了同学们继续想办法的热情。他们有的来到其他班进行募捐，有的组织爱心义卖，有的发动身边的资源和力量……这些幼小的身躯洋溢着大爱，他们用真情、热忱和善良点燃了人们内心深处爱的火焰，构成了一个更大的"爱心场"。于是，全校的老师和同学们行动起来了，整座城的许多爱心人士行动起来了，一个个跃动的身影，一颗颗火热的心灵，共同奏响了一首真情涌动、大爱无疆的磅礴之歌。学校举行了"手牵手真情永驻，心连心大爱永恒"志愿者爱心捐助活动。整个活动共筹得爱心基金 38 万多元。爱心善款陆续送到这两个家庭以及另一位身患血友病的同学家中，随之送去的还有深深的关切和祝福。这三个同学的家庭深为感动，特地送来感谢信和锦旗，这又成了爱的回流，在"场"内翻腾涌动，"奉献、友爱、互助、进步"的志愿者精神汇聚成无穷的力量，给暂处逆境的小伙伴送去关怀、鼓励，帮助他们度过风雨，去拥抱更加美好的明天。整个"场"给全校师生以温暖，关心他人，奉献爱心成为全体儿童的自觉行动。

任何人都具有对外界事物的感受性。当人处于某个心理场中，就会情不自禁地对心理场所传递的信息产生感知，而且在以后的生活中如发生相似情形，一定会比没有经过或感受过的人有更高的敏感性和关注度。这又能使身处场中的儿童，提高对生活中和身边发生的道德事件的敏感性和敏感度。相信这些儿童以后遇到困难会坚强，他人有困难时就不会袖手旁观。

道德情境教育就是这样从儿童看得见、摸得着的身边事做起，伴随情感逐层推向深入，将道德认知、价值取向融入儿童人格之中，成为他们生命的一部分。因为缺少了情感的铺垫，或远离了儿童生活的道德教育只能让儿童不可触摸，变得假、大、空，所以在道德情境教育准则中，"情感驱动"起着支撑作用。

第二节　道德情境教育促进儿童道德
创造力发展的机制与要素

西方学者马丁（Mike W. Martin）认为："道德创造力是道德领域的创造力，因为道德观念渗透到我们生活中，所以道德创造力几乎横跨其他所有领域；道德创造力是做出或者发现新的有道德价值的产品的能力，还可以包括见解、方法和结果等；广义的道德价值的定义应包括一切有助于实现人类生活意义、环境保护、尽量减少动物的痛苦和死亡等的方式。"① 道德创造力是"有道德价值的新奇创意，并不意味着从零开始发明美德，而是在原有道德价值观念基础上开发新的想法"，是"我们所有人作为群体成员在处理难题时都可以表现出来的，如创造性地使用语言、通过创造性地使用方法进行道德劝说"。道德创造力应具备流畅性、灵活性、独创性和适宜性四个特征。② 哈斯特（H. Haste）认为，见识、效能感和责任是道德创造力的三个基本组成部分，见识意味着视野开阔，看到超越传统限制的能力；效能感指的是一个人可以单独或者和他人一起行动的意识，它需要拥有指导怎样行动的知识，并坚信个人有能力和资源去行动。此外，还要具有一个人的行动是必要与正确的这种信念。责任是个体对短期或长期的道德行为在何种程度上感受到自己应负有的义务③。综合以上几种看法，笔者认为，道德创造力是在道德领域遇到问题尤其是难题时，超越传统限制，开发创意新奇的有价值的产品（想法、方法等）的能力。比起一般创造力，它应具备四个组成部分：见识、责任、效能感、独创性。

道德情境教育主张以"美"与"爱"叩开儿童心扉，主张开展丰富

---

① Mike, W., "Martin. Moral Creativity in Science and Engineering", *Science and Engineeing Ethics*, 2006 (12).

② 王辉：《自我效能感与道德创造力的关系：创造性动机的中介与调节作用》，硕士学位论文，山东师范大学，2012年，第8页。

③ Haste, H., "Moral Creativity and Education for Critenship", *Crentivity Research Journal*, 1993 (6).

多彩的活动，融情于境，寓教于乐，使道德学习、道德实践渗透在儿童生活的各个时空，真正产生润物无声的影响力，进而使之"内化于心，外践于行"，最大限度地发挥儿童的道德主动性，激发儿童的道德创造力。

一　道德情境教育促进儿童道德创造力发展的机制分析

道德情境教育促进儿童道德创造力发展的机制是指道德情境教育促进儿童道德创造力发展的过程和方式，它充分反映出道德情境教育的内部结构、功能与儿童道德创造力之间的相互关系。道德情境教育促进儿童道德创造力发展的主要机制包括以活动育德的体验机制、以情育德的激励机制和以美育德的涵养机制。

（一）以活动育德的体验机制

道德创造力是人脑的高级功能，它和其他各种能力一样，也是逐步形成、不断发展的。儿童大脑发展水平和活动特点决定了道德创造力的发展水平。开发与培养儿童道德创造力就必须遵循大脑的活动规律。现代脑科学的研究表明，人的大脑两半球在创造性活动中所起的作用有所不同，既有分工又有整体联系。所有的创造活动，都是大脑左右两半球协同配合、共同活动的结果。左右脑的这种协同作用的关系，是创造力的生理物质基础。

道德情境教育以其"形真""情切""意远""理寓其中"的显著特点，通过一个个具体的内涵丰富的德育情境，让儿童活动其中，激活右脑。由此，道德情境教育逐渐形成了活动体验机制：一是通过形式多样的"教育周""教育节"活动，在学校渲染的积极向上的氛围中体验；二是在主题鲜明的大单元教育活动中综合体验，强化教育的效果；三是在走进大自然、走进社区的教育实践活动中增强体验，不断丰富儿童智能活动的源泉，启迪创造的灵感。优化的德育情境、丰富的德育活动，使儿童在活动中，不知不觉地把感受的形象与所学的道德观念结合起来，左脑也就被激活了，大脑左右两个半球就能够处于交替兴奋、协同互补的状态，这样认知与情感、感性与理性活动融合起来使大脑两半球相互作用，大大挖掘了大脑的潜在力量。

（二）以情育德的激励机制

道德情境教育通过活动体验等多种情境，营造健康温馨、智慧向善、充满朝气的氛围，让学习、活动其中的儿童获得丰富体验，从内心与周围环境形成共鸣，这时产生的不仅是积极的情绪，更是美好的情感。

积极的情绪、美好的情感会促使人产生创造性心理活动，同时，"情感对人的行为、活动产生激励作用，理智、清醒的情感能够促进心理活动向着积极的创造状态转化，力求创造目标的实现。"[①]

人的情绪对智力的变化、发展有明显的作用。积极的情绪能够提高智力效应，产生创造力，消极情绪则降低智力效应，挫伤创造力。诺贝尔、居里夫人、李四光、童第周等一些杰出的科学家都工作到生命的最后一刻，他们具有情绪稳定而持久的优良心理品质，因而创造力得到充分发挥，作出了重大贡献[②]。

客观环境与儿童本身的自我运动，是促进个体社会化的重要因素，主客观虽是截然不同的两个方面，但又是紧密联系、相互作用的。教育环境不同，对儿童心理的刺激作用和反应也不同；对儿童输入的信息不同，儿童输出的反应就不同。人的情绪和情感不是凭空产生的，而是由一定刺激情境引起的，情绪性信号容易被儿童优先接收，当积极的情感伴随学习活动时可以使学习更加高效。基于此，为了将发展儿童道德创造力这一目标转化为具体事实，道德情境教育采用激励机制：一是精神激励，只要是一个好行为、一个好主意，就可以给一个即时性的口头表扬、精神鼓励；二是代币激励，用代币的形式对美好的道德行为给予奖励，达到一定数量可以换取不同的奖励，如攒到五朵小红花，可以换取一本图书，十颗星可以选择自己喜欢的同学同桌一周；三是荣誉激励，班级、学校根据具体的情况评选各种荣誉称号，如美德少年、孝心少年、文明少年；四是工作激励，对在某个方面具有一定能力和创新意识的，给予担当相应的工作的奖励，如大队委、班干部、课代表、一人一岗制中的特殊岗位等。

---

① 邱章乐：《创造心理学》，合肥工业大学出版社 2011 年版，第 58 页。
② 汪刘生：《创造教育论》，人民教育出版社 1999 年版，第 150 页。

优化的德育情境不同于纯自然的、纯客观的环境，而是教育者指导下的，充满着主观感情的、情景相融的，具有新质的"德育场"。它自始至终贯穿着情感因素，包含着情感活动，情感是德育情境的"生命汁液"。这样的情境不仅是丰富的，而且是最适合儿童学习和活动的，是能让儿童感到"安全的""没有压力"的地方。情境的美，教师的情，教师语言的调节支配，连同激励机制，使儿童带着积极而热烈的情绪参与德育学习、活动。这种积极的情绪很快被大脑接受，产生自我的愉悦感，积极的情绪在引发道德创造力时起到关键作用。

（三）以美育德的涵养机制

"美"是情境教育追求的境界，李吉林明确提出"美感性教学原则"①。课堂上、活动中，往往用形象鲜明的对象、富有美感的元素、感染力强的场景构成德育情境，来强化儿童的审美感。她认为："审美理解虽是从感性认识上升到理性认识，但形成美的观念的认识过程的飞跃，仍然需要伴随着形象。通过感受形象、情感活动和理解，这几方面心理功能的综合，促使学生逐步构成对美的认识。"② 儿童发现美的事物时，会心向往之，把自己的情趣投射到喜欢的事物，欣赏的同时把对象的形象情趣吸取到自身，出现"物我同一"的境界，这时儿童与事物之间的心理已是零距离，没有了审美关系的心理距离，审美的愉悦便产生了。

美，是创新的出发点，美让儿童走向创新。这种审美的愉悦有利于直觉思维的生长，涵养儿童的内在情感，有助于培养儿童对自然美和智力美的敏感性，引发儿童的创造性动机，促进儿童创造性想象发展，促进思维独创性的发展和创造性人格的生成。柳斌曾说过："中小学要重视以情育人，要把美育渗透到各科教学中去，美育可以拓宽儿童知识的视野，发展学生的智力和创造力。"③ 基于这样的想法，我们提出艺术涵养机制：一是儿童生活环境的艺术化。用优美的绘画、音乐作品装饰环境，

① 李吉林：《一个值得倡导的教学原则：美感性》，《人民教育》2008年第4期。
② 李吉林、田本娜、张定璋：《李吉林情境教学——情境教育》，上海人民出版社1989年版，第101页。
③ 柳斌：《重视"情境教育"，努力探索全面提高学生素质的途径》，《课程·教材·教法》1997年第3期。

名家、大家的作品是首选，同时更强调来自儿童的作品。学校的楼道以"文明""幸福""友善""诚信"为主题，让所有的儿童都用自己擅长的书法、绘画、手工、故事、格言等艺术形式呈现在楼道边，来自儿童自己和同伴的美好作品，吸引了儿童课间、上下楼时驻足其间，流连忘返。二是培养儿童的艺术素养。爱美是人之天性，儿童尤其爱美好的事物。鲁迅先生说，"音美以感耳"、"形美以感目"，学校开设艺术课程，设有多种社团，人人参加，个个沉醉其中，进行审美教育，培养学生对艺术的热爱。艺术素养是一个人素养的重要组成部分，因为它会影响人的情感与道德教育。我们还利用各种节、场馆搭建平台，让儿童展示、交流才艺，获得美的享受。

二　道德情境教育促进儿童道德创造力发展的主要因素

李吉林说过："德育的黄金时期是在义务教育阶段，也就是小学和初中。尤其是小学的儿童，那么纯真，是一张白纸，可以画最新最美的图画。到了高中就迟了，到了大学，那可费劲了，因为他们的头脑已经被占领了。所以我觉得中小学，尤其是我们小学教师有一个神圣的使命，就是培养儿童健康的道德行为、良好的习惯。这在我头脑里是坚定不移的。"[1] 道德情境教育就是通过各种情境，在成长的黄金时期培养儿童健康的道德行为、良好习惯的同时，培养儿童的道德创造力。道德情境教育中的情境有着丰富的教育特质，它的时代性、交互性、情感性、实践性、自主性、美感性，是影响儿童道德创造力培养的主要因素。

（一）时代性：富有时代气息，始终保持敏锐

道德情境教育与时俱进，把握时代发展脉搏，让德育情境打上鲜明的时代烙印。与时俱进是道德情境教育工作的要求，面对日新月异的社会发展，我们打开校门，让每个儿童敞开心门，在一次次主题性大单元教育活动中感受新事物、新变化。在这种发现、感受和体悟中，培养儿童对社会的关注，对周围新事物的敏感性，培养儿童观察的敏锐力，让道德品质的生成具有鲜明的时代特色。2008 年 9 月神舟七号飞船成功发

---

① 李吉林：《情境教育与德育》，《中国德育》2006 年第 9 期。

射、运行，实现了中国历史上宇航员第一次太空漫步。这是中国航空史上一大盛事，举国上下都沉浸在无比喜悦中。我们敏锐地捕捉这一教育契机，利用晨会、班队会，播放相关电视节目，观看"神舟七号"发射和太空漫步的有关新闻，进而激发学生的民族自豪感和热爱科学的激情，并开展了"插上翅膀的小博士"主题性大单元教育活动，各班要求儿童读一本科学的书，讲一位科学家的故事，做一个科学小试验，校园内掀起了学科学、爱科学的热潮。在短短一周内，以此为主题，组织了全校性的大队集会。活动既轰轰烈烈，又扎扎实实，这样通过周围环境与儿童心理的共鸣，迅速推进主题性大单元教育活动的过程，给每个儿童留下了深刻印象，激发儿童热爱科学、学习创造的热情。

2011 年 11 月神舟八号载有形体假人随之上天，与天宫一号进行交会对接试验；2012 年 6 月神舟九号升空，这是中国实施的首次载人空间交会对接；2013 年 6 月神舟十号首次开展我国航天员太空授课活动，2016 年天宫二号发射是我国第一个真正意义上的空间实验室。每当神舟号发射，我们都要抓住机会，组织相关活动，让科学和创造的种子在儿童的心中生根。通师二附还请宇航员杨利伟为学校的科艺宫题词："愿小朋友与祖国的科学事业一起腾飞！"以此激励全体儿童学科学、学创造。

道德情境教育注重生活的源泉作用，以周围世界为源泉，引导儿童关注周围世界，做生活的有心人，努力避免那种由于对日常生活世界的熟悉而变得熟视无睹、麻木的现象发生。有序地引导观察、认识周围的生活世界，从生活世界的源头活水中汲取永不枯竭的精神养料，逐步培养起观察周边生活世界的习惯。对自然与社会生活的敏感性，使儿童的综合素质在真切的观察基础上得到健全发展，进而也推动他们的创造性思维活动。

（二）交互性：各科交互联动，激发创造潜能

道德情境教育主张优化儿童成长空间，使道德教育形成一种影响力。这里的成长空间不仅指学校、家庭、社会大的环境，还指学校教育中各学科教学间以及学科教学与活动间打破界限，相互沟通、相互融合的和谐心理环境，形成对儿童的全面关注、关心，儿童在宽松的无拘无束的氛围中，冲破传统和习俗的束缚，大胆表达奇思妙想，他们在相互碰撞

时产生道德智慧，道德创造力就更能显示和充分发挥出来。

道德情境教育极强的交互性，使各学科、各活动间实现了联动，这种联动使学科知识融合，给儿童思考问题提供了更广阔的视野。300多年前，英国温泽市政府大厅的设计交给了建筑设计师克里斯托·莱伊恩，他只用一根柱子支撑天花板的大厅，工程验收没通过。他有两种选择，一是不改自己的设计主张，但市政官员就会找他人修改或重新设计；二是自己修改原有的设计，但这违背了自己做人的准则。面对这样的道德难题，莱伊恩终于想出了独特的方法，按要求增加了四根柱子，只不过是装装样子，其实根本没有和天花板接触。作为建筑设计师是不是受绘画中虚实结合的手法启示，将其用到了设计中，从而解决了道德难题，已无从考察，但我们从中明白道德智慧来自于广阔的视野、拥有渊博知识后的自信与变通。其实学科融合最重要的还是人的和谐，老师间、师生之间建立起亲和融洽的关系，会给儿童带来敢于创造的勇气、热情、自信、快乐。同学之间亲密、互助的人际关系，能互相学习，相互参照，共同长进。宽松的民主氛围能让儿童敢于面对问题挑战权威、挑战传统，从而产生新的解决问题的办法，迸发出道德创造力。

在六年级儿童学习完折扣率后，举办红领巾跳蚤市场。从清理家中自己的旧物，到小组制定方案、宣传广告，再到现场摆放，无一不考量着合作创新的能力。现场的交易是综合能力的挑战，解决突发问题更表现出创造力。活动后有位同学这样描写道：一个小妹妹在我的摊前转了半天，总是皱着眉头，我就奇怪地问：你喜欢哪样？她用手指了指发卡。"你没带钱吗？""少一元。""噢，不要紧，可以打折给你，不过不能皱着眉头，来，笑一个。过童话节就是要开开心心的！"这位同学卖出了物品，也给予了别人快乐。多么简单而又巧妙的解决问题的办法，谁能说这不是一种道德创造力呢？

最新的脑科学研究表明：环境直接影响到脑神经的生长。营造人为优化的、目标一致的各科交互的德育情境，会使儿童的视野更广阔，思维活动处于最佳心理状态，会拓宽思维的广度，诱发创造潜能。因为在融通和谐的情境中，人与人相融，学科与学科相通，家庭、学校、社会各方面的信息相和，构成一个相互融通的、连续的、目标一致的和谐整体。各种事物通过形象使学生获得直接的印象，形成需要的推动，思维能随机应变、举一反三，不易受功能固化等心理定式的影响。这样，愉悦的情趣，便会使儿童想入非非，一系列的内心画面在脑际流动、组合，因此能产生超常的构想，提出新观念。儿童就在这样渗透着教育元素的和谐空间中，潜移默化地受到熏陶和感染，最终迸发出道德创造力的火花。

（三）情感性：爱的情感驱动，激发探索兴趣

兴趣是最好的老师，为创造提供源源不断的动力。每个有创造成果的人，无不对所研究的事物产生浓厚兴趣。加德纳认为，一个人要想在某个学科具有创造力，即使超级天才也必须在这一领域进行十年以上的努力。这和我们的祖辈对于成才规律的认识是一致的，"十年磨一剑""台上一分钟，台下十年功"。我们想象一下，在某一方面能坚持十年耕耘，能够支撑的只有兴趣。任何情况下，唯有积极主动、自主地扑在上面干，这十年才能够成为激发创造力的十年。

有人问丁肇中搞科研苦不苦，他说："一点儿也不苦，正相反，觉得很快活，因为我有兴趣，我要探索物质世界的奥妙。"[1] 一个人一旦对某个事物产生兴趣就会投入全部精力，没有发自内心真正的兴趣，是不可能做到的。导演吴京为了创造一种属于我们中国的硬汉电影，浑身上下受了很多伤，为了体验军人硬汉的生活，他去当兵两年，终于开机了。对有兴趣的人来说，这种工作会让他经常体验到心里的快乐。

道德情境教育遵循儿童成长规律，针对儿童不同年龄段、不同个性，让德育贴近每一个儿童，激发儿童探索世界的兴趣。我们充分利用生活中新鲜有趣的故事、游戏、事件、活动，通过多种生动的形式，为儿童创设丰富多彩、和谐、有新意的德育情境，吸引儿童沉浸其中，在创设的德育情境中，保持积极的情绪、愉快的心情，唤醒对美好事物的向往，不知不觉中调动起创造的热情。每年的九九重阳节是进行尊敬老人、关爱老人教育的良好契机，为了激发所有儿童投入活动的兴趣，我们以

---

[1] 王灿明：《儿童创造教育新论》，上海教育出版社 2015 年版，第 160 页。

"九九重阳节，浓浓敬老情"为主题，课内各学科结合学科特色，进行学科教学，还老少一起做重阳糕，营造了爱长辈、敬长辈的情境氛围；课外，走出校园，走进社区、家庭，为爷爷奶奶送重阳糕，给他们讲小故事，帮老人梳头捶背，还带着老人登高赏菊……这样立体式的活动设计，让每个人都有施展手脚的平台，用自己的特长、方式，表达对长辈的挚爱与感恩，使学生心中洋溢的"爱"的道德创造力看得见、摸得着，尊敬长辈的美德就在这暖意融融的氛围中，在具体的生活中得以强化，落到实处，让美好道德浸润儿童的言行。

吉尔福特说："具有高度创造性的人，必定是受好奇心驱动的，而且，如果他有了这种态度就会对问题更敏感，必定感到有必要去解决问题，并始终努力去解决这些问题。"[1] 平时，儿童自己组织的自主队会、假日小队、社区活动更是满足了他们天真活泼、凡事好问好学、喜欢自己动手操作、争强好胜的特点，培养他们探索世界的兴趣、好奇心。

课余，学校还设有几十个社团活动，百灵鸟合唱团、布谷鸟画社、小孔雀舞蹈队、小达人讲坛、小博士航模队等，开设这么多社团、开展这么多的活动就是为了激发儿童的兴趣，发现自己的天赋，在年幼的时候就能了解不同学科，拓宽视野，打开思路，在成长过程中就容易按兴趣选择，才有可能坚持不懈地积淀下"激发创造力的十年"。

道德情境教育就是通过各种情境激发儿童的兴趣，利用他们的兴趣，让儿童每上一节课，每参加一次活动，都有新的感受、新的启发、新的体验，保持一颗童心，拥有对周围世界的兴趣，使思维处于活跃状态，不断地去思考、去探索、去创造。

（四）实践性：贯穿实践体验，孕育成就动机

成就动机是一个人取得成功的心理倾向，对人的学习和工作起着定向和助力的作用。如果人们内心拥有一个成功的信念，这种内在的驱动力会时时处处提醒自己以一种高于一般人的姿态要求自己，进而不愿人云亦云，会不断追求创新，争取成功。美国心理学家奥苏贝尔（David Pawl Ausubel）将成就动机分为三类：一是认知的内驱力，以获取知识、

---

① 邱章乐：《创造心理学》，合肥工业大学出版社 2011 年版，第 56 页。

解决问题为目标，是直接指向学习任务的内驱力或动机。这种内驱力最早是由兴趣和好奇心所驱使的，属于自发的内在学习动机，因而在整个成就动机结构中是最为重要的。二是自我提高的内驱力，是通过自己的学习和完成相应的学习任务而在群体中获得一定的地位和声誉的内驱力。三是附属内驱力，是为得到老师、家长的赞许、表扬而表现出来的努力学习、完成学习任务的需要或内驱力①。对于年幼的儿童，尤其是现在的"独二代"来说，附属内驱力占的比例大些。现在很多儿童缺少"巅峰体验"，原因是没有全力以赴去做那些看起来不可能的事情。分析许多创造性人才的素质发现，他们中几乎无一没有强烈的成就动机。

人的创造力往往是在进行创造活动、产生创造产品时体现出来的。道德创造力更应该是在具体的解决道德问题时迸发出来的。道德情境教育的活动课程让儿童在精心创设的特定情境中，带着浓厚的情感，获得角色的巅峰体验。他们通过担当角色、扮演角色，象征性移情，积极参与活动。这样的课程顺应了儿童的情感活动和道德活动的规律，角色转换带来的新奇激发起热烈的情绪，使儿童作为一个活生生的人，带着角色意识，忘我地活动："扮演角色""进入角色"到"成为角色"获得主体体验，成为德育活动的主人，在探索发现中把已知的道德信息、道德关系运用到新的情境中去，创造性地建立新的相互关系，解决新的问题，实践活动中主体意识慢慢形成，逐步培养起道德创造力。

在纪念抗战胜利七十周年时举办的"我们是新时代的小八路"夜行军活动中，儿童穿上迷彩服，整齐地站立在连旗下，全都成为小八路。深夜里，急行军、挖"地雷"、过"封锁线"、炸"碉堡"、防"空袭"，遇到的困难是平时碰不到的，双手刨泥，卧倒在马路上，在铁丝网下爬行，没有一个人叫苦叫累。一路上，他们相互鼓励。当空袭来临，所有人都卧倒，两个同学紧紧抓着连旗，竖得笔直，我问为什么？他们铿锵有力地回答："人卧倒，旗不能倒，它是我们连的象征。"在这样的情境中，儿童们进入角色后积极主动体验，达到了忘我的境界。这种团结互助、集体利益为重的意识不正是道德创造力的源泉吗？

① 谭顶良：《学习风格论》，江苏教育出版社1995年版，第124—125页。

一次次这样的体验，就会逐渐孕育出儿童的成就动机，促使儿童创造性地开展活动或解决生活中遇到的问题，并力求达到完美状态。道德情境教育就是一种通过活动而不是说教让学生主动参与并获得深刻巅峰体验的活动，对学生施以影响，培养自我提高的内驱力，激发潜在的道德创造力。

（五）自主性：强化自主管理，培养独立意识

美国心理学家加德纳（Howard Gardner）于 20 世纪 80 年代来到中国，希望了解中西教育文化的不同，在下榻的宾馆，他看到一个中国儿童正想办法自己开房门，这时他的父母充满爱意地阻止了他的尝试，没有让他继续。加德纳认为，在这样的情况下，美国父母更多是允许儿童尝试、鼓励探究。"对待儿童尝试开锁的不同态度，恰恰表现了两个民族心理深处不同的教育观念。"① 自主性是人的个性之一，是自己做主的态度和行为，表现为主动性、上进心、独创性、自律性、责任感等，是创造不可或缺的。创造要的就是非同寻常，要的就是独一无二，要的就是成果或做法的前所未有。因此，培养儿童的道德创造力必须让他们从小具有独立性和自主性，自主学习，自主活动，独立思考问题。独立性往往是孕育创造奇才的温床。

道德情境教育特别强调班集体的建设，在班集体建设时，班主任要把舞台让给学生，自己退到幕后，让学生自主商讨，尝试着共同建设班级。不管是班级的管理、班级文化建设，还是活动的设计，更多的主动权交给儿童。班级情境不仅是由老师与学生，更多的是学生与学生之间的互动而展开的，他们才是建设班集体的主人。在班集体建设中，特别注意调动和发挥儿童的自主性，教师则做顾问，重在辅佐，充分发挥他们的内在潜能，把成长与发展的主动权交给学生。

一系列的德育教育和实践活动让我们看到，道德情境教育重在影响，充满教育元素的优化的德育情境，让儿童的感受不再局限于某个方面，视野更开阔了，发挥出主动性了，思维更活跃了，感受更丰富了，潜在的道德创造能力得到了发挥。

---

① 刘晓东：《解放儿童》，新华出版社 2002 年版，第 93 页。

（六）美感性：追求美好境界，拥有不竭动力

在德育情境创设时，总是以美为突破口，以愉悦的审美体验为中介，激起儿童对美好事物的向往，培养不断进取的创新精神。

通师二附严如玉同学就是优秀学生的代表。她画得一手好画，举办过个人画展，她跳得一身好舞，在艺术节竞赛中领舞。2015 年 5 月，严如玉同学被江苏省文明办、省教育厅评为第三届江苏省"百名美德少年"。在道德的天空里，她以创新的方式，用公益谱写美德的光辉。2014 年 9 月 20 日，她和老师、同学、家长共同策划发起了"通师二附 9·20 大型爱心义卖活动"，并别出心裁地用同学赞助的 400 米电线设计了卡通眼镜，义卖所得近 3000 元，全部捐赠给了患病同学。2013 年和 2014 年她先后两次于体育广场和南大街成功组织"大手拉小手，温暖一起走"资助聋哑家庭的义卖活动，所得钱款用于捐助聋哑家庭学子的学业。2015 年 3 月 8 日，她还策划了"圆贫困妈妈微心愿"活动，探访社区贫困妈妈，在节日里送去祝福……在她的家里，有一份由自己变卖收集的旧书旧报、旧瓶旧罐，获得的作品稿费筹建的"爱心基金"，她用这些基金，发起参与了南通救助站的关爱流浪儿童活动，为他们募捐衣物，筹建图书室，和他们一起开展读书活动；在中秋佳节时她去看望南通福利院的儿童，和他们共度中秋；自费购买物品去看望社区的 70 多岁双双患重病的老夫妇；感恩节时去看望在学校护学岗为同学们辛苦工作的护学女警阿姨……正是她对真善美的不懈追求，才有了一次又一次创意慈善行动，"美德少年"实至名归。

现代社会生活节奏快、各种竞争强，新观点和新产品层出不穷，"新"已经变成生活中不可缺少的元素：追求新鲜的事物，新款的发式、衣装，新奇的游戏，开发新的领域……但是这些"新"的出现，都是要以遵守人类基本道德为前提的，不能因为追求"新"而将人自身毁灭，因此道德创造力在当今社会中显得越来越重要，未来在全球开发的必须是高创造性和高社会价值的产品和服务。优化的德育情境，因为有了其情感的伴随、鲜明的形象、热烈的情绪、自由的氛围、融洽的人际关系，将儿童带入一个真善美的世界，把儿童的创造潜能最大限度地激活，使其处于最佳创造心理状态。儿童在这样美好的德育情境中品味到道德创

造的幸福，树立"道德创造我能行"的自信，拥有创造意识，培养创造能力。优化的德育情境成为儿童道德创造的乐园，道德情境教育对儿童的道德创造力发挥着潜移默化的作用。

第三节　道德情境教育促进儿童创造力发展的操作路径

看看儿童玩耍时、淘气时的意想不到和别出心裁，我们不能不对这些孩子刮目相看，我们有理由相信每个儿童都富有创造力。为了使这种天性长久保持，为了能让这种天马行空、令人羡慕的创造力不日渐消弭，我们有责任通过多种途径，进行不懈努力，保持并挖掘儿童身上的创造力。

一　营造高雅和谐的校园人文环境

环境对人的影响无时无处不在，也无法预估，但可以通过优化，让生活在其中的人耳濡目染。校园的每个场景、每一个事件都能育人，引导师生共同创设整洁、美丽、智慧的校园情境，用高雅和谐的人文环境濡染师生，产生正向道德体验和创造的欲望，表现出文明言行。草地上、楼道、教室门口、洗手间随处可见出自学生之手的提示语，看不到管理制度，少了几分严肃，多了几分亲切。"小朋友，别踩我，我也有生命的哦""点点滴滴，你我珍惜""请把废纸放入纸篓妈妈的怀抱""把左边留给别人，把文明留给自己"，每一句都充满了诗情画意，让儿童在爱的提示中，懂得如何做一个文明的人。又如楼道里张贴的"今天你读书了吗？""今天你问候了吗？""今天你微笑了吗？""今天你进步了吗？"导引师生养成良好习惯只需要每天点滴行动。所有的楼道以主题命名，比如"诚信之梯""礼仪之梯""友善之梯""幸福之梯"，向全体儿童征集作品，大家根据自己的所见所闻、所思所行，用"我的故事""我的格言"、儿童画、漫画、儿歌、剪纸、书法等多种形式创造性地呈现他们的理解和践行的情况，激发创作的灵感和践行的热情，增强自我效能感。

校园里四季鲜花常在，各种绿色植物生机勃发，丰富多彩的活动展示、介绍，不定期举办的学生专题书画、科技作品展，午间优美乐曲播放都是最美的人文风景，弥散着蓬勃向上的生命气息。校园里各种美好环境与儿童如影相随，发挥着暗示、影响、濡染、陶冶的作用。

道德情境教育特别重视建立一种和谐心理环境，使儿童乐于接受教师和同伴的积极影响，满腔热情地投入每一天的学习。激励着全体教师用慈母般的"真情、真心、真爱"温润每一个成长中的生命。老师们总是以期待的眼光看待自己的学生，鼓励学生做课堂学习和各项活动的主人，在积极参与中、在师生和谐的交流对话中不断获得各种生命成长的体验，让儿童感受到校园生活是一件很有意义的事情，焕发出生命活力。

总之，道德教育要回到生命之中，使生命有爱。校园里流淌的不仅有教师的爱，还有学生的爱，更充满了师生之间的爱。这些连同外在的环境，构成了道德情境教育场，与师生情感形成共振，陶冶和丰富着道德情感，激发儿童的道德创造力。

二　守护生动多样的班级德育阵地

德育的途径多种多样，学校德育有自己的阵地，在班级授课制的今天，班级成为主阵地，守护好、充分用好班级生动的德育阵地，让其成为儿童道德学习和活动展示的舞台，可以不断增强儿童的自我效能感。美国心理学家班杜拉（Albert Bandura）指出，自我效能感是人们对自身能不能利用所掌握的技术、能力去完成一定的工作行为的自信程度[①]。强烈的自我效能感是产生创造力的重要条件之一，高自我效能的个体，当发觉自己表现还没有达到目标时，会继续加倍努力，而低自我效能者却会减少努力，甚至放弃。高自我效能的个体会选择更具挑战性的任务，对准目标坚持不懈，直至达到目标，或完成任务为自己设置较高的目标，并坚持达到它。因此，自我效能感一直被看作是激发动机，特别是内部动机的关键因素。道德教育尤其需要这种高自我效能感。道德情境教育为儿童守护着生动多样的阵地，让其尽情展现。

---

① 李西营、张莉、芦咏莉等：《创造性自我效能：内涵、影响因素和干预》，《心理科学进展》2012 年第 1 期。

（一）开放的品德教学课堂，开阔眼界与心胸

品德课作为学校道德教育的主导渠道，肩负着向儿童进行社会主义核心价值观、基本的公民素质教育和日常行为规范教育任务，由于教材周转周期长的原因，它永远都滞后于日新月异的社会变化，无法应对层出不穷的新问题。因此，教师在进行品德课教学时要尽可能地创设适合于学生产生道德情感体验的环境和氛围，营造一个开放的教学空间。首先，李吉林情境教育坚持以儿童为中心，这也启迪我们，思品课堂不能仅仅满足于"导入—明理—巩固—导行"这些已有的模式，我们需要必要的创新，将各种优化的情境引入课堂，引导学生主动参与教学活动，充分发挥学生的能动性，让他们在现实生活或模拟的情境中，主动提出问题，自我解决问题，从生活中来，再回到生活中去。其次，教学内容不拘泥于教材，不局限眼前的视野，让新出现的社会道德问题、现象进入课堂，结合学生现有生活实际和现代社会的发展需求合理运用教材。再者老师要有开放的心态，给儿童言论自由。教师对儿童的道德认识实行开放性的评价标准，对儿童的奇思妙想、道德创新意识的萌芽，给予细心呵护和合理引导，为儿童道德认知和道德判断提供自我调整、自我教育的时空。

（二）自主的班本活动课程，展现个性与才华

班级是一个特殊的大家庭，是儿童从小家庭走向社会大家庭的桥梁。在这里不仅要进行文化知识的学习，还要通过各种活动学会交往、学会尊重、学会在集体中生活。在快速发展的今天，班级是培养儿童道德创造力的摇篮。多角度多层面的班本课程开发，有利于不断丰富全体儿童的知识结构，满足不同儿童的需求。

（1）自主队会，是班本课程的常态，也是学校道德情境教育课程之一。每月各中队围绕学校教育主题结合班级学生的实际情况，从不同的角度切入主题。班主任、辅导员引导队员用心策划，或一周新闻播报，是非辩论会，或配乐诗文诵读、主题演讲会，或举行书画、歌唱展示，文艺演出……儿童自定规范，自建环境，自主活动，自我总结，自我体验，自我践行，有利于焕发他们的主体意识，促进自我发展。

（2）学生讲坛，这是班级主题性课程。每个同学都可以根据自己的

特长、见闻，登上班级讲坛，就一个观点、一件事发表自己的看法，也可以介绍自己的特长，展示独特的一面。为此许多同学努力做有心人，去发现、去寻找周围新生事物；去思考、去探索不同角度看事物，努力去做不一样的自己。这样充分尊重儿童求新、求异、求变的心理需求，有利于形成集体创新的氛围和意识。

（3）家长课堂，这是班本的系列课程。家长是儿童身后的一支庞大的后援团，他们阅历不同，工作不同，生活环境不同，涉及社会各阶层，接触社会广泛，信息最新鲜。以此作为资源，充分发掘，形成系列，是最鲜活的班本课程，如"我们身边的电子产品""有多少人为了我""一本书""家门前躺着一条路"等系列。当家长走进课堂，学生感到亲切又新奇，一下子缩短了课堂与社会的距离，打开了儿童的眼界，了解到社会最新的发展，激发起不断创新的热情。

（4）一人一岗或一人多岗，这是班级服务性课程。每个儿童在班级中都有为他人服务的岗位，班干部竞选轮流担当，实行一人一岗或一人多岗制。每学期开学初每人根据自己的能力、兴趣、特长认领班级的服务岗位，既可创造性地为他人服务，展示每个人的能力，又可以享受为他人服务的快乐，更重要的是培养了儿童的责任意识和事业心。

儿童的道德成长很多时候是在班集体建设和活动中表现出来的，我们应该守护好儿童在德育阵地建设和活动中的主人地位，大方表达，大胆交流，积极创新，快乐分享。在这样相互欣赏、相互服务的班级情感氛围中，大家是一个整体，平等和谐相处，班级的每一分子都尊重他人，同时感受到被尊重，呼吸着民主平等的气息，从而产生积极的情感体验，增强自信心、责任感，提高道德践行能力。

（三）利用快捷的网络媒体，打造高效的沟通平台

网络的触角正以迅雷不及掩耳之势伸向世界的各个角落，不断向社会生活的各个方面渗入。互联网＋时代的到来，给德育带来了新的热点、难点。网络社会生活是一种全新的生活，原有社会生活中的道德已经不适应网络社会生活，必须根据新的特点与发展趋势进行道德创新。在这一新事物进入儿童生活的同时，进行网络道德的认知、实践：诚信、安全、公开、公平、公正、互助，应成为每个网民的自觉行为，确保有个

良好的网络环境，学会自我管理，自觉地做网络的主人，遵守网络道德。

我们要充分利用网络打造师生、生生、家校之间的沟通渠道，构建和谐美好的人际情境，提高教师、学生、家长的道德创造力，从而最终指向儿童道德创造力的提升。班级建有家校通平台、博客、QQ 群、微信群等，及时便捷地进行立体沟通。如班级有一个同学在活动中骨折了，不能来上学，在家很是烦闷，家长也很着急。于是，班主任利用班级微信群和 QQ 群，通过视频，让这位同学参与到课堂学习和活动中来，作业的辅导则通过实时对话得以解决，家长很是感动，事件处理变得容易多了。网络平台在处理班级事务时发挥着高效的沟通作用，展示着师生的道德创造力。

三 活动唱响创造力发展的主旋律

道德情境教育特别注重活动的开展，情境主题性大单元教育活动是道德情境教育最具特色的课程。每一项活动中都贯穿鲜明的主题，通过整合教育资源，强化教育效果。它主题鲜明，每次用一个主题将各科教学，各种活动统领，使"力"用在一点上，这样儿童思考有方向，行动有目标。它始终情感伴随，激发和保持了儿童的兴趣。它让儿童自主，以儿童为中心，强调学习者的全面发展；它角色众多，使儿童在德育情境中与他人如教师、家长、校长、同学等合作控制，协助每个儿童成为具有创意的个体；它生态连续，与生活相通，强调意义和生活的改善，强调习惯和技能的养成。

儿童的社会主义核心价值观教育从何入手？当看到《众里寻你——2014 "寻找最美孝心少年" 大型公益活动》颁奖典礼时，我们被深深地感动的同时找到了突破口，策划和组织开展了"践行社会主义核心价值观，做最美孝心好少年"的主题活动。"友善"作为社会主义核心价值观中个人层面的基本规范和要求提出来，而且还处于最为基础的地位。中国有句古语"百善孝为先"，此活动意在引导全校师生践行社会主义核心价值观从孝敬父母长辈做起。从班会课观看颁奖典礼开始，接受孝的洗礼；布置好橱窗展示的孝心少年事迹，人人讲他们的故事，说出心中榜样；语文课给孝心少年写段颁奖词，写一封信，抒发由衷的赞美，交流学习事迹的感受；品德课制定行动计划，做到孝心行动十条；召开家长会，家长间、家长与老师间相互交流取经，学校与家庭联袂，保持教育的一致性，接受、支持儿童"孝"的行动，记录儿童坚持"孝"的行为；最后"孝心少年"评选活动由自我推荐，家长、同学、老师、社区推荐，评选出身边的孝心少年，进行大力表彰，既是价值导向，又是鼓励督促，让"孝"进行到底。这错综交互的德育情境，形成一种心理场，极大地激发起儿童爱父母、爱长辈的情感，此时"孝"的行动真是创意无限，有悄悄学穴位按摩为妈妈解除疲劳的；有做爱心蛋糕为奶奶过生日的；有偷偷早起为父母做早餐的；有双休日做爱心便当让妈妈带去当午餐的；有用手机定时提醒爷爷吃药的。道德创造力得到充分显示，父母长辈收获了满满的爱，感叹"有孝心在，生活中的一切变得那么美好！"从社会大环境，到学校具体氛围，再到家里生活的具体环境，是一个声音、一个主题、一个要求：有孝心的儿童最美，做有孝心的儿童最好。

像这样的主题性大单元活动还有《唱支歌儿给党听》《中国梦我的梦》《做新时代的小八路——纪念抗战胜利70周年》《镜头里的美智趣》《我爱读春天这本最美的书》等，在生动可感、丰富多彩的主题性大单元教育活动情境中，投入地去看、谈、想、做、笑，儿童有了切身体验，切实丰富他们的情感与心灵，促使儿童的道德成长。情境主题性大单元教育活动是在一个精心选择和组织的有意义主题统领下，以德育为先导、以语文为龙头，以各学科协同为联合行动，通过课堂教学与课余活动的结合、校内与校外的结合、生活环境与虚拟环境（网络）的结合、他律教育与自律教育的结合，在各种形态丰富又相互联系的情境中，对儿童进行大强度、系列化、持续性的集中教育。情境主题性大单元教育活动直接指向儿童生活的横向宽度和纵向深处，打动儿童的心灵，引导道德行为，唱响道德创造力发展的主旋律。

四　建立关注生命成长的评价机制

科学评价机制具有激励和导向的作用，道德情境教育评价的目的是要强化儿童自主道德成长的愿望，培养渴求道德创新的动机，激发儿童的道德创造力。

　　道德情境教育建立多元的评价体系，以儿童为本，充分关注儿童生命成长，努力"创造适合儿童的教育"。在考核评价的指导思想、操作方式以及评价主体等方面，采用新理念、新方法、新模式，形成具有道德情境教育鲜明特色的德育考核评价体系：通过班主任评语、科任老师寄语、家长评价、同学互评多方评价，形成立体纵横网络；设立多种奖项，用更多的尺子评价，如六一校园艺术之星的评比，可设舞蹈、器乐、手工、绘画、书法、电脑小报、编辑、体育健将等项目，充分展露儿童在体育、艺术等方面的创新才能；元旦新年可设单项奖，如爱读书的小蜜蜂、爱舞蹈的小孔雀、爱唱歌的小百灵、爱运动的小健将、爱卫生的小白鸽、爱绘画的小布谷、讲礼仪的小喜鹊、爱科学的小博士等，用高雅的兴趣引导儿童在某些方面发挥特长，坚持不懈，不断创新；还为有特殊才能儿童开设的"珠玉轩"展厅，为书法、摄影、绘画爱好者提供了展示空间；"xiang读，来吧"给擅长朗读的儿童机会；"童心悦动"为爱唱爱跳的精灵搭建舞台；"珠媚秀场"不断刷新校园的吉尼斯纪录：花样跳绳、踢毽子、魔方、速记等，激发儿童的潜能，充分尊重生命成长的多样性。我们还设有专项奖，如文明少年、孝心少年、书香少年等，对在品德方面有特别表现的儿童给予特别荣誉，激励儿童不断提高道德创造力。

　　学校在学生品德评价方面体现"六个重"：重平时，重实践，重内化，重过程，重发展，重激励。在评价形式上，体现为"四个统一"：校内和校外相统一，既看校内表现，又看在家里、在社会上的表现；测试和践行相统一，既看品德知识的掌握，更看学生在实际生活中是怎么做的，使知情意行并重；平时的行为和活动中的表现相统一，既看日常行为，又看活动中是否有主动性、创造性；个人和小组相统一，既看个人努力程度，又看团队合作能力。

　　这样低起点、小目标、勤反馈的情境评价，适合儿童特点，最能拨动他们的心弦，激发他们自我约束、自我进取、自我完善，增强自我效能感，引导着他们在生活中做一个有道德践行能力的人，做一个有道德创造力的人。

　　在实践中，我们充分感受到道德情境教育充实了儿童的精神生活，他们的情感、意志、良好的品行在高品位的道德情境中得到了发展。儿童在各种实践活动中展示各自的才能，发现并逐渐形成特长，在集体活动中锻炼，有利于培养儿童的社会适应性，促进社会化进程，为儿童创造力的发展提供了肥沃的土壤。

道德情境教育主张知情意行统一，突出一个"情"字，整合各种教育资源，为儿童建构一个优化的成长空间，形成多维结构的德育情境，感召儿童的心，感化儿童的行，促进儿童身心素质和谐发展，从而使儿童的道德创造力发展得更好。

作者：陈志萍

第 五 章

语文情境教育与儿童创造力发展

本课题立足学科教育，探究学科情境教育促进儿童创造力发展问题，主要基于如下考虑：首先，创造力的领域性特征。个体创造力的发展既是多维的，又具有特定领域特征。美国心理学家加德纳指出："有创造性的个体很少在多个领域中普遍具有创造性，他们的创造性只在特定领域发展。"① 学校教育通常依据学习领域分门别类地开设不同课程，我国现阶段的小学教育以分科教学为主，不同学科课程的创造性教学，从各自学科领域出发培养儿童的创造力。正如情境教育创始人、儿童教育家李吉林指出的，"培养儿童的创造力，只有在学科学习中结合能力训练，发展儿童的想象力才能得以落实"②。其次，课堂是学校教育的主阵地，小学语文课堂理应成为培育儿童创造力的重要阵地之一。最后，小学语文情境教育在促进儿童创造力发展方面具有良好的基础。李吉林早在 20 世纪 80 年代初就提出了小学语文教育要"以发展思维为重点，着眼创造性"③ 的主张，并进行了富有开创性的探索实践。

本章首先回顾语文情境教育的发展历程，对语文情境教育概念作出界定，厘析语文教育中的情境类型，接着剖析语文情境教育促进儿童创造力发展的机制，最后归纳、提炼语文情境教育促进儿童创造力发展的

---

① ［美］Mervin D. Lynch, Carole Ruth Harris：《培养中小学生的创造性：理论与实践》，胡清芬等译，中国轻工业出版社 2005 年版，第 3 页。

② 李吉林：《学习科学与儿童情境学习——快乐、高效课堂的教学设计》，《教育研究》2013 年第 11 期。

③ 李吉林：《李吉林文集（卷五）》，人民教育出版社 2006 年版，第 90 页。

操作模式与操作策略。

第一节 语文情境教育的发展历程与情境分析

一 语文情境教育的发展历程

(一) 小学语文情境教育探索历程

儿童教育家李吉林历经 30 多年的探索，构建起情境教育理论和实践体系，其中小学语文情境教育是李吉林付出心血最多、成果最丰硕的领域，其探索历程可分为以下四个阶段：

1. 创设情境，观察并运用语言描述

20 世纪 70 年代末，李吉林从外语情景教学中受到启发，在小学语文教育中加以借鉴运用。她起初基于课文内容设计情境，让儿童进行说话练习。例如，小学二年级《小马过河》一课，多次用了提示语，描摹童话人物的动作、神态。在学习这些句子后，李吉林设置了"报告班级喜讯""教师向学生问好"两个情境，提醒学生观察情境，学习运用恰当的提示语描述情境。

通过这一阶段的实验，李吉林认识到：还原新奇有趣的生活情境，情境作用于儿童的感官，能激起其积极的情绪，借助生活情境，他们更易于理解文本表达方式，也更易于运用语言文字描述情境。

2. 带入情境，获得写作题材

李吉林从我国古代"意境说"中汲取营养，认识到情境对于触发儿童情感、思维以及言语表达的功能。她带着小学生走出几十平方米的教室空间，走进大自然中观察、感受，留心观察周围的社会生活，帮助儿童获取写作题材。情境教学显示出了情景交融的特质。

通过第二阶段的实验，李吉林认识到：在情境中教作文，"美"的情境能促使学生积极投入观察、体验活动，使他们"情动而辞发"，有助于提高小学作文教学质量。

3. 运用情境，实施审美教育

李吉林在实验过程中意识到，由于自己所设置的情境具有美感性，能让学生通过观察、体验情境，激起他们的热烈情绪。于是，她依据美学原理，从审美教育视角进行情境教学的探索。小学语文教材编入了大量文质兼美的选文，《庐山的云雾》表现了祖国山水之美，《草地夜行》歌颂了革命英雄的人格之美，诗歌的意蕴、散文的意境、小说情节的跌宕起伏都展现了文学艺术之美。李吉林或通过语言描述，或通过直观手段，基于教学内容，创设具有一定感知强度的情境，作用于儿童的感官，使之成为儿童的审美客体；儿童则成为审美主体。在情境的作用下，儿童参与语文学习的过程，也就成为审美的过程。

通过第三阶段的实验，李吉林认识到，以创设情境为手段，进行审美教育，能激发学生的情感，让他们在感受美、表现美的过程中，更愉悦、有效地学习运用祖国的语言文字。

4. 凭借情境，促进整体发展

李吉林对前三个阶段的教改实验进行了反思、总结，发现每个历程中都包含了语文知识教学、能力培养、智力发展以及情感陶冶等诸多因素，情境教学可用来促进儿童整体素质的发展。

通过第四阶段的实验，李老师认识到，情境教学引导学生借助情境，整体感知、理解教学内容，进行语文实践活动，把发展语言与发展思维紧密结合，情感活动参与认知活动，能有效地提高学生的语文素养，促进儿童的全面和谐发展。

在语文情境教育取得显著成效的基础上，李吉林将情境教学拓展到其他学科教学中，进行了情境课程、情境教育、情境学习的探索之旅。

（二）语文情境教育之枝繁叶茂

李吉林及其情境教育的魅力影响了一大批青年教师，吴云霞、施建平等率先成为她的嫡传弟子；她还领衔成立了青年教师培训中心，培养并造就了一批探索情境教育的骨干。

特级教师施建平于1980年进入二附小工作，次年成为李吉林的徒弟，在跟班学习的两年间，共听了四五百节课。他获得过全国青年教师赛课一等奖，他所开发的情境课程，仅情境作文课程一项就撰写了《施老师作文课堂》等40余册书籍，创办了公开发行的情境作文刊物《今天写什么》，尝试构建情境作文操作体系，成为"江苏人民教育家培养工程"首批培养对象。骨干教师张洪涛曾多次获得全国、省、市现场教学比赛一等奖，他致力于儿童"情境作文"的实践与研究，主持了"儿童游戏情境作文教学研究"等课题，指导学生发表了 2700 余篇习作，获奖学生达数百人次。

特级教师陆红兵，在李吉林指导下，努力做一个学习者、思考者、研究者；他积极从事情境教育的实验与研究，从语文教学的课堂实践出发，探索如何通过情境的优化促进儿童的有效学习。骨干教师陈志萍进行了幼小衔接情境课程和情境德育的实践探索，从时间、空间，课型的内容、形式等方面重构课程，帮助儿童迈好小学发展的第一步。特级教师唐颖颖，曾是李吉林首轮情境教学实验班的学生，从教后又拜李吉林为师，多次在全国、省级优课评比中获奖。她立足于小学低年级进行情境教育实验研究，注重从学生实际出发，重组教材内容，开发了情境识字课，帮助儿童提高识字效果；她还注重学科整合，开发出一系列融观察、想象、说话等为一体的综合课。骨干教师刘卫锋参与了"开发情境课程的实验与研究"工作，在"专题性文化课程的开发与研究"方面取得了显著成果。

"近水楼台先得月"，江苏南通的一大批小学语文教师在李吉林情境教育思想的滋养下成长起来。特级教师祝禧进行了"小学语文教学活动化研究"等课题研究，努力改变单向度授受关系状态，设计了角色扮演、小组学习、音乐绘画、讨论争辩等活动，开发了语文综合学习课程，让儿童的语文学习与自身的生活相关联。特级教师王笑梅，连续九年跟随李吉林开展语文情境教学实验研究，提出了"小学生命语文"主张，并积极进行了实验探索。特级教师董一红主持了以情境教育促进儿童个性化语文学习的课题研究，在全国性教学大赛中获特等奖。特级教师刘昕投入了小学语文审美入境的价值探寻，提炼出相关策略。特级教师周益民从情境教育思想中汲取营养，积极组织开展小学班级读书会，致力于民间文学语文课程、情境阅读课程的开发工作，出版了《步入诗意的丛林》《回归话语之乡》等专著。

李吉林情境教育思想走出了南通，在全国各地涌现出一批追随者、研究者。特级教师、扬州市教育局教研室教研员陈萍进行了"李吉林小学语文情境教学"实验，获得全国优质课评比一等奖，出版了《教师专业发展之道》等专著。天津市骨干教师靳淑梅，拜李吉林为师，努力"做一个像李老师一样的人"，两度获全国教学比赛一等奖，被列为该市"第二批未来教育家培养"对象。

语文情境教育成为语文教育领域一个经久不衰的研究热点，出现了不少论著，如我国大陆学者的《语文教学情境论》《邓泽棠小学情境作文教学的实践与理论》《青春课堂：王君与语文教学情境的创设艺术》，我国台湾学者的《情境式创意作文》《速攻引导式情境作文》等。截止到2016年10月，中国知网收录了有关"语文情境教育"研究的硕士学位论文60多篇，其中有8篇直接以李吉林及其情境教育为研究对象。总之，小学语文情境教育成为我国当代小学语文教育中的一个重要流派，也是国际语言教学研究领域中的一个关注点。

二 语文情境教育的情境分析

语文情境教育是通过开发语文情境课程，实施语文情境教学，组织学生投入语文情境学习活动，使儿童的认知与情感得到和谐发展、语文素养得到全面提升的一种语文教育模式。这一概念涵盖课程、教学两个层面，即"语文情境课程"与"语文情境教学"。前者是在语文课程编制过程中，通过创设优化的情境，促进儿童情境学习的一种语文学科课程模式；后者指在语文教学中，通过创设典型的场景，激起儿童热烈的情绪，把情感活动和认知活动结合起来的一种语文学科教学模式。两者统称"语文情境教育"。

历经38年的不懈探索，语文情境教学已经得到了广泛认可，成为包括识字情境教学、阅读情境教学、作文情境教学以及口语交际情境教学在内的完整体系。其中，识字情境教学是指在识字教学中，教师从教学的需要出发，通过创设优化的情境，引导学生投入情境化的识字学习活动的一种识字教学模式；阅读情境教学是指在阅读教学中，教师从教学的需要出发，通过创设优化的情境，引导学生投入情境化的阅读学习活动的一种阅读教学模式；作文情境教学是指在作文教学中，教师从教学的需要出发，通过创设优化的情境，引导学生进行情境化的书面语表达实践的一种作文教学模式；口语交际情境教学是指在口语交际教学中，教师从教学的需要出发，通过创设优化的情境，引导学生投入情境化的口语交际活动的一种口语交际教学模式。

"情境"是情境教育的核心概念。根据不同的标准，可以把情境作不同的分类。余文森以创设途径为标准分类，分为"实物、图像、动作、语言、新旧知识和观念的关系和矛盾、'背景'、问题"① 这七类。这里，前四条途径为人类可感知的"物象"，后三条为人类理智才能辨析的对象。某些类型之间有交叉现象，如"新旧知识和观念的关系和矛盾"情境很可能就是"问题"情境。

毕华林等基于情境内容，将化学课程中的情境分为"探究的情境、历史的情境、经验的情境和叙事的情境"② 这四种类型。这里，四种内容之间也存在交叉关系，例如，如果用叙事的方式来呈现历史事件，这时"历史的情境"就等同于"叙事的情境"。

吴刚从营造情境的因素角度分作三类："唤起感觉（包括视觉、嗅觉、听觉、动觉）的情境、媒体营造的情境、符号工具营造的情境"③。这里营造情境的"三因素"间有可能重叠。如多媒体所营造的情境很可能唤起学生的听觉、视觉感知。

丁玲划分出八种类型："实物情境、动作情境、图像情境、想象情境、推理情境、音乐情境、语表情境、问题情境"④。这里的划分标准不尽一致，"实物""动作""图像""音乐""语表"为创设情境的手段，而"问题"乃情境的内容特质，"想象""推理"则是由情境引发的儿童活动。

李吉林从不同视角对情境类型作了探讨。她在 20 世纪 90 年代初归纳出创设情境的途径有："生活展现情境、实物演示情境、图画再现情境、音乐渲染情境、表演体会情境、语言描述情境"⑤。新近，她又作了修正

---

① 余文森：《论教学情境的主要类型》，《教育探究》2006 年第 3 期。
② 毕华林、卢珊珊：《化学课程中情境类型与特征分析》，《中国教育学刊》2011 年第 10 期。
③ 吴刚：《情境教育与优质教学》，《课程·教材·教学》2009 年第 6 期。
④ 丁玲：《论李吉林情境教育语境中的"情境"》，《写作》2016 年第 2 期。
⑤ 李吉林：《情境教学的理论与实践》，《人民教育》1991 年第 5 期。

补充，归纳为八条途径，即"原来的图画再现情境、音乐渲染情境、表演体会情境、生活展现情境、语言描绘情境保留不变，加上了游戏竞赛情境、网络拓展情境，将原来的实物演示情境改为模拟操作情境，并强调指出语言描绘情境应与其余各途径结合运用"①。

李吉林还根据刺激物对儿童感官或思维活动所产生的作用的不同，把情境分为"实体情境、模拟情境、语表情境、想象情境、推理情境"②五种类型。《现代汉语词典》将"作用"解释为"对事物产生的影响；效果；效用"，在这里，"作用"指"情境"对于"儿童"所产生的影响、所发挥的效用。在笔者看来，第二种的分类结果与分类标准之间也存在不一致现象，如果说后两者所诱发的儿童"想象""推理"，属于刺激物对儿童感官或思维活动所发生的作用，那么前三者表征的是情境本身的特征，而非情境对儿童所产生的作用。

情境的创设是为了促进儿童的学习，笔者倾向于检视情境对儿童的学习结果所发挥的作用，或许用"情境的功能"来指称更为准确。《现代汉语词典》将"功能"解释为"事物或方法所发挥的有利的作用；效能"。根据情境对儿童学习结果所发挥的功能，笔者对语文教育中的情境作类型分析，鉴别出三种类型六个亚类。

（一）感受性情境

具体可感性是这类情境的显著特征。教师运用直观手段创设情境，情境诉诸儿童的感官，旨在触发儿童的经验，增进儿童的感受。这类情境与学习内容本身具有极大的相似性，由情境引发的感受有助于儿童对具体内容的学习。感受性情境又分两个亚类：

一是感受理解型情境。教师创设的情境促进了儿童的直观感受，儿童带着这种感受，进一步去感受、体验并理解学习内容。例如，唐颖颖执教《水乡歌》第二自然段，提示道："现在，唐老师和你们都是船民、渔民，让我们驾驶着一只只大大小小的帆船，驶进水乡吧！"于是，教师贴驳船，两组学生贴船，将湖面上飘满船的景象呈现在学生面前，让他

---

① 丁玲：《论李吉林情境教育语境中的"情境"》，《写作》2016 年第 2 期。
② 李吉林：《情境教学实验与研究》，四川教育出版社 1992 年版，第 28—32 页。

们感受到水乡的"船多"景美；当学生提出疑问"为什么说白帆片片像云朵？"时，教师指着插图说"碧蓝碧蓝的水面上行驶着许多帆船，这些船一只连着一只，一只挨着一只，像什么？"学生回答："天上的朵朵白云。"教师借助情境化抽象的语言为直观的形象，帮助小学生从全景视角感受到白帆的多而美，化解了儿童学习语言文字的困难。在运用这类情境时，起点是使学生获得真切的感受，情境成为诱发和促进儿童感受的手段，落点是增进学生对文本的理解与感受。

二是感受表达型情境。教师通过创设直观的情境，让孩子们沉浸其中，强化他们的感受，诱发他们的情感，由"物"激"情"，由"情"发"辞"，训练并提高他们的语言文字表达能力。唐颖颖执教的《水乡歌》第二课时的最后一个环节是"拓展练习"，教师先让学生交流自己所了解的家乡的濠河以及桥梁，随后让学生分别扮演游客、导游，播放了濠河风光录像，让"小导游"介绍濠河景观，"游览"结束，又让"来宾"说说自己的感受。在这里，教师播放濠河风光录像，通过角色扮演，让学生置身于情境之中，尽情地观察、体验，增进对所观察对象的感受，增强对事物的感性认识，丰富表象，"情动而辞发"，学习运用祖国的语言文字。

罗伯特从"接触""意识""兴趣""幻想"四个维度上分析了儿童创造性行为的特征，认为"儿童创造性行为是一种感受性的能力，一种能够注意细节（接触）、灵活有效解决问题（意识）、承担责任并致力于某一领域（兴趣）、远离现实的想象和流畅思维（幻想）的能力"①。在小学语文教学中，教师较多采用了感受性情境，由于情境的具体可感性，儿童在与情境的相互作用中有所感有所悟，他们带着这种感受，更多地表现出创造性行为，在阅读活动中更容易达成对文本的理解和感受，在表达活动中更能顺利地完成语言作品或交际任务。

（二）探究性情境

可疑性与召唤性是这类情境的显著特征。教师通过创设探究性情境，引发学生的好奇心，激活他们已有的学习经验、生活经验，展开想象、

① 王灿明：《儿童创造教育新论》，上海教育出版社2015年版，第118—119页。

思维的翅膀，投入探究活动之中。探究性情境又可分为两个亚类：

一是问题探究型情境。在《刻舟求剑》课例中，李吉林先用剪贴画演示故事情境，让学生凭借情境，讨论主人公的办法是否可行，通过推理探究，让学生们得出结论；在此基础上，再引导学生分析主人公错在何处。在这类情境中，问题是核心，问题情境成为触发儿童探究的助推力，推动他们投入问题解决活动之中。

二是想象创造型情境。李吉林执教想象作文课《春姑娘的大柳筐》，伴随着音乐，出示"背着柳筐的春姑娘"画面，首先让学生猜一猜大柳筐里装有哪些春天的宝贝，学生借助老师出示的句式口述；接着，让学生拓展想象春姑娘到了哪些地方，让学生运用"春姑娘来到……来到……""春姑娘飞进……来到……""春风……春雨……春雷……"等不同的句式练习说话；继而，启发学生想象春姑娘"又背着大柳筐来到田野上，把哪些宝贝撒在田野？你又看到什么样的美景？"让学生往深处、细处想象说话；最后，教师启发道："如果你是桃花姑娘，你怎么感谢春姑娘呢？"让学生扮演小鸭、桃花姑娘、柳枝弟弟、花蝴蝶妹妹、小燕子等，与春姑娘展开对话。在老师的引导下，学生脑海中有关春天景物的表象被激活了，他们由此及彼想象开去，将这些表象重新组合，创造出新的形象，构建出新的童话世界，创造性地口述表达。在运用这类情境时，情境营造出触发儿童想象的契机，引导儿童进入无限想象、创造的空间。

问题探究型情境是将问题潜藏于情境之中，引发儿童的思考；想象创造型情境具备一种有着强大吸引力的召唤结构，诱发儿童凭借想象进行创造。前者偏重于激起儿童理性的思考，后者偏重于激起儿童形象思维的参与，两者都能使儿童的思维活跃起来，进行探究、创造。

（三）操作性情境

这类情境的突出特点是任务化、操作性强。操作性情境能吸引学生跃跃欲试，积极行动起来，投入操作活动之中，在完成任务过程中得到历练。操作性情境又分为两个亚类：

一是口头语言操作情境。例如，在《大西瓜》课例中，在学生阅读课文后，李吉林向学生出示了那只神奇的西瓜变成了西瓜房的画面，让学生想象并描述，这样的口头语言表达训练，能有效地提高他们的言语智慧技能。

二是动作技能操作情境。在写字教学中，教师示范，以操作性情境带动学生动作技能的学习。外显的动作技能操作情境，也能促进其内隐的智慧技能的发展。心理学家皮亚杰曾观察到这样一种现象：四五岁的儿童为了数清一些石头，把它们摆成一行，从1一直数到10。接着，又从另一端开始数，结果也是10。孩子又把石头围成一个圆，依次数起来，得出了相同的结果。

儿童好奇心强，爱打破砂锅问到底，易聚在一起叽叽喳喳，喜欢东摸摸、西碰碰，捣鼓一番。操作性情境旨在让孩子们积极地活动起来，在积极主动的活动中发展他们的动作技能和言语智慧。

诚然，情境是多种多样、丰富复杂的。情境对儿童学习以及身心发展产生的效应往往是多元的，但笔者以为，在理论上可以厘析出某一情境的主导功能，依据情境的功能可以厘析出上述"三种类型六个亚类"的情境。不同类型的情境可以促进儿童不同方面的创造力的发展，感受性情境的功能主要体现在增进儿童对情境、对文本、对写作对象的感受和理解，促进他们进行创造性阅读和写作；探究性情境的功能主要体现在激起儿童的想象、思考、探究的欲望，儿童活动的创造性成分更显著；操作性情境的功能主要体现在让儿童在积极主动的活动中发展动作技能和言语智慧。对情境作类型鉴别，有助于深化对各种类型情境特质的认识，有助于教师在教学中，围绕语文教学目标以及针对语文教学内容的特点，创设相应类型的情境，以便发挥其特定的功能，更好地促进儿童创造力的发展。

第二节　语文情境教育促进儿童创造力发展的机制分析

语文情境教育影响儿童创造力发展的机制是指语文情境教育促进儿童创造力发展的过程和方式，它在很大程度上反映出语文情境教育的内部结构、功能与儿童创造力之间的相互关系。儿童教育家李吉林抓住儿童潜在力量发展的最佳时期，从审美、情感、思维空间三方面提出培养发展创造潜能的举措，使情境教育从理论与实践的结合上处处闪烁着创新性学习的思想火花。本节以李吉林提炼出的情境课程操作要义为抓手，对语文情境教育促进儿童创造力发展的机制做初步剖析。

一 追求美的境界，营造语文课程的创造氛围

情境教育汲取了我国古代文论中的"意境说"，从而使之超越了直观教学，赋予教学活动以美感，为教学立美。在李吉林看来，"'美'是教育的磁石"①。情境教育倡导教师通过创设、优化和拓宽情境，展现教学之美，使处于美的情境中的受教育者将学习体验为一种美的享受，其"心理安全""心理自由"有了保障，从中获得审美、认识、探究、创造和道德向上的乐趣。

情境教育所追求的教育目的也是美的。依情境教育的观点看，只要教育者能够创造出一个具有美的形式的教育活动（立美），受教育者必然能在其中把教育影响（所学知识等）和自身变成自主活动的创造物，最终获得自身的全面发展。情境教育以情境为抓手，让学生在审美体验中感知教育内容，在充满乐趣的创造性活动中左右脑相互作用，身心获得和谐发展，"做到合目的性与合规律性的统一，因而是美的"②。

李吉林指出"美"具有"激智、发辞、冶情、育德"③ 等功能。明代祝允明指出"身与事接而境生，境与身接而情生"④，即认识到美的"陶冶性情"的"育德"之功。李吉林在继承了中国传统美育思想的基础上做了突破，认识到美的"激智""发辞"价值。那种以条分缕析、"发胖式"的讲解灌输为主的小学语文教学，势必会导致相当一部分学生感觉迟钝，想象力贫乏，情感枯槁，丧失生机和创造的活力。情境教育全面认识到美的功能，通过精心创设民主、安全、富有美感的情境，让学生积极参与，获取审美体验，发展儿童的想象、直觉等感性素质，继而推动理性思维和创造力的发展。

---

① 李吉林：《李吉林文集（卷四）》，人民教育出版社 2006 年版，第 318 页。
② 崔金赋：《试论情境教学的新美育观》，《教育研究与实验》1993 年第 1 期。
③ 李吉林：《李吉林文集（卷四）》，人民教育出版社 2006 年版，第 319 页。
④ 张法：《美学导论》，中国人民大学出版社 1999 年版，第 57 页。

二 突出思维核心，启迪儿童的创造性思维

情境教育注重丰富学生的表象。李吉林认为："通过观察，储存表象，是培养儿童创造性思维的首要步骤。"① 学生通过观察一个个富有美感、意象广远的情境，不断产生"新的发现"，在头脑中形成丰富的表象，成为他们日后想象、思维与创造的基础，很可能受到"原型启发"，产生顿悟。

情境教育放手让儿童想象，为创造新形象提供契机。我国学者董奇指出："小学阶段，儿童想象的创造性有了较大的提高，不但再造想象更富有创造性成分，而且以独创性为特色的创造想象也日益发展起来。"② 德国心理学家海纳特说："任何对儿童想象力的限制都会影响、妨碍甚至毁灭创造冲动。"③ 李吉林说："没有想象的学习活动，必然是没有情趣的，也必然是没有创造的、束缚儿童发展的教学。"④ 编童话故事；在阅读文学作品时尽情想象；写科幻故事……这些做法都为儿童打造了让思想自由驰骋的空间。

情境教育促进儿童思维创造性的发展，首先从教材本身的特点出发，围绕教学内容的内在逻辑展现一个又一个情境，使情境"链"处于有序状态，以富有内涵的、具有内在联系的情境发展学生思维的条理性和深刻性。其次，重视发散思维训练，因为"创造就是对表象的改造；要创造出新的形象，求异思维产生很大作用……"⑤ 情境教育采取多种办法训练儿童的求异思维。一是在情境内容上，情境意象广远，易于引发学生从多角度、多侧面求异思考问题；二是设计多元化的训练。李吉林从不要求学生死记硬背词语解释、段意和中心思想，也不要求做大量的"习

① 李吉林、田本娜、张定璋：《李吉林小学语文情境教学——情境教育》，山东教育出版社2000年版，第60页。

② 董奇：《儿童创造力发展心理》，浙江人民出版社1993年版，第91页。

③ ［德］海纳特：《创造力》，陈钢林译，工人出版社1986年版，第37页。

④ 李吉林：《小学语文情境教学》，江苏教育出版社1996年版，第20—21页。

⑤ 李吉林、田本娜、张定璋：《李吉林小学语文情境教学——情境教育》，山东教育出版社2000年版，第64页。

题式"的练习，而是设计灵活多样的语言训练。"别人说了的就别再说"，她要求学生动脑筋说自己的所思所想。只有这样，学生的思路才会越来越开阔，思维才会愈来愈灵活。

情境教育在语文实践活动中发展儿童的创造性思维。语言是思维的外壳，思维是语言的内核。李吉林反对在语文教学中进行机械烦琐的分析，要求淡化"习题式"的练习，倡导从语文学科的特点以及儿童学习语言的规律出发，开展创造性语文实践活动，提高学生运用语言文字的能力。这样的语言实践活动过程，也就是训练创造性思维的过程。语文实践活动方式灵活，如改变体裁、人称创造性地复述课文，增添角色编故事；层面多样，准确地遣词造句可以培养思维的精准性，恰当地谋篇布局可以训练思维的有序性，在语文综合性学习中培养思维的广阔性、灵活性和创造性。

语文情境教育以"思"为核心，诱发想象，使思维与想象相统一，形象思维与逻辑思维协调发展，有利于唤醒儿童潜在的智慧，培育他们的创造性思维。

三 贯穿情感纽带，培育儿童的创造性人格

情境教育凸显情感维度，追求认知与情感的和谐发展，对解决长期以来教育中存在的理性与非理性的失衡问题、促进当代儿童素质的全面发展具有重要意义。人的核心素养结构从心理形式上可分为认知和情感两个层面。然而，近代以来，教育的唯认知、唯理性的发展倾向，导致教育的情感层面的贬损，人的情感世界日渐荒芜。走进小学语文课堂，我们常常看到教者把一篇篇富于美感和人文内涵的作品做"发胖式"的分析，见书不见人，见文不见情。课堂成了教师灌输知识、学生机械接受操练的处所。李吉林批评这种狭隘、封闭的教育方式抑制了"人才素质的全面提高，尤其是情感意志及创造性的培养和发展"[①]。从教师教的角度来说，"教学若要成功，需以情感为纽带"；就学生发展而言，"情感

---

① 李吉林：《小学语文情境教学》，江苏教育出版社1996年版，第355页。

素养是人的一切素质的血肉。没有了情感，就没有素质可言"①。

情境教育充分认识到情感的纽带作用。李吉林把"情感作为儿童内在世界的本体性的力量"，提出了"情感驱动说"②。儿童的情感是易于激起的，情境教育通过创设情境，引导学生进行观察、体验，获得具体的感受，以情感驱动儿童的学习活动，这时，"他们对客观世界的认识会更为丰富，更为深刻，也更为主动，也利于达到儿童主动发展的目的"③。在李吉林看来，情感是促进儿童发展的本体、动因和手段，也是目的之所在。

情境教育构建了以"情"为纽带的教学模式。李吉林从教学过程"三要素"（学生、教师、教材）入手，用情感作纽带将三者联结、牵动、贯穿起来：一是强调师生间"真情交融"，形成教与学的合力；二是情境教学通过再现与教材相关的情境，利用角色效应，引导学生自己去琢磨、尝试、发现，并以教师的"情"为中介，在教材与学生之间，引发共鸣；三是学生之间通过和谐相助的情境"学会合作"④。由情感纽带维系的课堂极具诱惑力，学生于爱学、乐学中获得自由发展。

李吉林对情境教育的研究还深入到学生心理层面，梳理出了儿童在语文学习活动中"关注—激起—移入—加深—弥散"的情感培育过程。创造认识论认为，"只有主体处于情感的高峰体验，才能使认识达到超常规的创造状态，才能使认识过程达到最优和最佳状态……即创造的状态"⑤。情境教育情育发展的最高阶段表现为情感的价值化、人格化，情感沟通儿童人格的各个领域，促进儿童创造性人格的生成。

四　彰显儿童活动，磨砺语文领域的创造行为

不同的教育方式对教育对象创造力的影响也不一样，有的可以促进

---

① 李吉林：《教学成功的诀窍：情感为纽带》，《人民教育》1996 年第 4 期。

② 李庆明：《"情境教育"的一个基本思想：以情感为纽带》，《课程·教材·教法》1999 年第 9 期。

③ 李吉林：《小学语文情境教学》，江苏教育出版社 1996 年版，第 17 页。

④ 同上书，第 327—330 页。

⑤ 胡敏中：《非理性：创造认识论解读》，北京师范大学出版社 1998 年版，第 183 页。

创造力的发展，也有的可能抑制创造力的发展。如果教师"不能引起学习者积极地亲自参加活动，那么，这种教育充其量只能取得微小的成功"①。情境教育取得了很大成功，首先由于教师认识到学生是有独立人格与意识、富有能动性和创造性的学习活动的主体。李吉林说："'教'是为了'学'。正是因为有那么多的学生需教、需导、需育，也才有老师的存在。说到底，课堂是属于学生的"②。其次，让学生充分参与教学活动。在《春姑娘的大柳筐》课例中，儿童是观赏者、叙述者，也是童话世界的创造者，在想象情境中，学习创造性地运用语言。情境教育所创设的情境是有"情"之"境"，是儿童发挥主观能动性的场域，是师生互动的空间。儿童在优化的情境中感悟、操作、体验、探究，发掘自身的潜能，张扬自己的个性，他们通过活动观照出自己的力量，其主体意识不断得到唤醒、强化与升华，而人的创造性乃人的主体性的最高表现。

情境教育让学生通过活动进行审美创造。情境教育大胆地将艺术融汇于情境之中，学生从"境"中见到"形"，激起"情"，感受到"美"，"情"与"美"又能发"辞"，促进"思"，放飞儿童的心灵……这是情境教育"对以知识为本位的传统教学的重要超越，也是对以往的教学模式系统的一个突破"③。这样，儿童的语文学习就成为一种审美活动，儿童即审美主体，其主体地位得以落实。

张景焕、陈泽河的实验研究证实，"创造活动对小学生语文学习起了正迁移作用"④。情境教育设计出多种多样的活动，让儿童参与其中，使他们的创造行为得到磨砺。这些活动形式大致有：观察感受活动；模拟操作活动；角色表演活动；思维想象活动；学科实践活动。就角色表演活动而言，为了让学生摆脱"被教授"的惰性心理的羁绊，李吉林常常让学生扮演与教材有关的角色，朗读复述，讲解汇报，操作演示，展示

---

① 联合国教科文组织国际教育委员会：《学会生存：教育世界的今天和明天》，华东师范大学比较教育研究所译，教育科学出版社1996年版，第188—265页。

② 李吉林、田本娜、张定璋：《李吉林小学语文情境教学——情境教育》，山东教育出版社2000年版，第140页。

③ 裴娣娜：《情境教学与现代教学论研究》，《课程·教材·教法》1999年第1期。

④ 张景焕、陈泽河：《开发儿童创造力的实验研究》，《心理学报》1996年第3期。

表演，在积极主动的活动中逐步增强主体意识，发挥主体作用。就语文学科实践活动而言，只要教师运用恰当，"不论是听说，还是读写，不论是理解语言，还是运用语言，都有可能孕育创造"①，情境教育一贯注重设计灵活多样的听说读写训练项目，让学生积极思考，大胆质疑，创造性地进行阅读理解和语言表达练习。

五　链接周围世界，发掘语文课程的创造源泉

顾黄初指出："语文教学的改革关键在贴近生活，这是'根'"②。情境教育开掘了儿童语言学习之源。在制度化的学校教育条件下，现实中的小学已习惯于将学生囿于狭小的校园，禁锢于几十平方米的教室。语文课成了教师"教教材课"，成了学生的听记课。作文课上，不少教师讲授"开篇技巧""结尾诸法""布局妙策"，讲得不可谓不细，但因无话可说，学生神情呆滞，只得求助于所谓的"小学生优秀作文"，靠杜撰胡编、移花接木交差了事。学生的语文学习脱离了生活世界，欲求得自主发展无疑是缘木求鱼。苏霍姆林斯基呼吁："必须把儿童的生动的词语和儿童的创造作为教学体系的基础。"③ 李吉林践行着大语文教育观，她常常带学生到自然与社会的大课堂中去，变封闭式教学为开放式教学，变经院式的语言知识记忆为活的语用学习。她自己以孩子的眼光看世界，一次又一次地寻找，一遍又一遍地筛选，选定典型场景。学生们在大自然与社会的怀抱中感到轻松、自由、愉快，一个个词句是带着鲜明的色彩进入他们的意识，让他们在大脑中储存了丰富的表象。

情境教学孕育着触发、创造之源。学生从生活情境中所学得的词语，积累的表象，鲜明生动地储存于记忆的仓库里，极易被激活，迁移运用到新的情境中去。叶圣陶认为，让学生在学习中"觉得与自己的生活有

---

① 杨成章：《语文教育心理学》，四川教育出版社1994年版，第164页。

② 顾黄初：《语文教育论稿》，人民教育出版社1995年版，第2—3页。

③ ［苏］苏霍姆林斯基：《给教师的建议》，杜殿坤译，教育科学出版社1984年版，第179—189页。

交涉，得到一种印证"，获得某种顿悟，这就是一种"触发"①；韦志成认为，"在阅读理解中的触发实在是一种创造活动"②。情境教育使儿童获得了源源不断的语言材料，他们蓄积在胸，会情不自禁地产生倾吐、表白的需要，自我实现的需要，用自己的口述说自己看到的世界，用自己手中的笔抒写自己对周围世界的感悟，这样的习作与生活之源相联结，学生有话可说，有感而发，"文思如泉涌"，对儿童而言，这实在是一种创造性的劳动。

人本身就是一个全息开放的系统，只有在与周围世界的不断接触交流中，才能成为一个现实的人，才能成为一个不断超越自我、发展自我的人。有关统计表明，"中国儿童的创造设想主要来自'学习'和'生活'两方面，而源于生活的创造设想又居于首位"③。情境教育以"周围世界"为源泉，"让鲜明的思想、生动的词语和儿童的创造精神来统治学校的王国"④，发掘了儿童语言学习与创造的源泉。

综上所述，语文情境教育促进儿童创造力发展有着独特的内在机制和充分的学理依据。我们要认真研习李吉林情境教育思想，通过实施语文情境教育，促进儿童创造潜能的发展和语文素养的提升。

第三节　语文情境教育促进儿童
创造力发展的操作模式

教学模式是"依据教学思想和教学规律而形成的在教学过程中必须遵循的比较稳固的教学程序及其方法的策略体系"⑤。李吉林在继承我国古代文论"意境说"、人的直观认识原理以及脑科学研究最新成果的基础

---

① 叶至善、叶至美、叶至诚：《叶圣陶集（第13卷）》，江苏教育出版社1992年版，第339页。

② 韦志成：《语文教学情境论》，广西教育出版社1996年版，第113页。

③ 董奇：《儿童创造力发展心理》，浙江教育出版社1993年版，第269页。

④ ［苏］苏霍姆林斯基：《给教师的建议》，杜殿坤译，教育科学出版社1984年版，第183页。

⑤ 夏惠贤：《当代中小学教学模式研究》，广西教育出版社2001年版，第15页。

上，创造性地提出了情境教育思想。情境教学逐步形成了自己的教学模式，情境阅读教学模式的一般程序为"初读——激发学习动机；细读——突出关键词、句、段；精读——品尝语感，欣赏精华"[1]；情境作文教学模式的一般程序为"观察情境，提供源泉；进入情境，激发动机；拓宽情境，打开思路；范文引路，教给方法；优化结构，螺旋上升"[2]。这是情境阅读、情境作文教学模式的常式，针对不同的教学目标和内容，也可构建相应教学模式的变式。本节中，笔者择取诗歌散文阅读教学、科普说明文阅读教学以及情境作文教学为例，总结和构建相应的情境教学模式，以促进儿童创造力的发展。

一 审美感悟—想象表达式情境阅读教学模式

（一）适用情境

诗歌、散文等文学类选文，作者往往以优美的语言，创造出特定的文本情境，借此抒写特定的景物、人物或社会生活，抒发特定的情感。在教学此类文学作品时，教师可以通过创设与文本相关的教学情境，再现文本情境，帮助儿童走进文本，感受文本中生动的形象和真挚的情感，触发儿童的联想、想象活动，丰富文本情境，以便学生获得独特的个人体验；让儿童在情境中进行语文实践活动，提高自身的言语能力。这样，我们就构建出了"审美感悟—想象表达式"情境阅读教学模式，主要用于诗歌、散文等文学类篇目的阅读教学，也就是文学教育的一个教学模式，通过这种教学促进儿童创造力的发展。

（二）操作序列

审美感悟——想象表达式情境阅读教学模式，重在调动儿童的视觉、听觉等感官和想象力，发展儿童的文学阅读感受能力、创造性阅读能力和语言表达能力。这种教学模式的一般程序为：以"美"入境 → "境"中感形 → "境"中想象 → 依"境"表达。

---

① 李吉林：《情境教育三部曲（一）》，教育科学出版社2013年版，第202—222页。
② 同上书，第326—352页。

1. 以"美"入境

小学语文教科书中选编的诗歌、散文等文学类作品，都文质兼美，教师要以"美"的情境激发学生的阅读动机，让学生与"美"的文本亲密接触，触发儿童的情感。《大海，大海》是一首优美的儿童诗。李吉林执教这首诗歌的第二课时，首先让学生自读课文，提出疑难之处，以蔚蓝的大海画面为背景，教师轻声哼起摇篮曲，学生个个甜美地倾听，加上模拟波涛起伏的动作演示，以"美"的情境，带儿童进入诗歌情境，理解感受大海"怎么变成摇篮的"。"美能激情"，教师以"美"的教学情境，触发儿童的情感，引导他们进入"美"的文本情境。

2. "境"中感形

诗歌往往通过一定的意象来抒发感情，写景状物、写人记事类散文，分别用景物、事物、人物等形象来感染读者，在这些文学文本教学中，情境教学通过创设"美"的情境，让学生感受文本中"美"的形象。在教学《大海，大海》的第三、四行诗句时，有这样一个教学片断——

师：现在我请小朋友把小船开到"大海"上去！（生上黑板，将折的小船贴到大海的图画上去，呈现出"白帆点点"的画面）

师：这么多，真是点点白帆呀！怎么到了海里，就变成小点儿了？

生：因为大海很大。

师：对了，又有很多只船，所以点点白帆。

生（齐）：点点白帆。

师：也可以反过来说。

生：白帆点点。

师：我们把船开到大海里做什么？

生：捕鱼。

师：还有？

生：虾也捕到了。

师：（在大海的图画上贴上大帆船）我们捕到的鱼、虾呢？（生纷纷上台将鱼、虾剪贴画放到大帆船里）

生：好多好多。

师：这叫什么？

生：鱼虾满船。

师：哪一个字表示多？

生：满。

在上述教学中，师生合作将一只只小船折纸贴到大海画面上，又将许多鱼虾剪贴画放到大帆船图上，呈现了诗句所描绘的"白帆点点""鱼虾满船"的图景，这些情境直接作用于儿童的视觉器官。情境教学调动起儿童的多种感官，认知与情感相互作用，让他们充分感受文本中的形象，感受文本意境，从而让"美"的形象本身去拨动儿童情感的琴弦。

3. "境"中想象

对于文学作品，读者要在阅读时发挥自己的想象力，"真正努力过并欣赏作者才行"①。情境教学重视引导儿童在阅读中想象开去。在学生对"大海，像只摇篮"诗句有所感悟的基础上，李吉林启发学生想象，"我们刚才说了，你们睡在妈妈的摇篮里，那什么睡在大海里呢？"学生回答了"鱼虾宝宝、帆船宝宝、海龟宝宝、贝壳宝宝"等，教师出示了鱼宝宝等剪贴画，贴在原先出示的蓝色大海图上，又启发道："这些大海里的宝宝，像我们一样，怎么长大呀……谁会动脑筋，谁会想象？在海里做什么？"学生想象这些海洋宝宝"在睡觉""在做游戏""在玩耍"等活动。就这样，在情境的作用下，儿童通过阅读文本，抓住关键的词语，展开了想象的翅膀，他们的阅读过程也成为再创造的过程。

4. 依"境"表达

文学类作品教学是作为语文教学的一个重要组成部分，情境阅读教学在教此类课文时重视让学生依托情境，进行语言表达训练。还是以《大海，大海》第二课时为例，在学生依托情境理解"鱼虾满船"的"满"字之后，教师出示"我们站在大海边，看到蓝色的大海上""我们

---

① ［美］莫提默·J. 艾德勒、查尔斯·范多伦：《如何阅读一本书》，郝明义等译，商务印书馆2004年版，第185页。

站在长江边，浩浩荡荡的长江上"等句式，让学生借助情境，在不同的语境中运用"白帆点点"或"点点白帆"说话。教师在剪贴画上贴上太阳、白云，让学生联系生活经验，理解为什么诗歌说"太阳月亮也睡在里边"，让学生借助"白天，太阳……""朵朵白云也……"等句式练习说话；在贴上月亮等剪贴画以后，又让学生借助"晚上，月亮……还有什么也睡在里边。星星也……"等句式，进行语言表达训练；最后，教师提问"学了这一课你们觉得大海怎么样？"让学生依托文本情境，表达自己的阅读感受。这一说话练习，学生既可以借用课文中的语言，助推他们积累言语材料，将文本语言内化为自己的语言，也可以结合诗歌意境，创造性地运用自己的语言加以表达。

二　角色转换—读书探究式情境阅读教学模式

（一）适用情境

情境教育强调学生不是知识的被动接收者，而是主动建构者。杜威倡导让学生"做中学"，培养学生良好的思维习惯，尤其是创造性思维。布鲁纳倡导发现法，要让学生成为一个发现者，发挥自身的创造性，去发现问题并解决问题。"角色转换—读书探究式"情境教学模式，不是将学生视为被动的阅读者，而是让他们转换角色，成为积极的探索者，在探索活动中发展自身的创造力。这种教学模式较适用于科普说明文教学。

（二）操作序列

角色转换——读书探究式情境教学模式重在引导学生由被动的阅读者转换为主动的探究者，其一般程序为：转换角色入境 →"境"中生疑→"疑"中探究→"境"中实践 。

1. 转换角色入境

李吉林借鉴了现代心理学的研究成果，提炼出情境课程的基本原理，即"暗示诱导原理、情感驱动原理、心理场整合原理、角色转换原理"①。她清楚，孩子们向往哪些角色，她就给儿童提供机会，担任自己所向往

① 李吉林：《情境教育的诗篇》，高等教育出版社 2004 年版，第 192 页。

的角色。这时，儿童的"情绪特别热烈，仿佛人格也升腾了；因为'向往'顺应了孩子渴求的情感驱动"①。在科普说明文教学中，教师运用角色转换原理，让孩子担当科学探索者，去积极探索科学世界的无限奥秘。例如，李吉林教《海底世界》，先出示了"蓝色的大海图画"，她自己担任"海洋研究所所长"，学生则为"研究员"，"所长"命令"研究员们"穿衣潜水。接着，一边向下慢慢挪移剪纸，一边轻声描述潜入100米、200米、300米、500米以下亮度的变化，要求"研究员们"说说自己的发现。这时，学生俨然是海洋研究员在潜海考察，积极阅读文本，汇报自己在"海底深处"的"观察所得"。

2. "境"中生疑

学贵有疑，教师要引导学生积极阅读、思考，勇于质疑问难。如阅读了《海底世界》第二自然段最后一句话，学生会好奇地提出问题："深水鱼为什么要发光？"补充读物《人类的秘密仓库》说"海底有十五万种动物"，而课文说"海底有三万种动物"，引发学生质疑两个数据之间的矛盾。这些疑问，会推动学生进一步投入探究性阅读、讨论活动之中。

3. "疑"中探究

问题情境会产生驱动力，驱使儿童以自主、合作、探究的方式进行学习。例如，在《海底世界》课例中，学生通过略读资料《海底的冷灯》，概括出深水鱼发光的缘由。关于动物数量数据的矛盾，李吉林告诉学生自己在20多年前就教过《海底世界》这篇课文，上面说"海底有三万种动物"，让学生探究原因。学生通过对比阅读两篇文章领悟到，一是过去的发现结果，二是后来发现的种类，人类的认识有了深化。就这样，学生经历了阅读、思考和讨论的过程，也就经历了探究历练的过程。

4. "境"中实践

科普性说明文教学在某种程度上，是阅读教学、相关领域的科学教育相互渗透的特殊的教学活动，具有一定的跨领域、跨学科的特质。李吉林把《海底世界》定位于"拓展阅读综合课"，实质上，较早地进行了

---

① 李吉林：《情境教育三部曲（三）》，教育科学出版社2013年版，第247页。

语文综合性学习探索。《义务教育语文课程标准（2011 年版）》指出："综合性学习的设计应开放、多元，提倡与其他课程相结合，开展跨领域学习。"[1] 在《海底世界》教学的最后一个环节，李吉林设计了"分层次创造性复述"，让"小研究员"讲述自己所见到的海底奇观。教师提供了几种形式，任学生选择运用。这样，让学生依托探究情境，借助探究性阅读所得来的知识成果，进行创造性的语文实践活动，发展儿童的创造力。

三 入境观察—创造表达式情境作文教学模式

（一）适用情境

《义务教育语文课程标准（2011 年版）》从写实作文和想象作文两个方面提出了写作学段目标，如第三学段"能写简单的记实作文和想象作文"[2]。所谓"记实作文"和"想象作文"，是从写作对象方面划分出来的。这里所构建的"入境观察—创造表达式"情境作文教学模式，主要适用于指导小学生学习写记实作文，进行创造性表达。

（二）操作序列

记实作文教学，要引导儿童留心观察周围世界，将自己的观察所得和感受，用书面语言表达出来，这是一种创造性转换的学习行为。入境观察—创造表达式情境作文教学模式的一般操作程序为：观察情境，积累素材 → 依托情境，打开思路 → 借助情境，修改提高。

1. 观察情境，积累素材

儿童对周围世界的认知如果处于无意注意状态，他们往往对周围事物熟视无睹。教师要有计划地安排观察指导活动，帮助儿童开启精细化认识周围世界的窗口。例如，让学生以"我的校园"为题写作，教师在安排观察活动时，不是把所有景物都推到儿童面前，而是针对年级、季节的特点区别处理。对于低年级儿童，选择此年龄阶段儿童最喜欢的

---

① 中华人民共和国教育部：《义务教育语文课程标准（2011 年版）》，北京师范大学出版社 2012 年版，第 25 页。

② 同上书，第 8—13 页。

"喷泉""小花园""操场边的沙坑"等作为观察对象；而"图书馆""实验室""运动场"等处所更为高年级学生所关注。教师指导学生观察时，要按照一定的顺序，渐次引导儿童关注选定的景物，把条理性训练潜藏于观察活动之中；同时以精心设计的指导语，引导儿童抓住景物的特征。通过观察活动，儿童将景物印在脑海中，形成鲜明的表象，为习作积累了鲜活的素材。

2. 依托情境，打开思路

儿童带着鲜明的表象走进课堂，往往会"快意盈盈，行笔悠悠"地起草习作。针对不同年级段的儿童特征，教师可依托情境，围绕"我的校园"，设计系列化的习作教学方案。从读者对象来看，学生可以通过描写景物，抒发对校园一景一物的喜爱之情，诉诸笔端，与他人分享；高年级学生，为了给远道来学校考察的客人做向导，准备一份引领客人参观校园的导游词，经历实用文写作过程。从叙述者来说，除了以小学生视角叙述外，还可引导学生转换视角，假想自己是校园里的一棵百年老树、一棵小草，或者花坛里的一朵花，从俯视、仰视等不同视角，观察周围的事物。比如，假设"我"是教学楼前的那棵百年老树，带孩子们站到与树冠齐平的教学楼楼道上，俯视老树前后左右的景物；看看早上孩子们鱼贯而入校园的情景；俯瞰下雨天在树下水灵灵的甬道上移动的一朵朵伞花……这都给学生带来了新奇的感受。带高年级学生走进校史室，感受学校悠久的历史，选取特定时段的几帧老照片，与老树的生长历程相映照，引导学生变身"老树"，回顾首任校长栽种下自己的情景，见证学校发展历程中的重要事件。这样，教师引导儿童从不同视角观察，发展他们思维的发散性、变通性。

3. 借助情境，修改提高

修改是作文教学的重要环节之一，指导儿童借助情境修改作文的过程，也是对儿童进行思维和表达能力训练的过程。教师要根据学生的作文现状和年龄特征，提出相应的修改要求。如前所述，以"我的校园"为题，若学生专注于描摹景物，要引导其观察自然情境，看看自己的文稿是否突出了景物的特征；若学生所写的是导游词，重点引导他们检查自己文稿所写的行程是否合理，解说是否清晰，能否吸引客人的眼球；

若从"老树"视角叙述，引导学生与俯视视角所拍摄的照片、视频画面情境相对照，审视自己笔下的是否均为俯视所见景物；"老树"所回顾的历史事件，其笔触是否与历经沧桑的老者的口吻相匹配。

情境作文注重开发和利用野外情境，让儿童通过观察，将"眼前境"转化为"心中境"，积累表象，获取源源不断的写作素材；在写作过程中，注重借助不同类型的情境，帮助学生发散思维，打开思路，将所获取的表象和感受，诉诸笔端；回放情境，引导学生审视自己的"文中境"，是否比较真切地传达了"心中境"。儿童通过参与观察、思考、讨论、表达、修改等活动，其观察能力、创造性表达能力均得到了有效历练。

四　主题情境—自主创造式语文综合性学习操作模式

（一）适用情境

1996 年，李吉林明确提出了"情境课程"这个概念，主持了全国教育科学规划重点课题"情境课程的开发与研究"的研究任务，逐渐厘清了情境课程内容的四大领域："学科情境课程、主题性大单元情境课程、过渡性情境课程、野外情境课程"[①]。2001 年，我国全面启动了基础教育课程改革工作，这次课改力图"改变课程结构过于强调学科本位、科目过多和缺乏整合的现状，整体设置九年一贯的课程门类和课时比例，并设置综合课程"[②]。在此背景下，"综合性学习"被列为语文课程的五大学习领域之一，旨在破除学科壁垒，让学生综合运用语文知识，整体发展语文能力和综合素质，并强调"综合性学习的评价应着重考察学生的探究精神和创新意识"[③]。李吉林所开发的主题性大单元情境课程，对此做了前瞻性的探索。主题性大单元情境课程在促进儿童综合运用所学知

---

① 李吉林：《为了儿童的学习：情境课程的实验与建构》，外语教学与研究出版社 2008 年版，第 328—368 页。

② 钟启泉、崔允漷、张华：《为了中华民族的复兴　为了每位学生的发展——〈基础教育课程改革纲要（试行）〉解读》，华东师范大学出版社 2001 年版，第 4 页。

③ 中华人民共和国教育部：《全日制义务教育语文课程标准（实验稿）》，北京师范大学出版社 2001 年版，第 22 页。

识、发展创造力方面具有独特的价值。

（二）操作序列

此类课程的操作模式不同于平常的搞活动，也有别于学科情境课程，它是在主题引领下的综合性的活动课程设计与实施的过程，其一般操作程序为：

主题情境，破壁融合 → 课程统整，活动设计 → 自主活动，自主创造 → 成果展示，表现评价。

1. 主题情境，破壁融合

"识字与写字、阅读、写作、口语交际"这四个领域的语文课程与教学设计，在儿童、知识与社会这三个因素中，更多强调学科知识的重要性；课程设计多以学科知识为中心；教学设计多以某一具体学科知识为中心。语文综合性学习则把关注的重心往儿童或社会方面转移，淡化学科界限，力图打破学科壁垒，促进学科融合。情境教育团队从儿童的学情和学校的校情出发，根据时令，结合社会大背景，开发主题性大单元情境课程，以此来培养学生的"热爱祖国、热爱家乡的情感，以及集体意识、责任意识、自主意识、他人意识、环保意识并发展儿童的动手能力、交往能力及'三自'能力"[1]。在我国成功发射"神舟六号"宇宙飞船之际，通师二附小抓住这一契机，开发了以科学童话为内容，以"我是长翅膀的小博士"为主题的大单元情境课程。

2. 课程统整，活动设计

在情境课程的主题确定后，师生以主题为中心，设计具体的年级、班级活动以及学科活动。每个年级的语文课程安排了一个科学童话单元，除了课本中原有的童话篇目外，还补充科学童话故事，如《灰尘的旅行》等。数学教师则将数学知识以童话形式呈现出来，让学生借助故事情境学数学、用数学。美术老师引导学生画科学童话类的画作，制作科学童话造型。音乐老师教唱《蓝猫》等歌曲，带孩子们走进童话音乐的世界。总之，各科教师将科学童话与本学科知识的学习相结合，设计教学活动。

---

① 李吉林：《为了儿童的学习：情境课程的实验与建构》，外语教学与研究出版社 2008 年版，第 353 页。

3. 自主活动，自主创造

主题性大单元情境课程强调学生的主体地位。在"我是长翅膀的小博士"主题性大单元活动中，学生们在语文课上读童话，写童话；在美术课上，画童话；在音乐课上，唱童话；在综合实践活动课上，演童话……低年级小朋友表演童话性歌舞；三年级学生汇报读童话的收获；四年级学生绘制了百米长的科学童话画廊；五年级学生自编了科学童话作品集，创编了科学童话剧；六年级学生制作了数百件科幻模型……可见，情境课程成了学生自主活动、自主创造的舞台。

4. 成果展示，表现评价

语文综合性学习的特殊性决定了其评价方式有别于其他学习领域的评价方式。申宣成研究认为，"表现性评价是与语文综合性学习相匹配的评价方式"①。通过参与"我是长翅膀的小博士"主题性大单元活动，低年级学生展示了歌舞表演；中高年级学生创编了童话集，并为之设计了封面，配了插图，展出了科学童话画作和模型。对此次活动，李吉林评价说："这次围绕'科学童话'举行的童话节，不仅像以往一样给孩子们带来了欢乐，更达到了引导学生发扬科学精神，在阅读、理解、表演、创作科学童话的过程中，发挥想象力和创造力的目的。"②

第四节　语文情境教育促进儿童 创造力发展的操作策略

小学语文情境教育如何有效地促进儿童创造力的发展呢？笔者主要从小学语文课程的阅读、写作两大领域入手，探讨语文情境教育促进儿童创造力发展的操作策略。

---

① 申宣成：《表现性评价在语文综合性学习中的应用》，博士学位论文，华东师范大学，2011 年，第 187 页。

② 李吉林：《为了儿童的学习：情境课程的实验与建构》，外语教学与研究出版社 2008 年版，第 354 页。

一 观察体验策略：以感受性情境触发创造性言语活动

（一）展现情境，强化个性化的阅读感受

小学语文教材中的选文大多是儿童喜闻乐见的文学作品，儿童要通过感知文字符号，从已有的认知结构中提取相关表象，进行改造、重组，在头脑中还原、再造出作者在文本中所创造的意境，并通过分析综合、概括归纳、推理判断等一系列思维活动，体会作者的思想情感，感悟文本的意蕴。《义务教育语文课程标准（2011 年版）》指出："阅读是学生的个性化行为。"[①] 个性化阅读蕴含着学生个体独特的理解和创造。然而，小学生尤其是低年级儿童，刚刚开始识字读书，他们的人生经历有限，对他们来说，要学会阅读颇为不易。在阅读教学中，教师所创设的具有"真、美、情、思"特质的情境，对儿童无疑具有极大的吸引力，帮助他们克服阅读抽象文字所遭遇的困难，强化对文本的阅读感受，体验到阅读的快乐。

在诗歌、散文等体式的选文教学中，情境的运用，帮助学生进入作品的意境。李吉林教诗歌《太阳的话》第一节，启发道："'我'就是太阳，太阳在跟关在小屋里的受苦人说什么？我请谁扮演太阳？我们大伙儿就扮演关在小屋里的受苦人。"师生合作创设表演情境，帮助学生进入诗歌描写的情境，获得对诗歌形象和意境的真切的感受。在教学第二节时，李吉林在音乐声中描绘道："太阳带着那么多美好的东西来了，闭上眼睛想象一下，那是怎样光明美好的景象。"教师让学生闭目想象，在脑海中再现情境，带他们进入深广的诗歌文本意境。李吉林说："意境的广远，不仅促使学生更深地理解教材内涵，而且促进儿童创造性的发展。"[②] 在叙事性作品教学中，情境的运用，有助于儿童顺利地走入文本，理解和感受故事情境，与作者、与主人公展开对话，加深对故事的理解和感受。

（二）指导观察体验，为创造性表达开源

《语文课程标准》指出："写作是运用语言文字进行表达和交流的重

[①] 中华人民共和国教育部：《义务教育语文课程标准（2011 年版）》，北京师范大学出版社 2012 年版，第 22 页。

[②] 李吉林：《小学语文情境教学》，江苏教育出版社 1996 年版，第 20—21 页。

要方式，是认识世界、认识自我、创造性表述的过程。"① 李吉林创立的小学作文情境教学，对于提高儿童的习作能力，发展儿童的创造力具有积极作用。小学儿童的认识能力还很稚嫩，对外在世界的认识还很有限。小学生在写作时常常为"无话可说"而烦恼，情境作文教学为帮助孩子们解决"写什么"问题提供了一把金钥匙，为儿童的创造性表达开掘了源泉。

情境作文在情境的设置与观察的指导上要把握好这样几个要点：

（1）从纷繁的世界中，精选优化的情境。李吉林在为孩子们设置情境时，不是随意地带孩子们到外面去看看，而是十分讲究"观察客体的意境和观察者本身的情致"②。在《站在村外大桥边》情境说话、写话课例中，李吉林首先带孩子们从桥上俯视瓜棚上的花与扁豆；接着，近距离看丝瓜；然后，登上大桥，看对岸的芦苇，描述它的动态；最后，放眼远眺稻田、棉花地。其间，教师还不时给予指导，让学生在观察中获得审美体验。

（2）渐次展现情境，安排合理的观察程序。在学完了《参观刘家峡水电站》等一组状物选文后，李吉林组织学生参观南通港船闸。她精心安排了观察程序：首先带学生登上闸桥，观察船闸的全貌；接着，进入机器房，观察机器的运行情况，请工作人员讲解船闸的发展历史和工作原理；最后，师生来到船闸侧面，观察船闸启动后船队通过闸口时的繁忙景象。在李吉林看来，安排合理的观察程序，"一方面使观察活动有顺序地进行，让学生获得的材料是有序的；另一方面，观察程序的安排，使观察活动更为引人入胜"③。这样的指导能帮助小学生有序地记叙自己的见闻，训练思维的条理性。

（3）精心设计导语，引导学生的观察活动。李吉林从四个方面来设计导语：一是唤起有意注意，引导儿童集中注意力，仔细观察；二是提示观察顺序，使观察活动得以有序展开；三是学习和运用正确的观察方

① 中华人民共和国教育部：《义务教育语文课程标准（2011年版）》，北京师范大学出版社2012年版，第23页。
② 李吉林：《小学语文情境教学》，江苏教育出版社1996年版，第205页。
③ 同上书，第254页。

法，获取丰富的表象；四是把观察与想象结合，启发儿童边观察边思考，适当展开联想和想象，感悟广远的意境。

（4）课堂再现情境，进行言语表达实践。儿童通过实地观察，获得了比较丰富的表象，在课堂上再现观察的典型情境，教师注重激活他们的表达动机，直接面对再现的情境，在情境中描述，降低了回忆和表述的难度，师生合作，促进他们表述得更为细致、准确。

总之，观察场景的甄选，观察程序和导语的设计，情境的再现，都为了提高儿童观察的成效，为他们进行创造性表达奠定基础。写好观察作文，也就促成了语文课程标准所设定的记实作文的教学目标的实现。

二 角色转换策略：以特定的角色投入探究性言语活动

（一）担当评判者，在情境中批判性阅读

在童话情境中担任评判者，帮助童话人物，探求解决问题的途径。李吉林教《小马过河》，小马听到老牛和松鼠说的话完全不一样，为难了；学生则乐意帮小马解决问题。教师在情境图又贴上老牛和松鼠的剪纸，把学生引入推理情境，帮助小马寻求解决问题的途径，使推理活动变得有情有趣。

在寓意教学中，借助寓言情境，评判寓体形象、分辨是非曲直。李吉林教《刻舟求剑》，在儿童充分感受寓体形象、用夸张的语言分角色表情朗读后，用剪贴画直观演示故事情境，引发儿童思考。随后，让学生借助情境进行分析推理做出判断，对故事主人公的所作所为、是非曲直做出正确的分析、评判。

在散文教学中，还原文本情境，层层推进，深化对事物的认识。李吉林教散文《萤火虫》，首先，让学生边阅读课文边思考："如果你是一位小画家，要你根据课文画一幅图画，你会吗？"师生合作，在黑板上勾勒出"萤火虫在夏夜的草地上低飞"的画面。接着，老师又让学生读课文，想想画面上还可添些什么，让孩子们进一步走进夏夜"花草的世界"。然后，让学生分别扮演萤火虫、小草、小花等角色，感悟"萤火虫是怎样照看花草世界"的，练习用"萤火虫（ ）飞着"的句式说话，追问了"萤火虫为什么要'轻轻地飞着''不停地飞着''小心翼翼地飞

着'呢？它怕什么？担心什么？"等问题，孩子们依托所还原的散文情境和表演情境中的角色，移情体验，对萤火虫的认识由感性认识向理性认识提升，情感也一步步得以升华。

（二）借助文本情境，转换角色探究

在运用情境教学教学生阅读科普类选文时，要充分利用小学生求知欲强的特点，让他们以探索者身份，进入特定的科学探索情境，投入探究活动，发展儿童的创造力。教学《太阳》一课，可以让学生担当小小天文学家这一角色，以研究者的姿态来研读课文，激活生活经验，进入研究太阳的情境之中；教学《云雀的心愿》，让学生担当小云雀和云雀妈妈的角色，来探究洪水泛滥的缘由、森林的作用；阅读《鲸》，让学生担任海洋生物学家，汇报鲸的生活习性和生存状况；阅读《飞船上的特殊乘客》，让学生担任航天员，用自己的话汇报太空实验情况。此刻，学生的"热烈的情绪，好奇的心理，探究的精神交织在一起，使他们主动乃至忘我地投入认知活动"[①]。儿童的阅读学习活动，成为探究的过程，在阅读中探究，在探究交流中发展语言。

（三）多路并进，进行创造性复述

小学语文教材中选入了较多的叙事性作品，如童话、寓言、神话、民间故事、儿童小说等，这些都是儿童创造性复述的好材料。就以童话教学为例，李吉林抓住文本的幻想性特征，总结出三种创造性复述童话的方式：

（1）改为第一人称复述。童话故事一般采用第三人称叙述，教师让学生担当某个故事角色，以第一人称来复述故事。这时，"我"就是"憨厚的小猪""勤劳的小牛""聪明的小猴"；"我"就是"由历险到脱险的小稻秧"；"我"就是要"为奖杯所累的蜗牛"……这种复述让学生觉得新奇有趣，换一个视角获得了情感体验。

（2）增添角色。在童话故事中启发儿童增加一两个角色，激发他们的想象力改编故事，使童话情节变得更曲折离奇。《小鹰学飞》可以增加白云这一角色，让白云跟小鹰对话，鼓励小鹰继续勤学苦练，飞到新的高度。

---

① 李吉林：《小学语文情境教学》，江苏教育出版社1996年版，第45页。

（3）续编故事。小学生喜欢读童话故事，关心主人公的命运；读完故事，他们常常感到意犹未尽。这时，让他们充当"作家"，发挥自己的想象力和创造力续编故事，进一步强化他们对角色的认识和理解，满足他们表达与创作的欲望。学完了童话故事《青蛙看海》，让孩子们设想青蛙登上山顶看到大海后，与苍鹰、松鼠又一次相见的情形。

这样的复述练习，能活化孩子对文本的理解，以文本为起点，尽情想象，进行再创造，从而有效地提高儿童的创造性语言表达能力。

寓言故事一般角色少，情节简单，语言简练。如何创造性地复述寓言呢？一可以添加情节进行铺叙；二可以添加角色；三可以续写故事。高年级的小说选文情节曲折，篇幅较长，可采取更换叙事视角、调整叙事顺序、在文本留白处想象、缩写故事等策略进行创造性复述，以发展学生的创造力和语言组织能力。

（四）担当表演者，释放创造潜能

在阅读课文的基础上，引导学生借助课文文本进行改编和加工，创造出新的文本，并通过师生、生生合作的形式，进行表演，从而使学生综合运用阅读理解能力、语言表达能力、表演的表现力等，使他们的创造力得到历练和展示。在曹桂林执教的《化装晚会》课例中，在学生阅读理解课文之后，教师让学生说说自己的理想，并要求学生通过自己的表演把自己的理想传达给大家；教师请一组学生表演，要求其他学生仔细观察表演者的神态、动作、语言，并仿照课文上的描写，用自己的语言进行创造性复述。

施建平执教历史故事《晏子使楚》，在学生读懂课文的基础上，以故事情节为依据，将课文改编为三幕课本剧，然后师生合作演练，在演练的过程中合作探讨，引领学生深化对角色的理解，积极运用课文中的词句，调动原有的语言积累，表现人物的性格特点，推动剧情的发展，创编出生动的小话剧，发掘了儿童的创造潜能。

三　诱发想象策略：以想象性情境拓宽创造性读写空间

（一）依托语言情境，引导学生进行文学想象

文学阅读离不开想象的参与，教师要引导学生通过研读语言文字，

创造性地展开想象活动，活化对文本的感受和理解。李吉林执教《穷人》第二段，问道："课文又给我们描写了一个画面。我们又仿佛看到了一幅怎样的画面？"教师的引导语激发起学生阅读文本的热情，展开想象，进入小说情境之中。"要把这些文学作品读通，你唯一要做的事情就是去感受与体验"，"让角色进入你的心灵之中"，"欣赏作者接着你的情绪和想象力，为你创造的一个世界"①。于是，借助情境的作用，学生通过阅读和想象，课文所描写的似乎不可捉摸的场景变得可见可闻了，产生真切的感受和相似的体验。在童话教学中，教师可以运用情境，唤起孩子脑海中所储存的表象，用来组合成新形象，儿童脑海里生成的童话世界会更生动。

（二）启发想象，拓展创造性表达的空间

写想象作文是语文新课程改革的一个亮点，李吉林是我国小学"想象作文"的拓荒者，早在20世纪80年代，她以前瞻的眼光开发出了一系列想象性作文课例。因为在她看来，想象常常孕育着创造嫩芽，在指导学生进行有关想象书面表达的教学中，她归纳出了三个策略，即"提供引起儿童创造欲望的题材、拓宽儿童思想可以自由驰骋的广阔空间、为了儿童创作中所需的内容作好必要的铺垫"②。想象作文指导的操作要点有：

1. 创造契机，触发儿童想象，解决"想象什么"的问题。

想象的实质是人对头脑中所积累的表象加以改造、重组的过程。教师要引导儿童由原有表象出发展开想象。如何创造这样的契机呢？一是基于生活经验，在情境中想象开去。李吉林让二年级学生在观察小鸭子之后，想象它离开学校后的奇遇；在中年级学生观察蒲公英之后，让学生想象自己就是一株蒲公英。二是基于学习经验，在情境中想象开去。例如，在三年级学生学习了《海底世界》之后，结合他们的课外阅读所得，写幻想性小故事《海底世界漫游记》。

---

① ［美］莫提默·J. 艾德勒、查尔斯·范多伦：《如何阅读一本书》，郝明义等译，商务印书馆2004年版，第185—189页。

② 李吉林：《想象习作的设计及其策略》，《语文世界》2012年第5期。

2. 铺垫指导，引发儿童想象，解决"怎样想象更丰富、富有创意"的问题。

想象力的培养面临着提升学生想象品质的问题，即设法使他们的想象更为丰富、奇特、富有创意，又具有一定的合理性。一是给予必要的知识铺垫。例如，写科学幻想故事《海底世界漫游记》，首先组织学生学习《海底世界》等课文，让孩子们对海底知识有一定认识，随后，引导学生从已有的知识背景出发，从事创造性编创活动，设计新情节，写出新故事。二是让学生进入特定的想象世界进行创造。例如，教学生编寓言故事，使用夸张手法凸显寓言形象，增强寓言的讽刺效果。再如，教学生角色转换，进入奇妙的童话世界中，自由地想象，使他们的创造潜能得到释放。

李吉林专门研究过童话习作的指导问题，她主张写作样式应该多样，"切忌以命题作文刻板的被动应付的方式作为唯一的训练形式"，创作童话，"可以培养起儿童对作文的兴趣，从而练好用词造句的基本功，更重要的是发展儿童潜在的创造性"①。李吉林指导儿童写作童话的过程，分为三个步骤：第一步：展开童话场景，激发创作欲望。向儿童展示"模糊的时间""宽广的空间"，为童话角色创造活动的时空，激发他们创作童话的欲望。第二步：选择童话角色，创造童话题材。赋予童话角色生命和情感，使之成为童话的主人公，活跃于童话场景之中。第三步：确定童话中心，想象童话情节。教师顺着儿童的思路和情绪，引导他们自主确定童话的中心；鼓励儿童大胆想象，构思出曲折的童话情节，创作出独特、奇异的新童话。

情境化想象作文教学，使儿童有机会将学的语文知识、科学知识灵活地运用到童话等想象性作文创作之中，巧妙地组合成新的形象，构建出儿童独特的想象世界，培养儿童的创造力，训练他们的创造性表达能力。

---

① 李吉林：《小学语文情境教学》，江苏教育出版社1996年版，第264页。

四　情境联动策略：以"情境链"推动创造性语言运用

（一）拓宽情境，为创造性表达打开思路

学生写作的过程，也是他们思维的过程；创造性写作活动离不开创造性思维活动。李吉林指出："只有注重儿童思维的发展，尤其是创造性思维的发展，学生的作文才能写出自己的感受。"① 在拓宽情境、打开思路方面，李老师归纳出了下述策略。

（1）从丰富情境打开思路。为了打开学生的写作思路，李吉林往往会通过添上一件道具、增设一处景物、增加两个角色、改换一个细节等手段，使情境变得更为丰满。例如，让四年级学生写《稻草人冬游小园》，在冬天小园情境中，在后院放置一个大水盆，插上几棵芦苇，放几只"小鸭"，渲染出小园冬景。

（2）从深化情境打开思路。情境必须蕴含一定的理念，给儿童的心智以潜移默化的熏陶和感染。李吉林结合作文教学，开展了"好哥哥好姐姐"的主题活动，让小学生走进幼儿园，给幼儿讲故事，教幼儿折飞机、叠小鸟，陪护幼儿玩滑滑梯……小学生在携幼活动中体验到了自身成长、帮助他人的快乐，对他们健全人格的形成，起到了良好的催化作用。

（3）从拓宽情境打开思路。为儿童提供的观察情境是有限的，然而想象力是无限的。小学阶段的儿童是最富有想象力的，利用这一优势，可以让孩子的思维突破眼前实际情境的限制，引导他们通过想象的展开，以更富有广远意境的情境，帮助他们打开思路，自由地想象与表达。

（4）从文题范围的宽泛打开思路。小学作文的命题不宜有太多限制，应提倡写放胆文，依据学生的生活经验，从时间、空间或人物关系方面，给学生提示一个宽泛的范围，为他们搜寻材料、比较选择提供较大的回旋余地。例如，在五年级学生学完了《落花生》等一组状物选文以后，要学生也写一篇类似的习作。李吉林只给学生提供了一个写作范围。写作范围一揭示，孩子们就想开了，从各自熟悉的对象中任意选择、命题，结果全班一共写了21个题目。教师若让学生统一写一个题目，有许多孩

---

① 李吉林：《情境教育三部曲（一）》，教育科学出版社2013年版，第340页。

子势必会感到别扭或者无话可说，无疑会抑制儿童创造力的发展。

（5）从材料安排的灵活打开思路。围绕一份写作材料，可以有不同的写作顺序。若学生列出了一个较清晰的提纲，教师可再启发："这个提纲很好，你只想到这一种顺序吗？同样的内容，是不是还有其他的顺序?"启迪学生突破原有的思维定式，在"顺叙""插叙""倒叙"等多种路径中作变通处置。教师鼓励学生求异，即便同一篇作文，也可以采用不同的写作顺序，写出不同的开头和结尾。

（6）从表达方式的多样打开思路。小学阶段以写记叙文为主，可以训练学生采取多种表达方式习作。对于记叙同一件事，可以让学生采取第一人称叙述，有助于学生以"我"的姿态进入文本情境，将自己的感受融进字里行间；可以采取第三人称，与记叙对象拉开一定的距离，以比较客观冷静的眼光，来记述和描写事物；也可以用第二人称，缩短小作者与记叙对象的心理距离，让学生直接面对描写对象，与之倾心对话。同样是写《我的校园》，叙述者可以是写作者本人，也可以模拟离校多年的老校友，还可以以校园中百年老树的眼光来俯视校园，以一棵小草的眼光来仰视校园，让孩子们以新异的眼光来观察、发现并描绘一个全新的世界。

（二）构建"情境链"，在创造性语言运用中发展儿童的创造力

让儿童依托"情境链"，推进写作过程，在创造性语言应用中发展创造力。其操作要点有：

（1）将直观情境运用于作文教学全过程，用"情境链"来激发、维持、强化儿童的创造性表达动机。小学语文教师通常都会在导入写作阶段要求注重情境创设，激发儿童的写作动机，但往往就此驻足。在李吉林看来，"激发写作动机并不是指导课上唯一的一招，它也有一个连贯的不断推进的过程"，她在"阅读过渡到写作前的准备阶段""指导儿童观察过程中""写作中"[1] 这三个环节，均有意识地激发儿童的写作动机，引发学生积极主动地参与到写作学习活动之中。李吉林执教《校园里的花》之前，请来花卉教师，一道带领学生观察，让儿童置身于校园花圃的大自然情境中观察、感受。在一课时的作文指导课上，李吉林先后创

---

① 李吉林：《小学语文情境教学》，江苏教育出版社 1996 年版，第 217—219 页。

设了 6 个情境：情境①，在导入阶段，以实物情境和引导语，将儿童拉回课前观察的校园花圃情境之中；情境②，出示美人蕉的花和叶，让学生细致观察并展开联想；情境③，出示鸡冠花，让学生分组观察、想象、口述；情境④，出示紫茉莉，让学生观察、口述，想象"在太阳照耀下许多花都开了，紫茉莉却闭起了小喇叭。在你们的想象中这是为什么"；情境⑤，出示蝶恋花，观察口述；情境⑥，以游戏情境，进行整体的语言实践活动。就这样，通过"情境链"的运用，促进学生持续地从事创造性语言表达活动。

（2）在实用文教学中，依托应用情境，进行创造性运用。《义务教育语文课程标准（2011 年版）》提出，第二学段"能用简短的书信、便条进行交流"；第三学段"学写读书笔记，学写常见应用文"①。这些要求都是生活中经常用得着的应用文，教师可以依据交际应用的需要，创设特定的任务情境，让学生在完成表达任务的过程中学会写应用文。例如，李吉林教二年级学生写借条，创设了如下情境：总务室，某生向总务主任借脸盆。学生面临着完成"写借条"这一任务情境，产生了强烈的表达需要，在教师的引导下，学着以正确的格式、合宜的措辞，创造性地完成交际任务。

作者：陆平

---

① 中华人民共和国教育部：《义务教育语文课程标准（2011 年版）》，北京师范大学出版社 2012 年版，第 11—13 页。

第 六 章

数学情境教育与儿童创造力发展

作为学校教育中的一门重要学科，数学在培养人的思维能力和创造力方面有不可替代的作用。从教育学角度看，数学在培养儿童创造力过程中重要作用的实现归根结底取决于数学教育的实践过程。国内外许多研究表明，小学或学龄初期是儿童创造力有实质性发展的新阶段。培养儿童的创造力是小学数学教育工作者义不容辞的责任，这一目标应该有效地落实到日常教学教育中。儿童教育家李吉林和她的数学研究团队所构建的数学情境教育，以其独特优势为数学教育如何促进儿童创造力的发展开掘了一条有效路径。

第一节　数学情境教育的发展历程与理论构建

情境教学最初是作为一种语文教学模式提出，随着语文情境教学探索与研究的深入，"九五"期间，李吉林提出"运用情境教学促进儿童整体发展"的设想，积极推进情境教学从单科发展到包括数学在内的各科教育，概括出情境教育的原则。"十五""十一五"期间，李吉林又带领课题组成员深入进行了"数学情境课程的开发与研究""情境教育与儿童数学学习的实验与研究"，逐步构建起系统的数学情境教育体系。

一　数学情境教育的发展历程

李吉林带领大家走过的数学教学探索之路是一条曲折而艰难的路。

（一）探索：情境教育向数学学科拓展

20世纪90年代初，李吉林在对语文教学进行了两轮实验后，着手策划了情境教育整体改革的方案，启动全国教育科学"九五"规划教育部重点课题"情境教育促进儿童素质发展的实验与研究"，实验的范围从语文情境教学向包括数学在内的各科拓展。情境数学是最难攻的堡垒，因为情境德育、情境音体美这些学科本身富有生动的形象性，情境教学能否向数学这样的自然学科推进，意义非凡，这将回答情境教学是否具有推广的普通适用性。

一开始，数学学科的尝试行动是"复制"语文学科情境教学的方法、策略，然而这样照搬出来的情境却显得有些"牵强附会"，没能很好地体现数学学科的特点。在李吉林的带领下，数学老师进行了反思分析，大家讨论中认为，从情境语文教学走向情境数学教学时要特别注意，数学学科与语文学科所具有的学科特点是不同的。那么，根据数学学科的特点，在教学中需要创设情境吗？如果需要，又该怎样创设？它和语文学科的异同之处在哪里……这样的难题一个个摆在大家面前，大家意识到，情境教学向数学学科的拓展，是一块难啃的"硬骨头"。

李吉林和她的数学研究团队，分析了当时的数学教学弊端：唯逻辑的，完全脱离了生活，学生觉得难而无趣。教学中如何拉近儿童和生活的距离？以问题为导向，从去除实际弊端为起点，情境数学教学再次迈开探索的脚步。《长方体的表面积》一课，数学老师根据学校开展"爱书周"活动的现实，创设让学生担任角色做总务处的老师做图书箱的情境，因为是依据学生熟悉的生活素材创设的这一学习情境，学生自己主动地探索出长方体表面积的计算方法，并能自己应用这一公式解决生活实际问题。学生在课堂上学得主动，学得有趣。通过这一次尝试的成功，数学情境创设的思路一下子打开了。

后来，数学老师们又上了很多实验课。历经三年之久，李吉林和她的团队提出三项主张，这三项主张包括：如何以儿童的周围世界为情境创设的源泉，创设源于真实生活的情境或模拟生活的情境；如何围绕数学学科的"思"和儿童学习的"趣"，创设形象伴随抽象的数学探究情境；如何让儿童经历数学文明发现之旅，感受数学的美。这三项主张现已发展成为数学情境教育的基本思想。

（二）发展：数学情境课程的开发与研究

2000年，"九五"课题结题后，李吉林申报的"情境课程的开发与研究"又被列为全国教育科学"十五"规划教育部重点课题。在课题研究中，李吉林采取了实验区与实验点班相结合、行政人员与教师结合、理论研究与实践相结合的"三结合"形式，加速了学科情境课程的开发。李吉林在研究中创造性地提出在学科课程中把学科内容与儿童的活动结合起来。

数学研究团队在李吉林这一思想的指导下，特别重视在数学课堂上让儿童主动参与，让情感走进数学，让形象伴随抽象思维，让儿童在充分的活动中主动探究、发展思维，培养对数学的热爱。在这一阶段，李吉林将情境课程划分为四大领域，具体情况见表6—1：

表6—1　　　　　　　　　　情境课程框架

领域	课程	适用年级
衔接领域	幼小衔接课程	一年级
核心领域	学科情境课程	各年级
综合领域	主题性大单元课程	各年级
源泉领域	野外情境课程	各年级

李吉林清晰梳理出情境课程的五大操作要义，老师们的视野从课内走向课外，在源泉领域的探索也走向深入，他们开发了一系列野外情境课程，带着学生走出校园，来到广阔的社会生活中，测量1千米有多长；利用所学的打折等数学知识开展"跳蚤市场"数学综合实践活动……在生活的大背景下，学生亲身实践，感悟真知，发展能力。情境教学还数学以本来面目，把"数"与生活结合起来，引导儿童在真实或模拟的生活情境中，发现数学，理解"数"与"形"的关系，运用数学。

在情境教育理念的滋养下，研究团队的数学老师多次参加江苏省数学优课评比获得一等奖，2008年《情境课程的操作与案例》由教育科学出版社出版。情境教育的影响不断扩大，2008 年"李吉林情境教育国际研讨会"在南通召开，情境教学展示课得到了国内外专家的高度评价。

（三）深化：让儿童快乐高效地学习数学

随着李吉林主持的全国教育科学"十一五"规划教育部重点课题"情境教育与儿童学习的实验与研究"的深入展开，更多的学校和课题组参与进来，22 个子课题组涵盖了小学、幼儿园和特教。情境数学研究团队在李吉林的引领下，结合学习科学的相关理论，开展回溯性研究，从以往成功的课堂教学、课程开发案例中分析儿童快乐高效学习的密码。

李吉林归纳出儿童高效、快乐学习数学的基本策略——儿童至上、以情激智、以美育美、学用结合、链接生活。同时，李吉林引领团队成员从脑科学中寻找理论支撑，发现丰富的环境、积极的情绪是数学情境教学获得高效的关键因素。从儿童的学习现实出发，李吉林发现儿童学习知识具有"特定"的复杂性、儿童学习过程具有不确定性、儿童的学习系统具有开放性，学习中催发儿童潜能具有不易性。如何运用情境教育理论，破解这些难题，进行科学地教学设计，从根本上实现儿童课堂学习的快乐、高效？李吉林提出了四条对策：第一是"利用艺术之美"进行设计；第二是以"情感生成之力"进行设计；第三是"凭借儿童活动"进行设计；第四是设计中要"发展想象、培养创造力"。为进一步推广情境教育的成果，李吉林撰写了《为了儿童的学习》，2012 年主编的《情境数学八连冠》由教育科学出版社出版。2014 年，李吉林获得基础教育国家教学成果特等奖。中国教育学会、江苏省教育厅、南通市教育局都成立了专门机构，大力推广情境教育成果。

现在，情境数学研究团队在李吉林的指导下，又踏上了数学情境教育与儿童创造力发展的研究之旅，全面促进儿童数学素养的提升，发展儿童的创造力。

二 数学情境教育的情境分析

《辞海》对情境的解释为："情境是指一个人在进行某种活动时所处的社会环境，是人们社会行为产生的具体条件"。李吉林认为，除了真实性、社会性以外，情境还应该强调情感性、审美性，"这样的特定情境中蕴含着教育者的意图，它们使儿童的生活空间不再是一个自然状态下的生活空间，而是富有教育的内涵，富有美感的、充满智慧和儿童情趣的生活空间。这就是情境教育特意创设的或者优化的情境"①。因此，数学情境是由师生共同营造的一种蕴含着教育者意图、有利于进行数学活动，提升数学素养的美、智、趣的学习性场域。根据情境创设的方式，数学学科中常用的教学情境有生活模拟情境、矛盾冲突情境、实践操作情境、故事镶嵌情境、游戏活动情境、文化渗透情境。

（一）生活模拟情境

把学生生活中熟悉的元素融入数学学习来创设情境。儿童所面对的数学教材呈现的是结论性的、符号化的数学知识，要想方设法使这些冰冷的数字、符号与他的现实生活实现原型配对，主动将学习变成一个动态的经验提前、自我构建、探究过程，让儿童在仿真的情境中学习数学、运用数学，培养学生数学的眼光、数学的思维和解决数学问题的能力。

（二）实践操作情境

通过多种形式让学生进行实践操作或符号操作，将数学学习与儿童活动结合起来创设情境。通过"认一认，折一折，量一量，画一画，摆一摆，演一演"，在操作中促进概念建构，融合操作经验和思维经验。要特别注意的是，情境数学所创设的操作情境往往不是支离破碎的操作片断，而是在一个主题学习背景中的连续情境。

（三）矛盾冲突情境

把学生带入障碍冲突之中创设探究情境。儿童的数学学习其实是一个"感受冲突分析问题解决问题"的过程。根据学习内容创设问题情境，激发认知冲突，学生在悬念中会主动产生解决问题的欲望，探究欲望的驱动促使学生主动去寻求、发现和解决矛盾，形成新的认知平衡，而这一产生悬念、主动发现、自己转换过程中学生就完成了主动参与知识发生、探究知识形成和发展的过程，提出问题、分析问题和解决问题的能力也得以提升。

---

① 李吉林：《李吉林文集（卷五）》，人民教育出版社 2006 年版，第 356 页。

（四）故事镶嵌情境

将学习内容镶嵌在数学故事中来创设情境。儿童对于故事有一种天生的亲近，蕴含着数学学习内容的故事情境可以很快地让儿童进入学习状态，带着积极的情感在走进故事、生疑解惑中学习数学。如教学"含有乘法关系字母表示式"的简写规则，把简写规则编进一则国王制定数学王国规则的童话故事中，学生在好奇、愉悦中体会到规则产生的原因，掌握规则内容。故事情境，可以激发动机，可以推进冲突，还可以启迪智慧。

（五）游戏活动情境

开展数学游戏活动把学生带入学习的情境。杜威认为游戏是所有儿童了解自己和周围世界的主要方式[①]。游戏活动情境是数学教学中的一个有效载体，因为它既可镶嵌数学的抽象，又可满足儿童天性中的"游戏冲动"，让儿童的玩和学、体验和思考同步进行，表达和创造比翼齐飞。

（六）文化渗透情境

释放隐含在数学知识背后的文化，展现数学作为一种文化的内在美来创设情境。数学作为人类文明的重要组成部分，其发展历程中包含数学的思想观念、精神价值，如何引导孩子不仅看到"看得见的"数学知识、技能，还能体验内隐在知识之中的数学的独特的美、数学的思想方法，感受数学独特的文化价值？让儿童经历和重演数学知识的发现"场景"，感悟数学的魅力、数学的力量，获得人文精神的熏陶和智慧的启迪。

值得注意的是，情境创设本身并不是目的。"创设的情境要能充分调动学生的学习主动性，做到情境能体现教材特点，突出教材重点，突破教材难点，从而促进学生在多方面获得尽可能大的发展。"[②] 不能为情境而创设情境，要从教材特点、教学内容和学生的学情出发，在创设情境的同时注意数学学科的特点和儿童的认知规律。

---

① ［美］伊森伯格、贾隆戈：《创造性思维和基于艺术的学习》，叶平枝译，高等教育出版社2012年版，第37页。

② 李吉林：《李吉林文集（卷四）》，人民教育出版社2006年版，第253页。

三 数学情境教育的基本原则

数学情境教育的基本原则是有效实施数学情境教育必须遵循的基本要求。数学情境教育就是通过择美构境、以境唤情、以情启智、情智协动，引导儿童在优化的情境中学、思、行、冶，促其数学素养全面提升的一种数学教育模式。根据数学学科的特点和儿童学习数学的特点，我们逐步概括出小学情境数学教育的基本原则。

（一）链接经验

充分利用学生生活中的经验和已有的知识经验是有效教学的起点。数学情境教育突出与生活的链接，其目的是帮助儿童将生活世界和数学世界勾连起来。数学教育本来源于生活，但因为其学科的发展及其抽象性的需要，呈现在儿童面前的往往是冰冷的符号和结论。高度抽象的数学世界和熟悉的生活世界是背离的，如何帮助儿童回归到他熟悉的场景，产生亲切感、安全感，激发儿童运用已有经验和生活经验来自主学习、自我构建？创设现实生活情境或模拟生活情境，可以缩短儿童与数学的距离，将在儿童眼里已经分裂的两个世界联结起来，儿童行走在数学世界和现实世界中，其成功切换的过程就是探究、理解和运用数学的过程。

（二）活动建构

情境学习发生于真实的实践活动中，并且发生在共同体内部成员彼此间的对话互动中。将学科课程与儿童活动结合起来，"让学生充分活动"是数学情境教育的显著特点。通过观察、触摸等数学感知活动，协商、争辩、交流等数学互动活动，操作、实验等数学实践活动，激发探究兴趣，在与环境的互动中主动探究，理解数学，训练思维，发展个性①。

参与是情境学习的核心要素。情境数学教育把儿童的活动作为学与用的中介，让儿童在学中用，用中学，以用促学。将单调的符号、冰冷的算式融进形式生动的、多样性的课内外数学教育活动，使原本枯燥的数学、算式通过有趣的形式变得生动可感，使数学与周围世界紧密联系，

---

① 生家琦：《小学情境数学教学原理与操作要领》，《江苏教育研究》2013 年第 1 期。

在实践应用中领悟数学的价值。

数学情境教育特别重视儿童在数学活动中的角色担当与角色转换。儿童摇身一变，成为数学童话中的人物，扮演探究过程中他们喜欢的角色，因为儿童学习中内心对"新身份"的认同，他对自我会提出"角色要求"并努力成为那个"角色"，全身心地投入数学学习，主动地想象、探究，主动地操作、实践，在乐中学、趣中学、动中学、做中学，由学习中被动角色转换成主动角色，在活动中完成主动建构。

（三）情智协动

数学的重要特质就是发展思维，启迪潜能。情境数学非常重视学习过程中的"思"，这种思不单纯指抽象逻辑思维，还包括形象思维与创造思维。情境数学倡导以"思"为核心，同时始终贯穿情感的动机作用。情境数学注重对右脑的开发，通过情境的优化，激发儿童积极的情绪，让儿童的数学学习始终在愉悦的情感体验中，其中儿童的情感活动、儿童的认知活动是同步发展的，逻辑思维和形象思维的训练是水乳相融的，有效地训练感觉、培养直觉，情感、认知得到发展的同时，儿童的创造潜能也得到开发，从而实现素质的整体和谐发展。

（四）文化熏陶

数学是真、善、美的统一，数学在使人求知、求真的同时，也能使人受到深刻的精神教育，这就是数学的人文价值。正如美国数学家克莱因（Morris Kline）所说，数学是人类发展中最独特的、最高超的成就，因为它包含了音乐、绘画、诗歌、哲学、科学这些科学与艺术所能影响人类心灵的总和。

数学情境教育在实践中追求数学的审美性和文化性，在认知教育中渗透审美的、文化的、情感的和道德的熏陶，把感受数学文化与丰富儿童的精神世界结合起来。一方面，让儿童充分感受数学的文化内涵，感悟数学中所蕴含着的美和力。数学公式表现了宇宙的秩序，数学计算、数学图形则表现出简洁的美、逻辑的美和创造的美。另一方面，抓住数学文化的"脉"，重演、再现那些重要的数学公式、定理等被发现、验证的情境，感受数学巨匠的人格魅力，感悟数学的浩瀚。实事求是、不怕困难、积极探索、勇于创新、严谨细致、辩证思考……解读内隐于数学知识背后的文化因子，并以合适的教学行为予以呈现，这一过程有助于促进学生理性精神的形成。

第二节　数学情境教育促进儿童创造力发展的机制分析

数学情境教育促进儿童创造力发展的机制是指数学情境教育促进儿童创造力发展的过程和方式。情境数学中的学习情境以情、真、美、思为特点，其情感性、探究性、活动性、美感性、开放性对儿童创造力的发展有着积极作用。

一　情感性：儿童创造动机的激发

激发与培养学生的创造力，不能忽视对学生创造动机的激发与培养。苏联心理学家捷普洛夫（Б. М. Теплов）曾指出，重大创造的产生会有许多影响因素，但情感的参与是一个必不可少的因素。数学情境的情感性指数学教学情境具有激发学生数学学习动力的功效。数学情境教育以"情"为纽带，充分发挥情感的动力、强化、调节和感染功能，让热烈的情绪伴随儿童的学习，在真情交融中激发儿童的创造动机。

（一）内部动机：情境中的兴趣、好奇心、求知欲

美国心理学家艾曼贝尔（Tersea. M. Amabile）将创造动机分为外部动机和内部动机，并通过研究发现，对儿童的创造力发展而言，内在动机与外在动机相比，内在动机的作用更大。这是因为"具有内在动机的儿童受好奇心、兴趣、满足感等所驱动，在这种情况下他们往往对问题更敏感，会不计代价、更努力地解决问题。对当前活动投入更多的智力，有更大的智力导入量"[①]。情境教学中的教师倾注真情地肯定、表扬、鼓励，适当地激发儿童创造的外部动机，但更注重培养儿童对学习、学科本身的兴趣，激发儿童创造的内在动机。在动机发展的早期阶段，外在

[①]　施建农、徐凡：《超常儿童与常态儿童的兴趣、动机与创造性思维的比较研究》，《心理学报》1997 年第 3 期。

动机具有重要意义。个体往往先有外部动机，然后内部动机才逐渐发展起来。儿童尤其是学龄初期的儿童，他们的学习动机更多地为感性所驱动。数学情境学习中，教师首先以情境的形象性、教师的真切情意，启动儿童积极的学习情绪，培养兴趣。兴趣可分为情境兴趣与个体兴趣。在情境学习中，由外部刺激触发或唤醒的最初发生的兴趣叫情境兴趣，情境兴趣是短暂而易逝的。但学习过程中，情境中的教师不断对儿童的创造行为进行支持，及时做出鼓励、肯定和表扬，当儿童求知的需要、表现的需要和被认同的需要被满足时，积极肯定的情绪情感将使个体更乐意维持当前这种关系和状态，情境兴趣转向更具稳定性倾向的驱动状态，进而形成相对持久稳定的个体兴趣。

数学情境教学中，教师通过多种策略，创设生动有趣的数学探究情境，通过提出数学问题、设置悬念、揭示矛盾等办法，引导学生探求"是什么"，寻求"为什么"，让儿童处于"愤悱"之中，引发学生的好奇心，诱发学生的求知欲。在情境教学营造的情感场中，儿童敢于质疑，自信表达、自由创造，思维处于最佳状态。情感活动参与了认知活动，这种最佳的心理驱动，正是儿童潜在创造力变成现实创造活动的重要通道。

教师及时肯定和鼓励儿童的创造行为，会强化儿童的创造动机。从引发行为动机的角度上说，某种创造活动若能给予个体积极的情感体验，它也就成为一种富有吸引力的诱因，进一步激发其内在动力。

（二）成就动机：教师的真情期待

人本主义认为，儿童的自我感觉极大地影响着他们能否成为敢于怀疑、具有创造力的学习者。罗森塔尔（Robert Rosenthal）在其研究中发现了著名的"皮格马利翁效应"，即学生的创造力与教师对学生的期待有关。情境教育倡导教师对学生的发展倾注期待，使儿童从教师的期待中获取力量，进而形成创造动力。美国心理学家阿瑞提（Silvano Arieti）认为，一个母亲的爱中如果包含对孩子的期待、信任，信任孩子能成为一个有创造能力、对社会有价值的人，这种信任将是创造力的前提。在教师满怀真情的期待中，儿童感受到来自权威的信任、尊重、期望和鼓励。当儿童与接纳、支持他们的成人互动交流时，他们会把自己视为有能力、有价值的人。人都有期待获得他人的肯定、他人的尊重的需要，"当个体为了满足自我实现的成就需要被激发时，或者说为了通过某项创造活动获得成就时，就会表现出强烈的创造动机"[1]。因为目标明确、强烈，个体就不易被环境和行动中的结果所影响。

二 探究性：儿童创造性思维的发展

创造性思维是一种高阶思维，"是创造者在强烈的创新意识支配下，将大脑中已有的感性和理性的知识信息，借助于想象和直觉，以突发性飞跃的形式进行的重建、组合、脱颖、升华所完成的思维活动过程"[2]。创造性思维是整个创造活动的核心，人的创造力的高低在很大程度上取决于创造性思维能力的强弱。数学是最适合培养创造性思维的学科之一，数学情境突出探究性，营造探究氛围，鼓励求异，诱导变通，突破常规，拓宽思路，给学生创造性思维的发展留下空间。

（一）丰富形式，培养思维的流畅性

流畅性即思维时左右逢源，畅通无阻，具有由此及彼的联动性。这种联动的顺利进行要以认知能力、知识基础作保证，即以理解知识的准确性、深刻性和概括性为前提。数学情境教学中，教师运用多种形式，创设情境，实现思维多方向的联动。一是纵向思考，执果寻因。二是逆向思考，由某一数学知识向与之相反的其他数学知识的逆联想。三是横向思考，联想到与其相似或相关的事物或能联想到导致某一结果的诸多原因，触类旁通，举一反三。如在教学解决问题中，教师常常创设情境进行从条件间生发多个新条件、从问题推想条件、从条件提出问题以及一题多方法、一题多变式和一题多编等多种形式的练习，有效培养思维的流畅性。

（二）引导变通，培养思维的灵活性

创造性思维不受传统的单一的思想观念限制，思路开阔，能灵活突破"定向""系统""规范"和"模式"的束缚，提出较多的设想和思

---

① 蓝根连：《学生创造动机的激发与培养》，《中国教育学刊》2001 年第 3 期。
② 谭小宏：《创造教育学导论》，北京师范大学出版社 2012 年版，第 114 页。

路。对小学生而言，就是在学习数学的过程中，不受限于书本，不囿于教师所提供的思路，能活学活用，变通所面临的问题。数学情境教学注重在学生掌握了基础方法后，引导学生另辟蹊径，换角度进行思考，多角度考虑进行分析。转变思维的方向，沟通新旧经验的联系，尝试多种设想来解决问题。

（三）鼓励求异，培养思维的发散性

创造性思维是聚敛思维和发散思维的统一，但以发散思维为主。然而，在现实小学数学教学中，学生常常以聚敛思维为主，沿用符合常规的、通常的思路解决问题，不利于发展学生的创造性思维。发散思维则要求尽可能快地联想，尽可能多地设计出不同的解决问题的思路。数学情境教学中教师善于选择载体，创设数学问题情境，诱导学生的求异意识，把乐于求异的心理倾向作为一种重要内驱力。对学生在思维过程中表现出的求异因素及时肯定，在学生欲寻异解而不能时，则细心点拨，帮助其成功。学生在享受发散思维乐趣的同时，渐渐生成自觉的求异意识，从而逐渐发展为稳定的心理倾向，形成发散思维能力。

三　活动性：儿童创造能力的训练

创造能力作为一种能力，它以创造性思维为核心，指在完成任务时能够学习、借鉴别人的经验和教训并能结合自己的想法，形成新的有创造性的思考或找到新的完成途径，是敏锐的观察力、丰富的想象力、较强的操作能力和学习能力的有机组合。创造能力是保证创造活动取得成功的基本条件。这种能力通常包括敏锐发现新问题的能力；善于总结类推经验解决问题的能力；解决问题时善于侧向思维；在联想、求异性思考中产生新观点，在主客观结合中有新的发现和创造。

创造能力是在丰富的知识经验基础上逐渐形成的。爱迪生认为："天才就是1%的灵感加99%的汗水。"才能是绝对必要的，但仅仅有才能还不够，才能只是创造力的一部分，训练和练习是非常重要的。情境数学所倡导的训练不是"题海大战"，不是纯粹的单项习题式训练，而是综合实践能力的训练。能力展现总是和活动紧密相连，培养能力的最佳途径也在活动中，在活动中实践、理解、体验、巩固、提升。数学情境教育，以儿童活动为途径，强调把儿童的能力训练与学习内容、思维发展相结合，与生活应用相结合，强调把学生教"活"的同时，务必要讲究"实"。

（一）训练中注重儿童与数学符号互动，发展思维

数学情境教学始终坚持把数学能力训练与发展思维相结合，创设智慧的、富有情趣的情境，让知识与情境相互依存，让儿童与数学符号互动。将思维敏捷性的训练融入计算练习中；将思维形象性的训练贯穿在图形几何的学习中；将思维广阔性的训练融合在解决实际问题的训练中；将思维精致性的培养结合在定理公式的探究活动中。同时，开展活动，在情境中担任角色进行数学计算、解决实际问题大比拼以及现场操作、模拟操作、趣味操作来发展学生的思维能力。尤其值得一提的是，这样的教学情境经过充分优化，蕴含教育者的意图，活动于其中的儿童情绪特别热烈，这是训练和发展儿童直觉思维的最佳土壤。

（二）训练中注重活动与生活世界联通，培养能力

把数学训练与生活相结合，意在培养学生的实践能力、综合应用能力。根据斯腾伯格和鲁巴特的创造力理论，在智力成分中对创造力起关键作用的是综合能力、分析能力和应用能力。综合能力是产生新颖、优质和适合任务的观念的能力。换句话说，具有创造力的人可以将别人看到的问题或者自己以前看到的问题以一种完全不同的方式重新定义。分析能力需要个体判断自己的价值。应用能力则是将自己的智力技能应用于日常情境的能力。任何知识都来源于生活，数学知识也不例外，它来源于生活又运用于生活。情境数学主张把周围世界、社会生活融入数学创设问题情境，这样的情境有助于增强儿童提出问题的意识，在提升分析问题、解决问题能力的过程中积累经验，在活动中，学与用同步进行、相互促进。情境数学还有意识地安排儿童走出教室，走出校园，走进大自然，进行综合性的数学实践活动。如学习了比例知识后，到大自然中测量大树的高度。在复杂的环境中选择合适的测量方法、选择有用的数据、综合运用学过的方法进行计算，在团队协作中创造性地解决实际问题。这一实践情境中的过程完成了选择性编码、选择性联合、选择性比较，综合能力、分析能力和应用能力都得到了有效锻炼。

四　美感性：儿童创造性人格的形成

创造性人格的形成是创造力的基本驱动因素，决定着一个人的自主精神。特尔曼通过大量的研究表明，个性品质是成就大小差异的关键。创造力强的人个性特征主要表现为：（1）好奇心强，求知欲旺盛，兴趣广泛，喜欢对复杂新奇的事物潜心思考；（2）反应灵敏，思维严密，善于记忆，工作效率高；（3）不从众，好独立思考、单独行动；（4）生活范围广，知识面宽，活动能力强；（5）有必胜的信念和锲而不舍的精神[①]。在这些因素之中，美能够产生驱动与黏合作用。

数学情境教育以美为追求的境界，将正式环境与非正式环境中的课程加以整合，提供儿童学习的整体性情境，通过知、情、意统一的教学路径指向真、善、美全面发展的整体素养提升。在具体操作时，以美为突破口。李吉林认为："美，是教育的磁石，孩子作为审美主体，在审美感受中需求得到满足，因此产生欢乐感，思维也在无限自在的心理世界中积极展开，潜在的创新种子就很易于在这宜人的审美场中萌动、发芽。"[②]情境数学追求教学的美，通过美的形式、美的内容和美的语言，构建一个多向折射的"审美心理场"，在美中激趣、美中启智、美中冶情和美中育德，让儿童感受美、理解美和创造美，在审美愉悦中培养创造性人格。

爱美，是儿童的天性。对美的追求，促使人们对美好生活的向往，也会激发儿童创造美的兴趣，提高他们创造美的能力。审美所带来的愉悦，会对儿童的想象、对儿童的情感及行为产生积极影响。教学活动中的美，以积极的驱动作用，对儿童的智慧进行着无声的启迪。数学美是一种理性的美。数学的公式，表现了宇宙的秩序；数学的计算、数学的图形则表现出简洁的美、逻辑的美和创造的美。但因为审美活动受审美主体生活经验、情感和意志经验的影响，小学生往往难以直接感知到数学的美。根据儿童对美的认知和需求的特殊性，情境数学借情之力，以

---

① 王宏：《数学研究性学习与创造力的培养》，《中国教育学刊》2006年第7期。

② 李吉林：《教育的灵魂：培养学生的创新精神（上）》，《人民教育》2001年第9期。

境为介，进行美的转化、分解，将抽象的数学美转化成具体可感的、生动形象的意境融入儿童的数学学习，让儿童看见那"崭新的、纯美的真理的境界"，感受到数学独特的美，激发儿童的好奇心和求知欲。

数学情境教学用艺术的手段营造美的教学氛围。情境数学选择美的教学手段，把音乐、故事、表演等生动的形式融入数学情境，运用生动准确的教学语言使数学教学本身成为一种艺术活动。儿童的认知是伴随着情感意志过程的，感知的兴奋激发起儿童参与的欲望。"情绪好就有美感，美就是大脑中间的一个化学递质的变化，叫做脑啡肽，其作用比咖啡、吗啡还强十倍、二十倍。"① 富有美感的数学学习情境可以使儿童注意力集中，记忆力增强，更好地发展思维。

数学是人类的一种特殊创造，它可以展现其作为一门科学所具有的完整的知识体系，可以展现它作为一种语言独特的表达方式，可以展现它作为一种技术工具的力量，可以展现它作为一种思想方法的力量，展现它作为一种认识世界的方法的文化魅力。今天我们所看到的哪怕是一个公式、原理，在人类文明中也许都经过漫长的历程，都凝聚着创造美的智慧结晶。数学在使人求知、求真的同时，也能使人受到深刻的精神陶冶。

数学情境教学在美的数学情境中，利用相关数学史、数学家的故事激发学生的进取心；在数学研究性学习中培养学生面对现实、面对困难、尽己所能解决问题的能力，培养思维的独立性、迎难而上的勇气和顽强的毅力；在解决问题中通过数学问题的变换、引申和拓宽，通过一题多解、一题多变和多题一变的训练，发展学生的思维品质，培养思维的敏捷性、探索进取的精神；在数学思想方法中培养全面辩证看待问题的能力。对教材中固有的、隐含着的历史经验获得的活动过程，加以还原、展开、重演、再现……让学生经历这一"美的历程"，人类数学史上形成的坚持不懈、一波三折、蕴含其中的思想方法、科学精神都会在学生心灵中慢慢展开。数学情境教育利用情境把学生带入数学美的境界，让学

---

① 张光鉴：《从思维科学看情境教育的重要性》，载顾明远主编《李吉林和情境教育学派研究》，教育科学出版社2011年版，第221页。

生在追求美的过程中丰富自己的精神世界，在美的感悟中陶冶情操，激发创造精神。"创造涵容着为推进人类文明进化而选择的崇高性、独特性兼备的创新目标，涵容着为提高人类美学价值而投入创新过程的高尚情操，涵容着为增进利他精神而尽情发挥的开拓风貌，涵容着为优化个体的创造性社会功能而认真掌握创新技巧的热情，涵容着为追求永恒的价值目标而把自己短暂的人生化为人类文明序列的磊落胸怀。"① 杰出的创造才能需要伟大的胸怀和高尚的情操来孕育。

五　开放性：儿童创造性环境的培育

人本主义心理学家罗杰斯（Carl R. Rogers）曾指出，心理安全和心理自由是有利于创造活动的两个条件。一个人的创造力依赖于他的个性、能力，更依赖于他的环境。创造性环境是指人们进行创造活动，并能够培养和促进创造力发展的环境，它与高水平的创造力和创造相联系。数学情境突出开放性，其自由安全的教育环境是对儿童创造活动的有力支撑。这种开放性主要体现在数学情境中学习内容的开放、学习空间的开放和人际关系的开放。

（一）学习内容的开放

情境教育以儿童—知识—社会三个维度建构。数学教学中，教师认真钻研教材文本，深刻理解教材蕴含的思维背景，对教材进行宽度上的拓展、深度上的开掘，发现数学教材中蕴藏的智慧。除此以外，儿童游戏、现实生活都是儿童数学学习的素材来源，挖掘其中的数学因素，创设出生动而深刻的数学学习情境，对原有的教学内容进行开发、重组和补充，把数学与生活相连，与儿童世界融通，创新的教学可以促使原来教材中静止的知识立体、鲜明和结构化。

（二）学习空间的开放

培养儿童创造力的数学学习不是从课本到课本的简单活动。传统的课堂空间所呈现的狭隘与封闭显然不利于学生创造力的发展。"周围社会和自然的刺激物是多种多样的，这些多重刺激能够产生多样行为清单，

---

① 金马：《创新智慧论》，中国青年出版社1991年版，第4页。

从而激发创造性。"① 情境数学建立开放的数学课堂，为儿童拓宽创造力发展的资源。这种开放性体现在，其一是教室里的课堂努力与生活相连，模拟生活情境；其二是走进社会，走进大自然，从城镇到农村，延展学习时空，变化学习方式，让学生感受"社会即课堂"。

（三）人际关系的开放

学习是与他人、工具和物质世界互动的辩证过程。学校中开放的人际关系主要是教育教学活动中的师生关系和同伴关系。

1. 师生互动，支持创造

数学情境中的教师尊重儿童的个性，师生真情交融中，老师和学生形成亲、助、和的人际情境，课堂充溢着亲切和谐的氛围。数学课堂对话中，教师发挥着"组织者""引导者"的作用，营造一种宽松安全的学习环境，支持学生在课堂上自由表达，为进一步探索未知世界打下基础。鼓励学生大胆质疑，鼓励学生去思考不同的解决方法，为个体创造提供活动的机会，使其创造力得到充分发展和展现。数学情境，把儿童活动作为学习的主要方式，为学生提供思考、发现和选择的机会。

上海等六城市教科所曾对中小学生创造力发展现状展开研究，通过106 所中小学校 11098 名学生的大样本调查，结果显示，对"肯定学生的想法，鼓励大家提出自己的见解"的认同度仅占 15.5%。② 有的教师不能容忍学生的奇思妙想，而这有可能就是创造的萌芽。好的心理环境使创造产生创新的火花，不相容的心理环境使创造的火花熄灭。数学情境，师生的平等互动，保护了儿童的好奇心、求知欲，有助于儿童树立自信，培养自尊感，让儿童在数学学习中安全地"自由呼吸"。

2. 同伴互动，合作交流

情境数学教学中推崇开放的同伴关系有助于促进儿童创造力的发展。这种伙伴式的关系中，每个个体是独立而自由的，伙伴之间的交往是平等而自然的。同伴之间热情互助、坦诚互动，同伴互相启迪潜在的智慧，

---

① ［美］Robert Epstein：《创造力拓展训练》，中国轻工业出版社 2005 年版，第 201 页。

② 六城市中小学生创造力培养联合调研组：《六城市中小学生创造力发展现状调查报告》，《上海教育科研》2010 年第 6 期。

形成可贵的友谊，使个体感到自身的价值，促进儿童自尊的发展。"友谊传递渠道带有积极的情绪色彩，使人接受敏感，印象深刻，经友谊传递的信息往往反应快，效能大"，成为个体进行创造活动的推动力①。在合作交流中，观念之间的交互作用，可以实现观念的"繁殖"，促进新观念的产生。另外，交往中的竞争与合作，也能激活人的创造潜能，分享团队合作中的成功，有利于激发起团队伙伴的创造热情；而抱团直面困难时的互相鼓励，也有利于获得继续前行的勇气和毅力。

第三节 数学情境教育促进儿童
创造力发展的操作路径

数学情境教育始终以儿童为中心，以课程为落实的保障，让儿童在开放的学习系统中，主动参与，主动建构，理解知识的系统性，感受学习的操作性，体悟审美的愉悦性。促进儿童创造力发展的数学情境课程主要体现在核心领域的数学学科情境课程和综合领域的数学情境活动课程。

一 基于儿童创造力发展的数学学科情境课程

（一）基于儿童创造力发展的数学情境教学操作流程

数学是最适合培养学生创造性思维的学科，儿童的创造力可以通过科学有效的教学得到发展。结合情境教育和创造力的相关理论，我们梳理出基于儿童创造力发展的数学情境课堂基本操作流程。

1. 情境中激趣：引发需求，唤醒创造意识

在课始，围绕学习内容和儿童特点创设情境，引发儿童的学习需求，激发冲突，激起悬念，促使学生产生强烈的探究、创造愿望。学习始于趣，这里的"趣"可以是"情趣"，可以是"理趣"，还可以是"疑趣"。思维是从疑问和惊奇开始。

情境数学教学充分挖掘现实资源，利用儿童在生活实践中形成的经

---

① 余国良：《论个性和创造力》，《北京师范大学学报》（社会科学版）1996 年第 4 期。

验，创设内含问题的生活情境，引发儿童的探究需要，激起好奇心。儿童在学习时会面对他熟悉的生活世界以及已知和未知的知识世界这两个不同的世界，儿童学习的过程就是一个经验被不断激活、利用，在调整中积累提升的过程，是"自己对生活中的数学现象的解读"（周玉仁语）。小学生的数学学习尤其注重与他熟悉的生活联系。在教学《认识长方形和正方形》一课时，教师通过视频将孩子带到工人师傅将一根铝合金条切割后做纱窗的现实情境，熟悉的生活画面让孩子们觉得特别亲切。观看后，教师问：如果将手中的这根小棒看作是一根铝合金条，你也能像工人师傅那样做一个窗框吗？学生自觉调动、整合自己学习世界和生活世界中的经验，在动手剪拼的过程中情不自禁地思考长方形窗框边和角有什么特点，激发学生进一步探究长方形特征的愿望。

情境数学还通过创设认知冲突情境，使学生原有的认知不能解决教师呈现的新问题，打破学生原有的认知平衡，迫使学生主动寻求新的平衡，激发探究欲望。在教学"圆的周长"时，一位老师创设了让学生测量神舟飞船飞行轨道周长的情境，并出示其飞行轨道及示意图。

提供相关飞船飞行的数据，让学生计算神舟号绕地球飞行一周的时间，其实就是求这个轨道圆的周长。在明确目标后，教师首先出示一个圆片，让学生大胆尝试，想出一个办法来测量这个圆的周长。学生试图用绕、滚、拉等旧经验来解决。然而回到飞船的实际问题中，对刚才这个圆片的测量仅仅是"纸上谈兵"，用在尺上滚、用绳子绕的方法可以测量出圆的周长，但有一定的适用范围。能不能找到一种通用的方法通过计算求出圆的周长呢？

学生原有的"绕、滚、拉"等旧经验与新问题产生了冲突，旧有的认知平衡被打破，"怎样计算周长"就必然成为新的内在需求，学生的求知欲、探究欲被强烈激发出来。这里教师创设了一个探究更高层次的新方法才能解决实际问题的情境，从可以量到没法量，学生内心更深层次的探究欲望被激活。学生的精神世界和成人一样，成为一个发现者、研究者的需要非常强烈。教师有目的地创设诱人深入的问题性情境，能引发学生的好奇心、探究欲，激发学习兴趣，唤醒创造意识。

当然，激趣，除了创造生活情境、认知冲突情境外，故事情境、表演情境等契合儿童学习心理又能承载教学内容的情境都是很好的凭借。

2. 情境中探究：情智相谐，发展创造思维

在课中，创设探究性情境，营造安全、自由的互动学习氛围，鼓励学生主动参与，鼓励求异，拓宽思路，诱导变通，突破常规，发展创造思维。

创造过程中，人们既运用逻辑思维，也运用非逻辑思维；既有形象思维，也有抽象思维。但一般说来，创造性思维中非逻辑思维要比逻辑思维起到更重要的作用。数学情境课堂重视儿童的形象思维、逻辑思维和直觉思维的协同发展，让情感伴随数学学习，引导儿童在创设的情境中理解、思考和探究，促进思维活动积极进行。因而，情境数学教学中，推理与猜想、抽象与直观同在，理性与想象、逻辑与艺术并存。在安全和谐的探究氛围中，儿童大胆想象、大胆质疑和大胆求异，发展创造性思维。

教学《用字母表示数》一课，基于儿童爱活动的天性，设计与学习内容高度相关的游戏情境——"玩数学魔盒"。

教师借助课件呈现了一个数学魔盒，并告诉孩子玩的方法：从盒子左边放进一个数，会从盒子右边吐出另一个数。学生一个一个都想上来玩，在玩的过程中，屏幕上留下放进的数和吐出来的数：学生输入150、900、1.5，在学生的猜测中，魔盒分别吐出300、1800和3。

> 师：刚才玩的过程中，真被有的同学猜中了？有什么发现吗？
>
> 生：进去的数乘2就是出来的数。
>
> 师生在课件中一一验证。
>
> 师：能用一个式子概括出你们的发现吗？
>
> （片刻沉默）有些难度，小组里商量商量吧。
>
> （学生汇报、解释：$a \times 2$）
>
> 打开魔盒，揭示谜底。

这个学习环节中，教师借助数学魔盒这样一个游戏化、又具有数学

抽象性的载体，极大地调动了孩子学习的主动性、探究的自觉性，学生在情境中不知不觉地进入了学习、探究的状态，学生解决问题的过程是一个自主建模的过程。上面的数学建模活动，需要学生主动、独立地寻找解决问题的最佳路径，这是对学生思维独立性的培养；需要综合利用已有知识，选择合适的思路和方法，这是培养思维的灵活性；需要首先把游戏中的问题转换成数学问题，这是转换能力的培养。"玩"的过程，激发了学生热烈的情绪，在第二次玩时，就有许多学生开始大胆猜想魔盒的秘密，这何尝不是在培养学生的直觉思维。正如李吉林所说，形象与体验给儿童思维提供了能源，积极的情绪驱动儿童进入学习的情境场，形与情的作用下，思维活动中的沟通、联结迅速，形象思维更积极，抽象思维也变得相对容易。

此外，还可以创设操作情境、想象情境和问题解决情境等情境启发学生对研究问题进行猜想、假设和验证，在解决问题的过程中力求变通，鼓励发散，发展创造思维，培养创造精神。

3. 情境中应用：拓宽深化，培养创造能力

在课的巩固阶段，创设应用情境，拓宽空间，运用巩固，深化延伸，提升综合实践能力。

教学《认识长方形和正方形》一课的练习中，情境数学课堂在整节课的情境人物大头儿子的带领下玩数学转盘，做一做，猜一猜，圈一圈，通过游戏活动深化理解，提升能力。

①做一做，提高实践能力

（过渡大头儿子录音：小朋友们学得棒极了！让我们一起做个游戏轻松一下吧！这个游戏的名字叫做——智慧大转盘。转盘转动起来，你说停它就停——）

信封里有这样一些学具：钉子板、方格纸和三角尺。请同桌两个人合作，从中任选一样做出一个长方形和正方形。（音乐声中，同桌之间相互合作，老师巡视，并作指点）

创作的过程是快乐的，我们来展示下成果吧。同学们都做出来了吗？

生1：我们是画出来的，长方形的长是5厘米，长方形的宽是2厘米。正方形的边长是2厘米。

生 2：我们是用三角尺拼出来长方形和正方形。

生 3：我们是用钉子板围的。因为它的对边都是相等的，而且它的角也都是直角。

师：如果我想把这个长方形改成一个正方形，该怎么办呢？

②猜一猜，发展空间想象

（大头儿子录音：有一个物体的面是长 26 厘米，宽 19 厘米的长方形，可能是什么呢?）（比划一下）

生 1：有可能是一个长方形。

生 2：是数学书的面。

师：一下子就被你猜对了，感觉真好。想把它变成一个正方形的话，你怎么办……

有一个物体：它是一个正方形，它的边长是 19 厘米，可能是什么物体呢?

生 1：可能是一张美丽的贺卡。

生 2：可能是一张照片。

生 3：可能是一张邮票。

生 4：可能是一扇窗户，。

生 5：蚂蚁王国的窗户。

师：小人国的窗户?

生 6：方形小蛋糕。

师：揭示日常使用的——小手帕。

（大头儿子录音：我家厨房里有一件物品，展开后是长 25 米、宽 25 厘米的长方形。）

保鲜膜！（出示图片）为什么说保鲜膜的形状是长方形啊?

生：如果把保鲜膜拉长的话就是一个长方形了。

师展示实物，如果把这个保鲜膜全部展开，能想象出来吗? 它就是一个长 25 米、宽 25 厘米的长方形。所以，保鲜膜上，它的规格是这样标的（出示 25m×25cm）。在我们日常生活中，能够这样标出规格的，我们就能想象出它的形状。这样的例子，在我们生活中还有很多。比如练习本的规格是这样的：200mm×142mm，餐巾纸的规格是这样的：210mm

×210mm。

③圈一圈，理解拓展延伸

（大头儿子录音：根据提示圈一圈。［从右往左看、从左往右看］）

（录音：圈出有 4 条边的图形。出示：四条边。）

（录音：圈出有两组对边相等的图形。出示：两组对边相等。）

（录音：圈出 4 个角都是直角的图形。出示：四个角都是直角。）

师：如果我只想圈出正方形，我该加上什么条件呢？你说说看。

生1：应该加上四条边都同样长的图形。

师：同学们，你们可不要小看这儿的几个圆圈圈哦。在这些圈圈里，还藏着许多的数学奥秘，我们以后再继续研究。

根据要求做图形，深化对特征的认识，提高学生的动手实践能力，在钉子板上把长方形改围成正方形的过程，进一步整体把握长方形和正方形之间的异同。根据标有具体数据的长方形和正方形想象出物体的面，抽象的图形与生活对接，有助于突破学生的思维定式，同时拓宽了思路，有益于学生想象能力的培养。基于特征去理解长方形和正方形的标注方式，是感受数学的抽象概括，拓宽了数学表达方式，也是学生空间观念的培养。圈一圈的活动中，学生在概念的基础上去判断、理解图形之间的包含关系，是更高层次的要求。学生在动手、动脑和动口的多感官活动中运用知识、盘活知识，使之再学习、再探索和再提高。深化理解的同时，更重要的是观察、分析、交流和创新等综合素质得到了培养和训练。知识结构的层次美、思维的流畅美、动手操作与语言表达的融合美在小组合作、互动交流等多种学习形式中完美结合。独立思考、勇于创新和善于表达等综合能力和个性品质得到相应的提升。

在情境中激趣、探究和巩固，这只是一个基本流程。教学要有一定的模式，但万万不能"模式化"。实际教学中，我们还要灵活融入其他一些有利于儿童创造力培养的策略和方法，如延迟评价、多渠道头脑风暴式联想、预测结果、突破定势①。

（二）促进儿童创造力发展的数学情境作业设计路径

爱因斯坦说过："教育应使所有提供的东西让学生作为一种宝贵的礼物来享受，而不是作为一种艰辛的任务要使他们负担。"② 作业是儿童创造性学习的重要组成部分，但传统的作业设计通常呈现出内容机械重复、形式单一封闭的面目，直接影响了学生学习的热情，阻碍了学习中创造力的发展。情境数学教育力求让情境教育理念、创造精神的培养更多地融入作业设计中，给孩子以充分的机会应用自己的数学知识、展现自己的创造成果，学生在作业中巩固知识技能，提高实践能力，发展创造思维，建立学习自信，收获成功与快乐，促进创造力发展。

1. 素材融入生活与文化，体现综合性

为了使知识更好地服务于创造，要鼓励学生在日常生活中运用所学知识，综合运用知识解决问题，引导学生进行知识的自我体验。情境数学作业引导学生把从书本上学到的知识和技能，综合其他学科能力，应用到熟悉的生活中解决问题，激发探究的兴趣。在作业设计中追求综合性，让孩子感受来自学科本身的吸引力，促进内部动机的形成。这种综合性体现在知识间的整合、学科间的整合、文化元素的综合。

例如，学习"公倍数和公因数"时，正在迎奥运期间，作业设计我们就充分挖掘了数与生活、数与文化的联系。

数字成语林——我寻找

奥林匹克运动诠释的就是人类向着"更快更高更强"方向努力的体育精神。下列数字成语中都含有两个数，有的反映了运动员在比赛中的状态和结果，也有的体现了人类自身的力量与魅力。看看哪些成语中的两个数公因数只有1？

三头六臂　　四平八稳　　千钧一发　　五洲四海

七零八落　　十拿九稳　　百发百中　　万众一心

两个数公因数只有1的成语是

---

① 段继扬：《小学生创造力培养的实验研究》，《中国教育学刊》2001年第6期。

② 转引自宋斌：《教育是礼物》，《辽宁教育》2013年第4期。

鸟巢数信息——我了解

国家体育场是北京奥运会开闭幕式的体育场馆。"鸟巢"共设<u>10</u>万个座席，其中<u>8</u>万个是永久性的。观众席里，还为残障人士设置了<u>200</u>多个轮椅座席。从开工到建成历时<u>5</u>年。体育场采用太阳能光伏发电系统，极好体现了北京绿色奥运、科技奥运和人文奥运<u>3</u>大主题。"鸟巢"不仅是北京奥运会历史性的标志性建筑，而且为<u>21</u>世纪的中国和世界建筑发展提供历史见证。

（1）在画横线的数中，你能找出几组是倍数关系的：_____ 和_____

（2）在画横线的数中，你能找出几组最大公因数是 1 的：_____ 和_____

此外，还有让学生寻找含有互质数的诗句，说出"四书和廿四史、五经和六艺、十天干和十二地支、四季与二十四节气"等每组中两个数的最大公约数和最小公倍数等练习。这些练习有的文理相融，富有情趣；有的与学生的日常生活联系紧密，别开生面。彻底改变了以往这部分知识的练习只有干巴巴的冰冷枯燥的数的情形，学生会感悟到数学无所不在，数学好玩，数学充满着美，进而形成积极的认知心向。不同学科间的融合中又因为其学科间的差异，有助于引发学生换一个角度去观察、思考，有利于新设想的产生。

2. 呈现形式多样，体现趣味性

小学生因为年龄原因，面对学习的刺激形式要求有时会大于内容，因而在作业呈现形式上，充分照顾到学生对"趣"的需求，就能取得较好的练习效果。设计情境数学作业时努力向"活""新""趣"和"奇"的目标靠近，激发学生完成作业的积极性和主动性，使之产生一种内部的需求感，在趣味练习中进行知识的运用巩固、能力的提升训练和情感价值观的培养。

如在教完《长方形和正方形的面积》这一课后，结合学校的校庆，设计这样一道习题：

以下是现今学校扩建后的校园平面图。（单位：米）

（1）通过观察我知道（   ）的占地面积比（   ）的占地面

积大。

（2）我还想了解（　　　）的面积，我可以这样计算：_____。

（3）我们的操场是 2005 年扩建的，扩建之前，它的长是 65 米，宽是 40 米。算一算，扩建后，操场的面积增加了（　　　）平方米。

（4）如果要计算"主教学楼"的占地面积，你能把它分割成几个我们已经学过的几何图形吗？试一试。

这一设计极大地调动了学生的积极性，"吊"起了学生学习的胃口，让学生"吃"得有滋有味，他们跃跃欲试，真正达到了一种"愤悱"状态。

二年级的老师结合学校百年校庆设计了"认识方向"单元作业，以学做"小导游"带领客人参观校园为线索经历了一次情境之旅。这些富有真实情境的作业，让学生带着一种高涨、激动的情绪进行作业和思考，更重要的是通过情境的营造和再现，让学生眼中的数学与生活对接，提高面对实际问题的能力，在完成作业的过程中发现自己的创造潜能，树立自信，体会到创造的快乐。

3. 操作方式走向实践、开放，体现发展性

（1）综合实践

只落实在白纸黑字上的作业完成方式，限制了学生创造力的展现。情境数学作业主张设计一些基于教学内容以及学生数学活动经验的、富有探索性的实践活动作业，这样的实践作业中，需要学生在合作中主动应用、探索、实践、体验和创造，这样的实践作业中，学生真正转变为知识的综合应用者，自主完善知识结构；转变为问题的探索者，主动发现问题；转变为实践的创造者，多渠道努力解决问题。

例如，学完线和角的知识后，让学生去猜想利用什么角度的斜坡，圆柱形物体会滚得更远？并把猜想、研究的过程、结果和问题记录下来做集体交流。学生在猜想后迫不及待地要进行数学实验来验证，自己自制斜坡，做出了 30°、45°、60°、90° 的角来进行实验。这样的实践作业中，学生在小组合作、人人参与中主动探究、主动发现，积累活动经验。这时，作业的意义已经不仅仅是一次练习巩固，而且具有重建课程或者说提升课程的意义价值；学生在完成这样的综合实践作业中始终带

着积极的情感，还解决了许多在理想数据下发现不了的实际问题（如3米的卷尺不够用了怎么办），这样的作业已经成为一种自我建构的学习。

（2）互动开放

情境数学作业具有一定的交互功能，有利于学生自我选择，有利于家长参与，有利于社会融入，把创造力培养渗透到更广远的空间。根据学生的学习需求、个体差异给学生作业的自主选择权，进行类似超市互动自选式、自助式作业。

如国庆前夕，五年级布置学生从数学的角度，收集70年来祖国发展的资料，聆听祖国沧桑巨变的回想，调查10年来自己家庭生活中的变化。学生完整经历统计的整个过程，搜集和整理出反映家庭巨变的真实数据，然后小组合作，整理数据，形成本组的统计数据、本班的统计数据，制成统计表和统计图进行分析。

活动一：调查、统计本小组的汽车、笔记本电脑、移动电话和电视机的人均拥有量。

活动二：调查、统计本班的汽车、笔记本电脑、移动电话和电视机的人均拥有量。

交流互动中，学习走向深入；在对比、分析和感悟中，数字有了力量和温度，学生学会用数学的眼光打量周遭的变迁，既能嗅到数学散发的淡淡芬芳，也能透过数字见证伟大的时代。

再比如，设计"我们全家算24点""我十岁了"（统计十年来父母为我的花费）等作业，在作业中和家人增加融合互动的机会，知识能力提高的同时渗透亲情教育。

（3）自主创作

"创作式"数学作业也是一种较好的方式。如学习了《平行四边形和梯形》单元后，设计作业"阳春三月，风光旖旎。参加阳光运动，争做阳光少年，我校的春季运动会即将拉开帷幕。请你利用所学的图形有关知识，为本届运动会设计会徽"。

二年级《认识方向》单元让学生在看了公园平面图后，说一说

● 你最喜欢文峰公园的哪几个景点？写写你的游览路线。

● 你能设计一条合理路线，一次游遍文峰公园所有景点吗？

创作式作业还可以是写数学日记、数学小论文，对这些创造成果及时进行交流评价，可以极大地鼓励学生的创造行为。

二　基于儿童创造力发展的数学主题活动课程

数学情境学习目标注重认识和情感的融合，学习内容注重生活和学科的结合，学习时注重学校和社会的融合，学习方式把有意义的接受学习与学生的自主建构学习相结合。情境数学教育充分利用"周围世界"这一源泉，走出教室，走出校园，开发立足儿童创造力发展的数学主题情境活动。数学主题情境活动以数学实践活动为主。

（一）活动主体突出角色性

在数学主题实践活动过程中通过让儿童扮演各类角色进行数学学习。实施活动主体的角色性策略，在角色扮演中，学生从一开始的"扮"到"成为"，以小研究员、古代数学家的身份进行尝试，或画图分析，或动手操作，或相互切磋……由于角色转换产生的新异感，激起热烈的学习情绪，诱发学生好奇心，启发学生想象力，引导学生动脑动手，在创造性实践活动中通过活动学习创造。

（1）让儿童担当向往角色。如华罗庚数学小组的研究员、小小数学家，发挥这些"小老师""小能人"的能动性。

（2）让儿童扮演童话角色。如在"数学乐"实践活动中，学生扮演数学王国中的数家族的首领向大家作自我介绍，巩固对数的认识，激发好奇心。

（3）让儿童扮演现实生活中的角色。如装潢设计师、营业员或小导游，在模拟场景中锻炼他们的能力。如教学《认识人民币》后，可以开展"小小商店"的数学活动，让孩子在买卖东西的过程中，通过角色扮演营业员和顾客，在付钱找钱活动过程中加深对人民币的认识。

（二）活动环境凸显亲和性

情境数学活动情境中，通过教师人为优化的活动情境，活动环境具有亲和性，改变儿童生活空间的自在状态，师生关系融洽，同学之间互助友爱，形成积极向上的学习氛围，促进儿童主动参与数学学习。

（1）营造民主和谐的师生关系，真诚关心爱护每个学生，细心捕捉学生的闪光点和进步，及时表扬鼓励；教师积极组织并深入参与学生的活动，使学生觉得老师可敬可亲。

（2）通过组织需要多方合作才能达到目标的数学活动，增强团队合作意识与能力。例如，组织统计实践活动，在收集全班同学的身高、体重、睡眠时间、喜爱的运动项目等数据时，因为短时间内要收集较多的数据，分工合作成为一种自觉需要而不是教师的外在要求，他们自然而然地想到应先统计小组内成员数据，再分工到其他组去收集所需信息。组织这样的活动自然引发学生群体间的合作交流，促进互相激励，增强个人对集体的责任感。

（三）活动空间强调广阔性

开放性是创造性环境的共同特征。将数学学习活动由狭小的课堂引向广阔的现实生活，由相对封闭的校内引向开放的校外，拓宽活动的时间和空间。充分挖掘周围世界这一源泉，走出教室，开展多样性的课外活动；学科跨界，开展主题性情境大单元活动；走出校园开展野外数学情境教育活动，让学生体会数学的应用价值，在多学科融合的活动中拉近儿童与数学的距离，激起儿童的数学探索欲望，发展创造能力。

（1）开展多样性的数学课外活动。如结合学习内容编写数学文化读本，指导数学阅读；组织数学故事会；开展数学猜谜语活动；介绍数学史；合作编制数学小报；开展数学知识竞赛；指导撰写数学童话、小品、相声并进行表演。

（2）精心组织主题性大单元活动。如在"南通——中国近代第一城"主题性大单元活动中，通过丈量、测算和制图等数字化手段，让学生"以数字看南通"，学生从数学的角度感受家乡的沧桑巨变；在"娃娃闹元宵"主题性大单元活动中，学生自己动手制作灯笼、挂灯笼和猜灯谜。低年级的学生观察灯笼后，用不同的方法估一估灯笼的个数，发展数感；观察灯笼的形状，培养空间观念；结合元宵节的情境，孩子们编写情境应用题，每个班选出 18 盏荷花灯展示在荷花池里，11 个班将放入多少盏荷花灯？猜灯谜，猜中 2 条将拿到一个奖品，全年级要准备多少个奖品？在活动中引导学生体悟如何用数学思维方式去观察生活、解决生活问题，学生学得兴致盎然。

（3）定期进行野外情境教育活动。如结合"丰收的稻田""走进油菜花地"等活动，带领学生开展数数、步测、估测和实地测量计算稻田的面积、编数学题等活动。除外延的、实体性的活动空间，还应重视学生心灵活动空间的拓展，如在活动中引发学生多角度思考；根据条件多方向联想；根据实际生活多维度补充题目条件或问题。

营造环境的亲和性、拓展空间的广阔性，使教学内容贴近儿童生活，多样的课外活动、野外情境教育活动可以让学生学以致用，在解决有挑战性的实际问题中发展综合、分析和解决问题的能力，树立自信，充分享受创造的快乐。

（四）活动方法注重操作性

活动建构尽可能与儿童生活沟通，与应用相联。活动方法的操作性，使数学学习变得轻松愉快，充满探究乐趣，体验成功的快乐。

（1）实体性现场操作。改变作业仅仅是纸上练习的现状，让学生在实际生活的情境中进行现场操作。如学习《多边形的面积》和《公顷与平方千米》后组织学生到公园进行实地观察、测量和计算活动；测量教室的长、宽，设计、讨论铺怎样的地砖既美观又省钱。

（2）模拟性相似操作。通过实物替代、空间转换的模拟，让学生动手动脑。如学生解答"火车钻山洞"这一类问题遇到困难时，用火柴的外壳比作小洞，火柴棒比作火车，火柴头作火车头做模拟演示，通过实际操作，把隐蔽的数量关系直观形象化，使学生可以迅速找到、理解其中的数量关系。

（3）符号性趣味操作。将冰冷的算式、数学题镶嵌在有情有趣的故事中，通过数学童话剧场角色扮演、担任设计师进行设计比赛、野外情境活动中现场编题等活动，使原本抽象、枯燥的数学变得有趣起来、生动起来、亲切起来。

活动方法的多样化操作，改变了老师指导下的亦步亦趋的演练式操作，变验证式操作为探究式操作，使学生在教师创设的情境中自己提出问题，自己想办法解决问题，然后检验结论，进行应用。活动过程中渗透了数学思想、数学方法，学生的各种数学能力，如解决问题能力、数学推理能力、空间想象能力和创造能力等都能得到有效的训练与提高。

总之，主体的角色性、环境的亲和性、空间的广阔性和方法的操作性，打破了传统教学中数学学习的枯燥、机械和单调，走出教室和学科的限制，打破壁垒，实现跨界，走向广阔的大自然，教育的空间因为课程的设计如网络般紧紧相连，使数学学习成为有趣、亲切和有用的活动，有利于统整数学知识、技能和情感的同步发展；贯通知识与生活、儿童和社会的广泛联系，有利于学生体验数学的价值；有利于激励学生理性思考，创生智慧，提高创造精神和实践能力；有利于学生体验数学文化魅力，丰富儿童的精神世界，培养创造性人格。

作者：柳小梅

第 七 章

英语情境教育与儿童创造力发展

语言的获得除启迪智力外，更重要的是进行情感教育和人格熏陶。李吉林在情境教育中非常重视"情"，认为唤醒美好情感是促进儿童创造力生成的源泉。儿童创造力的发展要基于儿童生理、情感、认知和人格的协调发展，情境教育理论强调情境设计始终贯穿"真""美""情""思"。因此，英语情境教育就要以"情"为纽带，始终把情境感受、情境互动和情境融合贯穿于学校教育过程中，并对儿童进行情感和人格的熏陶以达到对语言的理解和运用，促进儿童语言及情感、意志、思维和想象力的发展，从而达到培养儿童语言创造力的目的。

第一节　英语情境教育的发展历程与理论构建

英语情境教育是在李吉林创建的情境教育理论基础上发展而来的。从 1978 年开始，李吉林在中国古代文论的"意境说"启发下，通过 30 多年的不懈实践和探索，由语文学科的情境教学发展到小学各学科的情境教育，再从情境课程发展到情境学习。情境就是一种优选的和优化的真实开放的情境，情境教育理论的出发点和实践切入点是"情境"。在李吉林情境教育的影响下，南通师范学校第二附属小学（以下简称通师二附）历经 40 年的探索，逐步形成了英语情境教育特色。

一　英语情境教育的发展历程

英语情境是一种以情感调节为手段，以学生的生活实际为基础，巧妙地把学生的认知活动和情感活动结合起来，帮助学生提高思维品质，促进学生主动参与，优化英语学习的场域。情境教育将学生的兴趣、特长、志向、态度、审美等放在教学重要的位置上，通过各种生动、具体的情境的创设，拉近英语学习与学生现实生活的距离。学生通过主动参与体验到英语学习的快乐和成功，让他们不仅掌握语言技能，而且发展语言沟通能力。英语情境教育是在李吉林情境教育思想的指导下，通过师生共同创设模拟的生活情境，将儿童带入英语语言学习情境之中，鼓励学生听和模仿语音、语调，发挥其趣味性，实现语言发展的一种英语教育模式。

（一）英语情境教育初步探索

受李吉林语文情境教育研究的影响，通师二附各学科年轻教师都会参加李吉林的培训辅导。1980 年，通师二附率先开设英语课，小学英语才起步，英语教师不足。以第一代英语教师於莉老师为例，於莉 1980 年进入通师二附教书，全校英语课就由她一人教授，每班每周一节英语课，一周教 13—18 节课，两年后才有了第二位老师。笔者访问於莉时常常被她对孩子的爱和敬业精神所感动，她也谈到情境教育与英语学科融合的困惑与探索。

使用自编教材。教材内容由教师自选，教材中的插图是从杂志、连环画上剪下来的或者是教师画的。由于自编教材内容比较单调，缺少情境，在於老师的建议下开始使用亚历山大主编的教材，这套教材内容比较活泼，包含许多有趣的故事，学生对英语学习更有兴趣了，积极参与课堂活动。直到 2000 年江苏省有了统一的小学英语教材，该教材才被停用。

形式灵活多样。这一阶段英语学习没有考试的压力，教师不布置书面作业，上课注重说和做，用音乐、游戏、舞蹈、表演和儿歌等辅助教学，如在教授字母时，教师将字母编成儿歌，配合动作，学生跟随教师边唱边动，教师还可以把学生带到教室外面，把操场变成课堂；学校定期举办英语节，有小组合唱、童话剧、英语诗歌朗诵、讲英语故事、配乐朗诵和观看动画片等。英语学习轻松愉悦，使学生口语得到较好的锻炼。

这个阶段的小学英语课程刚刚起步，学科基础薄弱，经验不足，没有系统的英语教学体系，教学存在很大的灵活性和自主性。整个学校都受到情境教育的影响，英语教师上课会带有与情境教育相关的思想和理念，但无法将情境教育的理念贯彻到英语课堂中，英语情境教育还处于探索阶段。

（二）英语情境教育步入正轨

教育部 2001 年发布了《关于积极推进小学开设英语的通知》，要求在全国小学中逐步开设英语课程，从 2001 年《全日制义务教育英语课程标准（实验稿）》到 2011 年再次修订出版的《义务教育英语课程标准》，十年间小学英语学科受到社会各方面普遍关注。小学英语学科教育环境得到改善，教师人数增加，英语课程受到普遍重视。这一时期李吉林情境课程研究进入新阶段，为英语情境课程研究指明了方向。

使用统一教材。江苏省统一使用牛津小学英语教材，共 12 册，由江苏省中小学教学研究室和牛津大学出版社联合编写。该教材供六个年级使用，按"话题—功能—结构—任务"编写，力求突出内容与情境紧密联系，配有插图，利于学生听说练习。

探索资源开发。为了达到课堂教学的高效，教师上课使用录音机，自制头饰、单词卡等辅助教学，并结合英语情境教育进行资源开发，如原汁原味的西方儿童歌曲、歌谣和游戏等。上课时用情境活动与儿童互动，让他们更积极主动参与到课堂活动中。教师结合教材使用直观教具，对教学资源开发的积极探索使英语课堂气氛变得更加活泼。

这个阶段的小学英语课程受到重视，英语情境教育也步入正轨，教师备课时会把情境教育理念融入课堂设计，课堂中创设大量形象生动的语言学习情境，让学生在接近真实的语境中学习和操练，由于教学资源的限制，这时的英语情境教育还未体系化。

（三）英语情境教育体系化

2007 年李吉林开展情境学习研究，探讨情境教学设计和情境学习问题。在李吉林的影响下，英语情境教育迈上了英语情境教育体系化之路。

教师上课用的大都是虚拟情境，特别是在故事里，虚拟情境的创设是非常重要的，这些虚拟情境都来源于生活。比如江苏译林版小学英语三年级上册，第 7 单元学习询问"你喜欢吃什么?"的主题活动，就需要师生模拟扮演不同的角色尝试提问和回答，这就需要设计虚拟情境。教师走进教室就让学生置身于英语学习的环境中，热身活动可设计各种活动如自由对话（free talk）、诗歌（rhyme）和游戏（game）等，设计热身活动和本课内容是相关的，主要是为了使学生"入境"，也用以检查学生的预习情况，起着承上启下的作用；教师用自带的"食品"导入新的内容，鼓励学生积极练习，在操练时又复习了旧知识，使新旧知识很快融合。一系列主题活动围绕情境创设来开展，这类活动更贴近学生的生活，让他们有话可说，培养孩子的语言交流能力。

爱儿童是教学的核心，只有爱孩子，才会产生教学的热情，才会为儿童着想，才能更好地设计每一节课。教师备课时要在了解学生学习的基础上分析教材，需要教师通过不断的思考和探索来满足儿童的需求。如何更好地把一系列的活动融入听、说、读和写的情境，让课堂变得更开放和融合，这就要求教师整合与拓展教学内容，让学生学得有意义，促使他们去思考，激发他们的潜能，最终发展思维能力。英语教学要突出实践性和应用性，教学活动也由最初的单词加句型的简单情境转变为语篇或故事情境，改变以往先教单词、句型，再学习课文的方式。今天的英语课堂是把故事、人物和情节等通过一系列活动串连起来，在情境中设计连贯的活动，每一个教学环节就是一个情境活动，每个活动设计符合儿童语言学习的需要，鼓励儿童在情境中参与语言学习活动。

情境教育理论逐步完善，形成体系，学校情境教育氛围浓郁，教师也逐步将情境教育的理念贯彻到英语学科中，并在国家和省级比赛中获得了不少大奖，英语情境教育的发展也受到有关学者和一线教师的持续关注。

二 英语情境教育的基本结构

英语情境教育包括主题情境课程和语篇情境课程。

（一）主题情境课程

英语语言的获得主要是学生在实践活动中形成和发展的，英语情境教育给学生创设积极活动的主题情境，可以使学生最大限度地处于主体激活状态，能主动积极地动手、动口、动眼、动耳和动脑，去行动，去实际操作，培养儿童听、说、读和写的基本语言技能，促进儿童综合运用英语能力的发展。主题情境教育又分为 12 个亚类，分别是家庭与朋友、人体基本结构、情绪情感、服饰、食品、住宅、时间、天气与季节、道路交通、植物和动物。这些主题情境教育与学生日常生活息息相关，让学生在熟悉的生活中使用目的语言进行交流，发展学生语言能力。

笔者在澳大利亚访学期间曾到维多利亚州 Bendigo（Kangaroo School）小学学习，了解到澳洲 ESL（English as a Second Language 是母语非英语并把英语作为第二语言的语言学习课程），学习资源主要有 *Beginning ESL-Support material for primary new arrivals*，这本书是维多利亚州的 ESL 教师的培训教材，这本书同样是围绕主题设计情境课程，其中包括人们的衣、食、住和行等如图 7—1。①

在图 7—1 服饰主题中，教师可以自由选择资源，把图片复印下来并涂色，采用照片塑封的方法把这些彩色图片单独塑封，每张图片大约有 4cm×8cm，便于重复使用。教学时就是向学生展示图片，说出图片单词的意思，如 Put my head—hat；Mother's shoes—thongs；Gloves keep our hands warm 等。

笔者在英国学习期间还搜集到英国的语言学习资源，如朗文出版社出版的图片字典也是按主题分类学习语言的，如图 7—2。②

从英国、澳大利亚的语言学习资源中不难发现，这些主题与儿童生活密切相关，儿童积极性被调动起来。图 7—2 早餐主题中包括了全英式早餐的全部，师生之间、学生之间在熟悉的早餐主题情境中进行情境交际活动，如游戏、诗歌等活动。在交际活动中培养学生的交际能力和解决实际问题能力。在创设具体情境时，强调学生自己必须找出解决问题的方法（或答案）或以自己的行为表现来证明自己的学习过程和结果，

①　[澳] Department of Education ＆Childhooddevelopment，Victoria，*Beginning ESL-Support material for primary new arrivals*，Multicultural Programs Unit Learning Policies Branch，2006，p. 200—202.

②　[英] Pearson Education North Asia Limited，*Longman Children's Picture Dictionary*，Pearson Longman Asia ELT，2007，pp. 23—24.

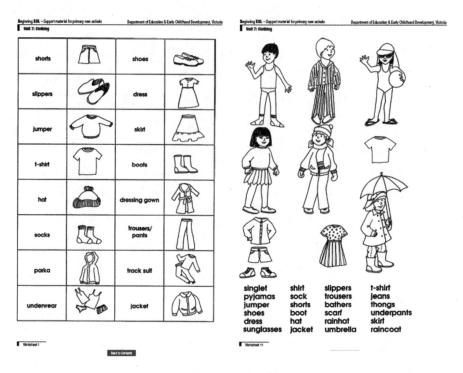

图7—1 服饰主题

图7—2 早餐主题

培养学生学习过程中的自觉性、自主性和创造性。

再如，江苏省现行的小学英语 3B 教材主要是学校、时间和农场三大主题。第一到第四单元围绕学校主题展开，第一单元是在教室上课的情境，第二单元是学生在图书馆的情境，第三单元学习用品，第四单元是课堂情境的延伸。所有这些都是学生在学校活动的情境，学生在熟悉的情境中使用目的语言练习，培养学生听、说、读和写等综合运用英语的能力。三年级下第 8 单元老师采取"边讲故事，边扮演"的教学方式，给学生留下了深刻印象，以至于很多学生听完故事后就能指着自己父母亲的照片说 He's my father; She's my mother. 英语语言在情境中脱口而出。

（二）语篇情境课程

新课程标准倡导学生快乐学习英语，教师应该运用多种教学方式以提高学生学习兴趣。语篇情境课程可使学生置身于特定情境中，激发学习兴趣，同时调动学生的积极性和创造力，提高课堂英语学习效率。现行的苏教版小学英语教材是以语篇情境教学为主。为了吸引儿童的有效注意力，英语课堂必须变得生动有趣，让学生参与进来。语篇教学紧扣儿童的心理特点，符合儿童认识事物的规律，可以使学生对英语产生浓厚的兴趣，促进英语知识的学习，有利于学生综合素质的提高。语篇教学既富有教育价值，又有益于语言教学。语篇教学有助于孩子把新事物和他们已经知道的事物联系起来；有助于孩子从不同的视角看待现实生活并体会他人的感受与想法；让孩子了解异国的文化和观念；通过小组合作来分享别人的经历——学会倾听并分享别人的喜怒哀乐；可与其他学科联系起来；有助于孩子思维的发展；激发孩子的兴趣，给他们带来快乐。语篇教学有语境、有情境，提供了真实语言素材，有利于学生理解或者掌握语言现象。以五年级上第 3 单元为例，老师边讲故事边展示动物的局部身体，猜测的方式给同学们留下了深刻印象，以至于很多学生听完故事后就能指着自己的身体部位说出 foot、leg、arm 等。

语篇教学要涵盖重点学习的内容，教学活动则依据教学内容、教学目标的需要进行设计。这就需要教师在设计语篇教学活动时，充分考虑教学的重难点和教学目的，围绕教学目的来设计语篇教学活动。在语篇教学活动中，学生可以通过看、听、说、写、做、画、演、议和思等形式复习巩固和运用所学知识，通过语篇学习活动能够实现更多的语言输入。

　　语篇故事是澳大利亚 Bendigo 小学的 ESL 课程教学中常用的资源，笔者注意到教师每次上课都会带一个大包，里面会有很多和课程内容相关的主题故事书。澳洲的出版社根据学生不同英语水平出版相应的故事书，初级读物主要是涉及动物、食品或生活中常见的物品和数学知识等的故事书。这些故事书印刷和装帧都很精美，吸引孩子阅读。教师教授孩子们动物名称，主要是澳洲特有的动物，比如树袋熊、企鹅、袋鼠、鸭嘴兽和鸸鹋等。上课时教师会有选择地给孩子们读故事书，边读边提问并和学生交流。每个学生至少有一本，阅读过程中学生可以提问，教师则给予解答。学生提前完成阅读任务，教师会给学生发彩笔，让学生自由画图画，这样学生就有事可做，不会干扰其他学生的阅读。

　　如动物主题袋鼠，学生可以阅读袋鼠 Joey 的故事，它生活在袋鼠妈妈的育儿袋里。教师问学生："Mother kangaroo. What do you see?"和小朋友玩动物游戏，了解袋鼠和其他动物的区别，如袋鼠是有毛的，生活在陆地上，吃草和跳跃等。教师引导学生读故事并提问，和学生交流，学生逐渐喜欢动物，学会如何和动物友好相处。

　　英语课堂教学中引入语篇故事首先是为了让孩子们能够在听语篇故事中获得乐趣。学生只需听懂或者读懂故事的大意或主线，而不必听懂故事中的每一个词。借助图画和动作进行教学，对孩子理解故事内容有较大帮助，但教师讲授语篇时的语调以及以什么方式来讲，会直接影响学生对语篇的理解。学生通过反复活用语言，轻松输出语言，实现习得，这比单纯强调以教师传授知识为主的传统英语教学更能提高课堂教学效率。因此，语篇情境课程与新课程标准倡导的有效教学是十分吻合的。

三　英语情境教育的主要原则

　　英语情境教育的基本原则是有效实施英语情境教育必须遵循的基本要求。英语情境教育能为儿童设置生活化的语言情境，儿童在特定情境中观察，思维促进了脑、眼、手的协调配合，儿童在操练中学，在尝试中学，在讨论中学，在丰富的情境中习得语言。

（一）情境感受性原则

情境感受性原则是指教师通过创设大量形象生动的情境来丰富儿童的表象，使其身临其境，引发儿童语言学习的欲望。心理学认为设置特定情境会对人有直接刺激作用，同时也能激发人的情感，教学实践也证明情感的重要特征是情境性。直观形象思维是儿童的思维特点，因此，教师设计情境时必须注重儿童直观感受性，通过大量形象生动的情境丰富儿童的表象引发儿童语言学习的欲望。语言习得过程中"听"是情境感受和掌握语言的基础，也是语言习得的重要环节。"听"是语言习得的基本途径，也是获得规范语言的保证，提高语言交际能力的中心环节就是"听"。语言学家海波斯和韦弗（Hybels & Weaver）概括听的过程包括预测、接收刺激、满意度、选择、记忆和评估①（参见图7—3）。

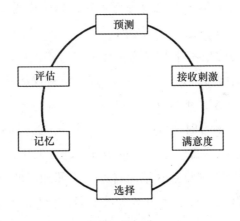

图7—3　听力过程

学生在教师创设的语言情境中预测，同时伴有个人的学习经验感受语言的刺激，在此过程中要过滤掉无关信息的干扰，保持注意力高度集中，进行信息的选择和加工，把新的信息纳入到大脑中，信息经过评估后保存。儿童创造力的表达要通过信息的提取，没有大量的语言感受和

---

① Hybels, Saundra, Richard L. Weaver, *Communicating Effectively*, McGraw-Hill Higher Education, 2001, p. 169.

语言输入——听，就不可能有语言的思维和表达。目前小学没有专门开设英语听力课，而是将听的教学贯穿在整个课堂教学中的，为了确保有情境感受和大量的语言输入，教师必须把学生作为课堂的主角，让他们在情境中感受语言学习的轻松和愉快，激发他们强烈的求知欲，激活他们的思维，让学生充分展开想象的翅膀，增强学习自信心，从而达到最佳效果。

（二）情境互动性原则

情境互动性原则是指儿童对教师创设课堂情境做出反应性行动的过程——发生于师生之间、生生之间的交往过程。情境教育必须把师生互动的理念内化到课堂实践中去。教师组织好各环节的教学活动，这些活动要有趣味性和针对性，要鼓励每位学生参与其中并乐于参与。师生互动和生生互动利用了移情作用，让学生产生身临其境的主观感受，全体学生在无意识作用下不知不觉地进行互动，学生成为课堂真正的主人，从而更好地理解知识，提高课堂效率。

儿童语言获得就是在师生情境互动过程中产生的，在情境互动中学生不断模仿并得到教师的鼓励。一些语言专家建议教师借鉴母亲教孩子说话的方式，这一方式被称为"照顾者的语言方式"，如宝宝发出了"ma"或"mama"声音时，成人立即有反应，如当时妈妈在场，就会出现在宝宝面前，情绪兴奋地重复"ma ma"进行强化，使"妈妈"这个人与"mama"声音之间建立联系，这就是"照顾者的语言"。这种语言的操作性条件反射在真实生活中多次重复即情境互动后，儿童就会通过联想准确地将"mama"与妈妈的形象联系在一起，从而学会了"妈妈"这个词。其中强化在儿童语言获得中无疑是有相当重要的作用，它使儿童的语言逐渐变得有效和得体。研究证明，儿童语言能力尚未达到掌握某种语法结构的水平时，通过反复机械模仿也能习得语言。儿童学习语言不是对成人的机械模仿，而是有选择性的。模仿者对示范者的言语不必是一对一的完全模仿，只要功能上相似即可，可以有差异和选择；这种模仿是在正常的自然情况下习得语言的。因此，儿童在模仿成人话语结构同时，在新的情境中和教师生成互动而产生灵感，学会用目的语来表达所学的内容，最终形成儿童自己新的语言结构，这样获得的言语既有学习和模仿的基础，又有新颖性。

（三）情境融合性原则

情境融合性原则是指教师创设情境课堂，实现师生、生生之间的有机融合。情境与课堂融合是从感受、互动到融合的过程，其中情境是深度学习的基础与锁链，感受、互动和融合是知识建构与理解、知识迁移、问题解决以及创造力形成的关键。教师是儿童学习的主要调控者，教师可依赖拥有的文化资源设计情境，成为儿童学习的"脚手架"，引导儿童"进入学习场"，吸引他们"在学习场"，最终促进儿童的深度学习。

儿童在语言学习中融入情感、富有情趣，必然能激发他们的学习热情。这就需要教师在情境设计中根据学生的生活经验和兴趣选择与教学内容相匹配的情境，并引导学生创造性地表达情感和情绪体验，最终实现师生和生生的情境融合，从而达到既定的教学目标。布鲁纳（Jerome Seymour Bruner）强调社会交往对语言获得的决定性影响，尤其是在亲社会行为中对儿童语言学习的影响，儿童是通过社会交往、情境融合习得语言。如果从小剥夺了儿童的语言交往，儿童就很难习得语言。莫斯科威茨从一名听力正常、父母均聋的儿童学习语言的事实中得到了论据：这个儿童平时通过电视学习语言，由于不能和父母进行语言的相互交流，缺乏应有的听觉反馈，最终不能真正掌握本族语言。英语课堂中教师用英语来组织教学，教师设计情境精讲多练，安排学生进行语言交际练习，让学生感受语言课堂的魅力，在情境互动中激发儿童的求知欲望，达到了情境融合，有利于实现儿童的语言联想。比如，儿童学习字母 a 时，教师设计图画一只蚂蚁在苹果上面，孩子自然而然学会了以 a 开始的单词 ant 和 apple。英语情境教育强调教师对语言情境的创设，语言环境是语言教学的核心，教师应尽量为学生创造一个全英文融合的情境语言环境，在创设的情境中反复练习所学习的语言，并通过丰富的活动促进语言联想进而加速语言习得。如果英语课堂活动忽略特定情境使用语言，就会把语言与学生的生活割裂开来，使学生失去了英语学习的兴趣，就无法激发学生的创造力。

四 英语情境教育的一般过程

借鉴李吉林语文情境教学思想，并结合小学英语情境教育已取得的成果，我们研究和设计了英语情境教育操作流程（图7—4）。我们之所以称之为英语情境教育的一般过程，是因为这个流程不是绝对的，它可以随着教学目标、教学内容和师生发展等情况而做灵活调整。

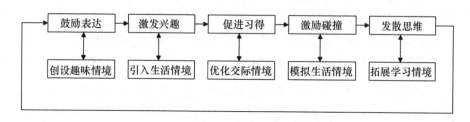

图7—4 英语情境教育操作流程

（一）热身：创设趣味情境，鼓励学生表达

学生带着良好的情感进入积极思维，才能有效地进行语言学习。在课始阶段，教师可以运用歌曲、歌谣、游戏或自由谈话方式开始一节课，这一环节的内容起到复习旧知引发新知的作用。比如，有的教师擅长用歌曲歌谣鼓励学生表达，上课开始用西方传统的歌曲或歌谣如：I like

I like sausages, I like stew, I like me, I like you, I like ice cream, and chocolate, too, I like me and like you.

再如，教学案例《圣诞节》中教师创设圣诞的趣味情境，用问答的方式来鼓励学生表达。由于学生获得了丰富信息，思路得到扩展，就可能产生出问题，愿意表达。

（二）导入：引入生活情境，激发学习兴趣

任何有意义的语言交际活动都是在特定的情境中实现的，没有情境就没有语言的意义，英语语言活动离不开语言的情境。因此，教师在导入环节要设计与当前学习目标相关的内容情境，这些情境要贴近生活的实际，将儿童熟悉的情境引入教学内容、教学环境中。教学语言和生活情境联结，激发了学生学习英语的兴趣和求知欲，让学生进入积极的学习情感状态，形成强烈的学习意向，提取记忆中的相关知识、经验，进而激发联想和想象。如 3A Unit4 My family，家是学生最熟悉的生活情境，教师给学生看他自己的家庭成员照片，导入句子介绍 This is my father. This is my mother. 等，利用学生对老师的好奇心，激发学生的求知欲。学生可以互相提问并尝试模仿互相介绍自己的父母和兄弟姐妹等，调动他们学习的积极性。

（三）操练：优化交际情境，促进学生习得

"人为优化的教育情境不再是一个自然状态下的学习环境，而是富有教育内涵，富有美感而又充满智慧和儿童情趣的生活空间。"[1] 操练环节教师借助优选的实物、图片和多媒体等辅助手段创设语言情境，多渠道地给学生提供大量的英语信息，拓宽学生的视野，从而激励儿童学习英语的兴趣，吸引儿童积极主动参与各项学习活动。在这些活动中，教师把抽象的语言知识转化为具体的交际内容。教师也可以通过制作多媒体课件来优化情境，鼓励学生之间、小组之间相互学习和交流。如 3A Unit 8 Happy New Year! 教师鼓励学生读故事，带着问题看卡通，预测故事，引导学生开展讨论，发挥他们的联想能力，最后鼓励学生进行角色扮演，引导学生在了解文本大意的基础上掌握故事的情节，鼓励学生用自己的语言复述故事，培养学生对故事的理解力，并锻炼儿童的思维能力和语言表达能力。

（四）巩固：模拟生活情境，激励思维碰撞

在巩固阶段教师引导儿童对已经内化的语言开展进一步的实践活动，使内化的语言知识向语言技能转化，在语言转化中学生能获得更深的感悟。最后，学生的情感、思维、语言和策略等都得到发展，学生在理解语言的基础上，把所学新知识通过活跃的思维活动运用于真实的情境或模拟情境中完成语言的交际任务，最终实现语言的教学目标。如 3A Unit 8 Happy New Year! 教师设计项目调查，学生希望得到什么样的新年礼物，学生分成小组来完成调查。教师可以利用项目调查引导学生运用本课的词汇和句子继续巩固学习内容，鼓励学生进行创造性复述，布鲁姆

---

① 李吉林：《情境教育三部曲（二）》，教育科学出版社 2013 年版，第 269 页。

曾指出，成功的语言教师应在课堂上创设更多情境引导学生进行创造性活动，这就要求教师能够模拟更多的生活情境让学生有机会运用自己学到的语言。在上述项目调查活动中，教师可以在黑板上呈现故事中的人物、事实等关键词和图片等信息，而学生运用发散思维来完成相互间的对话与交流。

（五）作业：拓展学习情境，激发发散思维

教师要设法运用情感激励来激发学生的表达欲望，发挥情感因素的作用来提高学生英语学习的兴趣和自信心，学会用英语表达内心的体验，使学生的创造性思维得到更好的发挥，从而达到创造性运用英语进行交际的水平。教师给学生多布置开放性的作业，不按统一的要求，如单词拼写活动中让学生用 STUDENT 里的字母来写出能想到的单词，看谁的数量多（流畅性）；学生学习植物主题的内容时，鼓励其收集植物的叶子、果实等来撰写植物生长规律的故事书，这样学生的作业就不会千篇一律，同时他们也能充分发挥自身的发散思维，乃至开发学生的创造性思维。教师结合学生学习实际来设计分层作业，培养学生灵活的思维和发展学生独特的思维品质。如 3A Unit 8 Happy New Year! 教师布置作业可分层设计如下：A（听故事和读故事并模仿故事中人物的语音和语调）B（听故事和读故事并模仿故事中人物的语音和语调；项目调查了解家人希望得到的新年礼物）教师分层布置作业为学生提供创造思维的机会，让学生养成从多角度认识事物、解决问题的思维习惯。

五　英语情境教育的操作要义

（一）以"美"育德，润育情操

德育是发展儿童鉴赏美和创造美的能力，培养他们健康的审美和高尚的情操。情操很难"教成"，要靠学生思想道德成长的根基即文化知识，以文化知识为载体进行德育具有强大的说服力和感染力，在学科中从小培养儿童知美、懂美，做到"润物细无声"。比如，将具有美感的歌曲、歌谣，充满美好想象的图画、色彩，或是手工活动等等带入课堂，儿童通过感官去感受、体验，美好的事物引导他们用眼睛去凝望和观察，在形象中受感染的同时，感受轻柔美、壮阔美、崇高美……儿童的视、听和运动觉逐渐变得兴奋起来，儿童的感官也变得更加敏锐，这直接影响到儿童悟性的提高。如手工制作活动以形象的可视性和动手操作性表现出独特的审美性，对儿童的实践操作能力和审美能力起到促进作用。

课本与现实生活联结的纽带是语言环境。教师要创设模拟的生活环境，这就要求教师寻找、挖掘和创造有助于学生学习语言的环境，教师要激发儿童对美的热情，引导儿童积极参与到语言活动中，使他们完全沉浸在英语之中，彻底改变以往英语教学中以教师为中心，教师代替学生思考和练习的"哑巴英语"教学。教师要注意语境的选定，要从教育的内容、学习的要求出发，符合学生实际能达到的水平，以调动学生良好的学习情绪，使学生有话可说、乐于开口。教师个人的情感也非常重要，在教学中渗透教师的"情"，使原本枯燥的说教变得生动形象，这种"情感"让师生更加融合，使学生受到美的熏陶、情的感染、爱的教育和品德的启迪。

（二）以"思"启智，探究问题

心理学的研究表明，在整个小学阶段，儿童的抽象逻辑思维水平随着年龄的增长而不断提高，尤其四年级（11—12 岁）是儿童抽象逻辑思维发展的转折期。抽象思维训练包括排序、分类、比较与概括、分析与综合、归纳与演绎、预测后果和解决问题。根据语言活动内容，教师经常设疑布阵，启而不答，留一点空间，让学生自己去发现，这样更易唤起学生的学习兴趣，激发思维的兴奋点。情境以观察为基础，拓宽了儿童学习的思维空间，培养儿童灵活的思维品质。情境赋予了丰富的美感，让儿童多看多想，更让他们的思维跳跃，易于表达。这时儿童的创造性思维处在最佳心理状态，儿童的语言能力通过逐步训练，逐渐形成连贯的语言表达。英语情境教学强调语言训练，以自然拼读为基础、以媒介感知为辅的思维训练，强化目的语的整体训练。思维训练总是有内容和形式的。因此，教师要让儿童从模仿入手训练语言再到逐渐超越模仿，形成儿童自己的语言创意，使他们的思维水平不断提高。

儿童获得创造性的另一种潜能是质疑，儿童对学习拥有质疑的头脑和批判的精神，这些是儿童语言创造性活动的重要支点。因此，教师在课堂教学中要培养儿童的质疑精神，鼓励学生发现问题疑难、提出问题解决各种假设。这种探究有两层含义，一是找出问题的关键所在；二是寻找解决问题的方法。生动的情境呈现在儿童的眼前，造成儿童的"直接的印象"，激起儿童的情感体验，成为一种助推力，活跃儿童的思维，推动儿童不断探究。如在故事阅读中一般可根据故事情节、人物的神情动作和人物的语言等，想象故事可能发生的情节和多种结局，进行预测和推测。

（三）以"情"激趣，引发共鸣

情感是人对客观事物的一种态度，是人的需要与客观事物之间的反映，对于儿童的语言学习具有重要的意义。情感是儿童智力及非智力发展的原动力，情感又是语言学习理解和表达的心理基础。儿童有情感体验和情感要求，才能有相应的智力及非智力活动，学生只有对语言学习产生情感，才能受到环境气氛和他人的感染投身学习而产生共鸣，准确理解文本并细致地表达自己的感情。培根（Francis Bacon）说过，好奇是知识的萌芽。小学生身心发育尚未完全成熟，理性思维虽已萌芽，但他们的自控力仍较弱，对新奇事物易于产生好奇。情感参与认知活动，以"兴趣"为基础，诱发学生好奇心，充分调动儿童主动性，即儿童内部动机。学习分为内部动机和外部动机，研究表明，内部动机比外部动机具有更持久的推动作用，内部动机能导致更高水平的创造性的发展。情境教育提倡语言课堂要设计生动形象的情境，激发学生的学习情绪，教师的语言和情感有效结合教学内容共同形成一个广阔的心理场，促使儿童积极地投入英语的学习活动，达到儿童语言听、说、读和写发展的综合教育目的。情境教育正是抓住了儿童发展的动因——情感，展开一系列的语言活动，学生是否积极主动投入，成为教学的关键。

教师把儿童带入语言情境，借助于儿童的想象活动，把教材内容与儿童所想象的情境、儿童真实的生活情境联系起来，从而拓宽意境，把儿童带到文本中的情境中。情境教学促进了儿童的想象，儿童的想象又丰富了情境。儿童的想象越丰富，对文本的理解就越深刻。正因为如此，创造性人才必备的工作特征是具有高水平的内部创造动机，它又称为人们进行创造性活动的动力，同时也能保证人们在任何情况下都会投入到创造性活动之中。

（四）以"活动"导学，体验乐趣

语言学习是一个互相交流的过程。教师在教学中要积极引导学生参与英语活动，尽可能排除学生学习的心理障碍，鼓励学生大胆尝试。如课堂常用的排序活动、匹配活动、各种游戏活动、歌曲活动、分类活动、绘画活动和阅读提问等等，儿童在教师设计的连续活动中体验语言学习的乐趣。激励性课堂氛围可以促使学生内在动力的发展，而外部强化确实能进一步增强学生的学习动机。学生通过语言活动不断获得进步，从而发掘他们的学习潜能，从而实现儿童高效率的语言学习。英语情境课堂采用游戏活动是最为有效的方法，它能使儿童的注意力集中在所学的内容上。如"匹配"游戏中，教师发出指令，学生听到信号后大脑迅速搜索相关图片信息，眼、手、脚协调一致，快速找出该单词。学习动机和学习兴趣的激发应在活动中培养，没有活动就没有思维，教师应该经常开展此类的游戏调动儿童的思维，在轻松愉悦的游戏情境中培育儿童的想象力。

学生英语学习的兴趣和潜力的发挥都受到教师言行的影响，上课时教师要及时肯定学生的进步和鼓励学生积极参与活动，这些都会在潜移默化之中激发学生对英语学习的兴趣和创造潜能。对小学生应多表扬，多给予奖励，他们比较看重教师的赞扬。对学习困难的学生应多表扬，唤醒其自信。在宽松、和谐的语言学习氛围中，学生愉快地学习，没有压力和负担，有利于形成良好、和谐的师生关系，增强学生的自信心，进而调动学生学习的积极性和主动性。

（五）以"生活"为源，生成知识

英语课堂是儿童语言学习的特殊领域，为了让儿童更好地学习语言，教师的课堂教学从实际的儿童生活出发，以"儿童生活"为源，通过了解儿童的生活活动和学习状况来设计和改进教学活动，最终让儿童掌握语言。教师既要设计好一堂课的教学内容、目标，又要设计好要达到总目标的各个步骤，而各个环节的教学内容也要符合教学目标的要求，也就是设计各阶段教学内容要符合学生的认知规律的发展和学生的学习实际情况。每个教学环节的内容要与学生实际生活相联结，由浅入深，让课堂教学活动既是学生知识学习的过程，又是儿童展示个性、发展创造

力和提高综合素质的过程。教师制定学生学习的各阶段目标，既要符合
儿童的认知规律又要结合儿童实际情况来进行。在这样的学习过程中，
教师的教学活动中每个步骤都符合学生自身的认知发展需求，内容又是
儿童所熟悉的，学生就自然而然地融入课堂学习活动中，主动思考、积
极设问、尝试和实践。教师在这个过程中要审视自身的教学行为，关注
所设计的教学活动是否与儿童生活密切相关、是否激发儿童学习的兴趣，
课堂注意观察儿童的反应，最终提升教学实践能力。

英语教师要成为儿童语言学习的研究者，他们要研究儿童、研究语
言教学规律，要求教师将儿童的生活与实际的教学结合起来，使英语教
学活动真正体现探讨语言的意义，这将大大地提高儿童学习语言的兴趣，
继而乐学好学，最终生成并内化为儿童的知识。

第二节　英语情境教育促进儿童
创造力发展的机制分析

英语情境教育促进儿童创造力发展的机制是指英语情境教育促进儿
童创造力发展的过程和方式。英语情境教育通过给学生设置贴近生活的
丰富情境，把生活中具体的形象引入课堂，激发起儿童对英语的学习兴
趣。"教师营造的课堂氛围同样影响着创造力的发展。当教师确保学生在
心理上有安全感时，他们就在鼓励创新。在这样的氛围中，学生不用担
心遭到老师和同学的嘲笑，他们悦纳自己，愿意承担风险，并且不用承
受过多的压力。"①

一　审美入境，激发儿童的创造性动机

感性形象可以表现美，优美的诗歌韵律让儿童通过视觉和听觉感受
美和享受美。英语情境教育就是让学生在欣赏优美的韵律诗和歌谣作品
的同时学习语言，让学生能认识美和接受美，进而通过语言来表现美。

---

① ［美］Ronald A. Beghetto，James C. Kaufman：《培养学生的创造力》，陈菲等译，华东师
范大学出版社 2012 年版，第 108 页。

韵律诗和歌谣所蕴含的节奏、音调的变化对儿童语言创造力的发展和语言的敏锐的感觉起着重要作用。情境英语学习中语感的培养是重要的，正如音乐用旋律、节奏与和声来表现一样，语言的创造最终要落实到运用语言的表现和创造上来。北京师范大学林崇德从五方面概括创造性人格：健康的情感；坚强的意志；积极的个性意识倾向；刚毅的性格和良好的习惯。通过上述概括我们不难发现，创造性人格涵盖内容极其广泛，由此可以肯定"创造性人格是创造性活动的内在动力机制，是引发、维持、促进、调节和监控创造活动的心理特征的有机总和，并折射出主体积极向上的精神面貌和心理状态"。①

教师选择那些节奏优美鲜明、符合儿童接受水平的诗歌，让儿童欣赏和学习，在此过程中引导儿童感受诗歌的节奏美和语言的律动美，这对培养儿童健康的情感、积极的个性和良好的习惯等奠定了坚实的基础，同时对儿童创造性人格的培植有很大帮助作用。教师要了解学生的兴趣，结合社会和文化环境，培养学生感受美、鉴赏美、表达美和创造美的能力，发展他们关爱人和关怀社会的情操。

（一）韵律诗感受语言律动美

英语韵律诗独特的节奏感能够激发学生吟唱的兴趣，在他们开始学念诗之前，教师可以借助图片和肢体动作让学生领会诗的意思。学生在学念小诗时，认真听与模仿可以帮助他们理解诗的大意的同时，还可以帮助他们记住其中单词的意思，如教师使用夸张的手势，让学生从中得到学习的乐趣，学生理解了这些单词后再拿掉图片，最后可以把学生熟悉的动物或事物的名称放到小诗里让他们模仿。学生能用英语表达时，念小诗就成为他们英语学习过程中很重要的一部分。诗中蕴含的美可以激发他们对美好事物的追寻，在美的追寻中提升精神，最终创造美好的事物。正如海德格尔（Martin Heidegger）阐述荷尔德林（Johann Christian Friedrich Holderlin）时曾这样说："充满劳绩，但人诗意地，栖居在这片大地上。"② 儿童觉醒的诗性开启了创造力的源泉。下面以 POPCORN 和

---

① 王灿明：《儿童创造教育新论》，上海教育出版社 2015 年版，第 15 页。
② ［德］海德格尔：《荷尔德林和诗的本质》，孙周兴译，商务印书馆 2000 年版，第 46 页。

STAR LIGHT 这两首小诗为例:

POPCORN

Pop the popcorn,

Pop the popcorn,

Pop it in the pot.

Pop the popcorn,

Pop the popcorn,

See the popcorn pop.

Eat the popcorn hot.

STAR LIGHT

Star light, Star bright,

Star light, Star bright,

First star I see tonight,

I wish I may, I wish I might,

Have the wish, I wish tonight.

学生都喜欢集体唱歌或念诗,当他们十分熟练掌握这些小诗时,可以让他们分成小组表演。在大班分组表演非常有效,这有利于培养学生的团队精神。教师教学时可以选择一些与学习内容相关的小诗,学生只需明白诗的大意就可以了,不必理解每个词确切的意思。学习小诗的目的是训练学生标准语音和语调,鼓励学生先轻些读,然后再大声朗诵。有时教师还可以用简单的乐器拍打节拍,如铃铛、鼓等。教师还可以鼓励学生在课后朗诵给家人或朋友听,让学生从念小诗中体验到成就感和律动美。这些律动美持续引发儿童对英语学习的兴趣,激发儿童对美的向往和追求,形成积极进取乐观的人生态度,进而陶冶情操。

(二)歌谣、歌曲发现节奏美

歌谣、歌曲活动紧扣教学目标,教师准确的语音和语调示范,让学生正确感知理解语言，与所学的语言知识相结合。优美的歌谣、歌曲有着鲜明的节奏，儿童学习时结合动作、表演可以活跃课堂气氛，激发学生学习英语的兴趣，对语言记忆有强化作用。节奏优美的歌谣、歌曲可以灵活运用到教学的各个环节中，既拓展学生的文化视野，又让学生感受到美的熏陶。研究表明，节奏优美欢快的歌曲、歌谣能促使儿童右脑的发育，在优美动听的旋律中，儿童情绪表现是兴奋的、愉快的，这时的创造力就处在最佳状态。教师运用歌谣、歌曲时可以用图片帮助孩子们记住其中单词的意思，借助动作帮助他们理解，用一些夸张的手势，让他们从中得到乐趣。如 Hickory dickory dock 是时间主题的歌谣，在英语国家流传多年。

Hickory dickory dock，The mouse ran up the clock，

The clock struck one, and down he run, Hickory dickory dock!

再比如歌谣：

Green Monster Chant

It's a green monster from Mars.	Let's paint it white.
It's a white monster you see.	Let's paint it red.
It's a red monster from Mars.	Let's paint it blue.
It's a blue monster you see.	It's a blue monster you see.
We can paint it yellow now.	Yellow monster from Mars.

教师根据学生实际情况对歌谣或诗的内容进行删减，把学生十分熟悉的动物或事物的名称放到歌谣或小诗里让他们模仿，让学生尝试表演。学生理解了这些单词后再拿掉图片，他们很快就能哼唱出歌谣。生动的形象、动听的歌谣和各种艳丽的色彩图片相配合会牢牢地抓住儿童的吸引力，这不仅大大提高了学生认知词汇的效率，还能让他们很快领悟词汇的含义。

教师在创设英语情境时要注意把审美情感和语言表达方式融合起来，

把西方传统文化融入儿童的英语学习当中。学习过程中学生对语言的审美能力也有所增强，学生能够在优美的文字里发现美和享受美，对一些精妙的语句也有了自己的感性体悟。实践证明，创造的思维离不开创造的氛围，这种氛围要靠教师用爱心来营造。儿童在教师营造的美的情境中欣赏那些有代表性的英语诗歌，锻炼学生的联想与想象力，给予精神的享受，从而陶冶情操，进而培植学生的创造性人格。

二　意境广远，培育儿童的创造性想象

情境教育就是对儿童情感世界进行浸润和洗涤，让儿童体验人与人、人与世界的精神联系。情境教育的前提是教师的精神力量被唤醒来引发儿童的精神力量，教师对儿童、对教育充满爱，促进儿童成长，教师也得到成长。想象力属于人所特有的高级认识的过程，在生活中儿童有一定的知识积累，这是想象的基础。观察发现，儿童喜欢各种幻想游戏活动，这些幻想游戏活动反映了儿童的现实生活，儿童创造性想象正是在这些幻想、想象的游戏活动中得到培育。陶行知先生提出了要解放儿童的头脑、儿童的眼睛、儿童的嘴、儿童的双手、儿童的空间和儿童的时间的"六大解放"思想，英语课堂设计的虚拟情境和体验情境有利于儿童获得解放，培育儿童创造性想象，让儿童产生创造性学习。

（一）虚拟情境融入课堂诱发空间想象

儿童的世界充满了纯真和浪漫，这是儿童的天性。儿童纯净的心灵对自然产生好奇和惊喜，在这个过程中感受快乐，欣喜接纳未知。儿童的情感是要培养的，正如绘画中用线条和色彩来表现情感一样，儿童追求真、善和美是他们的情感的表达方式，这成为儿童语言创造力发展的动力。教师在了解学生学习需求的基础上，通过语言描述、实物演示、角色扮演、现代化的多媒体手段等为学生创设一个个富有美感、生动形象的虚拟情境，激发学生自主学习的内驱力，诱导学生探究未知积极思考空间，点燃其智慧的火花，诱发儿童想象。为了满足课堂讲解知识点的需要，教师创设虚拟情境，运用动作、表情等各种体态语言来讲解英语。如3A Unit8 Happy new year! 在学习新年主题的词汇和句子用法时，教师可以设计虚拟的、欢快的新年情境，教师带一些玩具、皮球和 CD 等实物到教室，播放新年好的歌曲，鼓励学生学会表达新年好的问候语。儿童认知结构中的旧知识在虚拟情境中与新知识建立联结实现对知识的重新建构，这些虚拟的情境诱发儿童的空间想象。

（二）体验情境驱动游戏诱导想象

游戏活动是人的本性体现，小学英语活动有各种游戏，如语法游戏、词汇游戏、匹配游戏和猜测游戏等，这些游戏活动都可以围绕听、说、读和写开展。课堂教学使用游戏诱发儿童想象的同时也激发儿童对语言学习的兴趣，还可以活跃课堂气氛。教师还可以设计一些富有创造性和挑战性的游戏。如，老师通过描述某一物品让学生猜，It's a round toy. It's used in many games. 学生们会猜是篮球、足球、乒乓球。在教学时我们可以利用所学单词或句型猜人、食物、学习用品等。如 Look，here's my bag. Now，what have I got in here? There's a book，that's my English book ... And my pencil box，with my pencils in it ... Look ... I'll open it. Here are my pencils ... some coloured pencils. One，two，three，four pencils．猜测游戏利用学生的好奇心，加上教师语音语调的变化，能吸引学生注意力，上例中教师可以把实物放到包里，让学生自己去触摸和辨别，进而增强儿童的想象和记忆力。

三 形真造境，训练儿童的创造性行为

儿童的艺术创造力来自于儿童各种艺术活动的培养。英语情境教育就是要运用直观教学的手段来培养儿童对不同文化艺术的认知，如各种画画活动。绘画是培养儿童创造力的重要手段，课堂教学要求教师围绕学生的实际生活，以教材为中心结合学生自身经验运用实物、图画和教师肢体语言设计课堂情境。这些情境可以帮助学生用所学的知识来解决真实生活情境中的问题，同时培养儿童对不同文化的理解，有效地发展他们的艺术创造力。儿童在语言课堂上的创造性行为虽没有社会价值，但可以培养他们对语言学习的兴趣，进而引发儿童的幻想，最终激发儿童的创造性行为。

（一）实物与图画持续积累激发兴趣

小学生的理解能力是建立在对事物感知的基础上的，以形象记忆为主，对具体形象的材料更容易记忆。教师利用图画结合电影和多媒体让学生直观了解英语国家的文化，如世界各国的重要标志：澳大利亚的悉尼歌剧院、英国的大本钟、美国的自由女神像等。课堂实物和图片让学生养成观察的习惯，以表象的形式储存在大脑中，各类型的图画形成了具有自身特色的语言体系，特别是色彩丰富的图画吸引学生的注意力，教师结合语境描述学生感知的表象能让他们在创造力绘画中进行创造想象。课堂图画具有直观、鲜明、生动等特点，而且记忆持久、完整、清晰，符合儿童形象记忆规律。图画连接学生熟悉的生活，学生把图形信息转化成语言信息促进了言语—语言智能的发展。鼓励学生用图画来完成任务，借助图画表达理解语言。

如 3B, Unit 7 On the farm 授课内容围绕农场动物这个主题，教师可以设计农场场景挂图，也可以鼓励学生画配套的农场动物的图片，如下面的农场动物简笔画①。教师事先准备： rabbit, cow, pig, dog, horse, rooster, goat, duck. 在语言习得教学中，教师可设计"听与辨物品"活动，这项活动其实是在训练一项最基本的语言技能——听。学生在领会英语词汇意思的同时，扩大词汇量，并能将每个单词的发音和意思对应起来，同时学生还可以更好地理解西方的农场文化。如教师手指着图画说：

> T: Look, here's some pictures. There's a duck, that's a yellow duck... And a cow, with black and white ... Look ... There's a pig ... pink pig. Ok, we count it. one, two, three, four ...

接着，教师说出这些英语单词，让学生尝试用手指出或出示相应的

---

① 本章简笔画图由南通大学艺术学院 2015 级专业硕士生李晓云创作。——笔者注。

动物图画。结合语言的情境，把词汇融入孩子们亲眼所见、亲身经历的具体事件中去，激发他们的学习兴趣，鼓励学生通过观察农场情境图，让学生以绘画形式大胆表达他们的感受、他们的情感，来提高儿童形象思维能力和想象能力，也为他们艺术创造力的发展打下坚实的基础。

（二）丰富的主题活动引发幻想

在教师设计的主题活动中，学生利用教师非语言线索（如手势）理解并习得英语，并能领会教师所讲英语的大意，为他们说的活动做好准备，同时掌握正确的语音语调。如 3A，Unit 6 Colours 中学习颜色的主题活动中有新词句 black，blue，brown，green，orange，red，white，yellow. What colour...? It's.... 教师可以先用水彩颜料设计真实的情境，教师展示事先准备的水彩颜料，一边指着蓝色的水彩一边问 What colour is it? 一边回答 It's blue. 教师以此类推引出其他的颜色词汇，教师边说边用手比画，这样学生边听边看，可以非常直观地理解颜色词、句的意思，接着让学生来模仿演示，教师为引发学生对艺术的感受力，可演示不同颜色融合的变化，如蓝色和红色会变成黑色，黄色和红色融合成为橙色等，学生在模仿过程中理解色彩的变化美妙无穷，会觉得有趣，引发学生对色彩运用的灵感，英语学习也不枯燥了。在此过程中儿童会产生好奇，蓝色和绿色融合是什么颜色……儿童开始提问和追究，进行积极思索，儿童自己动手去尝试。儿童的好奇心是创造的动力，如果没有好奇心，就不可能产生发明和创造。研究发现，适度的练习可以增强儿童的动手能力，这些活动引发儿童的幻想，而幻想则有助于儿童的创造力开发，在一次次动手做中尝试失败吸取教训，不断拓展幻想思维，用多种方法去解决问题，这就是一种创造性活动。

再如 4A，Unit 2 Let's make a fruit salad 中学习会说 Do you have...? I have... Let's make a fruit salad. 和一些水果 a banana、a grape、a mango、a pineapple 等，教师可以模拟真实生活情境，让学生把这些水果带到课堂上，激励学生说 Do you have...? I have.... 做沙拉时教师边做边引导孩子表达 Let's make a fruit salad. 学生们亲自动手做沙拉并品尝自己的劳动成果，可以获得更多的情绪和情感的体验，教师在教学结束时鼓励学生回家给家人做沙拉，也可以查阅关于沙拉的相关饮食，看看还有哪些水果和蔬菜适合制作沙拉，教师鼓励学生实践探索，诱发学生幻想的欲望，进而激发学生了解西方的饮食文化，也能感受到中西方饮食文化差异，提高学生跨文化交流意识。幻想是一种极其可贵的品质，儿童通过幻想可以体验人生、体验生活。通师二附在李吉林的倡议下为儿童建造了一座"童话楼"，其目的就是培养儿童的创造性才能。

四 理寓境中，培养儿童的创造性思维

思维能力和知识经验是构成创造力的重要部分，其中创造性思维重要的基础就是学生已有的知识经验。"创造性思维的前提是跃出已有知识的范围，可是，正是这些知识才是发现新知识的支柱。"① 维果斯基（Lev Vygotsky）认为儿童的语言发展都经历过用外部符号帮助内部思维的阶段，如通过图片学习单词。儿童认知图片中每一件物品都有一个名字，儿童的语言发展中出现了以自身为中心的言语，这种言语导致儿童内部语言的出现。内部语言与外部语言和思维都建立重要的联系，因此语言是思维的工具，思维可以通过声音表达。李吉林强调："儿童思维的发展在情境课程开发、建构的过程中始终放在重要位置、核心位置。"② 英语故事的情节性、趣味性符合儿童思维发展的特点，为儿童的英语学习提供了丰富的语言积累。

（一）故事开启儿童推理能力

故事的情节并不局限于现实生活中的人和物，给了儿童极大的想象空间，故事往往编写得情节生动，人物特点鲜明，是儿童喜闻乐见的类型，故事的讲述者在叙述故事的过程中，声情并茂，还能和儿童互动参与，故事总是能牢牢地吸引学生的注意力，使儿童的情绪随着故事情节的发展发生一系列的变化。同时，他们也经受了知识教育和情感教育，唤起他们的想象力和好奇心展开丰富的联想。讲故事不一定都要讲完，可以留有一定的空间让他们自己去展开想象和推理，这样儿童不会受到

---

① ［苏］卡尔美柯娃：《中小学生的创造性思维》，徐世京译，上海翻译出版社1984年版，第189页。

② 李吉林：《为儿童的学习：情境课程的实验与建构》，外语教学与研究出版社2012年版，第415页。

局限自由地表达想法，开启他们的推理能力。

如《小红母鸡的故事》（The little Red Hen）讲述的是小红母鸡种麦子、割麦子、把麦子变成面粉，最后烘烤出美味的面包。而她农场的朋友不肯帮助她做任何工作却要分享美味的面包，最后被小红母鸡拒绝的故事。教师讲到小红母鸡烘烤出美味的面包就停下来，留给儿童想象的空间，让儿童动脑去想象接下来发生了什么？结果会是怎样的？他们会想出不同的结果，这样不仅可以培养儿童的推理能力，还能锻炼儿童的语言表达能力。

为了让学生听懂故事，有必要对内容作适当的改变、添加或删节，有时重复讲其中的细节，并不时向学生发问，既可以让学生集中注意力，又能引发思考拓展思维。"讲故事并没有取代分析思考，它能帮助人们更好地分析思考，因为通过适当地讲故事，人们更容易理解抽象分析。"[1] 鼓励学生参与到故事教学中去，比如让学生预测关键单词或者短语，教师可以停一下或者带着疑问的表情望着学生，还可以将手放在耳朵上来暗示你正在期待着学生的加入。学生回答正确时，要重复学生所说的内容，并表示赞同。在适当的地方暂停一下，增加一些戏剧性的效果，或者给学生时间让他们将听到的和看到的联系起来，并消化吸收插图中的细节；模仿不同的主人公说话时，尽可能多地使用不同的声音，这样就可以在不同人物说话时给学生一个暗示，帮助他们理解剧情后做出推理，有些地方也可以增加一些背景音乐。

（二）角色扮演启发儿童联想能力

"通过角色的扮演、角色的对白、角色的情感交流，使教材中原有的逻辑的、抽象的、符号化了的内容变得现实化、形象化。"[2] 小学英语课上的主角应该是学生，因此一切活动都必须围绕学生开展，让学生在团体协作中完成各种活动。译林版小学英语教材中有很多故事活动，这些故事活动都鼓励学生参与，教师可根据学生实际情况鼓励学生讨论和角色扮演，这些活动都要学生组成团队团结协作。"我们尽量有意识地避免

---

① ［美］丹尼尔·平克：《全新思维》，林娜译，北京师范大学出版社 2006 年版，第 83 页。
② 李吉林：《情境教育三部曲（三）》，教育科学出版社 2013 年版，第 268 页。

死记硬背或是记录单词的形式，而是强调情节主线、节奏及故事的感觉。"① 通过这些活动，学生的分享精神得到了培养，班级中学习英语的气氛很浓厚，经常可以看到学生们课后还在一起讨论问题。如故事情境课堂教学中师生的双向互动，不仅仅局限于师问生答，还包括学生针对某一个问题做出决策，再分成几个小组，各自陈述自己的决策，并组内进行讨论，最后派代表向全班分享讨论的结果。

童话故事、民间故事提供了很多讨论材料。如很多童话故事几百年来被反复讲述，这些优美的童话不仅讲述故事，还描写现实生活的困境。如1900年出版的《绿野仙踪》，我们看到故事主人公多萝西只有6岁，但所有人都敬佩她。她打咆哮的狮子的鼻子，说他应该为咬了托托而感到羞耻，她用水把抢了她一只银鞋子的坏女巫溶化了。多萝西非常善良、对朋友诚实，还特别勇敢，故事从儿童的视角探索了许多问题，其实质是在帮助学生学会如何思考。学生也能从多萝西与狮子的遭遇中联想到很多东西。在多萝西打了狮子的鼻子之后，他哭了并用尾巴擦眼泪。她问他为什么那么胆小，这是典型的儿童问的问题。这也是要让读者思考，勇敢的标准是绝对的还是相对的。

这个故事的学习过程体现出同伴的合作交流，以及不断的学习和被指导，学生相互间不断地习得语言，从而促进语言能力的发展与提高，这是一个不间断的正循环过程。学生在角色扮演的语言学习环境中成为积极的思考者，他们的大脑和认知在共同作用中促进了联想能力和语言能力的发展，同时也强化了学生之间的分享。较早期研究表明"按能力水平编班，优秀的学生能够参加更多的创造性活动，学校生活使他们感到振奋，极大地调动他们创造的积极性，促进个体创造力的发展"②。

---

① ［英］John Morgan Mario Rinvolucri：《讲故事习英语：语言表达练习指南》，齐欣等译，南开大学出版社2007年版，第5页。

② ［美］特丽萨·M. 艾曼贝尔：《创造性社会心理学》，方展画等译，上海社会科学院出版社1987年版，第200页。

第三节　英语情境教育促进儿童创造力
发展的操作路径

爱因斯坦曾说，一个人要找寻到自己兴趣的道路，前提是学好本学科的基础知识并能独立思考。可见，一个乐于探索者必须以自己专业为基础去寻找自己研究的道路，其中基础知识学习过程中离不开学生的发现，发现则要渗透到语言教学的各个环节之中。英语情境教育是教师引导学生听（Listening）、说（Speaking）、读（Reading）和写（Writing）等语言综合能力的发展，鼓励学生在学习过程中逐步发现并探究，激发儿童创造性行为，培植儿童创造性人格，培养儿童创造性思维，培育儿童创造性想象。

一　Listening：丰富儿童的感性经验

一项最新研究显示，胎儿发育到一定程度后，大脑已能识别外界声音，并且出生后仍能记住在母亲子宫中经常听到的言语。孩子出生前，如能跟他读书、唱歌或者聊天，其语言智能就能获得超前发展。在语言习得过程中，"听"不仅是取得语言知识的基本途径，也是保证语言规范化和语言实践的重要手段，是提高语言交际能力的中心环节。因此，听力是掌握语言的基础。教师应通过听的活动激发儿童创造性行为，如听与绘画活动、听与手工活动等，这些活动能激活学生思维，学生在讨论学习过程中展开想象的翅膀，增强学习的自信和创造性行为。

（一）创作绘画作品

听与绘画活动结合可以开发儿童大脑的右半球，增强儿童想象力、形象思维力和创造性行为。教师在课堂上设计自然情境向学生介绍常用语，一定的情境和相应的语调、重音等能促进儿童思维发展，儿童边听边画能促进他们的思维以及想象力的发展，进而激发儿童创造性行为。教师要注意保护和尊重儿童的"原发过程"思维，丰富儿童的感性经验，通过多种艺术活动提高儿童的动手能力，为儿童日后的发展提供良好的铺垫。在下面练习画的情境活动中，教师引导学生发散思维，从不同角度去思考问题，激发儿童创造性行为。片断呈现：

Teacher: So, are you ready to draw? OK, so . . . sh. OK, so listen, listen. On the left, the left side, draw a tree, a big tree . . . OK, like so, a very big tree! On the left . . . OK. That's a big tree, Fangfang. Great. So you've all got a tree in your picture?

Teacher: OK, at the top of the tree, draw two small birds . . . OK, two little birds. OK, so they are sitting near the top of the tree. OK, two little birds . . . Good. Good. . . .

这段文字中的大树、小鸟每个学生都见过，重要的不是他们画出的结果像或不像，而是在情境听和画的过程中，儿童听懂教师的语言，也发展了他们创造性思维能力，儿童在画的过程中体验了创造的乐趣，也诱发了儿童情感，儿童的创造性想象必得到了发展。

教师还可在后续开展一些拓展活动，如挑出三四幅学生的作品贴在黑板上，向全班同学展示，并一起描述画中的内容，作品展示活动能让儿童感受美和享受美。教师描述它们的差异或让学生找出不同点：How many differences can you find? 还可以根据图画内容编故事，如：The cat might eat the birds. 教师用儿童的作品以故事形式讲述，学生可以边听边回答教师的问题。在自由的空间里，教师设计开放性问题都是丰富多彩的，教师对儿童既不限制也不暗示，这些想象活动都有利于激发儿童的创造性想象和幻想等行为。

（二）手工创作活动

情境教育要求情境设计活动从儿童日常认知、真实生活以及促进迁移入手。教师要设计出与学生自身经验相符合的情境，这些情境设计有助于学生的知识迁移，学生用所学的知识解决生活中遇到的问题，并激发儿童的创造性行为。手工制作活动更具创造性，课堂上学生可以动手制作很多东西，可以用橡皮泥、纸张或卡片等做出模型和海报或展示或贴在墙上，也可以为某个特殊节日制作贺卡，如生日、圣诞节、父亲节、母亲节和复活节等，人们经常互相赠送卡片。母亲节前教师可以鼓励学生制作一张母亲节的卡片，和学生一起讨论制作贺卡需要哪些材料？以及在贺卡上对母亲说些什么。如下面片断：

> Teacher：Now, look at what we are going to make. We're going to make a Mother's Day card. （The children are moving around.）
>
> Teacher：Alright, we're going to make it. We're going to do it this way. Now, look, take the piece of paper, see the line, cut, fold, colour, write your name：Are you ready? Play a game. （The teacher uses gestures to explain the words cut, fold, colour, write your name.）
>
> Teacher：OK, everybody. Listen again, cut, fold, colour, write your name. Are you ready? Play a game. Now, OK, now, come here, now Ann and Peter give these out. This is the paper you are going to use. OK, OK…Let me see everyone sitting down…OK, let me see everyone sitting down. Alright, now, the scissors. One pair between two desks is enough. OK, I'll go around and look. Yes, OK, Lara, yes. Yes Tom, yes. Look…cut like this. Only cut that bit. No Pat. OK, I'll show you. OK, fold it like that…

学生在教师引导下制作贺卡并思考发表自己的意见，学生相互之间产生合作意识，而且还可以把他们的作品带回家向家人和朋友展示。教材中有很多可以培养儿童艺术创造力的素材，他们要结合平时积累的知识和经验观察和理解事物，通过各种大胆动手尝试的活动来培养自身的艺术创造力。许多艺术家通过对事物的敏锐观察，发现容易被人们忽略的细节，产生"原型启发"，进而顿悟，创造出优秀的艺术作品。美国教育家杜威提出："在教育上可以得出的一个结论就是：一切能考虑到从前没有被认识的事物的思维，都是有创造性的。"[①] 儿童在创造作品的过程中积累了经验，体验到快乐，这是理智的创造性所带来的快乐。

---

① ［美］约翰·杜威：《民主主义与教育》，王承绪译，人民教育出版社 2003 年版，第174 页。

二 Speaking：强化儿童的语言交际

情境教育活动是有目的的观察活动，在此过程中儿童注意力得以提高，这为培植儿童创造力打好基础。语言学习中教师设计情境，借用辅助工具，帮助儿童从观察入手，可以丰富儿童的表象。儿童通过细心观察，把表象储存于大脑中，有助于儿童创造性思维和创造性人格的培植。敏锐的观察力可以帮助学生正确理解语言情境，能用目的语进行交流和准确回答教师的问题。如初学英语的学生对字母 b 和 d 容易混淆，教师用双手和拇指的变化让学生观察和分辨字母 b 和 d。

图7—5　英语字母 b 和 d

教师还可以在黑板上画出床的简笔图画，如下：

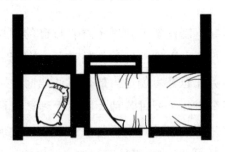

图7—6　英语单词床 bed

教师要鼓励学生大胆提出自己的想法，哪怕是错误的想法，这至少说明了学生进行过思考并去实践尝试。20世纪30年代美国学者利昂·温斯洛（Leon Winslow）指出，"创造性活动必须包括自由、原创性、实验、想象、灵感、情感、表达和理解等。在创造性活动中，教师可以通过让孩子谈论他们最感兴趣的人和事，来帮助他们回忆自己的经验"。[①] 英语课堂导入环节中大多教师都会运用自由谈话（Free Talk），在每节课的开始采用自由谈话的形式谈论孩子们熟悉的生活、人或事，这样的自由谈话培养了他们自信独立的个性，有些同学从开始的不自信，不敢用英语表达，到最后每个学生都能较自如地表达。

　　每个学生的个性和爱好因人而异，不能强调统一，只要学生身上有闪光点，就要及时鼓励、肯定，学生对英语学习的兴趣会越来越浓厚。如下面片断中教师和学生谈论家人，儿童喜欢谈论自己熟悉的事情，如他们的爱好、熟悉的家人和朋友、自己喜爱的东西等，他们也喜欢互相谈论这些事。

　　Teacher：Now everyone listen to my question. Grace, have you got any brothers or sisters?

　　Grace：Sister.

　　Teacher：How many sisters have you got?

　　Grace：Em, one.

　　Teacher：One. Very good. So you've got one sister. OK, Jack, have you got any brothers or sisters?

　　Jack：Brother , one.

　　Teacher：One brother. Good. And Francesca, have you got any brothers or sisters?

　　Francesca：Three brothers.

　　Teacher：You've got three brothers! Very good.

　　Children：Teacher … teacher …

　　Teacher：And, eh , .. Peter, have you got any brothers or sisters?

　　Peter：Three brothers.

　　Teacher：Ah, you've got three brothers and have you got any sisters?

---

　　① ［美］阿瑟·艾夫兰:《西方艺术教育史》，邢莉等译，四川人民出版社 2000 年版，第 273 页。

Peter：No.

Teacher：No? no sisters?

Other children：Yes . . . yes . . . yes.

Teacher：Do you have a sister Peter? How many sisters?

Peter ：One.

Teacher：One sister. You've got one sister. Sara. Isn't that right? Sara is your sister. OK，good Peter. You've got three brothers and one sister . . .

这段对话的语境简洁明了，儿童只需要用两类词来回答，即兄弟姐妹（brother/s and sister/s）和数字。在这样真实的语境中，儿童想到的是它的意义，儿童在融合的情境中说出家中兄弟姊妹有利于儿童亲社会行为的培养，最终形成创造性人格。尽管这里的语言交际活动是由教师控制的，它不是完全的自由交际，学生使用的语言有限但它却是有意义的。

三　Reading：回归儿童的生活语境

小学生的生理、心理特点使得他们不易进入学习的角色，上课期间易出现做小动作、说话等。集中的注意力是学生能够顺利学习知识、接受新事物的保证。情境教育中短小的故事能快速抓住学生的注意力，而故事中的主人一般是各种动物和外国的小朋友，这些儿童平时不易接触的事物容易激起他们的好奇心。在使用故事情境中，教师巧妙地编排故事，紧扣课文，又与儿童的生活息息相关，使儿童形象思维和创造性思维被充分地调动起来，学过的知识更加深刻。

（一）自然拼读活动

英、美、加、澳等国采用自然拼读法取得较好的效果，英国小学要求"教师为儿童语言发展设计各种活动，让儿童通过活动学习语言，特别是字母拼读活动"①。这对我们的语言学习提供有意义的借鉴，如把读

---

① ［英］Department for Education and Skills，*Letter and Sounds：Principles and Practice of High Quality Phonics Six-phase Teaching Programme*，DfES Publications，2007，p. 1.

音和字母联系起来的设计情境诗歌活动，可以让儿童注意到儿歌中的一些发音规律，如诗中的头韵和尾韵。活动中还可以引导学生注意看得到的发音规律，如在 plant-planet-plane 中的 pl 字母组合以及在 star-stamp-story 中的 st 字母组合，教师与学生们一起讨论这些规律，进而培养儿童创造性思维。以上的实践活动就要求儿童通过迂回、间接经验去寻找问题的答案，这种认识活动就是思维活动。

学生学会阅读意味着能把书面语作为语言输入的另一种来源，儿童在阅读中词汇量明显增加。随着儿童审美能力的增强，能够在阅读中享受美感，还能体会句子中的幽默感和感情色彩。学生在阅读时教师要设计语境，比如运用图片，如书中的插图；多媒体展示与话题相关的背景知识；还可以用前面课堂教学中用过的物品。教师在教学中要把读和说结合起来，鼓励学生谈论他们读过的内容，这样学生理解了阅读为什么是非常重要的，同时儿童的言语能力也得到发展。语言表达能深入到语境中，表达自然丰富。正如苏联教育家苏霍姆林斯基所说："教师要设法使每一个儿童创造性地运用自己的技能和技巧。如果用思考、情感、创造、游戏的光芒来照亮儿童的学习，那么学习对儿童来说是可以成为一件有趣的、引人入胜的事情的。"①

（二）问题活动

在下面动物主题片断中，教师引导学生思考动物园的动物在干什么主题。

Teacher：A lion is eating a hamburger, a tiger is reading a book and a sheep is dancing. OK. （Some pupils laugh. ）

Teacher：OK, open your eyes. Now, I would like to check your memory.

Teacher：OK, very good, you remembered very well. Now boys and girls, can you make another funny story about this zoo?

---

① ［苏］苏霍姆林斯基：《给教师的建议》，杜殿坤译，教育科学出版社 2002 年版，第 178 页。

Teacher：What is the dog doing?

S1：A dog is playing violin.

Teacher：A dog is playing the violin. Good. Anymore?

S2：A snake is riding a bicycle.

Teacher：A snake is riding a bicycle！

上例中有很多培养儿童创造性思维的素材，学生要结合平时积累的知识和经验，通过大胆猜测或推理课文的内容并回答教师预设的问题以促进儿童思维的发展，如学生会讲小狗在拉琴、蛇在骑车等。美国心理学家吉尔福德说："尽管还不清楚是否所有的问题解决肯定都包含某些创造性的方面或成分，但所有的创造性思维无疑都包含问题解决。"① 学生在这样轻松愉快的情境氛围中习得英语，很容易记住所学的单词、词组、句型等，同时教师鼓励儿童自由探究，大胆地提出问题。随着年龄的增长，儿童对记忆的内容可以进行精加工，适时复习为儿童的思维发展奠定基础，思维品质也得以优化。儿童在说的过程中不断和同伴合作与交流，教师不断地指导和儿童自身的学习都会促进儿童思维发展，进而培养儿童创造性思维。如下面片断可以让学生将自己读过的内容转述给别人听。

Teacher：OK, now em . . . page . . . OK please open your workbook. . . page twenty-one. Now, can you read it on your own and tell me what you have to do?

Teacher：OK, Jack can you explain what you have to do in this activity?

Teacher：Do you all understand?

Children：Yes.

Teacher：OK, do it on your own and when you've finished compare

① ［美］J. P. 吉尔福德：《创造性才能——它们的性质、用途与培养》，施良方等译，人民教育出版社 1991 年版，第 110 页。

your work with your partner's. OK . . . perhaps five minutes, that's all.

四　Writing：激发儿童的创意表达

听、说、读和写都是用来表达意义的，学生开始模仿写作是学生创造力的表达。当前英语情境教学依照先学习欣赏诗歌，然后形成创作的意象后，再进行语言的表达。"模仿与再创造结合"是一种较为可行的写的教学策略，学生通过模仿优美的语言，自身对于语言使用有了切身的感受，创造性的表达有利于培育儿童创造性想象。如儿童在创作姐妹五行诗中会出现"朋友""敌人"等，这都是他们独特思维、丰富想象的体现，教师要"鼓励学生把自己想表达的意思写清楚，鼓励学生表达新颖独特的思想"①。多种形式的写的活动可以培育儿童的创造性想象，如写诗和写故事的活动。

（一）创作五行诗和四行诗活动

"教师可以先介绍写诗的基本要求，先让学生讨论，再开始写诗，学生创作的诗可以用于后面的语言学习活动中，如和歌曲结合。"② 这种活动能引发儿童持续地表达他们的情感，教师运用媒体、图片等直观教具设计情境，引导学生模仿撰写小诗，通常小学阶段学习的英文诗主要是五行诗和四行诗，它们由以下几个部分组成：Lines（行）、Syllables（音节）、Rhythm（and beat）（节奏）、Rhyme（押韵）、Images（形象）和 Alliteration（头韵）。诗每行结尾的单词一般都是押韵的。如下面这首小诗：Jake's Cake 它的结尾押运是 bake（烤）、cake（蛋糕）和 mistake（错误）。

Jake's Cake

Jake baked a cake,

---

① 吕良环：《外语课程与教学论》，浙江教育出版社 2003 年版，第 165 页。

② Wu Chung, *Learning English through Poems and Songs*（*Secondary 4 – 6*），English Language Education Section Curriculum Development Institute, 2010, p. 137.

But he made a mistake.

So he called over Drake,

And they fixed the cake mistake.

五行诗写作一般要求

—a name (subject of the poem)

—two adjectives (describe the subject)

—three verbs ending with - ing (action)

—four words (opinions or feelings)

—one word (rename the subject)

如 Sister 五行诗:

Sister

Beautiful, grace,

Teasing, shouting, laughing,

Friend and enemy too,

Mine.

学生写花朵如下:

Flower

Colorful, pretty,

Opening, growing, living,

I think flowers are beautiful.

Plant.

英文四行诗押韵有 ABAB 和 AABB 两种形式，ABAB 就是诗的第二行和第四行押韵，而诗的第一行和第三行可以押韵也可以不押韵。AABB 是第一行和第二行押一个韵，第三行和第四行押另一个韵，AABB 方式稍微难一点。

> An apple a day
>
> Keeps the doctor away,
>
> Apple in the morning,
>
> Doctor's warning,
>
> Eat an apple going to bed,
>
> Knock the doctor on the head,
>
> Three each day, seven days a week,
>
> Ruddy apple, ruddy cheek.

在教师创设的情境中，学生模仿写诗，能感受写诗的快乐，这些都有利于激发学生学习的欲望，愿意进行创意表达，并乐于分享。教师要引导儿童敢想、敢写，敢想就要求学生善于思考、提问和假设，敢写意味着学生要依据自己的知识和经验进行诗歌的创作。教师就如同脚手架一样起着支撑的作用，发展学生想象的空间，最终形成创造性表达能力。

（二）利用故事开展写作活动

学生写东西是为了与更多的人分享，写作的最终目的是意义的表达，教师应设计语言情境让学生喜欢"写作"并感受成功。英语情境的写作活动是让学生写自己熟悉的东西，他们在教师的帮助下展开想象，并写出一些连续的、有内容的小故事。故事对学生来说是非常熟悉的，他们知道故事基本结构有开头、具体情节和各种可能的结尾。教师可以用学生都熟悉的故事来开展写作活动，如译林版小学英语五年级上册第一单元 Goldilocks and the three bears，教师让学生写这个故事。女孩吃饱了在床上睡着了，故事已接近尾声。

> Teacher：And now is Goldilocks happy?
>
> Children：She is happy.

Teacher：And she sits at the table and eat . . . what?

Children：Soup.

Teacher：Very good. Soup. Very good. OK, now we're going to write the story and to draw it. OK, now how does the story begin? Can you remember the first part of the story? Uh uh. Can you start? Who can start? Who wants to start? OK, Peter . . .

Peter：This is the story of Goldilocks and the three bears.

Teacher：Good, very good. And what happens to her? What happens?

Teacher：Just one person. Now what's next? What comes next? Jack?

Jack：Goldilocks is afraid . . .

Teacher：Good. Now let's write that much.

学生们听完了这个故事，在课堂上谈论故事中的人物，在教师的帮助下展开想象写出故事情节，他们在概括故事的同时也可以用图画的方式展示故事的内容。

学生借助"写"和别人交流了他们的感受。教师应该对学生创造性想象的作品进行表扬和鼓励，在评价学生的作品时，拼写的对错和书写的优劣应当另当别论，教师应鼓励学生认识到创造性想象和信息传递的重要性。

（三）应用图画拓展编书活动

学生动手编书是要给读者看的，这样的创作活动中有真实的读者，所以他们会努力写出有趣的故事，这样的活动能培育儿童创造性想象。创作过程中学生还学会检查和校对自己的作品，使之不断完善；他们会将自己的作品与其他同学的做比较，取长补短。更为重要的是学生会把课外学到的东西带到课堂中、用在作品上，拓宽和学活了知识，学生也可以借助电脑来编书，他们可以写下自己的故事，使用电脑中的画图板来画画。把没有着色的图画打印出来，自己用彩色笔涂上颜色。学生们亲自动手编书，这样他们会有成就感，同时可以搭配各种图画写成手抄本或者用电脑打印。儿童会画出自己喜欢的人或物，儿童在动手的过程中也动脑，让儿童充分利用自己的想象对这些作品进行夸大和美化，让他们感受自我表现的极大乐趣，从而提高儿童的想象水平。如学生可以写自己的家人，还可以配自己画的插图：My dad and I...

图 7—7　**My dad and I write.**

图 7—8　**My dad and I play.**

　　学生在编书过程中教师尽量给学生一些提示来培养儿童创造性想象，让他们想象一下自己感兴趣的东西和熟悉的人物，比如父母、爱好、朋友，学校中发生的事情，还可以鼓励学生想象创编故事，但是要注意到故事的结尾，要把学生从想象拉回现实世界。我们通常会说 It was all just a deam，在编书时还要引导学生利用各种资源来解决问题，如用词典查单词、使用拼写检查软件、利用互联网以及其他可以有助于培养学生创造性写作的手段。儿童自编图书的活动，可以促进儿童对艺术理解力和语言表达力的发展，激发儿童对阅读的兴趣，培养他们良好的阅读习惯，促进儿童创造力的发展。

　　总之，通过英语情境教育促进儿童创造力的发展是一个长期、艰难的综合过程。在小学英语教育中，教师要积极设计丰富的情境活动，激发儿童对英语学习的热爱，激发他们持续学习英语的兴趣，让他们对自身的语言潜能充满自信，在习得语言的同时，创造力也随之提升，为他们创造性的人生奠定基础。

作者：王俊英

第 八 章

科学情境教育与儿童创造力发展

实施以儿童创造力发展为路向的科学教育，需要从促进儿童创造力发展的情境优化入手。因为科学教育是融入特定情境的活动，儿童的科学学习绝不是抽象符号系统的被动接受，而是与情境交互作用基础上的主动建构。情境的价值是把各种复杂的、综合的或不确定的元素串连成学习背景，既能丰富儿童的主体经验，又能激发好奇心和想象力，还能提供自主抉择和创意表达的时机。只有在情境条件下，才可能将儿童内蕴的创造力导引出来，才有机会让儿童进行创造思考、表现创造行为和增进创造才能。因此，科学教育无法从情境条件中隔离出来，师生共创的"优化情境"是科学教育的"活性土壤"，也是儿童创造力发展的"动力源泉"。

第一节　科学情境教育构建的现实意义与理论构建

一　科学情境教育构建的现实需要

（一）国家创新人才培养的需要

人类社会进入 21 世纪后，信息技术飞速发展，知识生产急剧加速，全球化进程越来越快，一个以创新为特征的创意经济时代已经到来。在这个时代背景下，因创意经济所导致的社会生产、经济发展和生活方式的深刻转型，国家综合实力的竞争，突出表现为创造力竞争。有论者预见性地警醒人们，"国民创造力旺盛，国家则兴旺发达；国民创造力孱弱，国家则停滞甚至衰退。缺乏创造力的国家，只能花钱消费别人的创造，往往处于生产链的最低端，要靠廉价劳动力、廉价产品、巨大环境成本和能源消耗去赢得竞争力"①。一个国家只有倚重自身的创造力，才能应对知识经济、信息化与全球化时代的挑战。

当创新与创造表现为国家核心竞争力时，创新人才培养就成为教育改革的突破口。《国家中长期教育改革和发展规划纲要（2010—2020年)》在教育改革发展的战略主题中也提到，"人才培养需要着力于提高学生勇于探索的创新精神和善于解决问题的实践能力"。国家宏观政策能否落实，需要以学科教育为载体，转化为培养儿童创造力的实践行动，才能满足国家创新人才培养的需要。科学教育能否促进儿童创造力的发展，并形成创新型人才后备军的培养机制，具有责无旁贷的责任。

（二）满足儿童学习天性的需要

从根本上来说，创造力是儿童与生俱来的独特禀赋。卡尔·萨根（Carl Sagan）说过："孩子对自然界的奇观总是充满着好奇和敬畏。"② 童年阶段的孩子，常常会把玩具拆解得支离破碎，总想了解里面究竟有什么，看到太阳的升降、星空的转移、月亮的圆缺、种子的发芽等自然现象，总会追着大人问"为什么"。这种近乎本能探寻奥秘的欲望，是儿童独特的学习天性，也是科学研究重要的动机成分。然而，当儿童在学校接受正规的科学教育后，曾经对科学的"好奇与敬畏"还能持续保持吗？儿童对未知渴求探究的愿望，是受到科学教育的鼓励还是压制？这提示我们，科学教育必须对儿童创造力的培养给予高度重视，因为恰当的方式或方法，可以促进儿童创造力的发展，而不当的、甚至错误的方式或方法，则会扼杀儿童的创造力。

儿童天性好奇"为什么"，折射出"学习是儿童本性"的教育命题。情境教育创始者李吉林老师曾一针见血地指出："学习是每一位儿童至高

---

① ［澳］Michael A. Peters, Simon Marginson, Perter Murphy：《创造力与全球知识经济》，杨小洋译，华东师范大学出版社 2013 年版，第 1 页。

② 转引自张洪鸣：《引领孩子们亲历科学：小学科学教学案例解读》，江苏教育出版社 2001 年版，第 36 页。

无上的大事，它将决定儿童成长为什么样的人。"[1] 由此，能否让学校科学教育对儿童产生极大的吸引力？能否让儿童感受到科学学习的无穷乐趣？恐怕是学校科学教育迫切需要思考的问题。但是，自制式的学校教育诞生以来，儿童的学习被视为获得知识和技能的过程。在"学习获得"的隐喻下，再加上传统"应试文化"的束缚，李吉林老师在20世纪70年代就提出批判："课堂教学成为灌输式的课堂，灌输式课堂的现实与儿童理想的学习王国相距甚远，'呆板、单调、低效'的教学渐渐地使儿童失望了。"[2]

儿童天生的好奇心，既是科学学习的催化剂，更是激发科学创造的动力源。科学教育能否尊重学生的自然天性，在满足好奇心的基础上，激发儿童的学习渴望与创新勇气，并体会到创造的快乐。这些问题，李吉林老师已经通过她的孜孜追求，摸索出中国本土的情境教育思想，对启发儿童科学教育具有深远意义。能否呵护儿童的纯真好奇来促进科学学习，并拓宽儿童在科学情境中的发展空间，需要有源自教育实践场域的实验研究。

（三）落实核心素养目标的需要

新世纪以来，各个国家都在思考"到底培养什么人"的根本问题。在科学课程领域，我国启动新一轮课改之后，《全日制义务教育科学（3～6年级）课程标准（实验稿）》从三维课程目标出发，突出"保持和发展儿童对周围世界的好奇心与求知欲；鼓励大胆想象；对待科学研究需要尊重证据；倡导在科学学习上敢于创新"这类情感、态度类目标。而教育部颁布的《关于全面深化课程改革落实立德树人根本任务的意见》则提出要依据核心素养的目标体系来培养人。核心素养的育人目标，是对课程三维目标的深化与发展，它不再以学科知识为唯一范畴，而是考虑为孩子当前及未来生活做准备，一个在现实社会中生活的公民，当面临生活场景中的问题，能否从实际出发，综合运用知识、能力、方法或

---

① 李吉林：《为儿童的学习：情境课程的实验与建构》，外语教学与研究出版社2008年版，引言。

② 同上书，引言。

态度去解决问题，是核心素养的具体表现。

　　培养人的宏观目标具体到科学的学科教育，需要回答，究竟如何来评量学生核心素养的养成。若想评价一个人的素养水平，必须看到，"素养"与"情境"有着紧密的交互关系。学生个体的素养水平，并不像知识水平考试，可以借用纸笔测验来给出分数。"素养"必须通过特定的情境任务才能考评，如面对复杂情境任务时是否镇定自如？分析问题与做出解释是否逻辑缜密？解决情境问题时是主动挑战还是被动放弃？因此，切实保障核心素养目标的落实，就要为学生提供与情境互动的机会，并能够有效评估学生素养发展的水平。

　　无论是《科学课程标准》表述的"三维目标"，还是"核心素养"的目标体系，这些目标表述，其内涵重在突出学习与生活的关联，实质是强调理论与实践、知识与能力、认知与情感的联系，突出综合性品质以及终身学习理念，更加注重学习者能否将其所学运用于实际生活，以及能否解决与实际生活相联系的问题。如何保障核心素养目标在学科教育中得以落实？"透过情境来呈现科学知识，透过情境来深化科学学习"应是一个值得探索的方向，因为素养的养成不可能通过教化来实现，它需要通过对科学、技术与社会等情境议题的讨论，方可获得对科学本质的认识，并在执行情境任务的过程中，经历行动与反省来提升素养水平。因此，素养导向的目标定位，对科学教育提出了更高要求，需要以持续变革的行动，将素养落实到整个的教育实施过程中。

二　科学情境教育构建的理论阐释

　　科学情境教育是在李吉林情境教育思想的指引下，以培养学生的科学素养为宗旨，通过师生共创的优化情境，将学习者的科学学习置于真实、逼真或虚拟的情境之中，并依靠互动关系的建立与协作式问题解决，来调动身体感知，激发科学兴趣，丰富科学想象，运用科学思维，体验科学探究，发展科学创造力的一种科学教育模式。

　　（一）基本内涵

　　当科学情境教育力主引入"情境"概念，并借助"情境"来达成育人的目标与功能时，实则表达了科学情境教育的思想内涵，它涉及该育人活动三个层次的价值认识,即知识观、学习观和育人观。知识观讨论究竟如何看待知识本身,或对知识抱有怎样的态度;学习观是对学习本质看法的观念和认识;而育人观则表明培养人的目标与方向。三个方面深刻诠释着科学情境教育的内涵。

1. 科学知识镶嵌在情境之中

科学情境教育的内涵是它的知识观立场——科学知识总是镶嵌于特定的情境之中。

回顾历史,我们就会发现,科学知识得以产生必有它的时空条件。自猿猴进化成人的早期先民,可记录的语言符号体系并未产生,其首要活动是能动地适应自然环境,以应对生活之需。在能动地适应外部环境的过程中,他们才发现,什么方式可以采集火种,什么工具能够捕获猎物,什么气候适合种植庄稼,什么环境容易出现旱涝灾害。日积月累,人类才逐渐获得相关的自然科学知识。从这个角度看,科学知识的产生是处于特定情境之中的;或者说,可传承的文化符号体系是为满足人类生存和发展需要而诞生的。然而,人们所持的传统知识观认为,知识是纯粹静态的概念、原理、法则或定律,然后再将这些抽象的符号体系设计成教材内容。于是,科学作为一门学科,其教材内容仅被视为物理、化学及生物等分支领域的逻辑体系和知识结构,人们只看到显性化的教材内容,却看不到该内容背后的发生过程,即知识得以产生的复杂背景受到遮蔽。比如,人类最初是如何受到问题的困惑,再经历迷茫、探索及发现的过程已经缺失。科学教师受传统知识观的桎梏,习惯于采用"传授"的方式,将一个一个的知识点"喂"给学生,学习者只能获得僵化、黯淡、会背而不会用的"惰性知识"。

基于"情境知识观"的立场,它所理解的科学知识有"情境嵌入"特征。也就是说,一旦考察知识生产的背景脉络,知识本身就有了情境依赖。比如,知识产出有当时的社会或文化境遇,或特殊的生活场景与技术难题,也渗透着科学家个体或群体的情感投入。这样来看,儿童科学学习所接触的科学知识,它们并不是孤立存在的,知识得以发现的背景需要得到"解蔽"。同理,儿童的科学学习,必须经历"知识是如何发现"的复杂过程,因而科学教育活动也是有背景的。怎样恢复知识得以发现的过程？师生共创的优化情境是其解决之道。从"情境知识观"出发，就是要通过情境创设，来达到整合知识的目的，使知识镶嵌在生动的情境之中。这样，儿童获得的知识才是活化的知识，也是需要体验、感悟并能迁移运用的知识。因此，"整合知识，选择最佳途径，设计生动的学习情境。将儿童学习嵌入特定情境，是首要之举"①。

2. 学习是认知与情感的统一

科学情境教育的内涵是它的学习观定位——科学学习是促进学习者的认知和情感相统一的活动。

传统教育最受诟病的地方，是把课堂教学与儿童的周遭世界相割裂，以单纯的语言符号系统来实施灌输式教学，在这种"去情境化"的教育活动中，学习仅仅是凭借记忆为主要特征的认知活动，很难激起学习者的积极情绪。基于对"去情境化"学习活动的反思，科学情境教育秉持"情境学习观"，强调科学学习是融入真实情境的活动，学习者的主体身份、角色意识、兴趣爱好都会在特定的时空条件下参与对学习的调节，学习在本质上是"认知和情感相统一"的活动。当学习者的学习活动处于优化的情境之中，其大脑感觉皮层的动力性调节就会得到强化，因而科学学习的情绪高涨，会激发学习者的探索意识和求解动机，情境也就转化成有意义学习的场域。

这意味着，科学情境教育是彰显"认知和情感相统一"的活动，在特定的科学情境中，因情绪因子的作用，个体的学习是摆脱外部力量控制的自我成长，是自我实现式的。科学情境教育追求师生共创的"人为优化情境"，通过营造真诚、尊重、关怀和接纳的心理氛围，使儿童产生移情性理解。这一过程体现出人本主义的关怀理念，因情境发挥出的作用，儿童在积极自我肯定的基础上发展自我意识，体现出身心自由、情智交融的学习本质。在人为优化的科学情境中，学习者才有高涨的情绪、真切的体验和内驱的创造。

---

① 李吉林：《学习科学与儿童情境学习——快乐、高效课堂的教学设计》，《教育研究》2013 年第 11 期。

3. 在情境任务中表达创造力

科学情境教育的内涵有其育人观阐释——在情境任务中表达创造力。

传统人才培养的过程存在重"事实记忆"轻"方法运用"，重"理论学习"轻"实践体验"，重"共性要求"轻"个性发挥"等弊端。在应试指挥棒的误导下，学生学习只注重结论的获得，学习目标就是为了应付考试，由于缺少源自真实情境任务的学习机会，疏忽了"丰富想象、好奇探索、实践动手"等创造力的表达。

当培养人缺少了具体的情境任务，儿童的学习就只能沦为机械记忆。为此，以《国家中长期教育改革和发展规划纲要（2010—2020年)》为指引，强调传统学校教育的弊端需要通过人才培养模式的改革来予以扭转，并将人才培养模式的创新举措指向三个方面，即"学思结合、知行统一和因材施教"，它为科学教育的改革与发展指明了方向。

如何做到这三个注重，科学情境教育倡导"情境创造力"的育人观，即强调儿童创造力的培养需要结合情境因素。当儿童置身科学情境时，实质是提供了学思结合的时机，让孩子去分析各种资源条件，产生发散思维，表达不同寻常的观点。因此，情境给学习者提供了思考、想象和创意的空间，通过迁移运用，再去解决新的情境任务或与科学相关的实际问题，创造力就得到了充分表达。同时，情境也是科学教育与实践活动相结合的时刻，它不仅关注知识习得，还关注动手动脑、做事做人以及如何与别人合作共事，情境为儿童提供了学思结合的契机。再有，在完成情境任务的过程中，教师可以观察不同学习者的个体差异，了解儿童的兴趣爱好与思维方式的异同，学习者可以采用多种方案去解决问题，这样的学习是因人而异的，能够充分发展每一个学生的优势潜能。

（二）要素分析

科学情境教育的要素分析，是对科学情境教育系统组成成分的讨论，因科学情境教育将儿童学习置于"人为优化"（真实或虚拟）的情境之中，那么在此情境下，促进儿童学习的有益因子将表现在哪里？只有充分理解科学情境促进儿童学习的构成要素，才能建立对科学情境教育的系统理解。通过要素分析之后，才能建立各要素彼此间的关系，因为各要素以及诸要素之间的关系会决定科学情境教育的性质。

需要说明的是，科学情境教育的要素分析，是以李吉林情境教育思想为基础的。她历经 30 多年语文情境教育实践，提炼出情境教育促进儿童学习的五要素："以培养兴趣为前提，诱发主动性；以指导观察为基础，强化感受性；以发展思维为核心，着眼创造性；以激起情感为动因，渗透教育性；以训练语言为手段，贯穿实践性"①。李吉林的"五要素"理论，对启发教育实践具有很强的指导性，它从系统论的角度，强调儿童学习过程中的主动性，突出学习体验中的感受性，着眼儿童创造力的培养，渗透着对儿童的情感教育，倡导儿童知识学习与实践的联系，这说明"五要素"具有内在不可分割的系统框架。

在长期实践和理论思考的基础上，李老师进而提出"五要素对打开各学科情境教育实践具有共性"。② 科学情境教育的要素分析，是通过吸收、消化李吉林的教育思想，尝试结合科学的学科性质，来分析科学情境教育促进儿童学习的关键因子。从科学的学科性质看，一方面，科学有着自身严密的知识体系，抽象出概念、规则、定律或原理，既能反映客观自然规律，也能接受经验的重复检验；另一方面，"科学的演进与发展，也会受到社会或个体因素的影响，科学还具有了社会性、价值性、境域性或可错性"。③ 比如，某个社会历史阶段因拯救疾病患者的特殊需求，而导致医学发明；社会文化与价值观差异，会妨碍科学的发展，哥白尼因提出"日心说"而受到宗教神学的压制；科学研究的过程可能存在方法与技术手段的暂时不足，后续研究人员还需要就课题有更深入的探索，从而渐进式地趋向真理；科学成果的诞生还涉及科学家求真求实、批判质疑的科学态度，甚至更广范围内科学共同体成员的努力。以李吉林所倡导的学科情境教育实践主张为指引，通过对科学学科性质的分析，具体到科学情境教育，它由内在相互关联的"四要素"组成（见图8—1），展开分析如下。

---

① 顾明远：《李吉林和情境教育学派研究》，教育科学出版社 2011 年版，第 174 页。

② 李吉林：《为儿童的学习：情境课程的实验与建构》，外语教学与研究出版社 2008 年版，第 289 页。

③ 楚江亭：《科学内涵的解读与科学教育创新》，《教育研究》2010 年第 3 期。

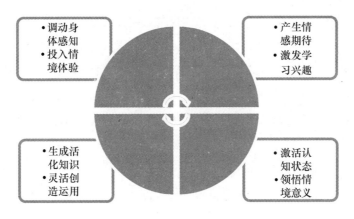

调动身体感知
投入情境体验

产生情感期待
激发学习兴趣

生成活化知识
灵活创造运用

激活认知状态
领悟情境意义

图 8—1 科学情境教育的要素构成

1. 调动身体感知,投入情境体验

"身体在人类的全部活动中总是第一出场,内含深刻的教育意蕴。"[①]当儿童置身科学情境时,实质形成儿童与环境、与他者间所形成的身体浸淫、纠结和交互作用关系。情境使儿童的身体自然呈现在对象物或场景之中,在身历其境时,也会心历其境,身心沉浸在情境之中,会充分调动儿童主体的感知觉,在我、他人和情境的交互作用中,儿童的感官通道是畅通的。当儿童的身体与情境建立起交互作用关系时,感知觉通道就会顺畅打开,积极正向的情绪就被激起,从而产生真实的情境体验。通过身体感知之后的体验是对情境本身的超越,所获得的是一种深度体验,是将情境升华为"意境"状态的体验,具有超越现实的意义。因此,科学情境教育不仅是认识论的,也是存在论的,此刻的深度体验会让儿童感受到生命存在的价值。

科学情境教育关注"优化"的情境设计,它能够唤醒儿童在科学学习中的五官体验,如视觉体验(观察演示实验、实物或图片)、味觉体验(柠檬、苦瓜、洋葱切片刺激味蕾)、触觉体验(触摸冰块、感觉融化)、嗅觉体验(闻酒精、醋的味道)、听觉体验(听振动所产生的声音),由此唤醒和激发内在的想象体验。所以,当儿童沉浸在科学情境之中,学

---

① 唐松林、范春香:《身体:教学世界蕴藏其中》,《教育研究》2012 年第 4 期。

生会善用他们的感官，利用各种媒介和形式，将感觉表达出来，由此创造意义，这样科学课程也具有了美学意义，体现出新的科学人文主义思想。事实上，儿童的感官是了解世界的主要工具，感官与环境精致地接触，我们才能从世界获取意义。学生不仅要听和看，更要尝、闻和触，以充分调动感觉和动觉系统，才能扩充并丰富自身经验。在科学情境教育中，强调教师善于利用各种途径，让儿童用感官（看、听、闻、尝、触等）去发现些什么，以增强感官的敏锐性，当儿童真正进入情境体验的角色后，就相当于李吉林老师所讲的"意境"概念，体现了人与自然的和谐统一，科学与审美的有机统一是最能激发想象创造的时刻。

2. 产生情感期待，激发学习兴趣

在优化的情境之中，学习者与学习情境之间产生了某种有形或无形的互动，导致儿童产生了愉悦的内心感受与情感期待。费曼曾提到，在研究过程中科学家美好的情感期待常常会产生"美感经验"，从而建立对科学研究的持久兴趣。例如研究"星体结构与星体演化理论"而获得诺贝尔物理学奖的萨伯拉曼尼亚·钱德拉塞卡（Subramanyan Chandrasekhar）在接受采访时就提到，许多科研人员之所以能够取得成就都是与兴趣有关，因为喜欢就会有持久的热情与干劲。

根据心理学家的研究，"兴趣是具有情绪味道的意向活动，属于个人渴求知识、主动探索和追求真理的动机成分，在调节个体活动中扮演着重要角色"。[1] 带有情绪色彩的兴趣，在科学教育中起着非常关键的作用，它是儿童科学学习的动力引擎，对学习活动的调节具有"正向驱力"。正是兴趣的存在，儿童在面对未知的自然事物时，才愿意保持好奇，即使遭遇困难与挫折，也不会畏惧和害怕。依据伦宁格（Renninger）等人的兴趣分类理论，他们将兴趣区分为"情境兴趣"和"个人兴趣"两类。[2]情境兴趣与外部环境刺激变量相关，属于被动引起、时长较短的情绪状态，特指由个人与环境之间互动而产生的情绪状态或心理倾向，如春天

① 马一飞：《个体因素和情境因素与情境兴趣的关系研究》，硕士学位论文，首都师范大学，2008年，第34页。

② K. Ann Renninger, Suzanne Hidi, Andreas Krapp, *The role of interest in learning and development*, Hillsdale: Lawrence Erlbaum Associates, 1992, p. 16.

在公园看到鲜花盛开的美景而喜爱大自然。而个人兴趣则是以个体已有的知识结构、成长经历等为基础，逐步涵养化育而成的持续时间长久的兴趣，如某人喜欢下棋或旅游。由于情境兴趣是个体受到环境条件的刺激而感觉有趣，它与主题的新颖性或事物的新奇性有关，常常会由于环境的变化而更改，持续时间相对短暂。而个人兴趣属于个人的特质，不随环境改变而相对持久的状态，因而个人兴趣对个体的行为影响更加深远。

借鉴研究者的兴趣分类理论，我们看到，科学情境教育的诉求，就是在儿童科学学习的起始阶段，有更多情境兴趣的产生，再逐步吸引儿童形成内在的个人兴趣，以防止儿童散失科学学习的自信与活力。通过科学情境教育，让儿童在获得情境兴趣的基础上，来帮助建立对科学的热爱，形成个人持久的科学学习兴趣。斯卡拉鲁（Schraw）等学者对个人兴趣与情境兴趣又加以细分①（参见图8—2）。其中，个人兴趣可分为潜在的和现实的兴趣，潜在兴趣是目前还未表现出来，但一旦时机成熟就会表现出来，比如一个家境贫寒的孩子喜欢钢琴，但现在没有条件，未来只要时机成熟，他就会去练习钢琴演奏。现实兴趣是确确实实表现出来的意向活动。同时，情境兴趣也可细分为文本兴趣、任务兴趣及知识兴趣三类。文本兴趣为个人对特定文本的内容引发的兴趣，比如男孩喜欢看印有恐龙图片的教科书；任务兴趣为个人操作特定任务引发的兴趣，比如某些孩子特别喜欢航空模型制作；知识兴趣为个人先前知识经验与特定事物作用产生的兴趣，如少数儿童特别喜欢了解电力学知识，因为他想发明电动汽车。

细化的兴趣分类理论可以充分解释科学情境提升儿童科学学习兴趣的机理。首先通过情境体验，促发情境兴趣，此阶段聚焦在学习者与外部环境之间的体验深度，起到唤醒与引导的作用，条件合适，它可转化为个人的潜在兴趣；其次通过情境感知，持续情境兴趣，此阶段为情境兴趣较深层的形式，是个人开始与情境产生有意义的链接，并伴有意义

---

① Gregory Schraw, Stephen Lehman, Situational interest: A review of the literature and discussions for future research. *Educational Psychology Review*, 2001（13）.

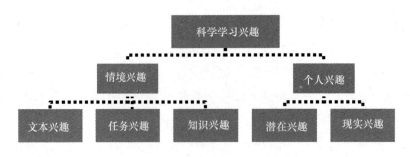

图8—2 情境兴趣与个人兴趣

理解的特征；接着唤起个人兴趣，个人愿意投入精力，去解决特定的情境任务，通过情境任务的解决获得成功的体验，兴趣开始由外部条件吸引，转向内在的个人调节；最后形成个人兴趣，喜欢科学，积极主动地投入科学学习，更愿意面对挑战，且会付出更多努力并乐在其中，逐步表现出稳定且持久的兴趣方向。因此，科学情境教育就是通过持续性营造沉浸情境体验的机会，帮助获得深度体验来激发情境兴趣，有越多产生情境兴趣的时机，将会正向促进个人兴趣的建立，尤其是科学好奇心的呵护。也就是说，科学情境教育的价值，是借由情境而引发最初的情境兴趣，透过此情境兴趣来培养个人的潜在兴趣，如果有相对较长时间的持续，就能够帮助儿童形成对科学持久的现实兴趣，面向未来，学习者就有理想投身科学研究。

3. 激活认知状态，领悟情境意义

激活是某种行为选择的生理和心理的准备状态，是描述个体警觉、清醒及活跃水平的术语。当人们面对重要事件时，激活状态就会出现，如即将进入考场，短跑运动员正在等待发令员的枪声，第一次学游泳即将下水，这些场景中人会不由自主地变得敏感，变得紧张和警觉，也会更加集中注意力。科学情境有助于认知激活，一方面，指学习者在面对具体情境时将身心状态调整到最佳；另一方面，是指与情境任务关联的已有知识处于积极状态，或者是已有知识被激活的量比较充分。科学情境教育不是讨好学生，一味地强调建立温暖的师生关系，让学生无所节制的"快乐"。当然，这种温暖的响应是必要的，但如何就科学学习的内容、结构与方法，借助情境来激活认知更加重要，这是情境促进学习的根本要义。当儿童的认知得以激活，就能促进他们的知识建构及情意发展。

科学情境教育是由内在联系的诸要素构成的有机系统，我们看到，当儿童置身情境体验，激发起情境兴趣之后，还需要进行有意义的学习，以建构知识结构体系。因此，科学情境必须要激活儿童的认知状态，以促进儿童成为"第一手"的探究者。当儿童处于认知激活状态时，更愿意自己研究并寻求解决问题的办法。它改变了传统意义上的"消费者"角色，处于情境之中的儿童，会更加主动地分析问题、搜集资料、设计工具、提出假说。当儿童沉浸于科学情境，认知得以激活后，儿童自然会流露出因发现知识奥妙而产生的喜悦，那个时刻就能够领悟科学情境的意义。当然，这个过程需要科学教师的设计与引导。

由于科学情境是一种"人为优化的情境"，认知激活阶段需要教师给学生预留时间和机会，以充分表述自己对问题的见解；也可开展讨论或者通过自我分析和反省思考，说出自己对相关问题的独特看法；当然，教师也可以让学生有静默与沉思的时间，以自问自答的方式，来思考问题解决或遭遇困难的原因在哪里。这样，学习者就能发现与最初猜想不一致、矛盾或解释不通的地方，以解决儿童现有观念与原有观念的认知冲突，从而发现问题的症结，领悟科学情境背后的意义。经由这个过程才能发展质疑、判断或推理的思维品质，科学素养的水平才能得到提升。

4. 生成活化知识，灵活创造运用

科学情境教育不是花哨的样式，通过情境体验、兴趣激发、认知激活、领悟意义之后，还需在其产出结构上判断有没有参与知识建构，有没有达到可以迁移应用的水平。实施科学情境教育，强调教师对情境引发儿童思考及认知建构的重视，老师需要评估儿童在参与情境之后，能否生成情境知识。情境知识的生成意味着它是活化的知识，比如儿童经历科学课堂上的探究情境，知道了摩擦力的存在，课外或在自己的日常生活中，当看到摩擦力的现象，他是否会自然联想到摩擦力概念，并知道用摩擦力去解释生活现象。生成活化的知识，也意味着，儿童在课堂之外更愿意将学习体验、科学概念、建构的知识运用于新的情境，以经历学习意义的外延转换，从而创造性地解决生活中的实际问题。

在科学情境教育中，儿童知识的产出有别于一般的教育活动，情境不会主动告知儿童下一步该如何做，而是留给儿童极大的思考空间，让他们自己尝试解决问题。当把这种自主权归还给儿童时，他们更倾向于由自己来做决策和判断。而在传统教育中，问题的答案通常只有一种设想或解决方案，学习者只能朝既定目标走，阻碍了儿童创造力的发展。但科学情境教育中的情境有其变项，由情境引起的科学问题具有开放性，学习者可以有多样的解决方案，也可运用发散思维或头脑风暴提供新颖的答案。

生成情境知识要求有进一步的迁移与应用，需要回归儿童的生活世界，要让"此情境"转化为"彼情境"，科学课堂上获得的经验需要在现实生活中得以验证。如结合主题大单元（语文、数学、艺术等）的情境课程，启迪学习者通过"做"的探究活动，加强语文、数学及艺术学科之间的联系，知道运用相关的科学概念去解释生活现象，并形成螺旋上升的知识结构，也能体验科学、技术与社会的关系。此外，还可以提供各种非正式的学习情境，如博物馆、科技展、气象台、天文台、动物园或植物园，可以参观考察，再结合考察发表调查报告或研究小论文，可以组织儿童参加兴趣组或科学社团，也可以参加地方或全国性的科技活动比赛。这时的科学情境教育，情境范畴已经延展开来，可以渗透进入更广阔的社会文化环境，由此可以拓展科学课程的边界，并能够在各种新情境下灵活运用，去创造性地解决个人生活中所遭遇的科学问题。

（三）情境类型

科学情境教育要求教师能够根据实际需要，综合考虑教育内容、教学目标和学生需要，来创设各种类型的情境。教师所创设的科学情境是内含育人目标，具有问题导向，能够引发学习者思考，关注儿童创造力发展的"优化情境"。科学情境的创设，体现出教师对科学本质的认识，能够展示教师的教学设计与教学处理能力。一般而言，常见的科学情境类型有：

1. 源于生活而模拟真实的情境

源于生活是指教师在创设科学情境时，是基于儿童的经验背景，情境创设的灵感来源于儿童的生活世界，而不是缺乏儿童生活源泉的简单杜撰。李吉林为了创设优化的情境，会骑上自行车，提前几周或几天，到户外进行踩点，并站在儿童的角度看待她所选择的情境。模拟真实是某些客观事物、自然现象或真实事件没有办法以其本源面目呈现，而借助他物或叙事来进行高拟真度的复现，比如面对火灾的应急方法，我们无法让孩子真正进入火势蔓延的现场，但可以用影像或叙事，通过播放火灾的视频资料，或通过叙事，用绘声绘色的语言描述某幢建筑物突发大火，再加上警报铃声。

　　源于生活而模拟真实的情境是对儿童生活的提炼，它的作用是，用具象的形式来丰富感知和理解，为思维运转提供了广阔空间。比如，科学课程中的"溶解"主题，呈现妈妈将洗衣粉加入水中来洗衣服，爸爸喜欢冲泡咖啡，奶奶在做的汤中加入盐，这些都是儿童日常生活中观察到的场景。老师利用图片、讲故事等形式呈现情境，就成为源于生活而模拟真实的情境。再比如，科学课程标准中"力"的主题内容，力的概念本身非常抽象，怎样让孩子从直观经验入手来感受"力"的存在呢？教师呈现这样的情境：老师给同学们带来了礼物——核桃，并提问："同学们有什么办法吃到里面的核桃仁呢？"有同学说："用锤子砸。"当然老师不必让学生去砸，核桃是真实的，但用锤子砸可以不在教室里使用，这也是模拟，用回答的方式来模拟了砸，其目的是让学生感知"在砸核桃时"存在"力的作用"。

　　源于生活而模拟真实的情境，符合建构主义的学习观，通过情境让孩子有了"听、触、闻、看"的意象，参与事件的过程使得事实性知识变成解决问题的工具，实现了对知识意义的建构，也改造和重组了原有的知识经验，促进了学习的正向迁移。

　　2. 问题导向而引发探究的情境

　　综观 20 世纪以来的科学课程改革，"科学探究"凸显为人们所重视的教学范式。根据课程内容要求，教师可以从问题出发，来设计符合儿童需求的探究情境。比如"建桥梁"的科学主题内容，老师为学生提供"两张完全相同的纸条、两个木块、一根木条"的材料，并提问："利用现有的材料你能建出平板桥和拱形桥吗？"学生回答："能。"教师进一步提出问题，"这两种桥，哪种桥的承受力更大"，"你有什么办法来比较"。

在学生说出想法后，教师继续给出问题，"怎样保证你的检验方法是科学合理的"，"大家在比较时应注意什么"。这就是以问题为导向的探究情境。其价值在于，儿童的科学学习是与有用讯息相关联的，学习被一个一个的问题所吸引，既活跃了学生的思维，又引发不断探究的欲望。

需要引起注意的是，问题导向的探究情境，很大程度上是开放式的，它允许不同经验背景的儿童，有不同的求解问题思路，在教学目标的设置上可照顾到学生的个体差异。优化的问题情境，应制造"现象观察"与"背景经验"之间的矛盾，学生因感受到好奇与挑战，愿意主动探究。还有，问题导向的探究情境要让孩子在情境中学会指出因果关系，会运用推理分析，知道使用证据来解释个人主张。

3. 原型启发而促进思维的情境

原型启发也可称作模仿思维，指从某种事物的结构或性能受到启发而产生创造性构思，从而解决问题。启发是以他物为参照，并能够获得灵感，通过借鉴其他事物看出解决问题的途径，最初能起到启发作用的事物，习惯上就被人们称作"原型"。原型启发的事例在创造发明的历史中屡见不鲜，很多科学技术的产生都与原型启发有关。比如，人们看到鸟类翅膀的原型结构，设计出飞机的机翼，根据蝙蝠的飞行原理，制造出雷达。在现实生活中，很多事物都可能有启发作用，自然界的生物、工厂制造的机械、艺术家设计的文案等等，都可以作为原型来启发人的灵感。儿童的科学学习，也会常常借助相似性的内容来解决新问题，儿童的观察能力强，他们在经验层面常常会用类比方式来思考，这就是儿童用"原型"在"解释新的现象"。

在科学课上，关于"沉浮"的单元内容，教师巧用了原型启发，探究材料有橡皮泥、灌满水的小药瓶、泡沫等。在学生尝试操作后，教师提问："大家有什么发现？"学生回答："泡沫浮在水面上。"教师转而提问："怎样使沉在水底的物体浮起来？"学生在分组探究的基础上汇报，橡皮泥做成船，将小药瓶中的液体倒掉，当然也有学生讲往水里加盐。这些探究问题，其实都有原型启发在里面，橡皮泥源于"船体结构"的启发；小药瓶源于"潜艇沉浮"的启发；当然也有学生讲往水里加盐，这是源自"死海"故事的启发。

原型启发的情境往往容易促进儿童的思维，针对这类情境，还需要教师在最合适的时候，提出恰当的问题，以促进科学思维。当教师观察到学生遭遇"不确定""悬而未决"时，需要适时引导学生进入思维情境，类似"刚才观察到什么""刚才看到、听到什么""看到或听到的与以前见过的有什么相同之处""以前见过的状况能够解释当前的现象吗"这些问题，就应该让孩子们来回答。因此，当孩子有了原型启发的方法论，并能够建立一种积极的心态，当遇到问题时，儿童就敢于面对问题、挑战问题并最终战胜问题，并在解决问题的过程中成长，从而体验到乐趣与成就。

4. 情感唤醒而回归人文的情境

儿童是一个感性的存在，情感是儿童生命的重要内涵。儿童与儿童之间，儿童与成人之间，一个会心的微笑，一次亲密的拥抱，一句赞美的语言，或者带领儿童进入色彩丰富的游乐环境，都会使儿童更加主动地去感受生活和生命，从而丰富儿童积极的情感体验。在科学教育的过程中，必须看到，知识的学习需要借助情感功能才能更好地被学生接受、内化。科学教育的功能，除了传承人类文明外，更需要激励和唤醒孩子内心的力量，使孩子有兴奋的情绪，感受到学习的快乐。在科学教育中，没有生气勃勃的精神就没法促进儿童的科学学习。因此，情感唤醒而回归人文就成为科学情境的一个类型，它不仅是产生问题的肥沃土壤，还是激发学生学习热情的温床。比如，让学生经历养蚕的过程，并通过观察和记录，撰写养蚕的科学日记。孩子在此过程中，除了体会到养蚕的乐趣外，还会产生呵护蚕宝宝生命的关怀，会在饲养活动情境中感受到生物的亲和力和心灵的归属感，就会对生命有亲近感，也会更加关注生命和珍爱生命。

情感唤醒的人文情境，强调科学学习与儿童情感的联系作用，注重情境之中的愉悦感受，因此情境是直观形象的。其次，情境要引起儿童的感动，在教师的引导下，情境会链接儿童的心理及感受，让儿童不由自主地经由感染，感受情境背后的情感吸引力。还有，情境应该是意境深远的，该情境既能让学生有情绪的投入，又能促使学生的思维，甚至是美感经验的获得。

（四）情境特性

上述常用情境创设类型，可根据教学内容和实际情况灵活使用。科学情境教育的操作，应汲取李吉林情境教育的思想精髓。她说："情境教育讲究情境交融，体现真、美、情、思。"① 因此，科学情境教育的实践操作，就需要解析优化情境的典型特性。只有应用"优化情境"的教育智慧，才能够帮助科学教师分析和评估情境的优劣。

1. 形象性

形象性用李吉林的解释，即"形真"，意指情境具有"真切感"。这种真切感不一定非得依赖实体，常常要借助"简化或暗示"的手法，让儿童形成与实体结构对应的意象。② 李吉林对"形真"的解释，就是要以形象性来优化情境，她很好地解释了情境的可感、可见和摸得着。形象性情境是儿童感官所能感知的图形、图像、图式或形象性符号，可以是实物或原型，也可以是仿真、模拟、模仿或虚构。不管是哪种形式，必须体现出生动、直观和整体的优点，形象性对应着儿童的形象思维，其功能是营造意象、直感或想象等思维媒介。"情境的形象性"实质解决了形象思维和抽象思维的辩证统一关系，即具备了形象基础，会丰富儿童的感受。形象性的科学情境可以是一个科幻故事、一段科学趣闻、一幅科学漫画、一段实验录像、一件动物标本、一组角色扮演等。形象性情境对儿童来说，是与直接感官、丰富想象和意象构造相联系的，要求儿童在形象性情境中，能够获得真切、真实或再造性的真实想象，有如临其境、如闻其声的意象构造。在此基础上，就能方便孩子进行观察、分类、思考与探究，由此就会促进抽象或逻辑思维。形象性情境具备形象、直观、生动的特点，不管是实物还是标本，不管是声像资料还是角色扮演，无论什么类型，实质反映的是孩子思维形式上的生动、直观和整体，若借以其他条件，如小组讨论或教师引导，儿童可以借助这种形象来调动抽象或逻辑思维。

---

① 李吉林：《情境教育的独特优势及其建构》，《教育研究》2009 年第 3 期。

② 田慧生、彭小明：《情境教育的理论框架与操作体系》，《教育研究》2006 年第 9 期。

2. 劣构性

科学情境教育中的"情境"不同于普通场景，普通场景的营造，需要鲜艳色彩或声像刺激，它所形成的环境或氛围，比较直观或能调动学生情绪。而科学情境教育中的"情境"除具有普通场景的特点和作用外，还具有"劣构性"特征。也就是说，科学情境能够引发学生心理的惊奇、困惑、矛盾或冲突，或能够让学生头脑中出现"问题"。这些问题来自于由"劣构"所引发的知与不知之间的冲突和矛盾，已有知识与新知识的冲突和矛盾，熟悉的事物与不熟悉的事物之间的冲突和矛盾等。这些冲突和矛盾，总让学生感到似知非知，似懂非懂，属于"心欲求而未得，口欲言而不能"的"愤悱"状态。根据美国心理学家利昂·费斯廷格（Leon Festinger）的认知失调理论，在解决问题过程中，人们倾向于"保持自身态度与行为协调一致"的动机。在科学教育过程中，儿童的心理场中有一种寻求平衡的倾向，如果观察到的现象与原初想象存在矛盾，那么在认知心理上就会失衡，这种张力会驱使个体去寻求"恢复平衡"。比如，科学课堂上教师提出问题，"如果请同学们来做一个选择，你会选哪个答案，水会往哪个方向流（A 低；B 高)？"学生习惯性地回答是 A，因为日常经验中"水往低处流"更常见。但教师故意误导说："今天我偏偏要使水往高处流。"然后演示"水的毛细现象"实验。这就是"劣构性"情境，它往往是教师有意而为之，设计出的学习障碍，造成学生的认知冲突，孩子们立刻会进入"明明是这样，为什么偏偏那样了呢"的疑惑，从而激发学生的求知欲，并对学生的思维和智力形成挑战，因迫切要去探寻缘何如此的真相时，就会有内生的动机去研究问题。一旦学生寻找到化解难题的办法，或者把现象的成因解释清楚，就有了螺旋上升的经验，也会带来有趣的体验，感受到苦苦寻觅之后的喜悦。

3. 情感性

李吉林始终认为："情是情境教育的命脉"[①]。科学情境教育中的情境，除追求情的形象性和劣构性外，还需要能够引起学生对所学知识

---

① 李吉林：《为儿童的学习：情境课程的实验与建构》，外语教学与研究出版社 2008 年版，第 389 页。

的惊奇、兴趣和爱好，能够调动起学生学习的积极情感。情境创设如果不考虑学生的情感因素，尽管也能让学生获得科学概念或学科知识，却不能让他们形成持久的个人兴趣，对从事科学事业也缺少了选择的行为倾向。情境的情感性特征，能够引发学生强烈或深刻的情绪、情感体验时刻，形成对情境、事件的感知，能够获得鲜明、生动、深刻、持久的乐趣。因此，实践中无论教师采用怎样的情境创设，情境的实质在于揭示事物和现象的矛盾，引起学生预先猜想与现象观察的冲突，从而引起其浓厚的学习兴趣，对进一步的思考与探究充满期待。学习过程充满新奇的气氛，有助于儿童形成学习的内驱力，建立对科学浓厚的兴趣，使学生进入问题探索者的角色，既"学会"又"会学"。

第二节　科学情境教育促进儿童创造力发展的机制分析

科学情境教育促进儿童创造力发展的机制是指科学情境教育促进儿童创造力发展的过程和方式，它充分体现出人为优化的科学情境对儿童创造力发展的润泽意义。科学情境教育促进儿童创造力发展的主要机制包括：在大胆质疑的科学情境中培养儿童的创新意识，在高峰体验的科学情境中孕育他们的创造人格，在自主探究的科学情境中扩展他们的创造行为。

一　在大胆质疑的科学情境中培养创新意识

从创造主体的心理素质来看，儿童缺乏创新意识，突出表现在"对权威的服从"。包括对书本、老师、家长等，由于孩子成长过程中单向度的文化与道德传承，容易造成儿童对权威（知识或人物）不敢质疑，而遵循一直以来的传统。这种服从的信念严重阻碍了创造性思维活动。比如，在科学课堂上，因害怕自己的质疑会遭到老师的批评或同学的耻笑，即使自己有独特的想法，也会选择沉默，使得独特创意没有办法表达出来，造成科学学习的过程仅以记忆为特征，创造性思维受到禁锢。

科学情境教育，并不把创造力看作只属于小部分才华横溢的人，而是每个儿童身上都蕴藏着创造力，关键是通过什么途径把他们激发出来。这样，就会启发教师去设计模拟、仿真、实验、游戏、探究等情境类型，其目的就是要激发学生在科学情境中的质疑精神与思维品质。例如，小学科学课程中《马铃薯的沉浮》实验探究情境，学生需要探究马铃薯的沉浮与溶液相关，于是通过"溶液加热发现白色结晶物的方法"来证明"马铃薯在水中的浮是因为溶液中有盐"，当教师认为该探究情境已经成功地促进学生学习时，一名学生问道："老师，我们凭什么知道白色结晶就是盐呢？白色的结晶就只可能是盐吗？"学生在此情境中提出的问题就是对结论的质疑，质疑的根本在"白色结晶就一定是盐吗，有没有可能是他物？"学生对实验现象或结论的质疑，说明学生虽然受此刻知识储备所限，但对"怎么会这样"刨根究底时，其学习就成为一种自由的活动，也因为大胆质疑而激发了儿童的创新意识。

儿童创新意识的培养，跟情境任务的直接激发条件有关。当学生处于情境之中，会在好奇心的驱使下，摆脱一切身体的、心理的、观念的、道德的强制，在面对新事物时，总想不自觉地摸一摸、问一问、拆一拆、装一装。这种天然的好奇驱动，使儿童备受压抑的潜意识有了宣泄，在毫无拘束、无须控制的情感张扬后，儿童有了对自我的认同感。儿童因好奇心激发去探寻奥秘的冲动，能给创造力的激发提供永不衰竭的源泉。20 世纪最伟大的科学家、相对论提出者爱因斯坦曾说："哪一个人若是没有了好奇心，对外界没有了惊讶感，那与酒囊饭袋也就相差无几。"① 其次，当学生面对不同的情境，感到十分新奇，人就有一种本能的追究"为什么"的愿望，于是纷纷质疑"怎么回事"。科学教师则借助情境，趁势鼓励学生，形成自己对问题的看法。当儿童有越多机会进入大胆质疑的情境，其内部动机能够促进创造性的科学问题的提出，表现为思维的流畅性和独创性，有人将之称为强烈的求知欲。求知欲是个体学习的内在动机，它的产生需要教师创设或提供新奇刺激、挑战性任务及疑难困惑，进而引发注意、操作、怀疑、发问的心理倾向。大胆质疑的科学

① ［日］茂木健一郎：《创意脑：用脑科学激发创造力》，袁光译，浙江人民出版社 2013 年版，第 5 页。

情境，能够引发个体学习的内在动机，具备激发创造的原始动力，能形成激励儿童求知的动力机制，因而对儿童创新意识的培养意义深远。

二　在高峰体验的科学情境中孕育创造人格

科学情境为儿童提供了一个开放的学习空间，置身情境之中，儿童能够感受到新颖、奇趣、美感的科学画面，会导致更多的直觉或灵感阶段。认知科学认为，直觉是人的一种心智能力，是在特定的情境中，不经过逻辑的思维过程，很快就能出现的直接想法、感觉、信念或偏好。在科学史上，很多科学家都提到直觉对科学发现的重大价值。出版《物种起源》的生物学家达尔文说过，如何解释有机体繁衍的突变，是坐在马车中想到的答案。为什么科学家在做一件性质完全不同的事情时，脑海中就会像闪电一般，突然产生科学的思想。这就是直觉存在的价值，直觉是不需要太多思考就能够让人快速做出判断，采取行动，或者作出重大的科学贡献。

灵感对科学家的理论建构、发明创造和重要决策起到巨大的促进作用，因而它属于创造性思维的范畴。当儿童置身科学情境之中，大脑会把经历过的事物和感悟系统联系起来，就能够刺激大脑的记忆，在这个瞬间就容易引发灵感。根据大脑左右脑工作机制，右半球的经验表象以情感规范来加工，左半球的知识表象以逻辑规则来加工。两者在感知层面的信息加工顺畅，使大脑功能处于最佳状态，让儿童的过去经验、当下感觉与科学理性得以化合，经由自由联想而迅速接通。这个时刻，在人本主义心理学家马斯洛的眼中，被称为"高峰体验"，高峰体验时刻是最易获得直觉与灵感的时段。脑科学也证明，高峰体验时刻能够刺激大脑感性皮质的发展，也会促进知性载体的联络皮质功能的成熟。儿童有越多高峰体验的经历，就越能丰富情感体验的表象平台，会突然间启动知识及理性内容的开悟。

以苏教版"水的表面张力"主题为例，老师创设了这样的问题情境。"这是一杯装满水的烧杯，老师要将回形针放入杯中，你认为水会溢出吗？"这时有学生回答："会。"也有学生回答"不会。"老师说："那很简单，我们就来验证下。"学生齐声说："试试！"

于是老师开始往装满水的烧杯中放回形针，同学们都抬起头，瞪大眼睛观察。"咦，没有溢出来唉！"老师接着问，那你们能够猜测一下吗？我放到第几根的时候会溢出来？学生回答："5、8、10、20、30等等。"同学之间还互相争论，答案不一，但可以看出，这个问题本身，使学生们对现象的期待情绪高涨。渐渐地，教室里开始了计数声："1、2、3……90、91……"

观察完实验现象，老师问："通过这个现象，你有哪些收获？"学生的回答富有童趣。有学生说："事实胜于雄辩。"也有学生说："我觉得科学研究，常常会产生意想不到的结局。"还有学生说："科学学习，我们不能受到束缚，要敢于尝试"……

在这个案例中，因儿童日常生活中形成了体积"充满"的经验，但"水的表面张力"情境却是与儿童日常经验相矛盾的。由于这样的冲突与矛盾，学生会感到不可思议，他一直期望了解"究竟能够放到多少"。因此，孩子们在计数过程中非常激动，发现那么多的回形针放入烧杯，水并没有流出，而通常期待的情况是水会从烧杯中流出。这时，看到的，听到的……突然间，学习的欲望油然而生……这是对体验的唤醒与激活。在这种身临其境的主观感受基础上，由于本能的好奇，情感就成为一种发动、再寻信息的冲动。当孩子们觉得一开始的猜测为十来个，到最后发现可容纳下上百个时，这是一种新奇的情感体验，这种积极的情感会打破孩子的思维定式。当身临其境观察到超越原来常规思维的神奇现象时，它导致儿童产生一种复杂的情感体验，若教师加以灵活处理，就会导致儿童积极情感效能的延伸应用，从本质上说，这也是一种创造力。

因此，高峰体验在创造活动中有着非常积极的作用，是引发科学灵感产生的土壤。这也说明，高峰体验时刻，会让儿童骤然挣脱陈腐观念的束缚，将过往经验模块与当前的情境迅速整合，并生成新的思维程序、认知图式、概念系统，体现出思维的应变性，以实现对当前科学问题的解答，也能产生新颖的想法，而不需经过细密的推理而直接领悟到事物的本质，瞬间解开长期令儿童困惑的谜团。因此，高峰体验的情境是孕育创造人格的种子，对儿童创造力发展具有至关重要的基础作用和动力价值。

三　在自主探究的科学情境中扩展创造行为

探究是科学家共同体所从事的最基本活动，也是儿童认识世界的主要途径。无论是科学家的探究，还是儿童的探究，在本质上都缺少不了探究所发生的背景条件——情境。科学情境的作用，就是为儿童提供了基于其生活经验、符合教学内容要求、并能够启动自主探究的背景材料。这里所说的自主探究，并不是要让学生孤立地探究，而是要在人为优化的情境之中，形成师生、生生互动的"学习场"，它观照学生的主体地位，并赋予自我抉择、自主表达、主动思考的权利，从而营造出有情、有趣、有思的探究情境。

在科学情境之中，儿童的自主探究又可以催化科学想象。由于科学情境提供了丰富的背景资源，儿童可由此出发，进行联想、猜测或幻想。也能够通过与情境的互动，调动经验储备，设想未知的情况，猜测可能出现的科学规律，描绘未来发展的科幻世界。当然，儿童的科学想象，此时看来也许显得幼稚和不成熟，但对这种可能性的呵护却是必要的。如果未来假以时日，一种想象与现实就可能真正联系上。比如，儿童在科学课上表达的想象，未来想在桥上造房子，想用机器人打扫房间，想发明让地球免受其他星球撞击的保护网。这些想象，可能在当前的年龄段，未必能够实现，但如果孩子想象的动力一直可以得到科学教育的支持，三十年、四十年之后，谁又能说他一定不能实现呢？

在自主探究的科学情境中，往往也是一种心灵的自由活动，体现出科学教育活动对儿童的"赋权"。由于儿童在科学情境中，想象的表达已经不再是对现有客观外物的再造，它可以在现有条件的基础上，借助情境体验、自由联想，综合运用感知、体悟和想象，打破时空条件的具体限制，追溯过去，展望未来，会构造出独特的科学意象，并以此作为"沟通渠道"，形成创造性想象。更为关键的是，当儿童获得自主探究的经历后，会获得成功的经验，会加强自我肯定，会有不怕犯错的勇气。害怕失败、担心个人的不足常常是创造力的障碍，高度敏感与服从压力的人多倾向于保守，容易束缚创造行为的表达。但是，儿童在自主探究的科学情境中，会建立自己有能力想出办法的信心，增强对自我创造力的信念，进而会扩展儿童的创造行为。

第三节　科学情境教育促进儿童创造力
发展的操作路径

科学情境教育促进儿童创造力发展的操作包括三种路径，即核心路径、拓展路径以及广延路径。

一　核心路径：依靠科学情境教学促进儿童创造力发展

通过科学教育来促进儿童创造力发展，其核心路径在日常的教学之中。科学情境教学是教师在教材分析、学情分析的基础上，将教学定位于一个预先设计的"隐喻情境"中，进而实施教学，引导学生借由情境任务去发现、探究或讨论，在此过程中，鼓励学生质疑与思考，在提升素养水平的同时，促进创造力的发展。

科学情境教学主张教学时应将教学主题（或内容）设计在"人为优化"的情境之中，优化可以借用建构主义的学习观来解释，这样的情境可被称作"锚或支架"，要想有利于学生建构科学知识，教师应对情境的意义形成预设的素养指标，这些素养指标需要借助情境提供一个有意义的背景，参照情境创设的类型，教师可以在借鉴的基础上进行创造性发挥，以设计符合学生需要的科学学习情境。通常，科学情境教学的实施，要想促进儿童创造力的发展，需要遵循以下的操作步骤。

（一）情境创设与情境呈现

顾名思义，情境教学必须要借助"情境"来组织教学，当把"情境"纳入教学视野，并期望通过情境来实施教学，首要之举是要进行情境创设。尽管情境创设没有僵化的模式，需要教师注意的是，情境创设需要为儿童的学习服务，是想营造直观逼真、促进思维的学习环境，因此所呈现的情境应具有激励作用，是为促进学习而设计的，也是导向教学目标的，包含了儿童与情境问题相关的能力培养，并能够丰富对科学本质的理解，具有促进儿童创造力发展的功能。

以苏教版《科学》教材中的"摩擦力"单元为例，尽管力的概念非常抽象，但有关"力"的物理现象，儿童却有很多的日常经验，如推拉物体时感受到作用力，玩弹簧秤看到的弹力，海边游玩时观察到风力发电，甚至对天体之间引力现象的好奇……孩子周围无处不在的力，无时无刻不吸引着孩子的兴趣和关注。

但是，孩子日常生活中观察到的力学现象，只能说明孩子对力的主题内容有所接触，但还没有形成比较系统的科学概念，有些只能称之为"前科学概念"。在深入解读《科学课程标准》的基础上，我们看到，科学素养目标是指向未来合格公民的培养，它有别于过往培养精英式科学家的目标。如何在科学课堂教学中落实课程目标，精心设计、选择、提供相应的教学情境就成为有效的操作路径。从学习心理分析，教学情境的设计与呈现，是以学生的日常生活经验为基础的，儿童在日常生活有很多关于科学现象的感受与疑惑，这些是激发科学求知欲的动力。因此，科学教师精心创设了这样的情境。

老师：同学们，今天老师给大家表演一个神奇的魔术。大家看，我能够让这个小人在绳子上随便移动，如果老师叫它停，它就会非常听话地停下，你们相信不相信？

同学们瞪大眼睛，观看老师的表演……

老师：同学们所观察到的现象，大家是不是觉得很有趣，这里面呢，还蕴藏着丰富的科学知识，今天需要来一起探究。请同学思考，刚才的现象与什么有关？从而揭示课题——《摩擦力的秘密》。

剖析这个案例，教师的情境设计是与儿童创造力发展相联系的。科学情境教学，不是专门的"创造技法"训练课程，它是在常态化的教学中，给孩子提供自由发展的空间，指向创造性人格的培养。儿童创造力培养的首要问题，是如何在儿童科学学习的早期，来激发孩子对科学的兴趣，从儿童对自然现象的好奇心出发，让儿童形成"现象背后之原因"的思考，并愿意去探究。在这个案例中，教师通过创设愉快、有趣的魔术情境，使学生对科学学习有一种新奇感，这样的情境呈现，没有直接用"摩擦力"概念来呈现，而是与儿童的生活经验对接，由现象的好奇，来激发儿童的求知欲。好处就在，从奇趣的自然现象得到原型启发，学生自然会进入思考："为什么会这样呢？"

（二）目标处理与情境隐喻

采用隐喻的方式，是科学情境教学非常重要的原理。"隐喻"是用情境来处理教学目标，情境不是玩的活动，情境也不是简单直观，情境实质上要将教学目标暗含其中。如课堂中的"猜谜语"情境，猜谜语本身并不是目的，而是要通过"猜谜语"来隐喻"如何进行推理"，"如何进行推理"是教师要处理的教学目标。教学目标在情境之中越清晰，教师所呈现的情境就越有利于儿童的问题解决。富有意义的情境，可使儿童建立类似此问题情境的心智模式，学习将不是一种娱乐活动，而是让学生集中注意于当前学习。

以"神秘的盒子"情境为例，为了鼓励孩子进行质疑与探究，进而培养孩子批判思考的能力，教师在科学课堂中创设了这样的情境——神秘的盒子。老师用废弃的饼干盒，盒底里面固定一个直径约2.5厘米大小的垫圈，在盒中放入一个螺丝钉以及一块形状不规则的石块，在盒子中再放入硬币、玻璃球，然后用盒盖完整封闭盒子。

教师说："这是一个潘多拉魔盒，老师想请同学们猜猜盒子中究竟是什么东西？为了推断盒子里有什么，你可以选择不同的方法。可以摇动盒子，可以使劲摇，可以把盒子弄倾斜，可以快摇也可以慢摇，可以听声音，还可以在盒子外面使用磁铁，但唯一禁止的操作，就是不能打开盒盖。"

然后将盒子交给同学，前面的同学试过后，再传递给后面的同学。教室里一下子热闹起来，老师就请同学们一起讨论、争论，甚至辩论，也启迪学生可以根据他人的看法，不断调整自己的想法。

这种情境就是一种隐喻，其用意何在？教师用"潘多拉魔盒"来隐喻什么呢？这就是教师精心设计的目标，他想用这样的情境，来让孩子经历科学探究的过程，核心目标是要让学生在表达观点时注重证据。情境隐喻所表达的教学目标是，通过猜盒中物体，学生能够根据自己的尝试活动，形成自己的思维和推论，以及这样推论的依据是什么。同时，在这样的情境活动中，潜移默化地将科学过程（或方法）渗透进来，比如：细心观察（摇摆听音）、分类比较（是否具有磁性）、表达交流（组内讨论）、测量方法（磁力强度）、预测推断（可能的物体）、验证假设

（根据什么说明推断），甚至还会建立模型（整体到细节）。在这个案例中，教师所设计的情境能够有效地处理教学目标，也体现出如何去培养儿童的自主能动性，为了达到这一目标，儿童必须发展对自己思考能力的自信，教师为孩子提供了充分思考和表达的权利，这对促进儿童创造力的发展有至关重要的意义。

（三）能力评估与产出结构

因科学情境教学有具体的教学目标定位，因而需要有真实的评估来促进教学。科学情境教学评估与传统纸笔测验有着本质区别，它主要是评估学生是否进行有价值和有意义的工作。在纯文字式的纸笔测验中，是直接呈现语句条件与资料信息，并用一个预设的标准答案作为标准，学习者只能从语句条件来寻求唯一答案。但情境教学的能力评估，因能力指标分布于情境之中，不同的孩子与情境的互动方式存在差异，也由于情境的复杂，老师应意识到，传统教学中，往往问题的答案只有一个标准，学习者常常会禁锢自己的思维，不敢从发散性的方向去提供多种解决办法。但科学情境教育的情境是开放的，学习者需要以灵活多变的思维，提供各种不同的答案，有些答案可能会超出教师的预期。因此，老师需要对与情境有关的资料做评估，比如，在情境中哪些儿童表现出高阶思维的能力，哪些孩子表现出发散性思维，哪些孩子有特别奇特的想法。同时，真实评估不仅允许教师评估学生，也允许学生自我评估，重在指导学生在元认知层次上，观察和指导自己的学习，能够发现自己的薄弱之处，进而帮助他们调节自己的学习，对有不同方面能力和不同程度的学生都有帮助。

最严谨的教学设计有别于一般的活动，它是通过评估来考量学生学习的产出结构，且与目标设计相匹配。在科学情境教学中，由于儿童与情境交互的方式不同，因此求解问题的条件变得复杂而多变，甚至会有许多的"节外生枝"。但这样的产出结构是允许的，科学情境的价值，在于它不告诉学习者下一步如何做，留给学习者极大的空间和思考，并愿意尝试去解决，学习者在产出结构里较倾向于由自己决断情境结果。

比如，在《弹力》这一课上，教师给学生呈现下述情境，给自行车打气、带发条的玩具汽车、公共汽车门、航母弹射舰载机等。学生看到生活中常见的情境，都情不自禁地交流着他们的看法，纷纷表达这是什么、那是什么。教师由此而导入情境任务，请同学们根据弹性原理来设计弹力器具。儿童的创意令人拍案叫绝，有的说："在脚上装上有弹力的鞋子，跳高就会创造世界纪录。"有的说："给教室装上弹力机关，今天可以在这儿上课，明天可以在那儿上课。"有的说："我的橡筋飞机模型可以改装为发条机关"……因此，当儿童能够进入优化的科学情境，作为学习的主体，其思维一下子超越了情境中的原型启发，马上就有了"天马行空"或"恍然大悟"。

二　拓展路径：运用科技活动情境促进儿童创造力发展

在科学情境教学之外，尤其符合科学学科特征的操作路径表现在各种类型、类别的科技活动情境，这是需要科学教师特别重视与开发的实践路径。"新中国成立后，以少年宫、青少年宫、儿童中心为代表的，一批具有中国特色的校外教育机构得以建立和健全。"[①] 经过多年的积累，由各类校外教育机构所组织的科技活动内容涉及三模（车辆、舰船、航空）一电（无线电）、集成电路、种植饲养、天文气象观测、生物工程、机器人大赛、青少年科技创新大赛、青少年科技传播行动、明天小小科学家等等；在科技活动的组织形式上，也呈现出丰富多彩的类型，比如，各类科技活动竞赛、演讲比赛、科技夏冬令营、科学家进校园、学科奥林匹克竞赛、科普讲座、科普展览、流动科技馆、小星火计划、科普图书借阅等等。[②] 这些内容与形式丰富的科技活动，为科学情境教育提供了有利资源，因为活动本身就构成一个个具体的科学情境，学习者可通过实物操作、动手动脑和问题解决等，来体验科学魅力，感受科技创造的快乐。在扎实推进课程改革的进程中，科学教师如果能够积极探索，结合区域性的青少年科技创新大赛或科普日活动，可将科学课堂中的探究学习进行拓展，将科技活动纳入教学情境之中，就会促进课堂内的观察

---

① 王秀江：《我国校外教育政策的价值分析》，《教育科学研究》2016 年第 2 期。

② 刘玉花、龙金晶：《全国青少年校外科技活动场馆发展现状及对策研究》，中国科普理论与实践探索——公民科学素质建设论坛暨第十八届全国科普理论研讨会论文集，2011 年版，第 165—170 页。

或实验的过程方法融入真实生活，儿童的科学学习也能进入正规教育与校外教育相结合的处境，对促进儿童创造力发展有着积极作用。

三　广延路径：凭借非正式学习情境促进儿童创造力发展

非正式学习相比于校外科技活动，是一个外延更广的概念，它也越来越引起发达国家对科学教育的重视。如果把学习仅视为在制度化学校内的教室空间发生，那么儿童的学习将是非常狭窄的，在教室或学校的围墙之外，还有巨大的学习空间。因此，人们把教室空间发生的学习称为"正式学习"，而把制度化学习时间之外的生活、社交或游玩中发生的学习称为"非正式学习"。如今，在国际科学教育研究领域，许多学者提出非正式科学学习概念，在非正式学习情境下，儿童是自主、动态建构学习意义的。

在非正式学习情境中，最适合科学教师利用和开发的情境有各种类型的场馆或场所。尤其适合小学生使用的场馆情境有：植物园、动物园、科技馆、博物馆、气象站、天文台等等。教师可以通过课程资源开发，充分利用这些非正式学习情境，带孩子进入场馆，参与不同类型的活动，如探究天气变化、动植物生长繁殖、岩石种类等等自然现象，也可以通过调查环境、水资源，形成科学研究论文或调查报告。一些常见的非正式学习情境可参见表8—1。

表8—1　　　　　　　　　　非正式学习情境及教育目标

非正式情境	教育目标
池塘	观察动植物，了解它们的生活习性、生态系统。
海滩	观察海岸线特点，探究海潮活动规律，探究海浪成因，观察沙丘形状，观察海滩生物，制作贝壳标本。
动物园	观察动物的身体结构，对动物进行分类，了解动物的生活习性。
植物园	对植物进行分类，探究植物的生长环境，调查植物资源分布。
博物馆	参观博物馆的展示，可结合主题探究，协助博物馆进行展示解说。
天文台	观察星空，观测星象，激发天文学兴趣。
气象台	气象观测，分析天气变化的成因，激发气象学兴趣。

非正式学习情境的开发，需要受到学校科学教育的重视，因为科学教育的重要目标之一就是要扩展学生的经验基础，这类情境具备激发科学兴趣、丰富经验基础的功能。在各种非正式科学情境下，其实是延伸了课堂学习情境，在非正式学习情境下，科学教育更强调学习的建构性、社会性和情境性。这时候儿童的科学学习，已经体现出一种社会化建构的理念，儿童更加能够体会科学、技术与社会的联系，也使科学教育有了更广的社会情境，儿童在实际解决问题的过程中也能发展思维品质和解决问题的能力，当学生接触到不同类型的非正式学习情境，就可以在实践中学，可以直接参与对社会议题的讨论。

非正式学习情境，不受班级与课时的限制，可以以班级为基本单位，也可以是跨班的研究小组，还可以是独立的个体行为，可以到家庭、社会、田野中去进行，老师可以提供科学活动建议，也可以由学生按自己的兴趣和特长自由进行，还可以聘请科学家、高校教师、科技工作者参与其中。

以下是笔者在美国杰克逊州立大学访学期间留下深刻印象的一个案例，它充分运用了非正式学习情境，并通过教师的精心设计，将科学学习与儿童创造力培养有机结合在一起。

这是一个一年级孩子经历的长周期学习项目，主题内容被称为"蝴蝶花园的世界"（The world in a Butterfly Garden）。学习目标定位于让儿童探索和了解蝴蝶的栖息环境，并亲手规划设计一个蝴蝶花园。

儿童经历的学习活动包括，在课堂认识和了解蝴蝶及其幼虫。随后，教师充分利用非正式学习情境，带领学生到森林公园（Woodland Park Zoo）、西雅图提尔斯花园（Seattle Tilth Garden）、华盛顿植物园（The Washington Park Arboretum）以及太平洋科学中心（The Pacific Science Center）去考察，在这些非正式学习情境中，孩子们要观看展示图解，观察蝴蝶标本，了解蝴蝶的生存环境，听专业人士的解说，了解蝴蝶的栖息处，研究蝴蝶的生长周期。这些非正式学习情境，被设计在课程与教学之中，教师带领学生进入公园、植物园、科学中心，进行校外教学。一年级的孩子们兴趣高涨，在这些学习情境中，他们知道了蝴蝶的生存需要当地的植物环境与栖息处，孩子们也知道植物生存需要土壤、日光与雨水，通过观看图片展示，学习到昆虫的生命周期，也会接触到对植物的认识。通过上述非正式学习情境的经历，孩子们回到学校，还会就这个主题，到学校图书馆进行数据收集。比如，通过图书资料检索，搜集蝴蝶在华盛顿生存的种类及栖息环境。

除了上述的学习经历外，该科学主题内容还会与艺术学科相结合，学校会组织孩子进行艺术创作，到了冬季，教师会安排学生进行蝴蝶的绘画创作，并将绘画作品进行装饰，在一些校庆活动中进行义卖。

更令人称赞的是，为更好地促进科学学习与生活的关联，并促进儿童创造力的发展，在整个主题内容学习之后，当冬去春来之际，教师要组织学生将研究成果应用在设计学习上，孩子们会在校园的某个角落，亲手设计一座蝴蝶花园。当然，这个过程需要教师、家长的协助，学校会邀请拥有景观建造专长的家长共同参与，孩子们会与家长一起，挖掘和搬运泥土，这个过程中，又会产生"附带学习"，孩子们发现了土壤中的玻璃、碎瓷砖、塑料、生锈的铁块等等，还会接触关于土壤形成的知识。最终，通过孩子们的设计，建有通道、露台、长椅，蝴蝶景观布置的花园得以完工。

在此学习方案中，教师通过主题设计，充分运用非正式学习情境，将儿童的科学学习置于真实的情境之中，在教室内外、校园内外重置了学习空间，使得科学学习与儿童的生活世界密切联系，学生既探索了蝴蝶的生活周期及生活习性，又从事了与昆虫相关的阅读与绘画，也针对蝴蝶花园进行了艺术创作，更懂得如何让植物与昆虫健康地存活在他们的周边——蝴蝶花园之中，是一个真正体现教学创意与儿童创造力发展的学习项目。

第四节　科学情境教育应避免的操作误区

科学情境教育是汲取李吉林情境教育思想之后的实践尝试，她几十年的探索是彰显智慧、尊重规律的实践，而不是搞时髦。因此，科学情境教育不可能给一线教师提供固定的程序和僵化的模式，它的实践需要源自科学教师自身的努力，科学教师在实践之中还有无限创造的可能。

但无论怎样创造，教师需要避免以下的操作误区。

一 将情境视为简单直观

我们强调，科学情境教育不是人们所理解的一种简单的直观教学手段，情境是一种系统观，这种系统观强调知识、情境二者之间的辩证统一。举例而言，在涉及运动力学概念的科学教育活动中，科学教师会借助"小车运动"的探究情境，学生可以在情境中感知"小车是木制的、有颜色的、有四只轮子，还附着其他装置"等等。这些实物情境是学生喜闻乐见，并可直观感知的。情境设计的目的在于，教师希望学生最终能理解科学的原理，即小车的质量 m、速度 v 和动量 p 与运动有关的概念范畴。如果没有小车，直接就呈现给儿童 m、v、p 概念，那种单一的科学符号儿童是难以理解的，儿童在操作小车及探究小车运动的过程中，通过直观、形象和具体的表象，就容易理解科学符号概念。但是，我们不能走入另一极端，即儿童仅仅在摆弄小车中觉得好玩，仅知道小车有四个轮子或小车的颜色鲜艳，却没有建构 m、v、p 科学概念，这恰恰是科学情境教育应防止的倾向，科学情境教育应杜绝对情境的简单化认识。这就好比古希腊哲学家柏拉图的"洞穴隐喻"，如果将情境只是视为直观手段，情境就变成洞穴里的人看到的影子；然而，情境背后还有着确定性，即知识是情境的实在，教师借助情境来处理教学，最终还要恢复知识存在的价值，否则就会偏离教育目标，使教育走入"热闹与娱乐"的误区。

科学情境教育中的情境是活化知识的途径，而不是人们所理解的一种简单直观手段。科学情境教育是通过要素分析而建立的系统框架，它强调知识与情境的关系，不能为了情境而情境，也不能始于情境而止于情境。情境最终要回归科学教育的目标，如果科学教育仅仅是为了情境而情境，那就偏离了科学教育的方向。由此，我们看到，科学情境教育强调把科学知识镶嵌入情境，强调在情境中活化知识。以情境作为科学教育的途径，不是关注其特殊性，而是要引导学生从特殊过渡到普遍。情境是特殊的，而科学则是普遍的。如果能够帮助学生通过情境来建构学习意义，并能够活化对知识的理解，这便达到了科学教育的目标。

二 停留于浅层情感体验

情境具有情感促发的作用，如游戏情境常常会受到孩子的喜爱，角色扮演的情境可以让孩子产生快乐的情绪，新奇的演示实验情境可激发儿童的好奇心。但是，科学情境教育不能仅仅将情境处理为"浅层次"的娱乐情感，而是要挖掘情境背后的广远意境。

李吉林在情境教育探索过程中，深刻意识到"中华民族的文化给予的理论滋养，尤其是文学理论的'意境说'对她的教学思想影响深远"。① 科学情境的广远意境表现为，当儿童处于"物我交融，情景相生"的情感状态时，恰恰是将孩子带入对科学本质理解的情感升腾状态，这种情感性的归类和图式形成，才能影响儿童的决策和问题解决。

比如，人类对核弹、克隆技术的滥用，造成对环境、对人类自身的杀戮，教师要通过引导，帮助儿童建构道德心与责任感。这样，科学情境教育中关于"科学本质"的深远意境就得到呈现，儿童除了能明白科学以其效用服务于人类的实用目的，还能看到在本质上与人文精神一致的科学伦理。也就是说，儿童是富有情感的小小生命体，他们的情感易于被激起，可以连续，不会戛然而止，关键是教师课前设计和课上引导，要通过把握好儿童情感的脉络，让儿童有深层情感的体验。

科学情境教育正是利用了情境的移情作用，将过去的经验、当下的感受与未来的希冀通过情境做了关联，这种深层的情感会被儿童不自觉地移入大自然与生活。儿童在接受科学教育的同时，也能体验到价值、伦理等生命存在的意义，使科学教育回归到"人的教育"，这才是对科学情境教育最美好的憧憬。

三 扼杀个体的意义建构

老师所创设的科学情境，具有共性特征，即老师通过教材分析，在知识、能力或情感维度，需要用预设性的教学目标来规划教学，学生应达成的基本要求在哪里，这是具有共性的目标。但针对儿童对情境意义

---

① 李吉林：《"意境说"给予情境教育的理论滋养》，《教育研究》2007年第2期。

的建构，情境又是相对、主观和个别的，或者说，科学情境教育允许个体发展水平上的差异。

儿童在面对具有共性特征的同一情境时，因学习者的兴趣爱好、动机倾向、认知调节或思维方式以及原有的知识储备都不尽相同，对学习意义的建构一定会有差异。虽然教师所创设的情境只有一个，但置身这个共性特征的情境中，由于个体经验储备的差异，对情境意义的解读就会不一样。另外，参照杜威的经验观，只要在经验范畴之内便是情境。这样，针对不同发展阶段的儿童，或不同个体差异的儿童，他们对情境本身的理解就有程度上的不同。

因此，科学情境教育实质是一个开放的学习系统。如果我们用封闭的方式，强调对情境的"标准知识"建构，则显然不符合情境复杂性的本质特征，也是与儿童建构意义的规律背道而驰的。这就好比，都是面临"苹果砸在头上"的情境，牛顿坐在树下，被掉下的苹果打中，他想到的是苹果的速度和加速度，从而发展了力学。换了别人，想到的恐怕是苹果的颜色，它是否熟了可以吃。科学教师必须有这样的认识，同一情境因背景知识、经验储备不同，每个人所关注的部分和内容有别，最终的意义建构存在着差异性。

总之，科学情境教育的操作与教师实际的情境设计和处理能力密切相关，需要教师在实践中不断地提升自身的理论素养，并能够深谙之所以促进儿童创造力发展的内在机理，才有可能在常态化的科学教育中去培养儿童的创造力。

作者：严奕峰

第 九 章

情境教育促进创造型
教师成长的扎根研究

　　跨进中国特色社会主义新时代，需要我们迈上儿童创造教育新征程，续写创新人才培养新诗篇。《关于深化教育体制机制改革的意见》明确强调培养学生的"创新能力"，并将其作为"四项关键能力"之一。创新型社会的迅速崛起召唤创造性人才，创造性人才的早期培养需要创造型教师。创造型教师不仅是儿童创造的引路人和指导者，更是儿童直接和最有影响力的"重要他人"。如何通过教育改革来促进创造型教师的专业成长已成为深化教育体制机制改革的重要课题。

第一节　研究进展

　　如果从段作章、邵明德发表的第一篇论文《创造型教师的特征与培养》算起，我国学者对创造型教师的研究已超过了 30 个年头[①]。通过中国知网检索发现，尽管这些年来陆续发表一些质量较高的论文，但数量依然有限（年均不足 2 篇），主要涉及创造型教师概念、特征及培养等方面。

　　我国学者基本采用美国专家史密斯（R. Smith）的经典概念，将创造型教师界定为"那些善于吸收最新教育科学成果，将其积极应用于教学

---

　　① 段作章、邵明德：《创造型教师的特征与培养》，《江苏高教》1985 年第 4 期。

中，并且有独特见解，能够发现行之有效教学方法的教师"①②③。这个概念强调教育研究新成果的掌握与使用，并在此过程中形成创新的教学主张和方法。随着研究逐步深入，有学者将创造型教师分为两个层次：一是基本层次，该层次的教师能按照教育教学工作的规律和原则灵活机智地解决问题，而不是僵化教条地处理问题；二是创造层次，该层次教师能依据教育理论深入研究，并提出独特见解或创造出新的教学模式与方法。"所有的教师都应达到基本层次的要求，并努力成为创造层次的创造型教师。"④ 分层研究表明，任何教师都应该而且可能成为创造型教师，这就使创造型教师不再神秘莫测，也不是高不可攀的。

对创造型教师心理特征的研究成果较多。段作章等最早指出，创造型教师具有强烈的创新意识、旺盛的好奇心和求知欲、兴趣广泛、独立性强、善于创造性思维以及性格宽容等鲜明特征⑤。后来，廖正峰明确提出三个基本特征，即"认知特征"（满腔热情的求知欲）、"才能特征"（勇于开拓进取的创造才能和灵活机智的应变才能）、"行为特征"（像渔夫一样冒险，爱创新）⑥，引起了较大反响。进入新世纪以后，受西方创造力理论的影响，创造型教师的知识结构和人格特征成为新的关注点⑦⑧。季诚钧有机整合有关研究成果，认为创造型教师包括"知识特征"（表现为灵活贯通的知识结构）、"人格特征"（表现为开拓创新的个性特征）、"认知特征"（表现为独特发散的思维方式）与"行为特征"（表现为鼓励宽容的行为方式）⑨。目前，关于创造型教师心理特征的基本维度已成

---

① 林崇德：《培养和造就高素质的创造性人才》，《北京师范大学学报》（社会科学版）1999年第1期。

② 徐元旦：《创造性素质·创造性教育·创造型教师》，《重庆社会科学》2000年第1期。

③ 陈德峰：《创造型教师的素质构成与培养刍议》，《黑龙江高教研究》2002年第4期。

④ 季诚钧：《创造型教师：一个值得推广的概念》，《教师教育研究》2006年第2期。

⑤ 段作章、邵明德：《创造型教师的特征与培养》，《江苏高教》1985年第4期。

⑥ 廖正峰：《试论创造型教师的特点》，《师资培训研究》1996年第3期。

⑦ 黎兵、李大维：《创造型教师的人格特征及其培养》，《中小学教师培训》2004年第11期。

⑧ 张建平：《创造型教师的人格特征分析》，《沈阳师范大学学报》（社会科学版）2003年第6期。

⑨ 季诚钧：《创造型教师：一个值得推广的概念》，《教师教育研究》2006年第2期。

共识，但具体指标仍有分歧，有待深入研究。

如果说心理特征是理论工作者的核心关切，那么素质研究就是实践工作者的关注重点。徐元旦提出，创造型教师应具有四种基本素质，即高度的事业心和责任感、科学和民主的思想、强烈的创造意识和健全的人格特征①；刘年珍认为，创造型教师应有对教育工作的挚爱和执着、优化的知识结构与过硬的业务功底、及时吸收消化和创新运用教育研究成果、勤学苦练和刚强坚毅的心理品质、求真务实与细致入微的治学态度②。而在这些素质中，心理素质又受到格外关注。张景焕提出，先进的教育理念、创造性心理素质与课堂教学行为是创造型教师必备的③。

梳理这些研究成果，可归纳出创造型教师成长的三种模式：一是"自主成长模式"，它主要关注创造型教师的自我培养④⑤，二是"校本培训模式"，它着力于将创造型教师的自我培养与校本培训相结合⑥⑦，三是"师范教育模式"，它更重视教师教育改革，包括师范教育和在职培训改革⑧⑨。遗憾的是，沿袭多年的"师徒传承模式"尚未引起有关学者关注，在已经发表的相关论文中也难寻踪影。

综上，尽管我国学界对创造型教师的研究偏少，但依然取得了一些令人鼓舞的进展，为推进创新人才的早期培养起到了积极作用。从研究方法来看，这些研究偏重于思辨和经验研究，实证研究严重短缺（仅有1篇调查报告）⑩，今后应更多地关注实证研究。本研究精选从情境教育中

① 徐元旦：《创造性素质·创造性教育·创造型教师》，《重庆社会科学》2000年第1期。
② 刘年珍：《创造型教师的素质特点》，《教育导刊》2000年第Z1期。
③ 张景焕：《创造型教师的心理素质与课堂教学行为》，《山东师范大学学报》（人文社会科学版）2008年第2期。
④ 霍力岩：《论创造型教师》，《教育科学研究》2001年10期。
⑤ 王方林：《创造型教师及其培养》，《当代教育科学》2013年第21期。
⑥ 杨玲、任俊：《创造型教师的心理素质及培养》，《高等理科教育》2003年第1期。
⑦ 吕林、王小林、谭小宏：《浅谈创造型教师及其培养》，《教育与职业》2013年第3期。
⑧ 莫崇芬：《实施创新教育，培养创造型教师》，《湖南第一师范学报》1999年第2期。
⑨ 侯小兵、谭小宏：《师范院校培养创造型教师的价值、困境及对策》，《当代教师教育》2014年第4期。
⑩ 陈成龙、丁仁武：《关于中小学创造型教师成长状况的调查报告》，《语文教学通讯》2013年第1期。

走出的 22 位名师的成长自述进行扎根理论研究，从中提取并总结创造型教师成长的理论模型，试图总结出创造型教师成长的新经验和新思路。

第二节 研究方法

扎根理论研究发源于美国，在欧美得到广泛运用，近年来被中国学者引进国内并日益引起教育研究人员的关注。它是基于质性资料发展理论的方法，研究者在研究开始前没有理论预设，而是从实际观察直接入手，通过原始资料的不断比较和科学分析归纳经验，然后上升到理论。因而，它主要是通过自下而上的路径来建立"实质理论"，关注如何在全面搜集材料的基础上，找出表现教育现象的核心概念，然后通过联系构建相关的教育理论。

一 样本选择与资料收集

情境教育是运用优化的情境，实施情境教学，开发情境课程，激发儿童快乐高效的情境学习，全面提高儿童素质的一种小学教育范式。它是儿童教育家李吉林基于长期的探索与研究，并吸纳中国古代文论"意境说"的理论滋养而逐步创建起来，它植根中国，体现实践智慧，具有浓厚的民族特色和时代感。原国家教委副主任柳斌认为"情境教育是对素质教育的一种有效的、成功的探索，而李吉林老师则是我国素质教育的一面鲜艳的旗帜"[1]。2014 年，情境教育荣获全国首届国家级基础教育教学成果特等奖。通过言传身教，李吉林带动了一批中青年教师走上教改之路，他们扎根于情境教育的丰厚土壤，并结合实际锐意改革，形成独特的教学方法和教学主张，成就了一批有较大影响的创造型教师，"从某种意义上说，李吉林就是一所教师进修学校"[2]。

本研究精选 22 名教师为研究对象，其选择标准包括：其一是在情境教育实践中成长起来的典型代表。其中包括李吉林的嫡传弟子，他们长

---

① 柳斌：《再谈李吉林老师的"情境教育"》，《人民教育》2009 年第 9 期。
② 杨九俊：《人生的意义：试说李吉林老师对教育的贡献》，《人民教育》2006 年第 19 期。

期在她身边聆听教诲和指点，也包括那些通过阅读情境教育的新闻报道和李吉林的相关著述，慕名而来的外校乃至外省市的老师，他们通过各种方式向李吉林请教。其二是工作于小学或幼儿园，至少取得省级教学竞赛一等奖，或主持省级以上教研项目。其三是获得较为优秀的创新成果，包括教学创新和科研创新。选定的22位名师中10人已被评为省级特级教师，21人次在国家或省级教学大赛中获过一等奖，21人次主持过国家级和省级课题。研究者不仅系统搜集了他们发表的所有论文论著和教学视频，而且对每个研究对象都进行了至少两次访谈，并通过整理转化为文本资料。

二　研究工具与编码过程

对材料逐级编码是扎根研究的关键一步。为了避免材料繁多而导致的编码误差，本研究借助 Nvivo8.0 软件。Nvivo8.0 软件支持多种资源格式，特别适合大文本资料的整理分析，它能简化繁杂的资料分析过程，帮助我们建立理论模型，也在很大程度上提高了研究效率。

Nvivo8.0 软件的分析过程可分为准备、编码、质性分析和整合四个阶段。准备阶段首先选择22位名师作为被访问者，引导他们自述情境教育影响下的成长历程，然后辅之以半结构性访谈建立相应的"资料库"。编码阶段是扎根理论研究的关键部分，共有三级。一级编码时，研究者悬置所有"偏见"，把搜集来的原始资料都登录到 Nvivo8.0 软件上，以开放心态对材料进行逐字逐句分析编码，赋予概念，最后把相似概念聚集一起，概括出高级别的概念。Nvivo8.0 软件允许重复编码，如果一句话有几层含义，可以编码几个"自由节点"。通过对原始材料的一级编码在软件中形成若干个"自由节点"。然后，研究者又对自由节点进行结构化，完成二次编码，形成若干个一级"树节点"。在整合阶段，针对创造型教师的成长历程，梳理出核心范畴，将核心范畴和其他范畴相结合，并在二级编码的基础上形成"情境教育对创造型教师成长的影响过程"和"情境教育对创造型教师成长的影响因素"两个核心类属，由此建构创造型教师发展历程和成长因素模型。由于模型中的每个因子均来源于原始材料，保证了整个研究过程的客观性和科学性。

为了验证"创造型教师发展历程"和"创造型教师成长模型"是否完善，研究者留存了 1/5 的文本资料，以便检验理论饱和度。结果既未发现新的成长阶段，也未发现新的影响因素，表明研究者构建的情境教育促进创造型教师成长的理论模型已达到"信息饱和"。

第三节　研究结果

通过扎根理论研究，我们既弄清了情境教育对创造型教师成长的促进过程，又进行了情境教育促进创造型教师成长的因素分析，为创造型教师培养提供了有益启示。

一　情境教育对创造型教师成长的促进过程

这些年来坊间流传着不少李吉林"点石成金"的故事，比如她指导的多位教师获全国小学语文教学比赛一等奖。其实，他们都是李吉林的入室弟子，跟随李吉林研习情境教育多年。系统分析情境教育中走出的 22 位名师成长道路，我们发现，这里并没有一蹴而就的奥秘，更没有一步登天的奇迹，情境教育对教师成长的影响是一个连续发展过程，创造型教师成长总是通过长期积累、由量变到质变的变化过程。由于不同成长阶段的关注重点不同，情境教育的促进作用也有较大差异（见图 9—1）。

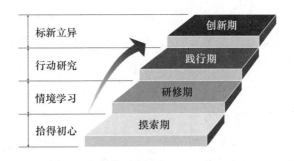

图 9—1　情境教育对创造型教师成长的促进过程

首先是摸索期。该阶段的教师通过一段时间的彷徨摸索，由于机缘巧合而走进情境教育：或被李吉林的学术成就吸引而研究情境教育，或因工作中的困惑而求教于情境教育，或为了突破专业成长"高原期"而借力于情境教育，或通过多种教改方法比较而选定情境教育。因为有过彷徨和摸索的深刻体验，一旦发现情境教育这座"富矿"，他们就会如饥似渴地学习和钻研。

其次是研修期。从语文情境教学的早期探索，到情境教育的系统建构，再到情境课程的精心开发，李吉林创建了一个以儿童为主体的原创性教育思想体系。为了掌握情境教育的精髓，22 位徒弟在这一阶段不约而同地采选了体验学习，成为情境教育的"合法的边缘参与者"。他们大量阅读李吉林在不同时期出版的著作，并想方设法地聆听李吉林的讲座和报告，千方百计参与江苏情境教育研究所、青年教师培训中心组织的各种教研活动，跟随李吉林一起备课、听课，开展课题研究。其中，王美、于强还有幸进入研究所，成为李吉林的助手，零距离研习情境教育。事实证明，对情境教育的理念和思想研修越全面，理解越深刻，他们的发展就越顺遂，取得的成就也越大。如果仅凭侥幸或一时聪明，往往很难行稳致远。

再次是践行期。多年的教改实验使李吉林深知"知易行难"的道理，她的带教始终强调"做中学"，认为只有实践才能"出真知"，鼓励徒弟大胆尝试，开展行动研究，并通过不断反思来提高自己的教学水平。这个时期，多数教师将情境教育思想运用于某门学科的教学，如语文、数学、音乐、美术等，但也有少数教师选择了某门学科的某个领域深耕细作，如情境语文的识字教学、阅读教学、作文教学，情境数学的概念教学、计算教学以及应用题教学，努力探寻教学改革的新模式与新路径。通过李吉林的悉心指导，这些行动研究既深化了他们对情境教育的认识，也提高了他们驾驭教改的本领，为日后的教学创新夯实了基础。

最后才是创新期。情境教育不是封闭的，而是开放的。李吉林总是提倡与时俱进，唯有新人辈出，才能实现情境教育的永续发展。正是在李吉林的不断激励下，他们先后主持多项省市级教育科研项目，不断将理念转化为行动，将经验升华为理论，从而使情境教育进入了"春风十里，

"百花争艳"的发展新格局。如今，祝禧的"文化语文"，王笑梅的"生命语文"，施建平的"情境作文"，周益明的"诗化语文"，张洪涛的"游戏作文"，顾娟的"通透情境数学"，黄美华的"音乐情境课程"，张宏云的"美术情境教育"等，均有别出心裁的教学主张和独具一格的教学风格，在省内外产生了较大影响，这些人组成了情境教育的新生代名师群体。

值得一提的是，将情境教育对创造型教师成长的影响过程分为上述四个阶段仅仅是为了研究方便，它们之间并无明显界限，有时还是相互交叉的，在前一时期往往就能看出后一时期的某些特征，后一时期也常常保留着前一时期的部分特征。探讨情境教育对创造型教师成长的影响过程，分析名师成长的共同特征，从中概括出成长规律，有利于优化创造型教师的成长过程，促进创造型教师的专业发展。

二 情境教育促进创造型教师成长的因素分析

从摸索期到研修期，从践行期到创新期，对创造型教师成长而言，情境教育不仅提供了沃土和水分，而且提供了阳光和空气，其创造动机、创造性思维、创造性人格和创造性教学能力都深受李吉林情境教育的影响，并彰显出"师徒传承模式"的独特魅力（见图9—2）。

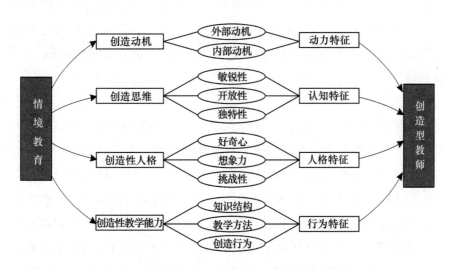

图9—2 情境教育对创造型教师成长的影响模型

（一）情境教育激发教师的创造动机

从事创造性教学需要教师全身心投入，没有强烈的动机是难以持久的。情境教育之所以能促进创造型教师成长，首要原因就是它能够行之有效地激发教师的创造动机。

1. 启发创造的外部动机

情境教育是我国基础教育改革的一朵奇葩。1978 年，李吉林开始情境教学探索，很快就因其独特的方法和显著的成效而引起广泛关注。1980 年 10 月，新华社记者慕名前来采访，《人民日报》头版刊发人物通讯，她也由此成为新闻人物而频频出现于各大媒体，讲学足迹更是遍及大江南北。南通市通州区实验小学校长王笑梅追忆在南通师范学校的求学生涯，印象最深的便是李吉林的一场报告带来的震撼。这场报告使王笑梅的童年梦想变得清晰起来："像李吉林那样做最好的老师。"扬州市教研室教研员陈萍在泰兴师范学校读书时，亦醉心于李吉林做的一场讲座，发愿以李吉林为目标，"做李吉林式的好老师"。毕业以后，她们不忘初心，砥砺前行，最终成长为江苏省特级教师。天津农村小学教师靳淑梅的逐梦之旅，并没有王笑梅、陈萍那么幸运，她依靠自己摸索取得了一定成就，但一个偶然机会，她出席全国班集体建设理论研讨会，望着坐在主席台中央的李吉林，猛然意识到情境教育正是"自己苦苦追寻的教改之道"。她拜李吉林为师，在学习和践行情境教育的过程中逐渐形成自己的教学风格，成为情境教育傲放北国的"一枝寒梅"。

2. 诱发创造的内部动机

内部动机是由个体兴趣、好奇心等内在需求而产生创造欲望的动力系统。所有创造型教师都对工作怀有极高的热情，李吉林也不例外。她的情境教育研究首先源自自己的兴趣和事业心，这种纯粹的无功利的深情和责任感让她 40 年满怀激情，全力以赴于情境教育探索之中，即使获得全国基础教育特等奖第一名，也从未停下前行的脚步。在李吉林影响下，她的 22 位徒弟也满怀教育工作的赤诚，将情境教育视为一生的事业去追求。以李吉林最早的两个徒弟为例，施建平随李老师跟班学习两年，每天和学生一起端坐在教室后面听课，在李吉林支持下，他将"情境作文"作为主攻方向，以自己的一腔热血和不懈奋斗建构出较为完整的情境作文操作体系，成为江苏最年轻的特级教师、江苏人民教育家培养工程首批培养对象；吴云霞在全面梳理情境教育现状后，则将"情境德育"作为情境教育新的突破口，主动请缨，任教一个全校闻名的脏乱差班级，通过建构各种生动活泼的德育情境，帮助学生"扣好人生的第一粒扣子"，使该班跻身全校文明班级，自己也成为全国优秀少先队辅导员、江苏省德育先进工作者。

（二）情境教育促进教师的创造性思维

创造性思维是以新的方法去开拓新的领域并产生新的成果的心理活动过程。倘若没有创造性思维，一个再好的教师也不可能提出新的教学主张，更不可能创造出新的教学方法。情境教育对教师思维的敏锐性、开放性和独创性发展具有一定的促进作用。

1. 涵养思维的敏锐性

情境教育源于李吉林敏锐的洞察力，她大胆移植英语教学中的"情景教学法"，又从中国古典文论《文心雕龙》中得到灵感，认为"情以物迁，辞以情发"蕴含着客观世界与儿童情感之间的规律性联系，进而开始了情境作文的探索。这样的思维方式让她的徒弟受益匪浅，他们也在实践探索中不断寻找突破口，将情境教育理论应用到自己擅长的领域。面对"情境语文"的教改浪潮，数学老师生家琦再也坐不住了，"主动向吴云霞老师请教，仔细观察、揣摩她的语文课，并在数学教学中尝试运用，有效提高了儿童学习的积极性"。生家琦意识到情境语文和数学教学具有某种共通性，从而走上了"情境数学"探索之路。李吉林觉得她是一位"不可多得之才"，便从教育理念、教学方法和教学基本功上予以全面培养。果然，她不负众望，不到三年就斩获江苏省小学青年教师教学基本功大赛一等奖第一名，被《江苏教育》等多家媒体誉为"状元"。初战告捷的生家琦没有浅尝辄止，她又对情境数学进行系统的理论建构和经验提炼，最后捧得江苏省基础教育教学成果一等奖。近年来，青年教师顾娟又在情境数学基础上提出了"通透情境"的概念，鲜明地提出"为思维的通透而教"的教学主张，得到国内学者和一线教师的关注①。分析22位名师的访谈资料，可以发现他们不仅具有教改的敏锐性，而且具有学术的敏锐性。正是这种发现问题的敏锐性，使他们能迅速把握问题的本质，不断开拓新思路，使情境教育始终充满着生机与活力。

2. 促进思维的开放性

大凡李吉林的徒弟，都有一个共同点，就是见多识广，足智多谋，这与他们研修和践行情境教育不无关系。一方面李吉林担任青年教师培训中心的导师，亲自为每位学员量身定做训练计划，宽松的培训情境营造了自由的氛围，也使得青年教师有机会诉说自己的困惑和想法，思维的角度被拓展，思维的空间变广阔，促进了开放性思维发展；另一方面情境教育打破学校与社会的区隔，将学校这一有限的空间延伸到丰富多样的家庭和社会，系统本身具有的开放性促进了教师思维的开放性。此外，情境教育倡导教学的"审美性原则"，强调营造美美的、轻松和谐的氛围，使师生畅所欲言，多层次、全方位地观察和思考相关问题，教师的语言、智慧和心灵都能得到一定滋养。

3. 陶冶思维的独创性

李吉林积极借鉴西方教育学说，却不生搬硬套，她将古代文论"意境说"创造性地运用到小学教改之中，"真、美、情、思"相互激荡，使情境教育成为蕴含东方智慧的教改典范。在情境教育的熏陶中，"不喜随波逐流"成了她每个徒弟的座右铭，他们从不轻信书本，更不盲从权威，而是崇尚创新，不断追求真理。王笑梅常将她九年的情境教学实验称为"梦的伊甸园"，"在不断的实验探索过程中，我逐渐从一招一式的模仿过渡到自主领悟后的创造，情境教学思想与我内心深处对语文教学的理解达成了契合，逐渐形成了自己的风格，探索出一条指导学生从阅读到写作的成功之路"②。因为创立"生命语文"，她成为苏派语文教学名师。摘得全国深化课堂教学改革评比一等奖后，柳小梅也深有感触，"多种方

---

① 顾娟：《为思维的通透而教：我在数学情境教学上的追求与实践》，《小学数学教师》2016年第5期。

② 成尚荣：《我们是长大的儿童》，教育科学出版社2012年版，第56页。

法、方式都应试一试，就是不能老一套，要学会创新。"在博采众长的基础上成就创新，她在情境数学的天空中逐步走向成熟，其专著《智慧庄园中的散步——我的情境数学行与思》出版后，得到小学教育界的广泛关注。22位徒弟，就有22个教学主张，22个教学风格，情境教育呈现出一派春意盎然的新气象。

（三）情境教育影响教师的创造性人格

创造性人格是个体在创造性活动中表现和发展起来的人格特质，是创造型教师从事创造性教学的内在动力。22位教师的好奇心、想象力和挑战性都受到情境教育的深刻影响，并在生动的教改实践中臻于完善。

1. 激发教师的好奇心

旺盛的好奇心是创造的原动力，引导创造型教师探索未知，不断超越自我。李吉林已到耄耋之年，却依然保有一颗赤子之心，"总感到世界还是那样的美好，一切都是那么新鲜，仿佛是第一次看到"。正是这种强烈的好奇心，驱使她乐此不疲地坚守这片热土，寻找情境学习的"美的彼岸"。受李吉林潜移默化的影响，她的徒弟都乐于挑战模糊性与不确定性，喜欢探索日常生活中的特殊现象，并发现蕴藏其中的某些规律。比如，我们一直以为语文是人类文化的结晶，海门市东洲小学的祝禧却发现了语文教学中的"文化缺失现象"，并鲜明地提出"文化语文"的教学主张，坚持以蕴含民族文化的阅读课程涵养儿童的精神气质，其成果荣获全国首届基础教育教学成果二等奖。

2. 培养教师的想象力

情境教育倡导创设广远的意境，这就需要教师展开丰富的想象。童年时代的李吉林就充满幻想，望着斑驳的墙壁，会想象着一个穿着宽大袖子的和尚披着飘飘欲仙的袈裟；望着西洋年画上的大白马，会想象着马儿走到哪里，经过些什么地方。这种想象力迁移到情境教学之中，有效地培养了儿童的想象力。在2018年江苏省小学语文课堂教学观摩暨优课评选活动中，张洪涛凭借一节想象性语言训练课而荣获特等奖，捧回首届"李吉林语文教学奖"。问及获奖原因，他认为最重要的是李老师要他做一名富有想象力的老师，"备课时，李老师指导我要抓住关键词，想象课文的场景，想象儿童的学习状态，还要想象他们会遇到哪些困难。"李吉林希望每位徒弟"带着想象"去创设情境，将儿童带入宽阔的想象空间，还专门开发了想象性作文、观察想象说话课，成为情境教育的一道亮丽的风景线。

3. 锤炼教师的挑战性

情境教育探索是一条铺满荆棘的道路：实验效果受到大众的质疑，情境数学的堡垒久久攻不破……长期的考验培育了情境教育探索者坚韧的毅力、刚毅的性格和勇于挑战的勇气。曾获全国教学竞赛一等奖的杨川美，回忆自己的芳华岁月："在压力和挑战面前我从没有任何紧张、惧怕和退缩。相反，我把任务和竞争当作了锤炼本领、展示才能、体现自身价值的机会和平台。"教改之路总是崎岖难行的，生活在李吉林身边的他们，敢于直面困难，勇于迎接挑战，乐于开拓创新，在不断历练中实现人生蜕变。

（四）情境教育提升教师的创造性教学能力

"知者行之始，行者知之成。"李吉林深知，创造型教师要有丰富的教育教学知识，更要有高超的创造性教学能力，必须采取多种措施夯实教学创新的基础。

1. 完善知识结构

情境教育是一种教育范式，更是一个创新事业，要后来居上，必须具备融会贯通的知识结构。为此，李吉林给每位徒弟制定了详尽的读书计划，使学习成为一种常态。比如，施建平先后参加北京语言文学自修大学、中华青少年创造教育函授学习和中国科学院心理所的进修，参加南通教育学院中文大专、中央电大汉语言文学本科学习和国家级骨干教师培训班。通过进修，李吉林的大多数徒弟取得本科学历，部分徒弟还获得了研究生学历，其中王美在获取学习科学与技术设计博士之后，又进入华东师范大学心理与认知学院从事博士后研究。为了更好地指导青年教师，1990年成立全省第一个以学校为基地的"青年教师培训中心"，李吉林亲自担任导师，从教育理论、教育科研、基本功等多方面展开培训，还经常与他们一同备课、听课、设计活动方案。历经八年培训，22位教师在青培中心茁壮成长，知识和能力得到全面提高。

2. 传承创造性教学方法

教学是学校教育的中心工作，教师的教学方法直接影响着儿童的素质成长。情境教育提倡"以发展思维为核心，着眼创造性"，注重创造性教学方法。情境教育关注教育与生活链接，引导儿童深入生活，开阔了儿童的视野，拓展儿童的思维，有助于儿童创造力发展；情境教育重视角色扮演、情境操练等活动，给儿童一个自由活动的舞台，儿童在情境中积极动手动脑，保证儿童的主动性和独立性；情境教育打破学科壁垒，提倡跨界学习，将经验与知识融会贯通，有益于培养儿童的创造力。李吉林手把手地指导，加之他们丰富的创新实践，使她的徒弟娴熟地掌握了创造性教学方法，并灵活运用于各个领域，收获了丰硕的创造成果。

3. 引导创造行为

发展儿童的创造力，教师仅有完善的知识结构和创新的教学方法是不够的，还要有创造行为，并以此去带动和影响学生。唐颖颖是李吉林首轮实验班上的学生，从小就立志"做一位像李老师那样的人民教师"，师范毕业后又回到母校工作，成了李吉林的徒弟。她反复研读李老师的著作，并自觉融会到自己的教学实践之中，坚持在继承中创新。比如李吉林提出低年级"识字、阅读、作文"三线同时起步的主张，她在实践中却发现儿童的观察和说话能够助力阅读，"当李老师得知我的发现时，十分高兴，鼓励我说：'做得很好，应把自己的做法写下来。'"她撰写的论文《把观察、阅读与说话结合起来，促进学生语文能力发展》获得了江苏省"教海探航"论文竞赛一等奖。接着，她又依据一年级新生的识字调查结果，重组教材内容，增设"情境识字课"，《人民教育》发表其论文《从儿童实际出发，有效提高了低年级识字教学效率》。踏着李吉林的足迹，她坚定地逐梦前行，2016年如愿以偿地评上了江苏省特级教师。情境教育薪火相传，积累了丰厚的理论成果和实践经验，是我们构建具有中国特色的创新人才早期培养体系的宝贵财富。

第四节　研究启示

习近平总书记说过："一个人遇到好老师是人生的幸运，一个学校拥有好老师是学校的光荣，一个民族源源不断涌现出一批又一批好老师则是民族的希望。"面对浩浩荡荡的第四次工业革命，如何造就创造型教师已经成为中国能否抢占发展机遇、实现弯道超车的重大课题。根据情境教育对创造型教师成长的扎根研究，我们提出了一个涵盖四个阶段的创造型教师成长模型，只有依据创造型教师的成长规律设计培养路径，循序渐进地加以引导，才能行之有效地促进教师创造力的发展。

一　摸索期：发现问题，引领方向

摸索期的教师处于职业的迷茫时期，最重要的是激发创造动机，探寻成长方向。首先要勇于打破"路径依赖"。"路径依赖"如同经典力学中的惯性现象，如果我们顺利实现了某一路径选择，就会透过积极的收益递增与持续的自我强化而形成依赖性[1]。这种心理机制使一些教师满足于熟练的教学方式，得意于成功的教学经验，却在不知不觉中压缩了自己的发展空间，毁灭了教学的创造性。打破"路径依赖"，不断否定自我，虽然是痛苦的，却是自我超越的前提。其次要善于发现教学问题。李吉林说过，"情境教育的探索之所以能一步步展开，很重要的一点就是始终怀着对儿童无限的挚爱，使我能比较直觉地从弊端中，从反思中敏锐地发现问题，并提出问题"[2]。她的成功证明，一线教师既会遭遇现行教育理论中的新难题、新矛盾，也能发现教改进程中的新机会、新挑战，如果抓住某些关键问题开展前瞻性研究，就有可能开辟一条贴近时代、贴近现实的教改新路。最后要用心寻找人生路标。教改是"一场没有终点的旅程"，如果缺乏路标的引导，就会迷失前行的方向。适时寻找一两位教育专家（如特级教师、教研员）作为人生路标，请他们指点教改的方法，指明教改的方向，坚定教改的信心，为实现教改过程的最优化源源不断地注入正能量。

---

① North，D. C. The Contribution of the New Institutional Economics to an Understanding of the Transition Problem，WIDER Annual lectures. 1997，p. 1.

② 李吉林：《挚爱鼓起创新的风帆》，《中国教育报》2006 年 8 月 28 日第 4 版。

二 研修期：体验学习，拓展空间

研究表明，在特定的创造性活动领域，获得足够的知识经验是在该领域做出杰出成就的必要条件。当教师经过摸索期的挣扎，形成职业愿景之后，应该组织他们开展丰富多彩的研修活动。创造性教学具有较强的独特性和艺术性，应尽快改变那种高高在上的专题讲座和整齐划一的集中培训，积极探索基于问题、基于需求和基于体验的研修方式。创造型教师培养不能脱离教师生活的真实环境，可设计一些与教学改革、个人成长息息相关的任务情境，在具体真实的任务情境中展示备课、上课和辅导过程，使研修对象在亲身体验和耳濡目染中掌握教学改革的真经要义。在此过程中，应尊重他们的原有经验，鼓励他们通过头脑风暴加强研讨，将知识传授转变为经验分享，将被动听课转变为主动参与，将自我研修转变为同侪互助，"名师领航，抱团发展"在某种程度上也反映了创造型教师成长的普遍规律。有人以为，成为李吉林的徒弟，就必须认真学习和贯彻她的教育思想，不折不扣地做好情境教学。其实，这是一种误解，她一贯反对洗脑和模仿，反对预设和控制，倡导"顺其天性而教之"，鼓励推陈出新。她总是视徒弟为自己事业的合作伙伴，平等地参与徒弟们的研修活动，和大家一起研讨如何更好地创新。这种"去中心化"的师徒角色既保证了研修对象的充分参与，又激发了他们的创造性，对我们构建成长共同体是很有启示的。

三 践行期：实践反思，转识成智

俗话说："师傅领进门，修行靠个人。"通过第二阶段的研习，多数教师已经具备较高的理论修养，应引导他们实践反思，鼓励各种不同的教改尝试。近年来，基于课例研究的校本教研日益得到关注，除了扎扎实实地抓好研讨课、观摩课，常常通过各种公开课、评优课的磨炼促使年轻教师崭露头角。为了上好一堂展示课，一些教师常常竭尽所能，到处讨教，不断打磨，以至彻夜不眠，其教学思想、教学主张与教学创新能力也往往在此过程中得到蜕变。当然，投身实践并非盲目尝试，一味苦干，应强化教学反思，并通过坚持不懈的反思转识成智。李吉林一再强调反思，每隔一段时间她就要停下来总结一下，"情境教学一步步的发展，就是一次次反思的结果。我在反思中顿悟，情境教学在反思中发展。一个实际工作者，没有反思就没有顿悟"。[①] 作为基础教育的教改先锋，李吉林深刻认识到反思的意义，她也是在实践中加强反思，在反思中顿悟，在顿悟中去改进实践，从而不断提升了自己的教学研究与教学创新能力。这里的反思既包括贯彻自己教学生涯的纵向反思，也包括跳出自我研究他人长处的横向反思，既有教改经验的整理概括，也有教改模式的揭示提炼。创造型教师的成长秘诀就是教学反思，唯有通过反思，才能真正地更新教育理念，迈上不断挑战和超越自我的新征程。

四 创新期：环境支持，人文关怀

处于第四阶段的教师已经相对成熟，他们积累了较为丰富的教改经验，形成了自己的教学主张，最重要的是营造宽松环境，以更人性化的关怀激励他们潜心探索，在坚持不懈的教学改革中书写人生华章。创造型教师的成长是主体与环境相互作用的结果，只有营造出积极的支持性环境，才能行之有效地促进教师创造力发展。一是建设专业性的教师社群。创造性教学固然可以激发教师的教改激情，但这种激情也很容易损耗枯竭，这就需要在社群中得到救助。教师专业社群是指一些教师和校外专家、校内同事乃至部分家长组成群体，基于民主平等原则进行真诚的专业对话，进行批判性反思，探索教学改革的思路和方法。教师专业社群中的知识和经验是分布式的，每个成员都可能是某一领域的专业人士，这为社群成员之间的合作和支持提供了有利条件。二是培育合作性的教师文化。教师文化是在教育职场中形成的独特价值观、思想信念、职业操守和行为准则。如果教师群体集思广益，配合默契，其创新想法就容易得到实现，而团队及教师彼此之间的相互支持，又能促进一些教师想出一些新招妙招，形成激励创新的文化环境。三是加强人性化的创新关怀。当下多数学校采取刚性管理，等级严明的科层架构和严格控制的管理制度扼杀了教师的创新发展，有些教师因学校对创新的漠视而放

---

① 李吉林：《情境教育三部曲（三）》，教育科学出版社2012年版，第57页。

弃，因感受不到创新努力被承认而丧失内在动力。因而，促进创造型教师成长，学校管理部门首先要倾听他们的心声，倡导他们的首创精神，释放他们的教改激情，使其教学活动不断焕发出创新活力。

作者：王玉娟、王灿明

第 十 章

情境教育促进儿童创造力
发展的实验研究

　　国家社会科学基金项目"情境教育与儿童创造力发展的实验与研究"分小学和幼儿园两个层次分别进行实验。其中，小学实验课题包括"学科情境教学促进儿童创造力发展的实验研究""促进儿童创造性思维发展的情境教学设计实验研究""数学情境教育促进儿童创造性思维发展的实验研究""七巧板情境作文促进儿童创造力发展的实验研究""情境性语义链接与儿童创造性思维发展的实验研究""习作情境创设促进乡村小学生创造力发展的实验研究""语文问题情境教学促进乡村儿童创造力发展的实验研究""数学情境教育促进乡村小学生创造力发展的实验研究"。该实验为期四年，分两期完成，8 所小学先后承担了实验任务，参与实验的老师共 85 人，实验班 18 个，实验班学生 868 人。这里呈现的是实验总报告和 6 个分报告。

第一节　情境教育促进儿童创造力
发展的实验研究（总报告）*

一　问题提出

　　历经 40 年的改革开放，中国教育取得了令人瞩目的发展成就，实现

　　* 本节系国家社会科学基金教育学一般项目"情境教育与儿童创造力发展的实验与研究"的研究成果，主持人：王灿明，课题组主要成员：陆红兵、施建平、张洪涛、柳小梅、杨惠娟、黄斌、赵娟、薛小丽、丁寿平、薛志华、张杰。

了从大国到强国的历史性飞跃。迈进中国特色社会主义新时代，基础教育的主要矛盾已转化为人民接受更好教育的强烈需求与素质教育发展不平衡之间的矛盾。习近平同志指出，创新是引领发展的第一动力，"如果我们不识变、不应变、不求变，就可能陷入战略被动，错失发展机遇，甚至错过整整一个时代"[1]。中共中央办公厅、国务院办公厅印发《关于深化教育体制机制改革的意见》，明确提出应注重培养学生的"创新能力"，并将其作为"四项关键能力"之一，加强创新人才的早期培养正成为基础教育改革的"中心议题"。

儿童创造教育得到了越来越多的关注。作为情境教育的创始人，李吉林十分重视创造力培养，并提出了不少重要主张。早在20世纪80年代，她就创造性地提出情境教学要"以发展思维为核心，着眼创造性"[2]；跨进新世纪后，她又鲜明地提出"教育的灵魂是培养学生的创新精神"[3]；近年来，她再次强调"通过发展想象力培养创造力"[4]。尽管早已有过情境教育影响小学生的主体性和个性化发展的实验研究，[5] 却鲜有学者就情境教育影响其创造力开展实验研究，情境教育促进小学生创造力发展的独特优势是什么，其内在机制在哪里，应遵循哪些基本原则，有什么操作要义，能否开发基于情境优化的儿童创造教育模式？如果对这些问题的认识肤浅浮泛，实践的自觉性和实效性必然受到影响。

本课题以"情境驱动创造，创造点亮童年"为核心理念，通过梳理情境教育已有成果，对情境教育与小学生创造力发展进行深入的理论探索，并因此而调整学校教育活动进行实验研究，试图为大幅提升创新人才的早期培养水平提供植根本土的理论形态和行动方式。

---

① 习近平：《为建设世界科技强国而奋斗》，《人民日报》2016年6月3日第1版。
② 李吉林：《激情萌发智慧：李吉林情境教育论文选》，教育科学出版社2016年版，第65—77页。
③ 李吉林：《教育的灵魂：培养学生的创新精神（上）》，《人民教育》2001年第9期。
④ 李吉林：《学习科学与儿童情境学习》，《教育研究》2013年第11期。
⑤ 杭州市卖鱼桥小学、杭州大学教育系课题组：《情境教育促进儿童主体性发展实验研究》，《教育研究与实验》1998年第3期。宁波万里国际学校课题组：《情境教育促进学生素质个性化发展实验研究方案》，《教育研究与实验》1997年第4期。

二 理论基础

情境教育是运用优化的情境，开发情境课程，实施情境教学，激发儿童快乐高效的情境学习，全面提高儿童素质的一种小学教育模式。它涵盖情境课程、情境教学和情境学习，其中情境课程为情境教育的整体谋划，情境教学是情境课程的课堂操作，而情境学习则是儿童基于情境教学获得的行为经验。尽管它们的操作策略有较大区别，但其基本原理、核心理念及情境创设手段是一致的，相互贯通，由此而构成"三位一体"的情境教育模式（见图10—1）。

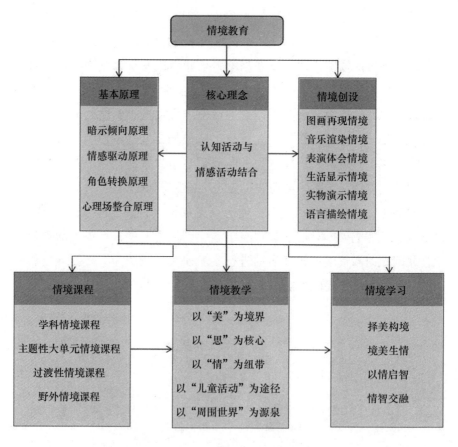

图10—1 情境教育的基本模式

　　李吉林善于从西方教育理论中汲取营养，反对生搬硬套，认为"我们不能反复地去论证别人已经做过的，要做自己的东西，走自己的路"①。她立志从中华文脉中"寻根"，并在古典文论"意境说"中找到突破口，将其本质概括为"情景交融、境界为上"，从中提炼出"真、美、情、思"四个核心元素和"认知活动与情感活动相结合"的核心理念②。"意境说"使她清醒地认识到"情境"与"情景"的区别，"它不再是自然状态下的学习环境，而是人为优化的学习环境，是富有教育的内涵，富有美感而又充满智慧和儿童情趣的生活空间"③。她不同意把情境看成"个体所处的物理或社会环境"，甚至理解为"某一事件发生的特定场所"，而将它界定为"人为优化的学习环境"，是此刻能够被儿童觉知的心理环境，进而归纳出"图画再现情境""音乐渲染情境""表演体会情境""生活显示情境""实物演示情境"以及"语言描绘情境"等创设路径④，使课堂充盈着高雅的审美情趣，成为儿童流连忘返的学习空间。

　　李吉林以"弄潮儿"的姿态投身教改洪流，又以"拓荒者"的胆识提炼教改主张，及时概括了情境教育的"暗示倾向原理""情感驱动原理""角色转换原理"和"心理场整合原理"⑤。在操作层面，她不仅创造性地将情境课程划分为"学科情境课程""主题大单元情境课程""野外情境课程""过渡性情境课程"四个领域⑥，而且将课堂操作要义归纳为以"美"为境界、以"思"为核心、以"情"为纽带、以"儿童活动"为途径以及以"周围世界"为源泉⑦。情境教育回响着"儿童快乐高效学习"的主旋律，从如何学作文，到如何学阅读，再到如何学数学，她不懈探寻着如何以优化的情境促进儿童的主动学习，最终概括出"择美构境、境美生情、以情启智、情智交融，把情感活动与认知活动结合

---

①　李吉林：《我"悟"教育创新 30 年》，《人民教育》2008 年第 20 期。

②　李吉林：《"意境说"给予情境教育的理论滋养》，《教育研究》2007 年第 2 期。

③　李吉林：《情感：情境教育理论构建的命脉》，《教育研究》2011 年第 7 期。

④　李吉林：《情境教育三部曲（一）》，教育科学出版社 2012 年版，第 27~71 页。

⑤　李吉林：《为全面提高儿童素质探索一条有效途径（下）》，《教育研究》1997 年第 4 期。

⑥　李吉林：《情境教育的独特优势及其建构》，《教育研究》2009 年第 3 期。

⑦　李吉林：《谈情境教育的课堂操作要义》，《教育研究》2002 年第 3 期。

起来，引导儿童在境中学、思、行、冶的儿童情境学习范式"①。情境教育以其鲜明的实践性、本土性与原创性，开创了一条全面提升儿童素质的独特路径。

情境教育不仅奠定了坚实的理论基础，而且提供了具体的操作策略，是我们科学设计和优化实验过程的主要依据。

三 实验设计

本课题以实验研究为主，辅以文献研究、测验研究和扎根理论研究。实验研究的基本假设为实施情境教育可以显著促进小学生创造力的发展。

（一）实验对象

借助江苏情境教育研究所的科研平台，进行实验课题公开招标，从39个申报课题中遴选8所小学作为实验基地，包括3所城市学校、2所县城学校和3所乡镇学校，把情境教育从繁荣城市延伸至偏远乡镇，让乡镇儿童共享公平的优质教育。基于"三个普通"（普通学生、普通教师和普通班级）的要求，研究者在每所小学的一、三、五年级各选取2个自然班作为实验班和对照班，前者实施情境教育干预，后者开展正常教育活动。前测、中测和后测总计发送问卷1323套，接收有效问卷1233套，有效率是93.20%，其中实验班有效样本610人，对照班有效样本623人（见表10—1）。按"盲法原则"建立保密制度，对实验班学生进行单盲控制，对对照班师生进行双盲控制，从而控制可能产生的遵从（或对抗）行为，避免测量数据失真。

表10—1 实验班与对照班学生基本情况（n = 1233）

类别		实验班		对照班	
		人数	%	人数	%
性别	男	324	53.11	322	51.69
	女	286	46.89	301	48.31

---

① 李吉林：《中国式儿童情境学习范式的建构》，《教育研究》2017年第3期。

类别		实验班		对照班	
		人数	%	人数	%
年级	一	155	25.41	148	23.76
	三	233	38.20	243	39.00
	五	222	36.39	232	37.24
区域	城市	93	15.25	92	14.77
	乡镇	260	42.62	276	44.30
	县城	257	42.13	255	40.93
合计		610	100.00	623	100.00

注：该表仅统计了 6 所学校，未将其他 2 所学校列入统计范围，因为它们全校实施情境教育，没有对照班。

（二）实验变量

1. 自变量

以情境教育为自变量，由三个维度及若干因子构成，其中情境课程分为核心、综合、源泉及衔接四个领域；情境教学主要包括语文和数学两门学科，情境语文教学涵盖情境识字、情境阅读以及情境作文，情境数学教学涵盖情境概念教学、情境计算教学、情境几何教学以及情境应用题教学；情境学习要义包含择美构境、境美生情、以情启智以及情智交融。

2. 因变量

以儿童的创造力为因变量。"创造力是根据一定目的，运用一切已知信息，产生出某种新颖、独特、有社会价值或个人价值的产品的智力品质。"[①] 创造性思维为其核心，主要通过《托兰斯创造性思维图画测验》加以测量，具体包含五个维度，其中流畅性是儿童思维的速度，即在特定情境中能流利顺畅地产生多种想法；精致性是儿童思维的精细度，即对细节和意境的精准把握；沉思性是儿童思维的广度，即思维的开放性，

---

① 贾绪计、林崇德：《创造力研究：心理学领域的四种取向》，《北京师范大学学报》（社会科学版）2014 年第 1 期。

强调通过多维思考，获得更多想法；独创性是儿童思维的新颖度，即在问题解决过程中产生新的想法、方法或作品；标题抽象性为儿童思维的综合度，要求概括标题时能够准确捕捉信息点，做出新颖而独特的描述。研究者既用严谨的心理测验收集实验数据，又用质性的课例研究、个案跟踪分析实验对象，不断优化实验过程。

3. 控制变量

本实验采用准实验设计，在保证正常教学的条件下，采取一定控制措施：实验班与对照班儿童的人数、性别、学业成就和家庭背景大体匹配，班主任、任课教师能力以及教学进度、教学时间、课外活动大致平衡，以控制额外变量的影响，提高实验结果的可靠性。

（三）测验工具

《托兰斯创造性思维测验》由美国学者托兰斯编制，是世界各国广泛使用的经典量表。它包括言语测验和图画测验，研究者选择图画测验，以便开展不同年级儿童创造性思维发展的比较研究，而言语测验仅适用于四年级以上儿童。图画测验包含图画构造测验、未完成图画测验及平行线测验，其中图画构造测验提供一张椭圆形的彩色卡纸和一张复印纸，要求儿童将彩色卡纸贴在复印纸上，然后在彩色卡纸上画出一个有趣故事；未完成图画测验提供一些不规则线条，要求儿童环绕线条作画；平行线测验提供多组平行线，要求儿童合理运用并画出满意的图画。前测时间统一安排在开学第一周，中测和后测时间分别为第一、第二学年结束前一周。

评分主要依据《评价手册》，算出总分及各维度数据，分值越大，表示创造性思维越强。其中"流畅性"评价是完全客观的，而其他四个维度的评价具有一定主观性，研究者改用"三角验证法"，由 6 名研究生和 12 名研究助理共同评分：首先将评分者分为 6 组（每组 3 人），接受专家培训，共同研读、分析评分标准，统一认识；其次进行预评，由 3 人共同评定 20 份前测问卷，再讨论评分的异同点，提出减少差异的措施；最后为独立评分，以 3 人评分均值作为最终结果。本研究中，该测验的 Cronbach's α 系数为 0.744；五个维度的相关系数为 0.209—0.417，达到非常显著，且低于总分与各维度数据的相关系数 0.512—0.806。可见，

"三角验证法"有效提高了评价结果的信效度。

（四）统计工具

应用 SPSS18.0 软件进行统计分析。

四　实验操作

本实验共分两期：一期实验包括 3 所城市小学、1 所县城小学，二期实验包括 1 所县城小学、3 所乡镇小学，除一所小学实验周期为 1 年，其他学校的实验周期均为 2 年。为了实现"守正出新，继往开来"的课题愿景，研究者提出实验操作的综合性框架，包括"三个原则"、"四个模块"和"五个要义"。

（一）基本原则

为了根植儿童的创造沃土，研究者提出情境教育的主体、内容和方式创新的基本原则，主要包括解放性、融合性和体验性原则。

（1）解放性原则。创造力是人类通过长期进化而积淀下来的遗传信息，是人内在的本质力量。陶行知认为，只有实施"六大解放"，才能开启这种原始生命力[①]。基于当下教改要求和情境教育理论，本实验又赋予其新内涵：解放学生的大脑，突破思维定式，培养创造性思维；解放学生的双手，开展项目式学习，提升解决问题能力；解放学生的眼睛，摆脱"唯书""唯师"，倡导批判性思维；解放学生的嘴巴，巧用合作学习，促进沟通交流；解放学生的空间，拓展研学旅行，丰富探究体验；解放学生的时间，杜绝违规补课，发展兴趣特长。总之，解放的本质就是呵护和释放儿童的创造天性，使每个儿童都能获得自主成长。

（2）融合性原则。传统理论认为，创造力是一种跨领域的普遍能力，但近来研究发现不同领域的创造力具有较大的特异性[②]。据此，研究者将儿童的创造性活动与创造力培养有机融入学科情境教学，构建"情境驱动模式"。具体又分三种模态：首先是多模态，即融入实验班的多门学

---

① 陶行知：《陶行知全集（卷四）》，四川教育出版社 1991 年版，第 577 页。

② 蔺素琴、申超男、段海军、胡卫平：《创造力的领域性研究进展：从对立到融合的转向》，《心理与行为研究》2016 年第 3 期。

科；其次是单模态，即融入实验班的某门学科（主要是语文或数学）；最后是块模态，即融入实验班某门学科的某一模块（如语文中的作文）。实验结果显示，三种模态的情境教学均有效提高了儿童的创造力。

（3）体验性原则。创新是情境体验的本质。贯彻体验性原则，主要是通过情境的合理建构让儿童体验创新乐趣。作为教师，我们可以基于现实生活中存在的真实场景、真实事物或真实过程而优选真实情境，使儿童能够通过真实情境的探究体验而获得创造性行为训练；也可以通过虚拟现实技术建构虚拟桌面情境、虚拟教室情境和虚拟实验室情境，使儿童在虚拟情境体验中展开创造性想象；还可以基于视觉艺术、听觉艺术和视听艺术而创设艺术情境，以开放自由的艺术体验来熏陶、激励和启发儿童的创造潜能。实践证明，将情境体验的真实性、虚拟性和艺术性融会贯通，可为儿童创造力发展提供源源不断的支持。

（二）教学模块

情境创设作为一种手段，常用于导入新课，李吉林却将它贯穿于整个教学过程，构成环环相扣的"情境链"，形成独树一帜的情境教学模式。基于这一模式，研究者悉心设计了指向儿童创造力发展的四个教学模块。

（1）带入情境，在需要中诱发创造动机。动机是开启创造大门的钥匙，带入情境的主要目标是激发儿童的创造动机，比如呈现日常生活中的反常现象，唤起儿童的好奇心；建构引人入胜的数字化情境，诱发儿童的创造意向；采择舆论关注的热点话题，揭示时代变迁中的焦虑与诉求。

（2）融会情境，在探究中激发创造性思维。这是情境教学的中心模块，其基本目标是发展儿童的创造性思维，"效果好"和"耗费低"是情境优化的基本准则。小学生的创造性思维训练不宜过于复杂，应浅显易懂，便于操作。海门市实验小学借鉴日本学者多湖辉提倡的15种创造性思维技巧，创立小学生创造性思维训练"八法"，包括"加一加""减一减""联一联""写一写""说一说""画一画""变一变""做一做"，取得了很好的教学成效。

（3）凭借情境，在体验中塑造创造性人格。创新社会需要独特的创造性思维，更需要和谐的创造性人格，凭借情境关注如何通过情境体验陶冶儿童的创新精神。为此，我们鼓励儿童克服惰性，敢于改变自我，激发他们的挑战精神；大胆质疑，勇于发表见解，鼓励他们的独创精神；开展创新实践活动，追求自我实现，锻炼他们的冒险精神。

（4）拓展情境，在活动中训练创造性行为。情境教学不是封闭的，而是开放的，实验教师有意识地把教学空间拓展到课外、校外与野外，开展创造性活动。为此，实验学校不仅加强学校的科技社团和艺术社团建设，而且加强创客空间和野外课程基地建设，精心打造童心飞扬的"创意梦工场"。

尽管"四大模块"的目标指向各异，却前后联动，相辅相成，从而构成情境教学的基本流程。实验教师常常依据教学需要筛选与组合其中的一些模块，因此，它又是一种具有较强扩展性和灵活性的教学流程。

（三）教学要义

本实验秉承情境教学"五要义"的精髓，着力于儿童创造力培养，摸索出一套行之有效的教学策略。

（1）以"美"为境界。以多维优化的情境涵养儿童美的心灵，实验教师带领儿童走进真实的自然情境，让他们在春花秋月的自然景象中主动地发现美，同时结合教材体验诗意的语言情境和艺术情境，让儿童在洋溢着生命智慧的意象世界里真切地理解美。积极探索艺术教育与情境课程的跨界融合，让儿童在创造性艺术活动中自由地创造美。为此，南通师范学校第二附属小学先后推出珠玉轩、珠媚秀场、小达人讲坛、艺术走廊，定期展示儿童创作的书画、摄影、绘本、诗歌、手工作品，将学校建设为"烂漫而美丽的儿童城"。

（2）以"思"为核心。牛顿从苹果落地的情境中发现万有引力定律，爱因斯坦在钢琴演奏时获得相对论灵感，这就启示我们，通过情境驱动儿童解决问题对培养他们的创造性思维是至关重要的，一方面要依据儿童认知特点，将学科知识进行解构并还原为具体情境，再通过角色扮演、情境再现、过程模拟而抽象出知识，实现知识的"再创造"；另一方面建设"最强大脑""多彩七巧板""神奇魔方""科幻绘画""巧解数独""欢乐汉诺塔""比特实验"等微创造课程，引导儿童积极参与这些饶有趣味的探索项目，让他们自主发现和探究问题。在此过程中，积极倡导包容性思考，让儿童在独立思考基础上暴露思维过程，并通过与他人对话、交流与碰撞而实现对原有思维的提升。

（3）以"情"为纽带。情境教学追求"思维的深度"，更追求"情感的温度"。首先倡导"以情启智"，积极挖掘教材中的情感教育因子，陶冶儿童的高雅情趣和高尚情操；其次强调"以情生趣"，巧妙设计引人入胜的情境，使课堂教学趣味盎然；最后着力"以情导行"，用心营造民主平等的氛围，鼓励儿童自主创新。

（4）以"活动"为途径。在优化情境中开展项目化教学，比如南通市崇川学校开展"慧玩课程"的探索，其一是"童趣·多彩游戏课"：20分钟游戏小课，无论是经典的，还是趣味的，无论是规则的，还是创意的，都备受儿童青睐；其二是"童智·'三玩'学科课"：鼓励教师想方设法实现"三玩"，即"玩味""玩索""玩绎"，以形成"大体则有，定体则无"的各科课堂实施模式；其三是"童慧·'类聚'综合课"：把同类"学材"聚集起来，进行个性化重构，提出并践行游戏作文、玩索数学、竞秀英语、关怀德育、体验科学、炫动体育、展演艺术等教学主张。"慧玩课程"让儿童玩中学、动中学、做中学，有效促进了他们的创造力发展。

（5）以"周围世界"为源泉。大自然是儿童成长的摇篮，无论是亭亭荷叶，还是淙淙小河，都能放飞其想象，启发其创造。情境教育实验不仅在课堂中为儿童开拓广远的想象空间，而且从课堂延伸到课外、校外和野外活动中去，让儿童在绚丽多彩的周围世界中，探寻知识与自然之间的有机联系，自由伸展他们的生命灵性。

五　实验结果

对实验结果的统计分析，通常使用实验班、对照班前后测数据的参数统计（t检验），如果实验班前后测数据有显著差异，而对照班前后测数据无显著差异，就可归因于实验效应。然而，这种方法不能排除儿童个体差异和发展成熟的影响，也不能用于自然情境中的准实验设计，朱莹教授认为对增益（即后测减去前测数据的平均数）进行显著性检验可破解该难题①。为此，研究者分别以实验班儿童创造性思维后测、中测与前测数据之间的差值为因变量，以总分及五个维度的前测（或中测）数据为协变量，以组别为自变量对实验班与对照班的创造性思维进行协方差分析，从而更准确地评价情境教育实验对学生创造性思维的干预成效。

（一）实验班与对照班儿童创造性思维前中测数据的协方差分析

结果显示，一年级实验班儿童的创造性思维总分及标题抽象性增值显著高于对照班（$p < 0.001$）；三年级、五年级实验班与对照班儿童的创造性思维总分增值不具有显著差异，但五年级实验班儿童思维的精致性增值显著高于对照班（$p < 0.001$）。可见，第一年的情境教育实验有效提升了一年级儿童的创造性思维发展水平（参见表10—2）。

（二）实验班与对照班儿童创造性思维中后测数据的协方差分析

实验结束后，研究者对所有实验班与对照班实施后测并进行对比分析，表10—3、表10—4中的二、四、六年级实际为表10—2所示的一、三、五年级。结果显示，二年级实验班儿童的创造性思维总分及流畅性、精致性增值显著高于对照班（$p < 0.001$），独创性、沉思性增值也显著高于对照班（$p < 0.05$）；四年级实验班儿童的创造性思维总分及精致性、独创性增值显著高于对照班（$p < 0.001$），流畅性和标题抽象性增值也具有显著差异（$p < 0.01$）；但六年级实验班与对照班儿童的创造性思维总分增值没有显著差异，仅沉思性增值具有显著差异（$p < 0.05$）。可见，第二年的情境教育实验有效提升了二年级和四年级儿童的创造性思维水平（参见表10—3）。

（三）实验班与对照班儿童创造性思维前后测数据的协方差分析

为了检验两年实验的总体成效，研究者对实验班与对照班的前后测数据进行协方差分析，结果显示，二年级实验班学生的创造性思维总分及流畅性、精致性增值显著高于对照班（$p < 0.001$），独创性、沉思性增值也显著高于对照班（$p < 0.01$）；四年级实验班学生的创造性思维总分及精致性、独创性增值显著高于对照班（$p < 0.001$），流畅性、标题抽象性增值也具有显著差异（$p < 0.01$）。由此可见，为期两年的情境教育实验有效提升了低中年级儿童的创造性思维水平（参见表10—4）。

---

① 朱滢：《实验心理学（第2版）》，北京大学出版社2009年版，第14—15页。

表10—2 一、三、五年级实验班与对照班儿童创造性思维各维前中测得分的协方差分析

维度	组别	一年级				三年级				五年级			
		中测 M	前测 M	差值 M	F	中测 M	前测 M	差值 M	F	中测 M	前测 M	差值 M	F
流畅性	实验班	21.31	20.57	0.74	0.731	28.32	27.14	1.18	0.423	36.42	33.56	2.86	2.260
	对照班	20.35	23.17	-2.82		27.74	23.26	4.48		34.25	28.27	5.98	
精致性	实验班	4.93	4.06	0.87	0.069	5.04	3.98	1.06	0.306	5.81	3.39	2.42	53.751***
	对照班	4.74	3.69	1.05		5.45	4.75	0.70		4.72	3.87	0.85	
独创性	实验班	8.46	4.04	4.42	1.612	12.19	7.11	5.08	0.500	12.58	10.33	2.25	0.831
	对照班	8.17	4.82	3.35		11.59	6.78	4.81		12.41	8.32	4.09	
沉思性	实验班	5.08	5.42	-0.34	1.549	6.97	6.56	0.41	2.121	7.10	6.35	0.75	0.023
	对照班	4.49	5.22	-0.73		6.45	7.00	-0.55		7.41	7.53	-0.12	
标题抽象性	实验班	8.75	0.83	7.92	93.732***	3.94	3.86	0.08	0.003	2.93	5.99	-3.06	0.626
	对照班	2.20	0.77	1.43		4.26	5.11	-0.85		4.46	13.49	-9.03	
总分	实验班	48.52	34.93	13.59	15.777***	56.46	48.65	7.81	0.026	64.85	59.62	5.23	1.900
	对照班	39.94	37.67	2.27		55.48	46.90	8.58		63.25	61.48	1.77	

注：* 表示 $p < 0.05$，具有显著差异；** 表示 $p < 0.01$，具有非常显著差异；*** 表示 $p < 0.001$，具有极其显著差异。下同。

二、四、六年级实验班与对照班儿童创造性思维中后测得分的协方差分析

表10—3

维度	组别	二年级				四年级				六年级			
		后测 M	中测 M	差值 M	F	后测 M	中测 M	差值 M	F	后测 M	中测 M	差值 M	F
流畅性	实验班	34.75	21.31	13.44	36.259***	33.82	28.32	5.5	9.099**	32.46	36.42	-3.96	0.021
	对照班	27.91	20.35	7.56		29.98	27.74	2.24		31.40	34.25	-2.85	
精致性	实验班	7.31	4.93	2.38	15.919***	6.73	5.04	1.69	10.691***	6.02	5.81	0.21	0.056
	对照班	6.26	4.74	1.52		6.04	5.45	0.59		5.42	4.72	0.70	
独创性	实验班	15.25	8.46	6.79	5.348*	18.10	12.19	5.91	29.287***	15.86	12.58	3.28	0.494
	对照班	13.53	8.17	5.36		12.64	11.59	1.05		16.42	12.41	4.01	
沉思性	实验班	6.62	5.08	1.54	5.294*	6.63	6.97	-0.34	0.861	6.46	7.10	-0.64	4.658*
	对照班	5.09	4.49	0.60		6.90	6.45	0.45		7.80	7.41	0.39	
标题抽象性	实验班	4.49	8.75	-4.26	0.056	5.14	3.94	1.20	7.856**	4.94	2.93	2.01	3.856
	对照班	3.47	2.20	1.27		3.36	4.26	-0.90		4.35	4.46	-0.11	
总分	实验班	68.41	48.52	19.89	12.711***	70.42	56.46	13.96	16.224***	65.74	64.85	0.89	0.116
	对照班	56.26	39.94	16.32		58.91	55.48	3.43		65.38	63.25	2.13	

二、四、六年级实验班与对照班儿童创造性思维前后测得分的协方差分析

表10—4

维度	组别	二年级				四年级				六年级			
		后测 M	前测 M	差值 M	F	后测 M	前测 M	差值 M	F	后测 M	前测 M	差值 M	F
流畅性	实验班	34.75	20.57	14.18	30.016***	33.82	27.14	6.68	8.885***	32.46	33.56	-1.10	0.092
	对照班	27.91	23.17	4.74		29.98	23.26	6.72		31.40	28.27	3.13	
精致性	实验班	7.31	4.06	3.25	12.205***	6.73	3.98	2.75	19.448***	6.02	3.39	2.63	7.029**
	对照班	6.26	3.69	2.57		6.04	4.75	1.29		5.42	3.87	1.55	
独创性	实验班	15.25	4.04	11.21	7.486**	18.10	7.11	10.99	29.441***	15.86	10.33	5.53	1.633
	对照班	13.53	4.82	8.71		12.64	6.78	5.86		16.42	8.32	8.10	
沉思性	实验班	6.62	5.42	1.20	6.914**	6.63	6.56	0.07	0.133	6.46	6.35	0.11	3.091
	对照班	5.09	5.22	-0.13		6.90	7.00	-0.10		7.80	7.53	0.27	
标题抽象性	实验班	4.49	0.83	3.66	2.277	5.14	3.86	1.28	10.038**	4.94	5.99	-1.05	1.614
	对照班	3.47	0.77	2.70		3.36	5.11	-1.75		4.35	13.49	-9.14	
总分	实验班	68.41	34.93	33.48	30.495***	70.42	48.65	21.77	15.432***	65.74	59.62	6.12	0.267
	对照班	56.26	37.67	18.59		58.91	46.90	12.01		65.38	61.48	3.90	

结果还显示，高年级实验班儿童思维的精致性增值具有显著差异，而创造性思维总分及其他维度增值并没有显著进步（$p > 0.05$）。通过反复分析，研究者揭示出两个主要原因：一是低年级儿童主要是具体形象思维，高年级儿童主要是抽象逻辑思维，中年级儿童处于这两种思维的转变期，而现行情境教育体系更适用于小学低中年级。其实，董远骞教授曾推测到这一可能结果，认为情境教学对促进儿童的形象思维发展更有优势[1]。本研究通过实验首次证实了这一推测的科学性。二是和低中年级相比，高年级的升学压力持续提高，尽管这种压力不及初高中毕业班，但已逐渐成为儿童创造力的发展阻力，冲击乃至抵消情境教育实验的积极成效，以至出现"停滞甚至后退的现象"，这也可以从研究者的相关报告中得到验证[2]。这就再次警示我们，应试教育是推进创造教育的主要障碍，重复的训练与沉重的负担压迫和摧残了儿童创造力的发展。

上述结果与儿童创造性思维中后测数据的协方差分析结果一致，实验的理论假设得到了部分证明，实施情境教育能够显著提升低中年级儿童的创造性思维水平。今后我们应根据高年级学生的思维特征研发更具针对性和实效性的情境教育实施方案，以寻求情境教育的新突破，为落实十九大提出的"发展素质教育"作出新的贡献。

六 对实验结果的讨论

（一）阶段性和累积性是情境教育促进儿童创造性思维发展的主要特征

本研究发现，情境教育的促进效应呈现出鲜明的阶段性和累积性特征。所谓促进效应的阶段性是指它对于低中年级儿童的促进效应显著，而对于高年级儿童的实验效果却相对薄弱。表10—2表明，第一年的情境教育实验对创造性思维的促进效应具有局部性，仅有一年级实验班的进步明显领先于对照班。表10—3表明，第二年的实验结束，实验班儿童的

---

① 董远骞：《略谈中国教学流派——参加全国"情境教学—情境教育"学术研讨会有感》，《课程·教材·教法》1997年第3期。

② 王灿明、顾志燕、严奕峰、张志泉：《体验学习影响小学生创造性人格发展的实验研究》，《华东师范大学学报》（教育科学版）2013年第2期。

创造性思维就凸显出整体优势效应。从两年的自然实验看，情境教育对儿童创造性思维的促进效应具有整体性与高效性，几乎涵盖了低中年级创造性思维的所有维度。促进效应的累积性是指实验效应不一定即时展现，前期影响可以通过累积并与后期影响相结合而共同发挥作用。分析情境教育对低中年级儿童创造性思维发展的促进作用，我们不能忽视第一年实验效应的铺垫和累积，其实验效果累积到第二年就会更充分地得到体现，这也从一个侧面揭示出情境教育对儿童发展的长期良性影响。因而，我们不能期待通过一两个月实验就能培养创新人才，更不能指望通过一两次活动就能开发儿童的创造力。以情境教育推进创新人才的早期培养，既要彰显其独特优势，又不能急功近利，切勿急于求成。对此，我们应有实事求是的科学态度。

（二）"真、美、情、思"是情境教育促进儿童创造性思维发展的内在机制

勒温曾以等式 $B = f(S)$ 来描述心理动力场，认为任何行为（Behavior）都是他置身其中的情境（Situation）的函数，从而揭示出情境的动力特征[①]。情境教育实验之所以能够促进小学生的创造性思维发展，肯定与实施情境教育存在密切关系，而情境教育的根本特征就在于有效引入"情境"，并贯穿教学全程。那么，什么是情境促进儿童创造性思维发展的内在机制呢？全面梳理实验教师积聚起来的感悟与经验，并通过他们所提供的 71 个课例的扎根理论分析，本研究发现，"真、美、情、思"作为情境教育的核心元素，不仅直接影响着儿童思维的沉思性、精致性、流畅性和独创性，而且对思维的其他维度也有交错性影响（见图10—2）。比如，"真"强调"形真"，这里既包括原生态的真实情境，也包括与儿童真实生活相通的模拟情境，注重以"神似"表现"形真"，追求"形神兼备"。正是借助了形真，儿童的感受越直观、越感性，语言描述就越精巧、越细腻，这就提高了思维的精致性。这里就"真、美、情、思"对儿童思维的开放性、精致性、流畅性和独创性所产生的直接影响略述如下。

---

① ［德］库尔特·勒温：《拓扑心理学原理》，竺培梁译，浙江教育出版社1997年版，第10页。

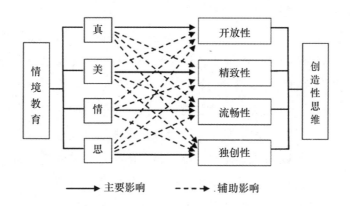

图10—2　情境教育促进儿童创造性思维发展的内在机制

1. 真：生活化情境教育有益于培育儿童思维的开放性。

沉思性就是儿童思维的开放性，主要指向思维空间的拓展范围。本实验关注生活经验对知识建构的奠基意义，提倡"走出封闭课堂，让儿童的学习与生活相通"①，引领儿童走进真实世界。无论是走进亲近的家庭，熟悉的社区，还是探访村口的老树，盛开的油菜田，都是儿童生活的真实情境，唯其熟识和亲昵，没有陌生和距离感，他们才可以自由联想，轻松言说，始终保持思维的活跃状态。比如，如东县洋口小学精心开发"海上情境课程"，组织儿童参加赶海活动，他们先在海边用望远镜观看各种海鸟，欣赏它们的捕鱼情境；潮汐退去之后，又下海抓鱼、逮螃蟹、拾泥螺；最后观看日落，直至夜幕初垂，才恋恋不舍地返回。这样的情境体验既让他们享受大海带来的童年快乐，又拓宽生活空间，丰富写作素材，事后写出的作文《赶海》受到有关专家的高度评价。正是开放的情境活动让儿童细心观察，主动体验，采撷了许多鲜活素材，促进了他们开放性思维的发展。

2. 美：艺术化情境教育有益于培育儿童思维的精致性。

从习作语言的推敲，到解题思路的突破，我们总要求儿童"追求完美"。与其说这是一种学习态度，毋宁说是一种思维品质。创造性思维

---

① 李吉林：《为儿童学习构建情境课程》，《中国教育学刊》2016年第11期。

的精致性意味着创意的精妙程度，不管是一首小诗，还是一幅卡通画，都要专心细致地完善。艺术的本质乃是美的创造，"将艺术与教学内容进行整合可以改变学习的效果，同时也是一种培养儿童创造力的天然方式"①。实验教师强化情境美学研究，成功建构出与当代美学思潮相适应的艺术情境，包括基于动漫、设计、摄影、书法的视觉艺术情境，基于旋律、节奏、和声和乐器伴奏的听觉艺术情境以及基于微电影、地方戏曲和校园情景剧的视听艺术情境，显示出异彩纷呈的新气象。应该承认，艺术化的情境教育对儿童创造性思维的培养不可能立竿见影，但耳濡目染，天长日久，无论是审美的感受性，还是思维的精致性都能得到陶冶。

3. 情：情感化情境教育有益于培育儿童思维的流畅性。

杜甫曾说："读书破万卷，下笔如有神。"渊博的知识储备是思维流畅的基础，个体的思维速度取决于他的记忆储量。如何在一个有限时空内激发儿童的流畅性思维，李吉林从古典文论中发现了"情动而辞发"的规律，认为"儿童带着积极的情感学习语言，便能做到快快乐乐地学习、兴致勃勃地表达"②。本实验将这里的"情"细分为"情趣""情调"和"情怀"：所谓"情趣"就是回归生活经验的情境课堂，使情境教学弥漫着浓郁的生活趣味和天真烂漫的童真童趣；所谓"情调"就是将相关知识镶嵌到一个个充满诗意和美感的情境之中，营造高雅的艺术情调；所谓"情怀"就是敬畏和成全每一个生命，以爱心、真心和诚心提升儿童的幸福感。情境教育解除了儿童思维的传统束缚，他们不再担心答案对不对，老师会不会批评，当儿童解除了束缚，无论是语言表达，还是思维过程都会越来越流畅。实验班学生不仅能说、会写、善表达，而且新点子、新思路和新发明越来越多，"以情启智"就是其核心秘密。

---

① David A. Sousa：《心智、脑与教育——教育神经科学对课堂教学的启示》，周加仙等译，华东师范大学出版社 2013 年版，第 196 页。

② 李吉林：《情感：情境教育理论构建的命脉》，《教育研究》2011 年第 7 期。

4. 思：主体化情境教育有益于培育儿童思维的独创性。

思维的独创性就是思维的新颖度，主要指向解决问题过程中能否产生与众不同的新想法、新方法乃至新产品。儿童的独创性思维获得良好发展，主要有以下原因：其一，建构唤醒儿童体验的生活情境，调动他们的形象思维。实验教师发现，由于小学儿童以形象思维为主，通常对由此及彼的语言或数形联想不感兴趣。于是，他们从寻找和优选儿童生活情境入手，引导儿童细心观察，合理想象，从各种联想中找出最佳答案。在这里，唤醒儿童积累的真实体验是能否打开思路的关键。其二，创建源自现实的问题情境，增进学生的发散思维。发散思维没有明确的目标定位和固定的思维方向，摆脱了条条框框的羁绊，实验教师积极寻找相关知识的现实原型，并以此设计问题情境，启发儿童大胆探索，积极思考，并最终产生独特见解。其三，创造动态生成的互动情境，引发儿童的批判性思维。实验教师积极开展各种形式的小组合作学习、反思性教学和批判性辩论，鼓励儿童多提问、多思考、多探索，培养了一批爱思考、能动手的创新人才。在2016年世界教育机器人锦标赛（WER）上，南通崇川学校的王周洲同学在30多个国家5000多名选手中脱颖而出，成为小学组总冠军，就是一个典型。

（三）教师创造力在情境教育促进儿童创造性思维发展过程中得到发展并发挥中介作用

斯腾伯格说过："对教师而言，提高儿童创造力最有效的方法是做出创造性榜样，我们不要告诉儿童如何提高创造力，而要身体力行如何提高创造力"[1]。教师的创造力对儿童具有积极的示范作用，创造力高的教师更可能关注和认同儿童的创造性思维，鼓励和引导儿童的创造性活动。为了检验实验教师创造力的发展情况，实验结束后，研究者采用英国学者克罗普利编制、我国学者张景焕等修订的《创造性教学行为自评量表》对参与实验的所有教师（有效样本62人）和未参与实验的其他教师（有效样本415人）同步进行后测，表10—5为独立样本 t 检验结果。

---

[1]　Robert J. Sternberg, *Wisdom, Intelligence, and Creativity Synthesized.* Cambridge：Cambridge University Press，2003，p. 118.

表10—5　　　　　　　实验教师与一般教师的创造性教学行为比较

	组别	N	M	SD	t
学习方法指导	实验教师	62	4.67	0.41	6.544 ***
	一般教师	415	4.33	0.52	
动机激发	实验教师	62	4.51	0.54	3.324 *
	一般教师	415	4.28	0.55	
观点评价	实验教师	62	4.60	0.43	6.964 ***
	一般教师	415	4.22	0.55	
鼓励变通	实验教师	62	8.45	2.65	12.765 ***
	一般教师	415	4.16	0.59	
总分	实验教师	62	22.23	3.16	13.082 ***
	一般教师	415	16.99	2.21	

结果显示，无论是创造性教学行为总分还是学习方式指导、观点评价和鼓励变通维度，实验教师与一般教师都存在显著差异（$p < 0.001$），在动机激发维度数据上，实验教师与一般教师也存在显著差异（$p < 0.05$），且前者数据明显高于后者。这个结果与情境教育促进创造型教师成长的扎根研究结果是基本一致的（参见第九章）。通过四年的实验探索，实验教师在教学竞赛和教育科研上也取得了非凡业绩，其中1人获全国语文教学大赛特等奖第一名，2人获教育部优课，1人获华东地区优质创新课一等奖，18人获省级教学比赛特等奖或一等奖，在省级以上报刊发表论文145篇，9人出版专著，他们从开始的"卷入"到后来的"投入"再到最后的"一发不可收"，在实验研究中获得快速成长。可见，情境教育既直接促进着儿童的创造性思维发展，又通过促进教师的创造力发展而间接促进着儿童的创造性思维发展。这也启示我们，"只有创造性教师才能培养创造性学生"仅仅揭示了部分真理，创造性教师和创造性学生是可以同步成长的，我们不可能也没必要等待所有教师成为创造性教师之后再去培养创造性学生，而应该引领教师勇于投身新时代教改洪流，在成就儿童的同时，成就更好的教师。

七 实验结论

通过实验，本研究得到如下结论：

（1）将创造性思维训练、科技创新活动渗透到学科情境教学之中，构建创造教育的情境教学模式，无论是多模态，还是单模态或块模态，均可有效提高儿童的创造性思维。

（2）"真、美、情、思"的情境教育是促进儿童创造性思维发展的内在机制，情境教育的生活化、艺术化、情感化和主体化有益于发展儿童思维的开放性、精致性、流畅性和独创性。

（3）强化创新人才的早期培养，既需要秉承情境教育的独特优势，也需要推进情境教育的创新发展。无论是遵循情境教育的主要原理和基本原则，还是践行情境教育的操作路径和操作要义，都要着眼于儿童创造性思维的培养。

（4）当前的情境教育体系更适用于小学中低年级学生的创造性思维发展，今后宜根据小学高年级学生的思维发展特点开发具有针对性的情境教育操作范式。

回望四年实验，我们圆满完成了项目研究任务，但仍有不少问题有待探讨。一是实验目标有待拓展。创造力既包含创造性思维，也包含创造性人格，前者是核心因素，后者为动力源泉，后续研究应就情境教育与儿童创造性人格发展展开。二是实验内容有待扩充。本实验主要聚焦于情境语文和情境数学教育，今后宜将实验扩展到科学、艺术、英语等其他学科，尤其要深入研究如何通过道德情境教育培养儿童的核心价值观和道德创造力。三是实验对象有待细分。不同文化、不同家庭背景以及不同智力的儿童在情境教育实验中的表现有较大差异，未来宜将研究对象细分后进行更深入的研究。比如，开展情境教育与超常儿童的创造力发展研究，可以为拔尖创新人才的"早发现、早培养"提供相关理论和培养方案。总之，对情境教育促进儿童创造力发展的探索，不可能"毕其功于一役"，还需要我们"上下而求索"。

执笔：王灿明、王柳生、刘雨

第二节　学科情境教学促进儿童
创造力发展的实验研究 *

　　学科情境教学是指依据儿童的学习内容和主题活动的需要，将学科教学活动与真实的生活相连，把儿童的活动与课程内容互相融合；促进儿童主动探究的一种教学模式。实验结果显示，学科情境教学不仅能够促进儿童创造性思维发展，而且能够促进儿童创造性人格发展。因此，通过实验开发的学科情境教学促进儿童创造力发展的教学原则、教学流程和教学策略是科学可行的，这也为提升创新人才早期培养水平提供了一种契合基层教学实际需要的操作模式。

一　问题提出

　　随着全球化时代的到来，国与国之间的竞争也日趋激烈，如何使一个国家在国际竞争中拥有长久动力，唯有创新。习近平总书记指出，中国发展到现在，比以往任何时候都更容易实现中华民族伟大复兴的目标。走科技强国之路，贵在创新。面对如此迫切的形势，基础教育的教学现状却显得十分滞后。传统的学科教学使得知识凌驾于生活，理性压抑感性，情感缺位于认知。在应试教育背景下，学科教学已沦为追求分数、无视儿童发展的异类，儿童创造力发展现状令人感到担忧，通过学科教学促进儿童创造力的发展已成为迫在眉睫的任务。

　　儿童教育家李吉林提出情境教学并且进行了长期实践。40年来，她从语文情境教学入手开始研究，后又向各科拓展，提出了学科情境教学模式。学科情境教学使得学科感性回复到应有的位置。学科情境教学中感性、生活、情感、审美这些要素是儿童创造力的基石。李吉林十分重视儿童创造

　　* 本节系国家社会科学基金教育学一般课题"情境教育与儿童创造力发展的实验与研究"的实验课题"学科情境教学影响儿童创造力发展的实验研究"（批准号：BHA120051—1）研究成果。实验学校：江苏省南通师范学校第二附属小学；主持人：陆红兵、施建平；课题组成员：唐颖颖、顾祝群、戴春、徐斐、王胜华、瞿聪聪、王珏、施丹瑾、生家琦、张海林（南通大学）。

力发展。早在情境教学的第一轮实验中，她就明确提出"以发展思维为重点，着眼创造性"[①]。后来，她又在《教育的灵魂：培养学生的创新精神》一文中大声呼吁，"每个大脑发育正常的孩子都孕育着创造力，如同一粒沉睡在土壤中的等待萌发、急切盼望破土而出的种子"[②]，吁请广大教育工作者重视创造性人才的培养。李吉林带领她的团队，从情境教学起步，到情境课程开发，再到情境学习探索，不断深入相关领域的研究，使情境教育研究不断深入，为本课题研究提供了丰富的理论基础和实践经验。

本课题研究旨在揭示学科情境教学对儿童创造力的影响，探寻学科情境教学与儿童创造力发展的内在联系，掌握运用学科情境教学促进儿童创造力发展的规律，探索一条具有中国本土特色的培养儿童创造力的有效途径。

二　理论基础

1. 情境教学理论

情境就是教育者借助直接经验、情感与审美形态，根据教育的正导向原则，依据学科知识提供的内容，精心选择或创设的有利于儿童习得知识、训练能力、陶冶性情、获得发展，同时师生共同自觉、积极活动于其中的学习性场域。情境有四大特点，即"真"（给儿童一个真实世界）、"美"（给儿童一个审美境界）、"情"（给儿童一次情感体验）、"思"（给儿童意境深远的思维）。情境教学是通过创设优化情境，引起儿童情绪并结合情感和认知活动的一种教学模式。学科情境教育主要涉及语文、数学学科，是使儿童能够充分活动其中、充满"真、美、情、思"的学习情境，能有效调动儿童的学习活动。

2. 创造力理论

美国心理学家吉尔福特的"智力三维结构模式"启示我们，只有当转化能力和发散思维结合起来，才能产生创造性思维；艾曼贝尔的"创

---

① 李吉林：《激情萌发智慧：李吉林情境教育论文选》，教育科学出版社 2016 年版，第74 页。

② 李吉林：《教育的灵魂：培养学生的创新精神（上）》，《人民教育》2001 年第 9 期。

造性组成成分理论"昭示我们加强儿童创造力的培养，要加强学科知识的教学，还要加强创造性人格的培养，更为重要的是，引导儿童参加创造发明活动，要精心呵护儿童兴趣和动机；奇凯岑特米哈伊认为，只有个人、文化、社会之间的交互作用才能产生创造性成果，归根到底，是社会而不是个人使创造力显现出来；鲁巴特和斯腾伯格认为，组成创造力的智力、知识、思维方式、个性、动机和环境等六个要素既是独立的，又是相互关联的。只有充分利用周围环境创设贴近社会生活的"情境"，并让儿童在其中充分进行创造，才能将儿童创造力的培养与能力、人格发展整合起来，推动儿童整体和谐发展。

三 实验设计

通过多年来的实验研究，我们发现，学科情境的选择和优化将激发儿童积极主动地投入创造性学习活动中去，更有效地促进儿童创造力的发展。因此，学科情境教学不仅应该关注儿童学业成绩的提高，而且应该关注儿童创造力的发展。

（一）实验对象

根据总课题的实验要求，在综合考察教师的教学能力、研究兴趣等方面的情况后，学校决定在一年级、三年级和五年级各设一个实验班（见表10—6）。因为实验校为情境教育发源地，全校所有班级都在实施情境教育，故而未设对照班。

表10—6　　　　　　　　实验班学生基本情况（n＝115）

班级	总人数	男生	女生
一年级实验班（A）	60	30	30
三年级实验班（B）	53	27	26
五年级实验班（C）	52	26	26

（二）实验变量

1. 自变量

本实验的自变量是学科情境教学。它是指依据儿童的学习内容和主题活动的需要，将学科教学活动与真实的生活相连，把儿童的活动与课程内容互相融合，促进儿童主动探究的一种教学模式。落实到具体操作层面，就是通过生活重现、画面展现、语言表现、实物演现、音乐渲现、表演感现和想象浮现等丰富手段，营造生动形象的情境，强化儿童的审美感受，引领儿童在其间自主活动。学科情境教学强调创设四种情境：一是学科拟真情境，是与儿童真实生活相通的学科教学情境；二是学科愤悱情境，是产生儿童心理"愤悱"状态的学科教学情境；三是学科审美情境，是给儿童带来审美愉悦使其产生主动学习"力"的学科教学情境；四是学科体验情境，是与儿童活动相结合的体验式学科教学情境。创设情境要按真实性、情感性、审美性、活动性四个要求来操作。本实验中的学科情境教学主要指语文学科情境教学和数学学科情境教学。

2. 因变量

本实验以儿童创造力发展为因变量。所谓创造力是指人们在创造活动和创造实践中所表现出来的、生产创造性成果的一种能力。创造力既是儿童所具有的一种潜在天赋，又是必须通过后天学习、训练和开发，才能发挥和显露出来的一种社会属性。儿童的创造力体现在众多方面，其中创造性思维的流畅性、灵活性、独特性、精致性和标题抽象性，通过《托兰斯创造性思维图画测验》测量；冒险性、好奇性、想象力和挑战性等个人的创造性人格，通过《威廉姆斯创造倾向测验》测量。由于教育实验的特殊性和本实验中因变量的特异性，我们利用"情境观察法"作为辅助方法来了解学生创造力发展的情况，在真实情境中现场观察学生的创造力表现，当场检验学生创造性解决问题的能力。

3. 控制变量

实验校是情境教育的发源地，全校教师在情境教学的运用上已具有了一种"情境自觉"。本课题采用单组前后测实验设计，在不影响正常教学的情况下，采取一定的控制措施来控制无关及额外变量的干扰，以尽可能减少实验误差：一是坚持以普通班级、普通学生、普通教师和普通教材的条件下开展教育实验，以提高实验结论推广的真实性和有效性程度。二是为了避免实验中可能产生的新奇效应、霍桑效应和约翰·亨利效应，按"盲法控制"原则，建立保密制度，对实验班进行严格保密，使他们不知道自己在进行实验。三是严格控制实验班学生可能因为各种原因而转学、退学，防止被试流失。四是遵循情境教育和儿童创造力发展的理论，编制《实验手册》，制订《实验方案》，做好实验教师培训。

（三）研究工具

分别采用《托兰斯创造性思维图画测验》和《威廉姆斯创造倾向测验》测量儿童的创造性思维和创造性人格，采用统计软件 SPSS16.0 进行数据的录入、统计与分析。

四　实验过程

（一）前期准备

（1）研读文献。课题立项后，课题组沿着李吉林情境教育研究、探索路径，学习研读情境教育以及创造力研究的文献资料，主要包括《李吉林文集》《情境教育三部曲》《情境教育精要》《儿童创造教育新论》等。

（2）健全组织。组建课题研究组织，建立总课题组和子课题组，建立"情境教学与创造力"QQ 群，编印《情境教育操作手册》，探寻实验研究的理论精髓。邀请专家进行理论指导，组织学术沙龙、读书会。交流情境教育学习心得，儿童创造力培养实践体会等。充分利用信息优势，了解相关理论动态。推动研究进程，积累课堂实例，定期交流，组织课题专题研讨活动，组织课题微课评比。

（3）形成方案。制定实验课题的具体实施方案，准备实验手册，确定实验年级与实验班级。采用《托兰斯创造性思维图画测验》和《威廉斯创造倾向测验》进行实验前测，把握儿童创造力发展现状。

（二）实验操作

1. 教学原则

（1）主动性原则。儿童是学习的主体，学习离不开儿童的积极参与和主动建构。学科情境教学始终关注儿童的情感，关注儿童"怎么学"，充分调动儿童的学习兴趣、诱发主动性，促进儿童的自主建构，让儿童成为学习活动的主人，成为创造的主人。

（2）美感性原则。儿童对美有一种天生的需求，教学本身就渗透着美，蕴含着美。学科情境教学理应遵循"美感性原则"，通过呈现美的教学内容、选择美的教学手段、运用美的教学语言，引导儿童感知美的表象，理解美的实质，表达美的感受，进行"美"与"丑"的评判，使他们在获得审美愉悦的同时，激活智慧，激发创造欲望。

（3）创造性原则。小学阶段是儿童创造潜能发展的最佳时期，学科情境教学非常重视儿童创造性的发展，注重创设优化的情境，有意识、有目的地训练儿童的思维，发展儿童的创造力。

（4）实践性原则。只有通过学习者的亲身实践，知识才能转化为能力。学科情境教学始终贯穿实践性，鼓励儿童参与课堂模拟实践、参与学科社会实践，竭力让儿童在实践中理解知识，运用知识，发展思维，着眼创造。

（5）教育性原则。教育的最终目的就是育人，将儿童培养成为一个能主动关心他人，乐于帮助他人的现代小公民。学科情境教学始终用情感熏陶、感染、激荡儿童的心灵，打开儿童的心扉，向着真、善、美的方向发展。

2. 教学过程

（1）引入情境，在感受中诱发创造动机。每一个学生的内心都渴望创造，他们创造的动力常常和情感相连。在学科教学中，我们根据不同的内容，采用不同的形式引入情境：或创设问题情境，造成悬念，让学生因产生好奇而激发创造；或用画面描绘，形象呈现，让学生因向往美好而激发创造；或用实物探索，细致观察，让学生因追根问底而激发创造；或用勾连经验，产生似曾相识感，让学生因拉近距离而激发创造。这些创造动机的形成驱使学生带着热烈的情绪主动地投入，并为学生的主动发展创造前提性、内因性的条件。

（2）凭借情境，在探究中激发创造思维。创造性思维是复杂的高级思维过程，是多种思维类型的有机结合并高度统一协调的综合性思维。而情境始终以"思"为核心，始终走在儿童发展的前面，导引着儿童的思维活动。在学科情境教学中，我们或凭借探究情境，让直觉思维与逻辑思维走向协同；或启动求异情境，促发散思维与收敛思维有机交融；或创设争论情境，助批判思维与创造思维有效发展。总之，凭借情境，让不同的思维方式甚至是互相排斥的矛盾体形成多维交融的状态，激发创造思维的火花。

（3）融入情境，在体验中延展创造灵性。创造与想象有着天然的联系。想象让儿童的思维插上翅膀。想象是会飞的思维，想象有效地拓展了儿童的思维空间。在学科情境教学中，我们首先为想象提供可以自由驰骋的广阔情境，让学生潜在的创造力充分发展起来。其次，利用富有美感的、意境广远的情境，为学生创造新的形象打下基础。再次，创设写意的模拟性情境，为学生自由联想与想象提供契机与触媒，让学生由有限而无限、由静而动、由实而虚地延伸拓展开去，创造出更丰富、更新颖、更具童趣的形象。最后，鼓励求异，培养思维的广阔性和灵活性。

（4）拓宽情境，在活动中涵育人文素质。在学科情境教学中，我们力求拓宽学习情境，引领学生主动投入其中：一是开展观察、触摸等感知活动；二是进行讨论、商量、争辩等语言活动；三是进行推测、联想、想象等思维活动；四是进行朗读、查找、演示、表演、模拟等操作活动。这些活动贯穿整个教学过程，并随着儿童的活动逐步推进，使学生全身心地投入其中，获得全身心发展。

3. 教学策略

（1）生活融入策略。周围世界、社会生活是学科知识的源泉，是儿童学习的一个广阔而丰厚的"课堂"。学科情境教学主张通过现实生活的真实情境或多媒体再现的模拟情境，将学科教学与生活相链接，让儿童从生活中汲取知识。

（2）活动建构策略。儿童在活动中认识世界、理解周围事物、发展思维、情感和个性。学科情境教学通过层层推进的学习活动，让儿童在全身心的活动中，激发出学习内驱力和创造力。

（3）情智相谐策略。认知过程是伴随着情感和意志的，情境教学十分重视情与智的共生与和谐发展。通过优化的情境激起儿童的情绪，驱动他们进入最佳的思维状态，把认知与情感有机地结合起来，让儿童潜在的智慧在情感的催动下得以迸发。

（4）思维协同策略。情境教育的核心是思维发展。学科情境教学通过情境，巧妙地将各种思维形式相融合，让儿童在多种思维的交织协同中拓宽思维空间，开发潜在智慧，激活创造性。

（三）总结推广

由于情境教育已渗透到学校教育教学的各个领域，不仅积累了丰富的情境教育方面的资料，而且教师们对情境教育有着深切的感受，在平时的教学中已能自觉运用情境教学。本课题将研究聚焦于学科情境教学对儿童创造力发展的影响。借助学校与江苏情境研究所的优势资源，将研究经验与成果通过多种形式和渠道进行推广，在推广中进一步提升本课题研究价值。

主要依托活动推广实验成果，一是在研究过程中，通过总结和提炼，概括出学科情境教学活动操作的五点原则、一般过程以及教学策略。课题组老师通过讲座、执教公开课将课题成果在全校 55 个班进行推广，惠及全校近 3000 名学生。二是在"南通市情境教育实验学校语文骨干教师培训"活动中，为全市 66 所情境实验学校的语文教师代表，展示了语文情境教学的课堂。三是在南通市"课外阅读情境课程的实践与研究"语文学科基地专题研究活动中介绍学校的课外阅读情境课程的实践与研究，还为教师呈现了 4 堂观摩课。四是在"江苏省教育学会 2014 学术年会暨李吉林教育思想研讨会"中，本课题组展示了主题性情境教育活动展板，展示了 2 节课堂教学。五是在"江苏省特色数学教学活动"中，本课题组展示了多节示范课，受到与会代表的高度好评。在课题实验期间，课题组的实验教师施丹瑾、徐晓梅、王海峰、徐斐、柳小梅、顾娟、管小冬、戴春、吴冬冬、曹健获得了江苏省小学数学教师课堂教学比赛十连冠。教师们通过精彩的数学情境课堂教学展示，向全省小学数学专家和教师展示了情境教学的魅力。

随着实验的推进，情境教学理论研究也不断深入。课题组成员在《人民教育》《中国教育报》等报刊发表了 50 多篇论文，比如《情境活动：唤醒儿童写作真情的有效途径》《主题情境活动，为儿童打开跨界学习的通途》《情境数学，向自觉的境界迈进》《在悬念—发现中走向创造》《浅谈创造教育对教师职业的启示》《择美造境，于情感律动中生长灵性》《引领儿童用思维触摸数学传统文化》《情境：打开儿童数学发展大门的"钥匙"》等，其中生家琦的论文《小学数学情境教学原理与操作要领》被人大复印报刊资料《小学数学教与学》2015 年第 3

期全文转载。

五　实验结果

（一）学科情境教学对儿童创造性思维发展的影响

以时间为自变量，对创造性思维每个维度和总分分别进行单因素重复测量方差分析，结果显示，A 班学生创造性思维的流畅性、精致性、独创性、标题抽象性和总分达到了极其显著的水平；B 班学生创造性思维的独创性、标题抽象性和总分达到极其显著的水平，流畅性和精致性达到了非常显著的水平；C 班学生创造性思维的流畅性、精致性、独创性、标题抽象性、沉思性和总分都达到了极其显著的水平（参见表 10—7）。分析结果说明，两年的学科情境教学实验促进了儿童创造性思维发展。

（二）学科情境教学对儿童创造性人格发展的影响

以时间为自变量，对创造性人格进行单因素重复方差分析，结果显示，A 班学生创造性人格的总分达到了显著差异的水平；B 班学生创造性人格的好奇性达到显著差异的水平；C 班创造性人格的挑战性、想象力、好奇性、冒险性和总分达到极其显著差异的水平（参见表 10—8）。分析结果说明，两年的学科情境教学实验促进了 A 班、C 班儿童创造性人格发展。

表 10—7　　　　　儿童创造性思维的单因素重复测量方差分析

	A 班			B 班			C 班		
	M	*SD*	*F*	*M*	*SD*	*F*	*M*	*SD*	*F*
流畅性前测	20.74	6.66		29.79	6.77		30.28	7.06	
中测	29.48	6.86	28.04 ***	28.24	8.00	6.72 *	30.72	5.91	38.88 ***
后测	26.74	7.00		33.67	6.55		38.31	2.33	
精致性前测	4.73	1.43		5.92	1.54		3.98	1.39	
中测	7.13	1.77	65.09 ***	6.45	1.56	17.15 *	7.97	1.87	87.28 ***
后测	6.87	1.69		7.52	1.62		7.31	1.51	
独创性前测	6.71	2.81		8.22	2.89		10.44	2.98	
中测	15.72	5.63	76.18 ***	13.67	4.00	76.85 ***	17.15	3.68	114.51 ***
后测	13.93	4.63		20.61	6.44		19.59	4.22	

	A 班			B 班			C 班		
	M	SD	F	M	SD	F	M	SD	
标题性前测	0.58	0.85		5.32	3.07		6.45	3.47	
中测	5.35	3.95	34.55***	6.70	4.19	10.99***	9.36	5.15	4.68***
后测	2.89	3.05		8.91	4.66		7.56	5.43	
沉思性前测	5.12	2.46		8.39	2.88		11.22	3.04	
中测	6.22	3.19	2.99	6.61	3.16	4.70	6.95	3.59	23.65***
后测	5.78	2.38		6.61	2.73		7.00	3.31	
总分前测	37.88	11.13		57.65	11.60		62.38	12.25	
中测	63.89	15.81	83.07***	61.67	10.34	36.00***	72.15	12.46	37.74***
后测	56.22	13.03		77.30	14.57		79.77	9.67	

表 10—8　　　　　儿童创造性人格的单因素重复测量方差分析

	A 班			B 班			C 班		
	M	SD	F	M	SD	F	M	SD	F
挑战性前测	30.39	3.22		30.00	3.15		29.64	3.28	
中测	29.70	2.64	2.35	29.70	3.57	0.24	28.95	3.40	16.93***
后测	30.91	2.93		29.45	3.13		32.23	3.44	
想象力前测	29.67	4.26		28.33	3.74		29.44	3.90	
中测	28.57	4.00	1.29	28.03	4.16	0.09	28.79	4.75	30.50***
后测	29.37	4.25		28.39	5.02		33.79	4.00	
好奇性前测	35.87	4.30		32.21	3.13		34.74	3.85	
中测	34.80	3.47	1.91	34.85	4.10	4.89*	33.62	4.29	21.52***
后测	36.09	3.44		33.70	4.50		38.08	2.89	
冒险性前测	26.07	2.97		25.61	2.90		25.59	2.64	
中测	25.26	2.80	3.06	26.48	3.39	1.13	25.23	3.24	49.55***
后测	26.57	2.72		26.30	3.23		29.92	2.56	
总分前测	122.00	12.54		116.15	9.41		119.41	11.42	
中测	118.33	10.61	3.14*	119.06	10.01	0.99	116.59	11.80	51.26***
后测	122.93	10.45		117.85	13.46		134.03	11.16	

（三）实验班儿童的案例追踪分析

李吉林提出，"在审美愉悦中，培育创新的土壤，让思维进入最佳的心理状态；在和谐的师生关系中，激活创新的潜能，让情感点燃智慧的火花；在观察和想象中，拓宽创新的空间，让思维插上想象的翅膀"①。在实验期间，实验班教师运用创造力发展理论，以学科情境教学为抓手，精心设计教学环节，开拓教学方法，激发儿童的创造力。

1. 学科情境教学提高儿童的质疑能力

教学中，我们努力营造民主的氛围，创设生动的情境，引导学生思考、质疑并自主解疑，激活求异思维，迸发创新思维，迈开发展创造力的第一步。

在教《有趣的发现》一课时，教师鼓励学生边学习边质疑问难。可以欣喜地发现，性格孤僻的小袁在悄悄地改变，他一连问了好多问题。经过大力表扬后，小袁同学的学习积极性大大提高。渐渐地，他化身课堂的主人，在质疑解疑的过程中，提升思辨能力，课堂上的他经常被推选为"发言之星"。

课堂上，教师努力创设问题情境，引发学生思考，鼓励学生提问。只有让学生敢于问为什么，善于问为什么，才能使学生更好地走进知识海洋，才能让学生的思维不断走向深入，从而培养学生的创新精神。

2. 学科情境教学重建儿童的知识框架

只培养学生的质疑能力远远不够。让学生在原有知识建构的基础上，将知识重建，再用与众不同的、专属自己的方式表达才是创新能力最有力的体现。

诉诸儿童精神世界的"古诗新读"综合实践活动创设激发儿童创造潜能的情境，以它开放的特质引领儿童境中赏、趣中学、学中思，使古诗新读成为儿童学习生活的营养钵，成为儿童创造潜能激发的助推器。

杨同学平时的表情严肃，总是沉浸在自己的世界里，要么在发呆，要么在搞笑，时常让大家瞠目结舌。实验班教师以诗歌为帆，引领儿童走进诗情的季节培育创新土壤；以活动为桨，引领儿童走进诗中的情境

---

① 李吉林：《教育的灵魂：培养学生的创新精神（上）》，《人民教育》2001 年第 9 期。

激发创新潜能；以妙笔为花，引领儿童走进创作的田园催生创新活力。在这样的创作实践中，诗歌丰富的形象感染着他，他的思维活动进入了最佳的心理状态，情动而辞发，不容遏制地想要去创作、去表达。创造性地表达，是他对表象的重新组合，这是一种再造性创造的萌发。

古诗阅读综合实践活动为杨同学的创新思维培育了土壤，激发了他的创新潜能，丰润了他的情感。他在三年级期末作文考试中，拿到了作文最高分 90 分。后来，在《江海晚报》发表了《我是小球童》的习作，他紧扣文题，写出了童趣，充分凸显了杨同学在思维流畅性上的发展。

3. 学科情境教学延伸儿童的创新领域

一旦创新意识得到激发，创新能力得到增强，儿童自然就会将这种意识投射到生活的方方面面，将这种创新能力延伸到各个领域：不论是家庭生活，还是学校生活；不论是课余时间，还是课堂时间；不论是主科学习，还是综合学科的学习。

课间，实验班的儿童会在庭院里观察发现，质疑探索。渐渐地，他们发现了许多有趣的现象，提出了许多有意思的问题：冬天树上挂着的棕色的东西是什么？螺丝应该在水里，为什么会在花圃的泥土里发现螺丝的身影？八爪金盘上那一颗颗圆点是什么？是虫卵吗？在质疑解疑的过程中，儿童的好奇心越来越强，知识面越来越宽。

生活中，有学生用一个纸杯，将底嵌在开口中，倒过来就成了一个简易笔筒；有学生发现妈妈切洋葱流眼泪就制作了一个简易切洋葱器；有学生不满足唱别人的歌，自己创编歌曲。

六　结论与思考

学科情境教学对儿童创造性思维发展水平有显著影响。从这一次实验研究的测试结果看，学生的创造性思维的发展水平得到了显著的提高。A 班和 B 班同学们的思维的流畅性、精致性、独创性、标题抽象性和总分上，C 班同学的创造性思维的流畅性、精致性、独创性、标题抽象性、沉思性和总分上都得到有效提高。这样的实验结果令人振奋，而且给儿童创造教育以多方面的启示。

（一）链接现实生活，激活创造意向

学科教学（无论是语文、数学或其他学科）的一切知识，都是在生活情境中产生的，同时又迁移、应用、服务于一定的生活情境，以不断地丰富自身。在教师实施学科教学、学生进行学科学习的时候，我们如果能将创设的情境和我们的生活情境接壤，将会让学生学会迁移教学内容中所要传达的知识信息。例如在教学《春笋》这一课时，如果教师能带来一根春笋，将实物展示给学生看一看，那么，学生所产生的情绪体验就能让他们将书本上所描述的事物和现实生活中的实物形象联系在一起，继而提供创造的源泉和方向。

（二）创设美感氛围，唤醒创造潜能

美育正在被越来越多的人所关注着，它在课堂上能够启发学生的智力发展，陶冶学生的性情，还能达到促使学生达到"情动而辞发"的境界。在学科情境教学中，教师有意识地选择既具有形式美、又具有内在美的客体，构成情境，使情境具有鲜明的形象性与感染力。通过图画再现情境、音乐渲染情境、生活展现情境、表演体会情境，让学生产生了强烈的审美感受。在美感的渲染下，儿童的想象、联想在无限自在的心理世界中积极展开，潜在的创新种子就在这宜人的审美场中萌动、发芽，创造潜能被唤醒了。

（三）诱发探究质疑，促进创造思维

学科情境教学注重创设问题情境，吸引学生的好奇心，鼓励和引导学生走向探究质疑。学生从不同角度、不同侧面去思考问题，多层次地解决方案，培养了创造性思维的广阔性、灵活性和批判性。

（四）拓宽学习空间，培养创造能力

整体性情境让学生看到了更为广远的想象空间。将课堂教学和课外教学相结合，校外活动和野外活动相结合，具有鲜明情境特色的单元主题教育活动，学生在人为优化的、有情有趣的、广阔的学习空间中，更加自由地伸展自己的生命灵性。

执笔：顾祝群、戴春、徐斐、唐颖颖、王胜华、瞿聪聪、王珏、施丹瑾、生家琦、张海林。

第三节 促进儿童创造性思维发展的情境教学设计实验研究*

创造性思维是创造力的核心，本研究基于李吉林的创新教育和情境教学思想，对情境教学设计影响小学低中年级学生的创造性思维进行实验研究，结果表明，情境教学设计有效提高了儿童创造性思维的发展。

一 问题提出

随着现代科学技术的迅猛发展，世界性教育改革暗流涌动，我们应当更加关注培养儿童的创造力，以期在未来具备更大的竞争力。自本世纪初以来，专家学者们就对小学儿童的创造性思维有较多的研究和讨论，获得的结果也比较一致：小学是儿童创造性思维实质性发展的新阶段。一些西方发达国家，如美国、英国和澳大利亚围绕促进学生创造性思维发展进行了相应的教育改革，亚洲地区的日本、韩国、新加坡也实施了推进创新人才培养的课程改革项目，我国对这一世界性的趋势也做出了敏锐的反应。儿童教育家李吉林无论是在她的情境教学、情境课程，抑或是情境学习中，都将"儿童"、"创新"作为研究的立足点，认为学科教学和创新教育两者密不可分。

南通市崇川学校地处城市新区，濡染在情境教育下的教师们虽然拥有了较为完善的情境教学理念，并在教学实践中不断进行着由内而外的改进，但要成为一名创造型教师，仍需要多阶段、连续性的发展。为此，我们有必要积极投入情境教育理论的学习，不断审视自身，并在此过程中观照儿童创造性思维的发展，培养其创造性思维，以期能够提炼出促进儿童创造性思维发展的情境教学设计的一般理念、关键要素，为学校的创造教育提供实践模式。

---

* 本节系国家社会科学基金教育学一般课题"情境教育与儿童创造力发展的实验与研究"的实验课题"促进儿童创造性思维发展的情境教学设计实验研究"（批准号：BHA120051—2）的研究成果。实验学校：南通市崇川学校；主持人：张洪涛、柳小梅；课题组成员：黄永明、顾银燕、陈晶、关勇、王莹、顾宇琪、陈迎、徐艳霞、李建、姜达、王纯（南通大学）。

基于以上的考虑，在总课题组的指导下开展"促进儿童创造性思维发展的情境教学设计研究"。试图通过小学情境教学设计案例的研究，寻找儿童创造性思维发展与情境教学设计的关系，概括其中的规律，为更有效地发展学生的创造性思维提供实践模式。

二 理论基础

促进儿童创造性思维发展的情境教学设计研究扎根于李吉林的情境教育思想，注重借鉴、运用国外学者的创造性思维、脑科学和教学设计的研究成果并有机融入教育实践之中，在实践中实现本土化，体现特色化，不断提升课题研究的境界。

（一）情境教育研究

李吉林在情境教育的探索中始终强调"儿童"和"创新"两个关键词，她较早地开始关注脑科学与儿童创造性思维的发展。"情境教学注重感觉的训练、直觉的培养、创造性的发展，巧妙地把儿童的认知活动和情感活动结合起来，形成大脑两个半球交替兴奋，产生互补，协调大脑两半球的相互作用……儿童的想象力、直觉、创造精神，就在这天长日久的教学过程中得到了很好的培养与发展"①。在理论建构上，她创造性地提出以优化情境为目标的课堂操作要义，即以"美"为境界、以"思"为核心，以"情"为纽带、以"儿童活动"为途径、以"周围世界"为源泉，并贯穿于她的创新教育，形成了独树一帜的情境性创新教育模式。李吉林所提出的创新教育思想为本课题的实验与研究提供了强有力的理论支撑。

（二）创造性思维研究

首次明确提出了"创造性思维"这一概念的是德国心理学家韦特海默。20世纪50年代，美国心理学家吉尔福特指出创造性思维的核心是发散思维。我国西南大学张庆林教授认为："凡是突破传统思维习惯，用新

---

① 李吉林：《为儿童的学习：情境课程的实验与建构》，外语教学与研究出版社2008年版，第11页。

颖独特的方法解决问题的思维过程，均可称为创造性思维"①。儿童生来具有的好奇心和想象力需要被呵护，创造性思维则需要被培养和发展。

（三）情境教学设计研究

教学设计是以学习理论、教学理论、传播理论为理论基础，以系统方法为指导，解决教学实际问题，形成教学方案的过程②。教学设计最初诞生于美国，受各种学习理论的影响，经过将近半世纪的发展，各种模型层出不穷。肯普、狄克与凯瑞等大多数专家强调教学设计是由一套系统化的步骤（或程序）构成的过程。加涅认为"对用以促进学习的资源和步骤作出安排"就是教学设计，他从信息加工的角度提出了9种教学事件，最优化是情境教学设计的一个主体性原则。③

近年来，李吉林结合西方的教学设计研究成果对情境教学设计做了精心研究，并总结出情境教学设计的步骤：一是把握教材，抓住特点。备课前要吃透教材，把握中心，掌握教材的特点、重点及难点。二是利用视像，进入角色。备课时教师必须自己先进入情境，要学生看得见、听得见，自己也要先前一步仿佛耳闻目睹过。三是选择手段，优化组合。精心设计情境再现的手段、角度。进行教学设计的目的是为了支持学习过程，"教学设计不仅仅是技术层面的运筹帷幄，世界的发展需要儿童超越知识的局限，我们进行教学设计也必须随之形成不断超越自我的意识与能力，在学习科学的引领下，用'童心'和'真情'精心设计，以'精心'换来'精彩'"④。

三　实验设计

本实验为等组前后测实验，实验假设为：优化的情境教学设计能够促

---

①　张庆林、李艾丽莎：《创造性培养与教学策略》，重庆出版社2006年版，第134—135页。

②　[美]赖格卢斯：《教学设计的理论与模型》，裴新宁等译，教育科学出版社2011年版，第120页。

③　曾庆江、姚娟：《基于加涅理论计算机多媒体教学方式研究》，《实验室研究与探索》2011年第9期。

④　李吉林：《学习科学与儿童情境学习——快乐、高效课堂的教学设计》，《教育研究》2013第11期。

进儿童创造性思维发展。教师在进行教学设计的过程中，以发展学生的全脑为目的，有意识地训练儿童的创造性思维。在这样的课堂中，儿童热烈的情绪甚至能够到达沸腾状态，从而产生创造灵感，发展创造性思维。

（一）实验对象

选取一（9）班和三（6）班作为实验班，选取一（8）班、三（8）班两个班作为对照班。在实验开展的过程中，由于集团交流、实验班教师自身实际情况等不可控制的因素，实验班语文教师的任用未能按计划保持稳定。实验班和对照班人数情况如表10—9，其中一（9）班有2人调出，1人调进，有效统计人数为49人。

表10—9　　　　　　　　　　　实验班和对照班基本情况

实验班				对照班			
班级	人数	男生	女生	班级	人数	男生	女生
一（9）班	51	28	23	一（8）班	51	25	26
三（6）班	50	22	28	三（8）班	47	28	19

（二）实验变量

1. 自变量

实验的自变量为情境教学设计。情境教学设计是依据情境教育理论来做的一种新型的教学设计，通过优化情境对课程内容、教学组织、方法、媒体进行设计、研究，形成教学方案以达到以境唤情、以情启智、情智协动，引导儿童在美智趣的情境中学、思、行、冶的目标。本课题的情境教学设计具体包含核心领域中语文、数学课程的情境教学设计；综合领域中的综合实践课情境教学设计以及多个学科融合的综合实践课情境教学设计。

2. 因变量

将实验班学生的创造性思维的发展作为本实验的因变量。在本实验中儿童创造性思维的发展，我们主要从流畅性、精致性、独创性、沉思性、标题抽象性五个维度及其总分去考量。

3. 干扰变量的控制

本实验为自然实验，在不影响正常教学的情况下，采取了一定的措施：首先，选择实验班和对照班时，两个班的各项情况大致平衡；其次，建立保密制度，对对照班的师生实行严格保密，以保持正常的教学秩序，不形成人为竞争的氛围。

（三）测量工具

采用《托兰斯创造性思维图画测验》进行测验，具体包括图画构造测验、未完成图画测验、平行线测验。托兰斯创造性思维测验的评分者信度在 0.80—0.90 之间，其复本及分半信度在 0.70—0.90。

四　实验过程

（一）前期准备（2013 年 1 月—2013 年 8 月）

（1）建立课题组。建立了以张洪涛、柳小梅两位校长为组长，教学、科培处的主要同志为核心组成员的课题研究小组，具体规定了各位实验教师的分工和各自职责。

（2）坚持理论学习。要求每一位参与课题研讨的教师认真学习《方案》《课题视窗》，领会其精神实质，提高对实验的认识，掌握操作方法，增强实施方案的自觉性。在实验初期给每位教师发放《情境教育三部曲》《教学设计原理》《系统化教学设计》《名师怎样观察课堂》《创造教育学导论》等书籍，及时组织实验教师学习、研究有关情境教学和儿童创造力发展的理论与实践成果。

（3）完善研讨制度。学校制定了《课题实验手册》和《实验教师工作手册》，扎实有效地管理实验过程，确保实验教师能积极、主动地完成实验，保证能稳定地进行实验。建立实验教师 QQ 群、微信群，成立实验教师学习小分队，及时分享、研讨、沟通相关的资料和信息。

（4）强化专业引领。延请儿童教育家李吉林、南通大学王灿明、南通市教科院冯卫东等专家组成顾问团队进行理论指导，主动和理论研究人员结成"伙伴协作"关系，注重课题研究的理论引领，从鲜活的学校生活中积累研究素材，加强实验研究中的对话与合作，共同提升实践智慧。

（5）扎实前测工作。2013 年 1 月选取的小学一、三年级各 1 个实验班和 1 个对照班，进行托兰斯创造性思维测试，了解儿童实验前创造性思维的发展情况，把握创造教育的开展现状和问题。

（二）实验研究（2013 年 9 月—2015 年 12 月）

1. 实验原则

（1）可行性原则。在进行情境教学设计时，课前的分析、教学过程的设计、课堂的实施、课后的评价以及课程的开发等，都要求在客观环境条件允许的情况下，既要考虑到教师、学生的具体情况，也要关注过程中的实际可行。

（2）单一变量原则。在实际实验的过程中，我们难免会遇到来自于教师本身、集团内人事调动等不可抗的因素，处理好实验中的复杂变量关系对于实验的结果有着重要的作用。坚持两个"确保"：一是确保一个实验班级对应观测一个对照班，班级、学生均不发生变化。二是确保实验实施过程中按照规定进行操作，尽可能避免无关变量的干扰，实验过程、实验设计都遵循单一变量原则。

（3）支持性原则。没有一个支持性的环境，促进儿童的创造力发展将是一句空话。教师在学科课堂中培养学生创造性思维无疑起着关键性的作用。创设能够支持儿童创造性思维发展的学习环境，离不开教师在儿童学习中的经验性支持、表达性支持及元认知发展的支持。

2. 实验流程

在实验过程中，学校课题组尤其突出实践探索的日常化，将课题研究落实到日常的教育教学设计中。在实际操作中，充分利用学校微格教室的设备，通过同步录像进行观察和记录，主要观察实验班学生在上课过程中的参与程度，主要有这样几个项目：第一个项目是情感的投入程度，包括深度参与、表面参与和不参与三个指标。第二个项目是思维参与的程度，包括三个水平：第一个水平是能够基于基本的思路解决问题；第二个水平是能够从不同的角度去找到解决问题的方法；第三个水平是能够根据已有的解决问题的经验提出自己的问题。第三个项目是日常生活中自我解决问题的能力，包括五层水平：第一层水平是遇到生活中的问题故意回避；第二层水平是遇到问题能够主动去思考，但想不到解决问题的方法；第三层水平是遇到问题能够积极主动地思考，并找到解决问题的方法；第四层水平是遇到问题时能够从不同的角度去分析和思考，并进一步提出问题；第五层水平是根据自己发现的问题进行专门思考，形成自己的独特想法。实验过程中随时记录典型的课堂实录（文字、音频或视频）、有实验价值的课堂教学片段，收集学生具有代表性的创造作品，设计一些典型场景，观察记录学生在情境中的表现，做到质性研究和量性研究相结合。

本实验中，建构了教学系统设计过程的基本模型：ADDIE——Analysis（分析）、Design（设计）、Develop（开发）、Implement（实施）、Evaluate（评价）。这是不断螺旋上升的过程。在对学生学习起点进行分析，编写教学设计、开发相关资源实施后，根据反馈和评价，还会重新进入设计阶段，再进行实施、评价。

（1）分析。

美国学者哈里斯（J. Harless）提出"前期分析"（Front-End Analysis）。在前期分析的实际操作中，我们分析教学中存在的问题：学习需要分析，根据内部需要和外部需要进行分析；学习任务分析，对于学生在每堂课上所必须掌握的知识与技能、过程与方法、情感态度与价值观等进行分析，旨在揭示学习者从起点行为到终点行为之间必须掌握的任务及其任务间的关系；学习经验分析，除了年龄、性别、年级、学习科目等基本信息这些对教学设计有重要影响的学习者因素外，更重要的是学习准备状态、学习风格、一般特征等。为了更具有可靠性，适当采用文本与图表相融合的方式；教学背景分析，通常情况下，以教师为主的教学背景分析是从时间角度进行分析的：教学前，教师能否了解学生原有的认知水平，教学过程中，教师能否为学习者的学习创设有效的学习环境，教学后的有限时间内，教师需要做出精确的判断和分析，为学生提供迁移机会，教给学生必要的迁移方法和策略。

（2）设计。

结合不同学科的特点，梳理促进儿童创造性思维发展的情境教学流程：情境导入——情境驱动——扩展延伸——当堂反馈——课后作业。在课堂优化情境的过程中，我们还概括出各学科具体的教学流程。

一是语文学科情境教学基本流程：带入情境，诱发主动性——凭借情境，强化感受性——拓宽情境，着眼创造性——深化情境，贯穿实践性。

二是品德学科情境教学基本流程：以境激趣——以情导行——以行促习——以习养德。

三是数学学科情境教学基本流程：情境中激趣（设悬），引发需求，唤醒创造意识——情境中探究，主动建构，发展创造思维——情境中应用，拓宽深化，培养创造能力。

四是综合实践情境教学基本流程：情境驱动——情境合作——情境探究。

语文、品德优化情境的常见策略：图画再现情境、音乐渲染情境、角色体验情境、生活展现情境、实物演示情境、语言描绘情境、网络拓展情境、游戏比赛情境。数学学科常用的情境优化策略：问题驱动策略、生活亲近策略、文化渗透策略、游戏导入策略、故事演绎策略、角色担当策略、实践操作策略、实物演示情境。综合实践课程中灵活运用语文、品德和数学学科常见的操作策略。

（3）开发。

一是跨学科综合课程的开发。学校里的每一门学科都不是孤立存在的，它们之间相融相生，跨学科整合课程能最大限度发挥学科间的联动，取长补短，精彩纷呈。如一年级的活动"秋天的果园"，语文学科带着孩子读有关秋天的读本，数学老师带领学生进行瓜果的计算，体育老师带领学生开展"运苹果"接力赛，音乐老师教唱《秋风起来了》，美术老师带领学生画水果，打破封闭的专业结构和学科壁垒，体现以综合为特征的课程改革方向。

二是优化重组教学内容的开发。各学科在教学内容的基础上根据学生的实际情况，将古诗与游戏相结合开发出"古诗扑克牌"；讲故事普及每位学子，开发出"春雨点点"系列读本，培养出一批崇川"故事娃"；体育学科开发了"课间十分钟游戏课程"，丰富了学生的课间生活；还有音乐学科的"每周一歌"。这些优质课程的开发让我们的校园生动了，更让学生爱上学校、爱上课程。

三是教师文本解读能力的开发。学校重视教师对文本解读能力的培养，如我们倡导语文老师从读者、教者、作者、学生、编者等多个视角出发，多维度进行文本解读，努力寻求新思路。在这个过程中，创造性地使用新的切入方式，尝试发现新问题，通过问题的解决形成新的教学设计。

四是情境特色课程的开发。学校开始尝试"慧玩课程"的研究和探索，一是"童趣·多彩游戏课"：20 分钟游戏小课，包括传统游戏，创意游戏，媒体游戏，心理游戏。二是"童智·'三玩'学科课"：鼓励教师想方设法，实现"三玩"，即"玩味"、"玩索"、"玩绎"，以形成同中有异、异里含同并且"大体则有，定体则无"的各科课堂实施模式，最终生成一个"学科模式群"进行"慧玩"式改造与重构。三是"童慧·'类聚'综合课"：把一类"学材"聚集起来，进行个性化"包装"，提出并践行独特的学科教学主张——驯养语文，玩索数学，竞秀英语，体验品德，经历科学，炫动体育，展演艺术等。

（4）实施。

首先，本课题聚焦于情境教学设计为中心的实验研究，主张教育实践过程中的各种一致性，一方面是教学目标与教学手段的一致性，即教学目标与采取的教学手段之间的吻合程度，另一方面是教学设计与教学实施的一致性，即教学设计中的行为和内容与教学实施过程中的行为和内容的吻合程度。

其次，坚持以情境性植入促进儿童创造性思维发展的情境教学设计。一方面为儿童创造动机的激发提供契机，突出开放的情境，创设富有探究性的问题情境，鼓励儿童自主提出问题，引发儿童天生的好奇心；另一方面，情境教学促使儿童以最佳的情绪状态，主动投入，参与到课堂活动中，创设"亲、助、乐"的师生人际情境和"美、智、趣"的学习情境来缩短儿童与老师、与同学、与教学内容的心理距离，使情境成为激发学生创造性思维的最佳土壤。

（5）评价。

一是情境性评价。立足于真实的学习环境和氛围，关注学生学习方式的开放度、问题解决的及时度、过程的灵活度，以此改善教学设计，完善教学过程。

二是过程性评价。倡导采用成长记录以及班级 QQ 群、微信群、班级博客、学生成长记录袋，让教师、家长进一步跟踪和了解学生的学习进度。

三是非标准化评价。摆脱标准化评价，凸显学生的主体性，既看现实素质以便横向比较，也看过去情况以便纵向比较；既看到学生的现状与应该达到的水平之间的差距，也要看到学生付出的努力，构成全面、客观、准确的评价，指导、激励学生"向上向善"。

3. 实验评价

以学生创造性思维发展为目标，尝试多种评价方式，多角度、多方位评价学生的创造性思维的发展。

（1）评价主体的多元化。

改变教师的单一性评价，通过学生自评、生生互评、师生共评、家长参评，从不同角度为学生提供有关自己发展的信息。

（2）评价方法的多元化。

既有书面测试法，又有日常观察调查法，多角度来测评学生的创造性思维。开发多种测量工具，采用多元化评价方式，如阶段测量与日常测量相结合、书面与口头相结合、单项与综合相结合等等。日常测量工具，如当堂反馈作业单；阶段测量工具，如学校统一制定的试卷；口头测量工具，如创造性复述课文故事、口头说话等单项考试；单项测量工具，如解决问题的单项测试，词语的单项测试，发现规律、用自己的方式整理加法表等单项测试；综合测量工具，如《我们身边的数》小组综合实践测评，假期撰写数学日记等等。

（三）总结与推广

作为南通市情境教育实验学校，课题组充分挖掘情境教育的优势，搭建各种平台，推进本课题的研究。

1. 学校推广

利用学校各科教研组的活动平台，展示课题研究成果，并通过校内课堂研讨，及时交流，教师们浸润在情境教学的设计理念中，运用于日常教学实践中，成果推广至全校 59 个班，惠及 2949 名学生。

2. 区域推广

一是在课题实验过程中，实验教师设计并实施了多个教学案例，撰写了相关论文，并参与研讨，提高了实验教师的理论水平和实践能力。实验教师在区级、市级以上进行教学展示。实验期间，我校钱冬梅老师获全国苏教版小学语文实验教科书第四届课堂教学大赛特等奖第一名，陆韵梅老师获全国中小学音乐教师基本功大赛一等奖，姚丹老师获"江苏省综合实践课堂教学比赛"一等奖，李铭萱老师获"江苏省思品课堂教学比赛"一等奖，另外还有市级一等奖4人次，区级一等奖2人次。

二是在南通市创造教育高层论坛以及河北张家口、甘肃康乐、安徽马鞍山、广东东莞等省内外教育代表团到学校参观、听取经验介绍，交流和传播本课题的实验成果。

三是课题组核心成员张洪涛的"情境作文名师工作室"、柳小梅的"情境数学名师工作室"将研究成果在各级各类展示平台、在教师中进行推广。

四是在李吉林的国家、省、市、区各级情境教育培训活动中，课题组成员进行教学及理论研究成果展示，将学校基于儿童创造力的主题性大单元情境活动设计面向一定范围进行开放。如三年级设计的"豆香里的童年"主题性大单元活动，全校向全区进行情境教育推广的"冬天里的问号"主题活动。

五是在江苏省第三届小学特色教学交流研讨活动中，我校开设的两节"情境数学"课得到了专家、领导和同行的一致好评。

六是在新加坡来校交流浸濡活动中，我校开设剪纸、算盘等课程，充分运用情境教学设计，趣味盎然，将成果成功推广到国际。

3. 媒体推广

陕西人民出版社出版张洪涛的《游戏作文：书写悠雅童年》、柳小梅的《"智慧庄园"中的散步：我的情境数学行与思》，两部凝聚着多年研究成果的著作将课题成果向更大范围进行推广。

五　实验结果

（一）实验班与对照班儿童创造性思维的前测对比

一年级儿童创造性思维独立样本 t 检验结果显示，流畅性、精致性、独创性、标题抽象性没有显著差异，沉思性存在非常显著差异，但总分没有显著差异。

　　三年级儿童创造性思维独立样本 t 检验结果显示，独创性、沉思性、标题抽象性均没有显著差异，流畅性和精致性存在极其显著差异，总分存在非常显著差异（见表10—10）。

表10—10　　　　　　实验班与对照班儿童创造性思维的前测比较

	班级	一年级			三年级		
		M	SD	t	M	SD	t
流畅性	实验班	23.16	7.22	−0.04	26.81	6.87	5.58***
	对照班	23.22	7.77		19.42	5.82	
精致性	实验班	4.28	1.13	−0.22	3.54	0.94	−5.06***
	对照班	4.33	0.95		4.68	1.22	
独创性	实验班	4.11	2.49	0.14	7.28	2.44	1.95
	对照班	4.05	2.23		6.36	2.05	
沉思性	实验班	6.64	3.02	3.28**	7.77	2.75	1.69
	对照班	4.72	2.79		6.78	2.92	
标题抽象性	实验班	0.77	1.45	1.36	3.80	2.79	−1.52
	对照班	0.47	0.57		4.73	3.10	
总分	实验班	38.96	11.19	0.89	49.20	10.75	3.50**
	对照班	37.00	10.52		41.97	9.01	

注：* 表示 $p<0.05$，** 表示 $p<0.01$，*** 表示 $p<0.001$，下同

（二）实验班与对照班儿童创造性思维的中测比较

　　一年级独立样本 t 检验结果显示，总分和流畅性、精致性、独创性、标题抽象性维度得分均存在极其显著差异，沉思性维度得分存在非常显著差异，说明在实验中测时，实验班与对照班在创造性思维的五个维度中存在显著差异。说明经过为期一年的实验，情境教学设计有效促进了一年级儿童创造性思维的发展。

　　而三年级独立样本 t 检验结果显示，总分和流畅性、精致性、独创性、沉思性、标题抽象性维度得分上均不存在显著差异，说明在实验中

测时，实验班与对照班在创造性思维的五个维度上不存在显著差异（见表10—11）。

表10—11　　　　实验班与对照班儿童创造性思维的中测比较

	班级	一年级			三年级		
		M	SD	t	M	SD	t
流畅性	实验班	34.10	5.25	13.075 ***	31.90	6.09	−0.274
	对照班	14.08	4.78		32.36	5.88	
精致性	实验班	5.85	1.13	12.123 ***	4.05	1.14	−0.654
	对照班	2.56	0.58		4.24	0.96	
独创性	实验班	15.15	3.52	9.102 ***	13.70	4.83	0.514
	对照班	6.21	2.90		13.12	3.36	
沉思性	实验班	6.40	3.06	2.832 **	4.50	2.18	−0.450
	对照班	4.04	2.38		4.84	3.01	
标题抽象性	实验班	8.60	5.51	5.636 ***	1.90	1.86	−1.064
	对照班	1.86	1.45		2.48	1.98	
总分	实验班	70.10	10.97	14.581 ***	56.05	10.84	−0.346
	对照班	28.78	7.48		57.06	9.95	

（三）实验班与对照班儿童创造性思维的后测比较

实验结束后，研究者对所有实验班和对照班实施后测并进行对比分析，表10—12中的二、四年级为表10—11所示的一、三年级。

二年级独立样本 t 检验结果显示，流畅性和独创性存在极其显著差异，沉思性存在显著性差异，总分存在非常显著差异。结合前中测，分析结果说明情境教学设计对二年级儿童创造性思维促进效应依然存在。

四年级独立样本 t 检验结果显示，精致性存在极其显著差异，独创性存在非常显著差异，总分存在非常显著差异（见表10—12）。结合前中测，分析结果说明情境教学对四年级儿童创造性思维也具有促进效应。

表10—12 实验班与对照班儿童创造性思维的后测比较

	班级	二年级			四年级		
		M	SD	t	M	SD	t
流畅性	实验班	31.46	6.75	6.82 ***	33.35	7.17	3.16
	对照班	22.37	5.85		28.62	7.10	
精致性	实验班	7.42	1.32	1.57	6.20	1.13	3.18
	对照班	6.98	1.35		5.31	1.50	
独创性	实验班	14.65	4.44	6.11 ***	17.11	6.01	3.51 **
	对照班	9.40	3.67		13.11	4.80	
沉思性	实验班	5.60	2.61	1.72	6	3.11	0.4
	对照班	4.37	2.95		5.76	2.64	
标题抽象性	实验班	4.75	3.10	2.11	4.41	3.83	0.86
	对照班	4.19	4.34		3.80	2.89	
总分	实验班	63.88	12.51	6.78 **	67.07	13.84	3.62 **
	对照班	47.3	10.63		56.60	13.74	

六 对实验结果的讨论

经过两年的实验探索，从前测到中测再到后测，可以看出儿童的创造力思维一直在持续发展。

从整体实验看，可以发现，情境教学设计对儿童创造性思维的促进效应具有阶段性。通过为期一年的情境教学设计实验，一年级实验班的创造性思维全面高于对照班，展现了情境教学设计促进效应的整体性与突出性效果，并且到二年级阶段，该促进效应基本得到持续。而三年级的实验效果在一年级阶段比较微弱，直到二年级阶段，该促进效应才得到较好的体现。可见，情境教学设计对儿童创造思维的促进效应因年级、时间而有所不同。具体分析创造性思维的前测（见表10—10）和后测（见表10—12）的相关内容：一年级实验前，在沉思性这个方面，对照班低于实验班；在流畅性、精致性、独创性、标题抽象性和创造性思维总分这几个方面，实验班和对照班不存在显著的差异。实验后，在流畅性、独创性、创造性思维总分方面，实验班明显高于对照班。三年级实验前，在流畅性方面，实验班明显高于对照班；在精致性方面，实验班明显高于对照班；从创造性思维总分来看，实验班高于对照班；独创性、沉思性和标题抽象性这三个维度上，实验班和对照班不存在显著差异。实验后，在流畅性和创造性思维总分这两个方面，实验班依旧高于对照班。同时，在独创性这个方面，实验班也高于对照班。前测中，对照班儿童思维的精致性高于实验班，后测中，两个班已经不存在显著差异。分析表格中的数据，可以充分说明本实验所进行的情境教学设计对儿童的创造性思维的发展有着促进作用。

（一）优化的情境呈现方式促进儿童创造性思维的发展

在教学过程中，教师呈现给学生多种多样的情境，但是不一样的情境所达成的教育效果是不一样的。我们着力思考的是如何站在儿童的立场，为儿童选择更加优化的教育情境，以促进儿童创造性思维的发展。本实验结合不同学科的特点，梳理出了促进儿童创造性思维发展的情境教学流程及情境优化策略。语文学科中带入情境、凭借情境、拓宽情境，深化情境；数学学科中设悬、探究、应用；品德学科中以境激趣、以情导行、以行促习、以习养德等等。根据不同的教学目标选择合适的情境呈现方式能够有效促进儿童创造性思维的发展。

（二）儿童对情境的高度认同促进创造性思维的发展

情境教学强调"理蕴其中"，强调以思为核心，巧妙地把儿童的认知活动与情感活动结合起来[①]。实践操作过程中，无论是日常课的设计、学科内实践活动课的设计，还是主题性综合实践课的设计，都是从儿童的视角出发，选用儿童喜闻乐见的方式，充分获得儿童的认同，例如创作豆画、自主体验造纸、请孩子担当小小售货员等等，让儿童以情入境，在境中思，从而达到认知活动和情感活动和谐统一。在活动中，儿童的潜能得到激发，灵感不断涌现，能够获得儿童认同的情境，促进了儿童创造性思维的发展。

（三）情境广阔的探究空间促进儿童创造性思维的发展

在进行情境教学设计时，实验教师以周围世界为源泉，充分开发能给孩子带来探究欲望的教学资源。如带领孩子走进学校珠媚园进行观察写话、利用校园运动会进行长度和数量问题的研究等等，儿童在具象化

---

① 李吉林：《情境教育三部曲（二）》，教育科学出版社 2013 年版，第 138 页。

的情境中自发地进行探究。实验教师为儿童拓展宽广的探究空间，设计儿童能积极主动投入其中的活动，努力营造师生互动、生生互动、境人互动的学习场，以此促进了儿童创造性思维的发展。

七　实验结论

综合以上研究，可得出以下结论：情境教学设计有利于儿童创造性思维的发展，促进效应因年级、时间而有所不同。

执笔：柳小梅、陈晶

第四节　数学情境教育促进儿童创造性思维发展的实验研究*

一　问题提出

"为了迎接下一个世纪的挑战，必须给教育确定新方向、新目标，必须转变大家对教育作用的看法。教育概念扩大后应该使所有人都发现、发挥和加强自己的创造潜力，也应有助于发现隐藏在我们身上的财富。"①儿童的创造并不是创造出多少前所未有的发明，也不太可能提供超越已有水平的设计与作品，因而培养儿童的创新精神以及发展儿童创造性思维应该作为教育的灵魂，主要是培养一种创造动机、创造精神和创造性思维，让他初步体验创造的快乐。大家多年来一直关注的"钱学森之问"，实质是质问"为什么中国的学生缺乏创造力"？从心理学角度看，创造力培养的核心是创造性思维。也就是说，对于一个问题，能从多个角度进行思考，给出与众不同的、新颖的解决办法。现在的小学生确实越来越会解题，但依葫芦画瓢式的多，最近两次课程改革都把"培养学

＊ 本节系国家社会科学基金教育学一般课题"情境教育与儿童创造力发展的实验与研究"的实验课题"数学情境课程促进儿童创造性思维发展的实验研究"（批准号：BHA120051—3）的研究成果。实验学校：海门市实验小学；主持人：杨惠娟、黄斌；课题组成员：王敏华、范碧蓉、陈晨、陶红梅、倪燕、黄晓波、季锦燕、施剑、戚迪（南通大学）。

① 国际 21 世纪教育委员会：《教育：财富蕴藏其中》，联合国教科文组织总部中文科译，教育科学出版社 1996 年版，第 76 页。

生创造力"写入课程标准，各小学的课表上也出现了"思维训练"一课，然而实施情况并不尽如人意。创新时代的到来，给创造教育注入了新的活力，随着各种创客理念、项目的崛起，我们在儿童创造力培养方面的思考空间也越来越广阔，我们要将各种创客思路、想法引入小学教育教学中来，要和时代的需要对接。

我校从十年前就开始关注李吉林的情境教学。2011年，我们完成了"情境化儿童数学学习与教学设计的操作范型研究"的研究任务，总结了情境化儿童数学学习的相关经验，提炼了与情境化数学学习相对应的三种教学设计操作范型。"十二五"期间，我们围绕数学情境教育的研究，承担了国家社会科学基金教育学一般课题"情境教育与儿童创造力发展的实验与研究"的子课题研究，同时申报了江苏省"十二五"教育科学规划课题（课题编号：D/2013/02/669）。本实验研究关注从数学情境教育转向数学情境教育和儿童创造性思维培养的结合，挖掘数学学科特定的情境教育元素，促进儿童的创造性思维发展。

二　理论基础

（一）情境教育理论

李吉林40年的研究，一直从情境教学拓展到情境课程，再到今天的情境学习，让"情境"成为当代教育的一个关键词。李吉林始终强调"儿童"和"创新"两个关键词，提出儿童创造力是"沉睡的巨大力量"、培养儿童的创新精神是"教育的灵魂"等教育主张。李吉林情境教育的理论早就不再囿于语文学科，已经延伸到了其他各学科。作为情境教育发源地的通师二附在情境数学上的研究和成果是大家值得学习和借鉴的。他们提出"生活""思维""文化"是情境数学的三要素，它们共同构成了情境数学的本质[1]。李吉林在《情境教育三部曲》中强调，抓住数学文化的"脉"，重演再现发现公式的情境，可以变告知为发展，其意义大不相同[2]。

---

[1]　生家琦：《情境数学：我们的行动与思考》，《人民教育》2013年第15—16期。

[2]　李吉林：《情境教育三部曲（三）》，教育科学出版社2013年版，第195页。

（二）创造性思维培养理论

本课题积极借鉴国内外学者关于创造性思维研究的最新成果，并加以融会贯通、有机整合，试图全面科学地揭示数学情境课程是如何促进儿童创造性思维的，建构植根本土实践的理论形态和行动方式。

1950 年，美国心理学家吉尔福特就任美国心理学会会长，就职时发表讲话《论创造力》，这次讲话不仅标志着现代创造学的建立，而且否定了"创造力只是少数天才人物独具的心理品质"这一观点。自此以后"人人都有创造力，创造力可以开发"的思想成为人们的共识。

（三）数学创新教育

何涛教授长期致力于数学创新教育的研究。他从人文理念的角度完成了创新教育实践中主客体的换位，从历史发展的脉络中激发数学创新教育的灵感，从人的成长中寻找数学创新教育的路径，从课堂实践中实施数学创新教育的模式，从知识的广泛辐射层面开辟了数学创新教育研究领域的宽阔视角，总结诸如诱发创新欲望、唤醒创新意识、激活创新思维、培养创新机智、提高创新能力、完善创新功能、挖掘创新潜能、强化创新精神等一系列理论和操作方式[1]，为本课题的开展提供了丰厚理论基础和实践操作参考。

三　实验设计

本实验运用实验组和对照组的前后测实验设计，对实验班进行数学情境教育干预，对照班按正常教学要求进行。实验假设为数学情境教育不仅能使儿童的创造性思维得到显著提高，而且能促进学生数学学业水平的显著提高。

（一）实验对象

本课题以自然班级为被试，保证实验班与对照班的学生各方面基本均衡，以一（1）班、三（2）班、五（6）班为实验班，同时，以一（7）班、三（6）班、五（5）班为对照班（见表10—13）。

---

① 何涛：《数学创新教育》，哈尔滨工程大学出版社 2010 年版，第 112 页。

表 10—13　　　　　　　　实验班和对照班学生具体情况

实验班				对照班			
班级	人数	男生	女生	班级	人数	男生	女生
一（1）	56	30	26	一（7）	54	28	26
三（2）	56	29	27	三（6）	56	29	27
五（6）	60	32	28	五（5）	59	31	28

实验结束时，一（1）班转出 2 人、调进 1 人；一（7）班转出 1 人、调进 1 人；三（2）班转出 1 人、调进 1 人；三（6）班无人员变化；五（5）班无人员变化；五（6）班转出 3 人。数据统计将这些调进和转出的学生排除在外，以确保实验结果的真实性。

（二）实验变量

1. 自变量

数学情境教育是本课题的自变量，包括数学情境课堂和数学情境活动两大板块。数学情境指人性化的数学教育环境，指教师借助直接经验、情感和审美形态，根据数学学科知识提供的内容精心选择或创设的有利于儿童习得知识、锻炼技能、熔铸情意、获得发展积极活动于其中的学习性场域。数学情境教育对该特定场域的选择和操控，实施的情况会直接影响实验的结果。"数学情境教育"包括 4 个操作要义、4 条情境创设的原理、3 个数学情境课堂模型和 5 方面的数学情境活动课程。

2. 因变量

创造性思维是本课题的因变量，它包括了五个维度：精致性、流畅性、独创性、标题抽象性、沉思性。创造性思维是以求异、新颖、独特为目标的，是可以通过后天培养的，会随着经验的丰富、知识的积累、自信心和意志力的变化而变化。

3. 干扰变量的控制

为了控制无关变量干扰，尽可能减少实验误差，采取三项措施：一是做到实验班和对照班学生的人数、性别比例、创造力、学业成绩和家庭环境大致平衡；二是实验班和对照班的班主任能力、任课教师的教学水平及使用的教材、教学时间、教学进度、教学措施、课外活动等都大致相等；三是实验班和对照班保持正常的教学秩序，不形成人为的竞争氛围。

（三）测量工具

本实验采用《托兰斯创造性思维图画测验》测量创造性思维的流畅性、精致性、独创性、标题抽象性、沉思性的五个维度的得分以及总分，对实验班、对照班进行严格的数据测试，指导语和时长相同。采用SPSS13.0对测试数据进行统计分析。

四　实验过程

（一）前期准备（2013年4月—9月）

1. 理论学习

对情境教学、情境课程、情境学习的已有文献进行文本分析和梳理，对国内外创造力研究成果进行文献综述，探寻国内外创新人才早期培养的成功经验和典型案例，课题组成员一起参与教育与教学的实验设计。主要参考文献有《为儿童的学习：情境教育的实验与建构》《为儿童的学习：情境数学典型案例设计与评析》《创造性思维》《创造与创造力开发》《数学创新教育》《思维创新与创造力开发》等。

2. 研究前测

2013年9月5日，对选定的一年级、三年级、五年级实验班和对照班采用《托兰斯创造性思维图画测验》测量学生的创造性思维。通过调查问卷和个别访谈，考察实验班老师的创造教育内隐观，把握创造教育的实施现状和问题。

3. 方案制定

在理论学习基础上，制定实验手册，针对实验年级（一、三、五年级）的数学教材进行分析与重组，确定适合数学课堂情境创设的课题，设计创造性思维训练若干技巧。

（二）实验研究（2013年9月—2015年6月）

第一阶段的实验时间为2013年9月—2014年4月。实验班实施数学情境教育，在数学课堂和数学活动中进行创造性思维的培养，以提高儿童创造性思维水平以及学业水平。在实验过程中，我们明确了4条情境活动原理，4条操作要义，在此基础上总结数学课堂情境教育的3个模型，以及若干方面数学情境课程的建构。对照班不进行干预，按照常规上课。

1. 数学情境教育的原理①

（1）情感驱动原理。儿童在情感驱动下积极地投入数学认知活动、探究活动、创造活动。儿童对特设情境是有一定敏感性的，会表现出积极态度，在持续注意中能激起强烈情感，而情感产生驱动力，促使儿童持续主动积极地投入，随着情境拓展得到强化、加深。

（2）暗示倾向原理。情境暗示对儿童心理、行为会产生较大的影响。儿童进入相关情境后，会很快激起情感，并形成无意识的心理倾向，然后会情不自禁地投入活动，流露出内心的愉悦，对于眼前事物也会作出较大反应，从而促进思维发展。

（3）角色转换原理。运用角色转换心理，让儿童更深入地体验角色的语言、行为，连同进行模拟操作，在操作中感悟并超越，从而来培养儿童的实践能力、创造能力。

（4）心理场整合原理。当心理场满足儿童的心理需求时会产生一种"力"。在优化的情境中，儿童的积极性会充分调动，随之而来的就是"正诱发力"，灵感和顿悟也在此时迸发。

2. 操作要义

本课题是以数学情境教育为载体进行儿童创造性思维培养，其重点在课堂情境、活动情境的创设，实验的操作要义有四点：

（1）以"生活"为源泉。数学与生活密切相关，只有来源于生活的数学，学生才感兴趣，才能体会到数学学习价值与乐趣。

（2）以"活动"为途径。儿童是天生的活动者、学习者和创造者，儿童学习应以活动、游戏为主。数学情境教育要创设适切的情境，让儿童在情境活动中掌握知识、习得能力和发展创造力。

（3）以"思维"为核心。数学是思维的体操，通过创设具有探究意

---

① 李吉林：《情境教育精要》，教育科学出版社2016年版，第207页。

味的情境，让儿童积极地进行思维。数学情境教育创设的情境具有鲜明的探究特点，不仅要让儿童在情境中感受数学，获得理解运算的规则，而且在一种非常愉悦的心理状态下探究数学，促进儿童思维活动积极进行，培养他们对数学的兴趣，促成创造性人格的形成。

（4）以"文化"为土壤。数学文化是人类知识文化中的一个分支，把数学知识、数学文化和探究、创造精神在特定的数学情境中融为一体。通过数学情境教育，让孩子体验人类文明发展进程，让学生经历数学知识的产生和形成过程，感受数学家创造数学知识时的艰辛与伟大，从而产生创造热情。

3. 数学课堂情境教育的范式

（1）以大情境贯穿整课。一节课有一个连贯的问题情境，将所有的知识都放在一个问题情境中展开，大问题套着小问题，每一个情境问题都具有挑战性，孩子在解决问题过程中不断探究知识、应用知识。如黄娇艳在省里赛课的《确定位置》一课，设计时就是围绕索马里海盗和我国舰队、俄罗斯舰队的海上位置情况这一情境，接下来又设计了一系列寻宝情境，构成了一个连续的"情境链"。

（2）以局部小情境击破重难点。课堂大情境并不适用于所有教学内容，一切都是根据教学的内容和学生的需求合理选择，能在教学的重难点处巧妙设计情境才是最有价值的，能引领儿童内部情境的共同参与才是有必要的。如《认识厘米》《找规律》等课例。

（3）以变化的情境引领思维。问题的变式能引领学生思维的深刻，情境不在于复杂和丰富，在于如何通过变化引领学生进行深刻思考，这才是我们在情境化儿童学习的教学设计上所要思考的。如《倍的认识》《认识几分之一》等课例。

情境创设的选择主要是从寻找问题空间开始，首先读懂学生和教材，然后再选择合适的数学情境，让学生承载着情境进行数学思维。正如李吉林所说的"儿童学习数学，需要伴随着生动形象去探究，也就是在特定情境中探索，在境中生情，以情启智，把抽象的公式（定律）化为具体可感的生动形象的形式，把数学知识镶嵌在情境中，这样的探究就可以伴随乐趣，探究便更易于产生顿悟"①。课堂上创设的合理情境，能激发学生的积极思维，对学生有一种持续的吸引力，也有助于教师组织起富有成效的教学活动。

4. 数学情境教育课程网络

（1）主题性数学情境活动课程。结合数学知识，设定一个主题，让儿童在角色扮演、情境再现和过程模拟过程中，自主运用所学数学知识解决问题、探索规律、解释现象，在这样的过程中能促进创造力发展。如我们进行的数学微视频的拍摄比赛，学生用手机或其他器材拍摄他们眼中的数学现象，拍摄时学生自己当主持人。课程范式有知识介绍型的，如《动物中的数学天才》；见闻反应型的，如《货币兑换中的数学知识》；趣题巧解型的，如《巧切蛋糕》；有实践应用型的，如《巧称质量》。这样的活动对于开发学生创造力具有很大帮助，学生在整个活动过程中表现出的求知欲、想象力，那种独立操作能力，那种获得和运用新知识、新本领时呈现的激情，独立分析、解决问题所表现出来的欲望，正是学生创造性能力的萌芽。正因为数学微视频的拍摄没有老师的约束，没有课堂的限制，学生才能无拘无束地探索、操作、想象，他们的创造力才能最大限度地得到开发。

（2）野外数学综合实践活动课程。受李吉林情境课程研究的影响，把常态数学课搬到野外，在亲近大自然、亲近社会的过程中习得数学知识、培养数学能力、激发创造性思维。大自然及社会生活中的事物直接或间接地作用于儿童器官，游戏是培养创造力的主要途径，而自主游戏是孩子在特定的游戏情境中，根据兴趣和需要，以快乐和满足为目的，自由选择、自主展开、积极交流更利于孩子探索发现和创造。如一年级《校园里的"数"》《东南西北在心中》，三年级《××故居一日游——测测影长》《手拉手，量量1公顷》，五年级《××一日游——旅游中的数学问题》《邮局见闻——有趣的编码问题》等。

（3）家庭数学亲子活动课程。以游戏、竞赛和实验为主要情境形式，以亲子合作为主要学习方式，让孩子在与父母的合作学习中一起探索数

① 李吉林：《情境教育精要》，教育科学出版社2016年版，第131页。

学知识，从而促进创造性思维发展。良好的家庭环境有利于激发孩子的创造欲望、创造兴趣和创造能力。实验老师要求家长为孩子提供合适的玩具和一定的生活空间，为孩子创造丰富多彩的家庭环境，如看电影、参观博物馆、共同阅读、一起体育锻炼以及相约旅游，积极地和孩子一起玩数学。主要类型有三个：游戏竞技类、实验发明类、知识拓展类，如《同玩数学口算卡片》《算24点》就是属于游戏竞技类；《测测球在什么角度下滚得最远》、《纸牌载重》就属于实验发明类；《负数大播报》、《互联网＋生活》就属于知识拓展类。这些活动为儿童的思维活动提供了取之不尽、用之不竭的丰富资源，孩子们在活动过程表现出独特的思考和超强的动手能力，对创造性思维的培养起着一定作用。

（4）数学文化微课程。在实验班，我们构建了数学文化十大微课程：最强大脑、奇思妙想、快乐魔术、神奇魔方、巧妙数独、比特实验、数码E学习、趣题集锦、微视频展播、数学童话剧，孩子们在活动中挑战自我、创造奇迹。比如"奇思妙想"系列活动中，长柄电动黑板擦、自制小台灯、小崔牌第三代声控自动调蛋器、LED小夜灯等巧妙想法出乎我们的意料。学生在创造过程中兴趣十足，创造性思维的各个维度都得到了发展。

第二阶段的实验阶段时间为2014年7月—2015年6月，我们在原有研究基础上，又拓展了三个年级六个班进行前期实验的再验证，增加了3个实验老师，并在情境数学活动方式上作了系统思考，总结出小学生创造性思维训练八法。

1. 情境数学活动方式

在实践过程中，我们围绕创造性思维和情境化数学学习进行专题研究，发现并总结了促进儿童创造力发展的四大情境化数学活动方式。

（1）游戏化的数学活动。儿童天生爱玩好动，他们在特定的游戏情境活动中充分体验游戏的快乐、思维的乐趣、攻克难题的喜悦以及不断超越自我的震撼，创造性思维在游戏中不断提升。第一阶段中发现"数学游戏情境课程"对学生创造性思维的培养作用很大；在第二阶段，我们又开发了"奇想妙得"课程，饼干变形记、胶卷乐翻天、橡皮嘉年华等等，学生能把生活中的一个物品，通过想象填画变成神奇的图画。"奇想妙得"的游戏活动中学生的思维完全被打开、被激发。

（2）实验化的数学活动。儿童的数学学习其实就是"做数学"，不仅仅是完成几道数学题，而是在具体过程中学习建构属于自己的数学，学生在建构知识过程中的思维活动任何人都不能替代。数学实验，就是积累学习的经验、积累创造的素材，在数学学习过程中通过观察、操作、实验、猜测、验证、画图、推理、反思、交流和应用等，让学生目睹数学形象而生动的过程，亲身体验如何"做数学"，如何实现数学的"再创造"，在数学学习过程中，感受数学魅力，感受创造力量。如前面提到的《纸牌载重》《一张 A4 纸的长度》《比比谁剪的洞大》等。

（3）团队化的数学活动。三个臭皮匠赛过一个诸葛亮，通过交流学生可以自己寻找适合自己的内化基点和方式。教师的作用就是创设情境，不断帮助学生建构属于自己的内在情境，同时让学生在独立思考的基础上，充分暴露自己的思维，在暴露过程中，在与他人的合作、交流中实现对原有思维的提升。由于大部分学生都好表现，所以在交流过程中，他一定会想方设法想出和别人不一样的答案，有利于创造性思维培养。

（4）问题化的数学活动。解决问题的过程实际上是儿童感受问题，寻找策略，实现有创造的数学学习以及体会数学价值的过程。问题是数学学习的核心，情境是数学学习的媒介，数学学习过程中的情境创设必须是有价值的问题情境，离开问题这一核心，情境也就失去了其意义，紧紧围绕相应问题创设情境，学生的思维才可能被打开，创造性思维才会被放大。

2. 小学生创造性思维训练八法

创造性思维技巧是可以训练和积累的，正如德·博诺所说，创造性思维技巧和开汽车、游泳、滑雪、投标游戏、做饭、编织等相类似的技巧一样，不管是谁，只要有热情，经过训练积累，就能学会。日本学者多湖辉在《创造性思维》一书中给我们介绍的 PUP 叠加、ADD 添加、CON 联想、COM 组合等十五种思维技巧，是可以在学生中给予辅导和学习训练的[1]。在小学里，创造性思维不能过于复杂，要浅显易懂、便于操作，所以我们课题组自编了小学生创造性思维训练"八法"：

（1）加一加。

如，以"ɛ"为基础，加一些线条，使得它成为一幅图，并写上名称或配上相应的文字说明。10分钟内从不同角度构思，看谁完成的作品多。

（2）减一减。

如，10分钟内思考，一台照相机，减去什么变成什么？答案：袖珍照相机、傻瓜照相机、摄像头功能、数码照相机。

（3）联一联。

如，用"○○△△ ="构图，并写上一两句解说词。学生的作品真是千奇百怪，意趣无穷。这是立体的多角度、多层次的思维空间和想象空间。

（4）写一写。

如，写出与"◎"相似或相近的东西。写得越多越好，10分钟内完成。实践中，我们发现学生的答案可谓是五花八门：电炉盘、地毯、曲奇饼干、削下来的苹果皮、越滚越大的雪球、肚脐眼、酒窝、花卷、蜗牛的壳、女人的头发、年轮、迷宫、蚯蚓、胶卷、跑道、弹簧、盘山公路、高度近视眼镜、气流图、指纹、漩涡、补丁、旋转的雨伞、光碟、毛线、玫瑰花、靶子、蚊香、塑料管……这是发散思维的训练，和学生原有的生活经验密切相关，是立体的想象力训练。

（5）说一说。

如，10分钟以内，说出铅笔的用途，说的越多越好。一开始学生只能从铅笔的最基本的用途上来说，比如写字、画画、做题目等等，引导学生从铅笔的形状上继续思考，又想到了当筷子、木钉、管道等等。这里主要是发散思维的训练，让学生的思维活跃起来，从而产生创造。

（6）画一画。

如，10分钟，给胶带、橡皮等学习用品，加一些线条创作一幅图画，

---

[1] ［日］多湖辉：《创造性思维》，王彤译，中国青年出版社2002年版，第10页。

取个有趣的名字。

（7）变一变。

如，10 分钟内，小组头脑风暴：设想未来的电风扇。原来风扇是用来取凉的，后来有了热扇，最近又流行 usb 接口的迷你电扇，请你设想未来的电扇还可能有哪些？变一变，变的是思路和角度。

（8）做一做。

如，30 分钟内"废物利用"，用提供的材料创造有用的东西。

（三）总结推广

2015 年 9 月—2016 年 9 月，召开学术沙龙和实验情况汇报会，请实验教师分享实验心得和感受，把实验中获得的经验进行总结推广。课题组在研究过程中，通过总结和提炼，在遵循 4 个操作要义、4 个情境创设原理的基础上构建了促进儿童创造力发展的 3 个课堂范式、4 个数学情境课程、4 个数学情境学习方式、8 大创造性思维训练技法。我们认为，创造性思维是可以培养和发展的，只要我们坚持放手让儿童独立思考，不否定他们的每一次不同，不事事追求"有用"，儿童一定会有非凡的表现呈现出来。课题主持人给全校老师作了一次《IQ、EQ VS CQ》的讲座。实验由最初的 3 个班推广到全校各年级，共有 6 个班，惠及到了 328 名学生。

注重区域推广，承办总课题组活动 3 次，分别是 2014 年 1 月阶段总结、2014 年 5 月课题推进会暨中期实验汇报、2016 年 5 月第二次课题报告讨论会。2014 年 12 月，课题主持人在南通郭里园小学会议上作课题研究介绍。2016 年 8 月，课题主持人给海门市全体数学老师做《小学生"核心素养"之"创造力培养"》的讲座。三年中，课题组成员共执教海门市级以上公开课 30 余节。实验报告《小学数学情境教育发展儿童创造

性思维》发表于《江苏教育研究》2014 年第 12 期，《创造力培养的 N 次
方——从小学数学情境教育谈儿童创造性人格形成》获 2015 年江苏省
"教海探航"论文竞赛一等奖；《引领孩子创造性的复习》发表于《小学
数学教师》2015 年第 12 期；《两支铅笔的妙用》发表于《小学教学研
究》2013 年第 7 期。2014 年 4 月，课题组成员倪燕在江苏省"杏坛杯"
课堂教学大赛中获一等奖；2015 年 1 月，课题组成员陈晨在南通市、海
门市小学数学"定向生"课堂教学大赛中获一等奖；2016 年 5 月，课题
组成员黄晓波在南通市小学数学教学技能大赛中获一等奖；2016 年 5 月，
课题组成员季锦燕在南通市青年教师优质课评比中获二等奖；2016 年 9
月，主持人杨惠娟被评为"江苏省特级教师"。

五　实验结果

（一）实验班与对照班儿童创造性思维的前测比较

独立样本 t 检验结果显示，一年级学生创造性思维各维度，在前测中
创造性思维总体而言实验班显著低于对照班。实验班在流畅性、独创性、
沉思性和创造性思维总分上显著低于对照班；但在精致性维度上，实验
班极其显著高于对照班。三、五年级在前测中创造性思维总体而言，实
验班与对照班无显著差异。三年级在精致性、标题抽象性以及沉思性维
度上实验班显著低于对照班。五年级在标题抽象性维度上，实验班极其
显著低于对照班，在流畅性和独创性维度上实验班极其显著高于对照班，
在精致性和沉思性维度上，实验班显著低于对照班，就总体而言，三个
年级的创造性思维符合实验设计要求（见表10—14）。

（二）实验班与对照班儿童创造性思维的中测比较

独立样本 t 检验结果显示，一年级实验班思维的标题抽象性极其显
著高于对照班水平，实验班的总分、沉思性显著高于对照班，而实验班
的思维流畅性原有的弱势已经消失，与对照班的水平没有显著差异了，
说明通过情境教育，一年级实验班思维的总分、标题抽象性、沉思性、
流畅性得到有效提高。三年级的所有维度上，实验班与对照班均没有显
著差异，结合前测，实验班的思维精致性、标题抽象性、沉思性在前测
中显著低于对照班的情况得到良性改变，实验班在情境教育实施前已有

的弱势消失了，说明情境教育促进了三年级儿童的创造性思维。同样地，五年级在创造性思维中测中，实验班与对照班创造性思维在精致性、标题抽象性、流畅性上存在显著差异，结合前测，情境教育有效提高了五年级儿童思维的流畅性、精致性、标题抽象性、沉思性（见表10—15）。

（三）实验班与对照班儿童创造性思维的后测比较

表10—16中的二年级是原一年级升上来，四年级是原三年级升上来，六年级是原五年级升上来。独立样本 t 检验结果显示，结合前测，对二年级实验班与对照班的创造性思维的后测结果分析，在流畅性、独创性、精致性、标题抽象性、沉思性与总分维度上，通过情境教育，实验班的后测分数显著高于前测，即情境教育对二年级实验班儿童创造性思维具有良好的促进作用。

独立样本 t 检验结果显示，结合前测，四年级创造性思维的各维度，在后测中实验班与对照班创造性思维在独创性与总分存在极其显著差异；流畅性与标题抽象性存在非常显著差异。说明实验班的创造性思维水平通过情境教育取得了较好的提升。而六年级在创造性思维各维度的后测中，实验班儿童与对照班没有显著差异，结合前测情况，说明情境教育提升了实验班儿童思维的精致性、标题抽象性（见表10—16）。

（四）实验班与对照班儿童学业成绩的前后测比较

因为学业测试在实验前后命题的难易度不同，所以在考量学生学业成就变化时，把原始成绩转化为标准分数，然后采用公式 T = 50 + 10z 线性转换成 T 分数。

1. 实验班与对照班儿童学业成绩的前测比较

独立样本 t 检验显示，在前测中，只有三年级实验班的数学成绩显著高于对照班，其他学科，包括三年级前测的语文成绩和五年级前测的语文、数学成绩均无显著差异。说明实验班、对照班学业成绩水平基本相当（见表10—17）。

表10—14　一、三、五年级儿童创造性思维前测比较

维度	班级	一年级			三年级			五年级		
		M	SD	t	M	SD	t	M	SD	t
流畅性	实验班	17.31	7.11	-4.244***	28.18	7.91	0.875	33.51	5.72	4.034***
	对照班	23.11	6.91		26.79	7.32		28.43	7.15	
精致性	实验班	4.00	0.94	6.367***	4.44	1.08	-2.451*	3.39	1.03	-2.071*
	对照班	2.97	0.70		5.04	1.27		3.86	1.27	
独创性	实验班	4.05	1.99	-4.020***	7.23	2.62	-0.57	10.41	2.56	4.129***
	对照班	5.62	2.01		7.52	2.27		8.32	2.67	
标题抽象性	实验班	0.96	1.30	0.319	3.9	2.92	-2.468*	5.99	4.18	-10.512***
	对照班	0.89	0.86		5.62	3.85		13.53	3.12	
沉思性	实验班	4.53	2.73	-2.137*	5.37	2.51	-3.589**	6.36	2.62	-2.263*
	对照班	5.70	2.89		7.24	2.52		7.55	2.82	
总分	实验班	30.85	9.91	-4.018***	49.12	12.60	-1.183	59.65	11.49	-0.817
	对照班	38.30	9.07		52.21	12.66		61.69	14.01	

注：* 表示 $p < 0.05$，** 表示 $p < 0.01$，*** 表示 $p < 0.001$，下同。

表 10—15　　　　一、三、五年级儿童创造性思维中测比较

维度	班级	一年级			三年级			五年级		
		M	SD	t	M	SD	t	M	SD	t
流畅性	实验班	23.62	7.35	-1.401	30.18	6.26	-0.622	36.25	4.06	2.449*
	对照班	25.45	6.03		31.02	6.94		34.30	4.16	
精致性	实验班	4.25	0.89	-3.788***	5.80	1.83	1.763	5.78	1.47	3.765***
	对照班	4.98	1.08		5.43	1.64		4.71	1.45	
独创性	实验班	8.82	2.08	-2.004*	11.78	3.73	-0.075	12.50	3.32	0.153
	对照班	9.69	2.34		11.84	2.98		12.42	2.44	
标题抽象性	实验班	12.23	2.89	18.796***	3.98	2.84	1.354	6.94	2.12	2.873**
	对照班	2.47	2.41		3.19	2.83		4.40	3.10	
沉思性	实验班	5.33	2.33	2.156*	6.89	2.61	-0.195	7.08	1.90	-0.72
	对照班	4.33	2.39		6.98	2.03		7.38	2.31	
总分	实验班	54.24	12.23	3.441**	57.63	11.44	-0.383	64.56	8.69	0.768
	对照班	46.92	9.42		58.47	9.43		63.22	9.32	

注: * 表示 $p<0.05$, * * 表示 $p<0.01$, * * * 表示 $p<0.001$, 下同。

二、四、六年级儿童创造性思维后测比较

表10—16

维度	班级	二年级			四年级			六年级		
		M	SD	t	M	SD	t	M	SD	t
流畅性	实验班	37.67	2.63	3.073**	34.78	7.48	2.722**	32.57	8.22	0.655
	对照班	35.19	5.26		29.79	9.88		31.55	7.82	
精致性	实验班	7.54	1.91	5.894***	7.27	2.13	1.293	5.96	2.37	1.141
	对照班	5.6	1.41		6.7	2.19		5.45	2.30	
独创性	实验班	16.87	4.25	-1.384	19.73	7.18	5.270***	16.86	5.78	-0.504
	对照班	18.02	4.29		12.14	6.67		16.63	5.83	
标题抽象性	实验班	4.73	4.83	2.497*	6.1	5.65	2.927**	4.86	4.58	0.618
	对照班	2.85	2.52		2.98	4.69		4.3	4.77	
沉思性	实验班	8.15	3.21	3.326**	7.08	2.91	-1.609	7.43	2.89	-2.420*
	对照班	6.02	3.36		8.07	3.05		7.82	3.03	
总分	实验班	74.96	10.78	3.454**	74.96	20.41	3.608***	67.88	17.53	0.039
	对照班	67.68	10.82		59.67	20.53		65.75	17.30	

注：* 表示 $p < 0.05$，* * 表示 $p < 0.01$，* * * 表示 $p < 0.001$，下同。

表10—17　　　　　　　　三、五年级儿童学业成绩前测比较

学科	班级	三年级			五年级		
		M	SD	t	M	SD	t
语文	实验班	51.56	9.82	1.569	51.69	9.90	1.213
	对照班	47.88	10.01		48.98	10.02	
数学	实验班	52.22	9.42	2.271*	51.24	8.31	0.889
	对照班	46.99	10.12		49.25	10.90	

说明：一年级学生前测时刚刚入学，没有学业成绩，其学业成绩从中测时开始计算。

2. 实验班与对照班儿童学业成绩的中测比较

独立样本 t 检验显示，三年级实验班的中测数学成绩已经显著高于对照班的数学成绩，五年级实验班儿童的语文、数学成绩也都显著高于对照班的成绩。说明情境教育提升了实验班儿童的学业成就（见表10—18）。

表10—18　　　　　　一、三、五年级儿童学业成绩中测比较

学科	班级	一年级			三年级			五年级		
		M	SD	t	M	SD	t	M	SD	t
语文	实验班	51.48	1.15	1.188	51.40	7.54	1.397	54.29	7.89	3.243**
	对照班	48.42	14.29		48.11	12.49		47.41	10.31	
数学	实验班	51.45	3.97	1.168	52.35	7.98	2.413*	53.21	6.38	2.358*
	对照班	48.45	13.75		46.82	11.61		48.06	11.27	

3. 实验班与对照班儿童学业成绩的后测比较

独立样本 t 检验显示，二年级实验班语文成绩显著高于对照班儿童的语文成绩，四年级实验班儿童的语文、数学成绩都显著高于对照班儿童；六年级实验班儿童的数学成绩极其显著高于对照班儿童的成绩。说明情境教育实验对二年级语文、四年级语文与数学、六年级数学产生了良好的促进效果（见表10—19）。

表10—19　　　　　　二、四、六年级儿童学业成绩后测比较

学科	班级	二年级			四年级			六年级		
		M	SD	t	M	SD	t	M	SD	t
语文	实验班	53.82	1.92	3.304**	52.67	8.10	2.775**	52.70	10.32	1.966
	对照班	45.92	13.17		46.38	11.26		48.37	9.53	
数学	实验班	52.20	2.12	1.797	54.08	6.93	4.594***	54.36	4.39	3.304***
	对照班	47.65	13.96		44.47	10.93		47.37	11.46	

（五）实验班儿童的案例追踪访谈结果分析

案例1：文文同学在一年级的时候是一个不爱思考的小朋友，遇到问题会非常依赖于家长，很孤僻，没有朋友。文文在创造性思维的前测中成绩相当不理想，流畅性维度是7，精致性是3，独创性是16，标题抽象性是0，沉思性是1。但他非常喜欢画画，所以，实验班的陈老师在了解了他的情况后，就经常提出一些小任务来请他帮忙。比如，为课堂上的例题画主题图，如宠物、建筑和小生物等等。陈老师还把他的作品拍下来发给他的家长。这是他乐意做的，所以非常尽心，越画越来劲。同时，陈老师也会请他帮小伙伴们画游戏头饰、地面图画等等，小伙伴们很喜欢。他的图画越来越新奇，他的自信心在一点点地找回，创造力也不断地被激发和放大。他在学校数学文化节"数字画"比赛中获特等奖，"口算王"比赛中获一等奖；他的数学小日记《撕撕撕》发表在《小学生数学报》2015年5月12日上。家长开心地说，这个学期孩子好像突然间长大了，学习上不用他们操心了，而且特别愿意思考，家里最近正好在装修，他的房间采纳了他的设计。班主任说，文文同学真的变了，变得自信了，也有了自己的朋友，更愿意为班级主动出力了，班级里的黑板报每次都由他来完成插画。在创造性思维的后测中，"流畅性"维度是39，"精致性"是7，"独创性"是17，"标题抽象性"是1，"沉思性"是12。与前测比较，每个维度都有提高。

案例2：自从三（2）班被选为实验班后，经过两年实践，老师惊喜地发现班上的很多同学都有了惊人的变化，这些变化有的体现在言语的丰富中，有的表现在思维的独特中，还有的同学纷纷取得了一些成

绩，比如创新科技小论文的获奖、有独特角度的数学小日记的发表。

晶晶是班上个子最小的那个，永远笑眯眯的。她在数学课上表现颇佳，思维敏捷，成绩优秀。某日，老师去参观学校美术教室，发现教室里都是儿童画，都很富有创造力，而且是同一个人的作品——梁晶晶。黄老师介绍说："晶晶从一年级开始就喜欢画画了，是源于创造力课题组的一次测试——根据两根直线添画。结果晶晶画了很多，每一幅都有着惊人的想象，虽然幼稚纯朴，但是值得品味。当时测试老师摸着她的头大大表扬了她。"就从二年级下学期起晶晶的画画水平突飞猛进，而且越来越有自己的想法和个性。晶晶自己也说："因为那次范老师鼓励了我，所以特别喜欢画画，尤其喜欢画想象画。"和晶晶妈妈的交谈中也了解到，真是实验课题给了她惊人的变化。晶晶的妈妈说："我女儿特别喜欢上数学课，特别是'思考与创造'这样有挑战的课堂，孩子说都很喜欢，很吸引人。我们家晶晶还特别喜欢做奇思妙想竞赛，特别喜欢你们举办的班徽设计、小巧手等等活动，还迷上了想象力儿童画，多次代表学校参加了省创新儿童画大赛！"

晶晶是个优秀的孩子，在实验过程中得到了较大发展。晶晶在前测中所有的创造性思维的维度上都有很好的成绩，比如流畅性34，独创性15，标题抽象性17，实验结束后，她这三个维度的得分分别达到了40、40、21。这就是课题的"正诱发力"的体现。

六 对实验结果的讨论

（一）情境教育对儿童创造性思维发展有显著影响

在前测时，创造性思维总体而言实验班极其显著低于对照班，其中实验班在流畅性、独创性和创造性思维总分上极其显著低于对照班水平；在沉思性维度上，实验班水平显著低于对照班；在精致性维度上，实验班高于对照班；在标题抽象性维度上，实验班与对照班差异不明显，水平相当。到中测时，实验班在标题抽象性维度上，实验班极其显著高于对照班，和前测标题抽象性维度差异不显著相比，通过数学情境教育，实验班在标题抽象性维度上有了极其显著的提高；在沉思性维度上，实验班显著高于对照班，和前测沉思性维度上实验班比对照班低相比，通过数学情境教育，实验班在沉思性维度上显著提高。在流畅性维度上，前测时实验班显著低于对照班，中测时两者差异不显著了，即实验班原有的思维流畅性的弱势被数学情境教育弥补了，并且在实验的第一阶段就实现了；但在精致性这个维度上，前测时实验班显著高于对照班，但中测时实验班低于对照班了，在实验过程中，实验老师可能疏忽了这个维度的关注。到后测时，实验班与对照班学生创造性思维的后测结果同前测相对比，可以明显看出在流畅性、精致性、标题抽象性、沉思性与总分维度上，通过数学情境教育，均产生了非常显著的提高；而独创性上从前测的实验班极其显著低于对照班，到中测时差距逐渐缩小，到后测时，实验班的思维独创性与对照班没有显著差异了。可见，经过两年期的实验，实验班儿童的独创性的弱势最终被消除，这归功于数学情境教育的影响。情境教育对一年级实验班儿童的创造性思维产生了非常有效的促进作用，效果非常显著（见表10—20）。

（二）创造性思维在各年龄阶段的发展不平衡

五年级实验班的创造性思维的提高体现在思维的精致性、标题抽象性两个维度上（见表10—21），揭示了数学情境教育对五年级儿童的创造性思维发展的促进效应具有局部性。数学情境教育的施行效果与儿童的年龄和大脑发育情况密切相关。近年来，国内外一些专家学者探讨了创造性思维的脑机制理论，主要包含发散性思维、顿悟、聚合性思维等相关机制，其中发散性思维是创造思维发展的核心。发散思维需要大脑两个半球紧密协作，五年级的小学生年龄在11岁左右，大脑基本发育成形，生理基础已经达到，此时外界刺激促使大脑发散思维的影响较弱，所以五年级的实验班学生创造性思维的提升没有呈现全面整体性。相对于1至3年级的学生而言，大脑可能受发育的高峰延续期的影响，此时通过外界刺激，通过情境教育，发散思维会有所提高，因此通过数学情境教育，低中年级实验班的创造性思维取得显著提升。

表10—20 一年级实验班与对照班儿童创造性思维前测、中测、后测基本情况

维度	班级	前测			中测			后测		
		M	SD	t	M	SD	t	M	SD	t
流畅性	实验班	17.31	7.11		23.62	7.35		37.67	2.63	
	对照班	23.11	6.91	-4.244***	25.45	6.03	-1.401	35.19	5.26	3.073**
精致性	实验班	4.00	0.94		4.25	0.89		7.54	1.91	
	对照班	2.97	0.70	6.367***	4.98	1.08	-3.788***	5.6	1.41	5.894***
独创性	实验班	4.05	1.99		8.82	2.08		16.87	4.25	
	对照班	5.62	2.01	-4.020***	9.69	2.34	-2.004*	18.02	4.29	-1.384
标题抽象性	实验班	0.96	1.30		12.23	2.89		4.73	4.83	
	对照班	0.89	0.86	0.319	2.47	2.41	18.796***	2.85	2.52	2.497*
沉思性	实验班	4.53	2.73		5.33	2.33		8.15	3.21	
	对照班	5.70	2.89	-2.137*	4.33	2.39	2.156*	6.02	3.36	3.326**
总分	实验班	30.85	9.91		54.24	12.23		74.96	10.78	
	对照班	38.30	9.07	-4.018***	46.92	9.42	3.441**	67.68	10.82	3.454**

表10—21　　五年级儿童创造性思维维前测、中测、后测的比较

维度	班级	前测 M	前测 SD	前测 t	中测 M	中测 SD	中测 t	后测 M	后测 SD	后测 t
流畅性	实验班	33.51	5.72	4.034***	36.25	4.06	2.449*	32.57	8.22	0.655
	对照班	28.43	7.15		34.30	4.16		31.55	7.82	
精致性	实验班	3.39	1.03	-2.071*	5.78	1.47	3.765***	5.96	2.37	1.141
	对照班	3.86	1.27		4.71	1.45		5.45	2.30	
独创性	实验班	10.41	2.56	4.129***	12.50	3.32	0.153	16.86	5.78	-0.504
	对照班	8.32	2.67		12.42	2.44		16.63	5.83	
标题抽象性	实验班	5.99	4.18	-10.512***	6.94	2.12	2.873**	4.86	4.58	0.618
	对照班	13.53	3.12		4.40	3.10		4.3	4.77	
沉思性	实验班	6.36	2.62	-2.263*	7.08	1.90	-0.72	7.43	2.89	-2.420*
	对照班	7.55	2.82		7.38	2.31		7.82	3.03	
总分	实验班	59.65	11.49	-0.817	64.56	8.69	0.768	67.88	17.53	0.039
	对照班	61.69	14.01		63.22	9.32		65.75	17.30	

（三）数学情境教育对三、五年级学生学业水平的影响

通过对数学学业成绩进行独立样本 t 检验得出结论，三年级、五年级实验班数学成绩得到显著提高。

数学情境教育课程的设计寓教于乐，从课堂情境创设以及数学主题情境活动课程、野外数学综合实践课程、家庭数学亲子活动课程以及数学文化课程四个方面进行，在实施过程中充分调动了儿童对于数学学习的积极性，激发儿童对于数学学习的兴趣以及探究的欲望、求异的欲望。对于一年级的小学生而言，儿童的个体差异不大，也不再纯粹从成绩来考量学生，所以部分儿童对于答卷不够重视，导致测量出的数据显示数学情境教育对一年级的数学成绩没有显著影响。三年级和五年级，在数学情境教育的影响下，兴趣浓郁，积极性提高，从而使数学学业成绩得到了显著提高。因此，通过数学情境教育，可以使儿童的数学成绩显著提高，创造性思维的相关维度可以正向预测儿童的学业成绩。

七　实验结论

本研究得出以下结论：

（1）数学情境教育的实施可以促进儿童创造性思维的发展，但这种促进效应具有阶段性，对小学中低年级儿童的促进作用优于高年级儿童。

（2）数学情境教育可以显著提高中高年级的学业成绩。

执笔：杨惠娟

第五节　情境性语义链接与儿童创造性思维发展的实验研究[*]

本课题在三、五年级开展情境性语义链接教学实验，考察它对儿童

———————

　　[*] 本节系国家社会科学基金教育学一般课题"情境教育与儿童创造力发展的实验与研究"的实验课题"情境性语义链接与儿童创造性思维发展的实验研究"（批准号：BHA120051—9）的研究成果。实验学校：如东县宾山小学；主持人：丁寿平；课题组成员：康建华、顾新红、韩士新、徐钢、顾新娟、宋国华、顾玲玲、孙亚梅、戴春蕙、张燕（南通大学）。

创造性思维发展的影响。结果表明，情境性语义链接教学策略干预下的儿童创造性思维发展，年龄越小促进作用越大；创造性思维的各个维度发展呈现不均衡性。

一 问题提出

我们正处在经济全球化的时代，愈演愈烈的综合国力竞争决定了创新的主导地位，它是国家保持竞争力和发展优势的战略支撑。习近平总书记在中国科学院第十七次院士大会、中国工程院第十二次院士大会上的讲话指出："今天，我们比历史上任何时期都更接近中华民族伟大复兴的目标，比历史上任何时期都更有信心、有能力实现这个目标。而要实现这个目标，我们就必须坚定不移贯彻科教兴国战略和创新驱动发展战略，坚定不移走科技强国之路。"贯彻科教兴国战略和创新驱动发展战略，首先就要从娃娃抓起，从小培养儿童的创造力。

当前忽视情境与语义关联性的现象常有，对情境性语义缺少分析，不能将情境中的各要素与语言符号表述的语义要素形成符合逻辑的链接，导致认知笼统，判断失误。课堂中老师过度关注参与率、个性化以及语言训练，对儿童的文本解读偏离语境现象越来越缺乏敏感性，乃至于教师本身也没有了对文本语境深究的意识，导致课堂互动不能紧扣语义，失去语文教学的本真。儿童不能从文本语境出发，找到准确的感受并用观念性语言表达出来；常常不能根据说话（作文）要求中的观念性语言（主题要求）或提供的情境提炼观念，进而心中没有所表达的语义冲动，更没有必要的语词符号付诸口头和笔端。

创造力研究在西方已有100多年的历史，但直至20世纪50年代，才进入快速发展时期。美国心理学家吉尔福特提出三维智力结构模式。他依据信息加工和因素分析原理，提出智力由内容、成果和操作三个变量组成，建构了三维智力结构模型。其中，内容包含行为、语义、符号、图形四种材料；成果包含关系、单位、门类（类别）、系统、转换、推衍（含义）六种产物；操作指智力活动过程，包括认知、记忆、发散思维、聚合思维和评价五种不同方式①。其中的内容，很接近本课题研究的情境、语义的内容，而成果的六种产物是一种逻辑上有必然联系、有层次、有组织的语义网络结构。发散思维、聚合思维涉及思维过程的方法和策略，与创造性思维高度相关。

在人的心理结构中，语言不是像词典一样分条目排列储存的，而是以网络的形式储存着。每个人都按照自己对客观世界的理解和经验构筑起自己的语义网络②。大容量的知识单元构成的网络化的陈述性知识对于儿童创造活动有重要意义，如果没有它的依托，创造心理是难以形成的。十多年前，我就尝试运用语义网络的结构特征进行儿童创造思维的培养，主要从三个方面激活与重构儿童的语义网络：训练儿童多角度思考，培养思维的变通性；引导多节点辨析，培养思维的准确性；教给儿童巧积累的方法，培养思维的整体性。这些实践中的尝试充分说明语义网络层次结构是儿童创造性思维发展的基础和依据。

语义网络结构属于陈述性知识，是成果中的"知什么"，而程序性知识则应该是成果中的"知如何"，它应该是对三维智力结构模型中内容维度的"行为"的认知。有什么样的内容，就应该有与此相对应的成果。遗憾的是，在三维智力结构模型的成果中，并没有相关行为规则——程序性知识的内容。虽然从字面看，成果维度中的转化、含义貌似程序性知识，但是结合吉尔福特著作中的概念和举例发现，他只是将转化、含义作为陈述性成果呈现，并没有将其智慧技能、联想策略作为程序性成果呈现。根据加涅对智慧技能之间的相互依存及其基本学习形式的依赖关系③，我们可以将其部分内容划到关系中去，而将其建立在基本学习形式基础上的联想、辨别的过程，融合在规则里面比较恰当。

在陈述性知识基础上内化、转化而来的程序性知识，是陈述性知识

———————

　　①　［美］詹姆斯·考夫曼、罗伯特·斯腾伯格：《国际创造力手册》，王灿明等译，南通大学创造教育研究所 2013 年，第 14—15 页。

　　②　丁寿平：《在语义网络的激活与重构中培养儿童的创造性思维》，《课程·教材·教法》2001 年第 2 期。

　　③　［美］R. M. 加涅：《学习的条件和教学论》，皮连生等译，华东师范大学出版社 1999 年版，第 56 页。

的升华。作为产生式系统的程序性知识，不仅具有灵活而快速反应的特征，而且它具有最大的、普遍的迁移性质，有助于在新情境中创造性地解决问题①。

认知策略实际上是一种高级规则，是由具体的规则组成。认知策略涉及注意、编码、提取、问题解决和思维等认知内容②。这种策略性知识是儿童创造心理的核心。

因此，作为成果维度，应该由这样一个因子由少到多的序列组成：关系＜单位＜门类＜系统＜规则＜策略。关系可以看作基本单元，有时可以看作关系的结合。单位里的系列属性实际上是建立在关系上的属性组合。任何思维成果都离不开关系元素。单位、门类、系统属于陈述性知识，规则就是程序性知识，策略就代表策略性知识。

二　理论思考

（一）对情境教学理论的理解

情境教学的第四个特点是"理寓其中"，就是在教学过程中，创设一个或一组围绕教材中心展现的具体情境③。这里的情境就是本课题主要关注的语境。情境教学的第三个原则是"着眼创造性"，李吉林提出了三点做法：（1）丰富表象，为组合新形象打下基础。主要强调观察活动的开展。（2）注重想象，为创造新形象提供契机。主要是立足于文本的想象。（3）鼓励求异，培养思维的广阔性与灵活性。这里并没有提出具体的操作性策略。情境教学如何解决"理寓其中"？情境在儿童获得观念中处于什么地位？如何起到作用？还需我们进一步探索。"着眼创造性"启发我们的研究要从目标和操作层面走向理论的建构。

"情境性语义链接与儿童创造性思维发展的实验研究"的操作手段指向情境性语义链接，它的教学效果指向语义网络建构，而它的发展性目标指向儿童创造性思维发展，这样就有利于把情境教育的研究引向深入。

---

① 王灿明：《儿童创造教育论》，上海教育出版社2004年版，第59页。

② ［美］R. M. 加涅：《学习的条件和教学论》，皮连生等译，华东师范大学出版社1999年版，第138—146页。

③ 李吉林：《情境教学实验与研究》，四川教育出版社1990年版，第25页。

首先，厘清语言与情境的关系。语言和情境的关系可以表示为：语言→语义（语义元素→义征）→（情境要素）情境。即语言符号通过语义中的语义元素体现意义特征（义征），然后义征与情境要素相连，情境要素又是情境的组成部分。厘清这层关系，第一个好处是为文本语境的创设提供了基本的操作原理和步骤，引导儿童真正能根据语境理解文本。同时，如果我们把这层关系逆向来看，会发现厘清这层关系的第二个好处，就是引导儿童从情境中提炼要素，与表意文字的语义发生链接，从而实现由情境到语言的转换和建构，进行创造性的表达。创造性语言表达的过程可以这样进行梳理：现实情境→情境要素→观念语义→观点符号→心智情境→语义冲动→语言符号，即由现实情境作为触发点，将现实情境要素语义化、符号化，再由此依据语义网络系统的关系、类别等进行整合，促使形成内在心智情境，引起儿童头脑中观点语义的思考，迅速转换或推衍到语义网络中相应的语义符号——语言进行表达。最终呈现的就是口头语言表达和书面语言表达这一创新性成果。

其次，明晰情境在儿童语言学习中的作用。语义链接，就是借助情境将文本符号通过语义，与儿童头脑中的观念符号产生稳固的联系。我们结合乔姆斯基习得语言的 LAD 装置[1]，将儿童语言学习的过程描述为（见图10—3）：

文本符号L→观念符号G→观念符号G　｜文本语义→外在心智情境（创设）→内在心智情境(儿童)→观点语义LAD｜

图10—3　儿童语言学习的 LAD 装置

我们可以把 L（原始材料输入）看作文本符号，把 G（描写语言 L 的语法）看作儿童自己理解文本后的语言表达。那么，"文本语义→外在心智情境（创设）→内在心智情境（儿童）→观点语义→观念符号"就可以看作 LAD 习得装置，而情境在这里扮演着语言习得装置中的桥梁作用。

---

① 冯志伟：《现代语言学流派》，陕西人民出版社1999年版，第264页。

（二）创造性思维与情境性语义链接、语义网络的关联思考

结合语文教学和课题研究对吉尔福特提出的三维智力结构模式作如下分析和改进。

（1）成果维度的组成：关系、单位、门类、系统、规则和策略。关系的最小单元，是单位中事物与其属性的关系，也即事物与其义征的关系。关系还可以表示为门类、系统、规则和策略各元素之间的关系，这些关系组成了庞大的层级分明的语义网络，属于程序性知识。

（2）思维的最基本方式应该是由此及彼的联想，它与成果中的关系、门类对应。如果由此及彼的思维连贯下去形成一串，我们称之为线性思维。由此，操作维度可以包括认知、记忆、联想、线性思维、发散式思维、聚合式思维和评价七种不同方式。

（3）内容维度包括视觉、听觉、符号、语义和行为五种材料（1982年将图形修正为视觉、听觉）。符号主要指语言符号，往往表现为视觉符号（文字）、听觉符号（索绪尔称其为音响形象，即读音），在言语主体充分认识语言符号的前提下，符号往往与语义同时出现。索绪尔认为语言符号是一种两面（音响形象和概念）的心理实体①。其实在表意文字的语境里，"能指"既包括音响形象，又包括文字形象，"所指"涉及个人对事物的认识，不一定能反映事物本质，用语义替代概念，具有现实的针对性。因此，我们从符号的能指和所指的角度看，还是将语义从符号中剥离开。符号包括音响形象、文字形象两个要素，语义就是概念和意义。视觉、听觉并不能囊括我们可以直接看到、听到或触摸到的具体信息，不如用情境这一概念代替，把视觉、听觉、触觉、味觉，实体、时间和位置等一系列的情境要素囊括其中。行为是人类交往中的感受、想法、愿望、情绪、情感、意图以及行为过程的信息，我们仍然保留。我们将内容维度这样分类和排序：符号、语义、情境和行为，更接近我们对语文学习内容的理解。情境性语义链接不仅连接着语义与情境，也连接着符号与行为，它是涉及认知、记忆、联想、线性思维、发散式思维、聚合式思维和评价七种操作方式的操作策略。

---

① ［瑞士］索绪尔：《普通语言学教程》，岑麒祥译，商务印书馆1983年版，第44页。

综上所述，三维智力结构模式中的操作、内容和成果三个变项，实际上正对应着语文学习过程、文本（情境）和语义网络，而情境性语义链接正是兼顾三个变项的教学策略（见图10—4）。

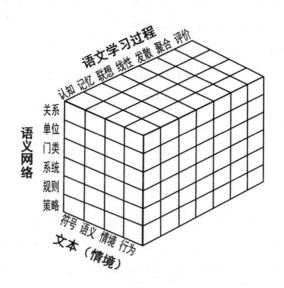

图10—4　语文学习三维智力结构模型

在三个心理维度交互作用之下，由每一个变项中任一项目结合起来，整个语文学习智力结构也形成了4（内容）×7（操作）×6（成果）共168个不同的组合。这168个组合可视为语文学习智力的168个不同智力因子。下面我们就循着"情境""语义"两个思维内容与其他二维的操作、成果进行组合，寻找与创造力相关的智力因子，让我们在情境性语义链接教学策略实施时，能更有针对性地指向儿童创造性思维发展。

其一，表达的流畅性：衡量的标准是在短时间内能连续地表达出一定数量的观念和设想。表达主题确立涉及"行为系统发散"因子，即由主题（中心节点）波及观点的主要部分（分支节点）。表达思路涉及"情境门类聚合"和"情境关系聚合"因子，与主题相关的情境要素得以确立，并能聚合在主题周围。符号表达涉及"语义关系发散"因子，比如隐喻等手法的运用，还涉及"符号策略发散"因子，包括运用一些方法、技巧，达到表达的细致、准确、深刻、生动。

其二，表达的变通性：能从不同角度、不同方向灵活地思考问题，考虑问题能迅速地转移思维的方向，从问题的一个侧面转向另一个侧面，从一个假设过渡到另一个假设，既不为定势所左右，又不受功能固着的影响，容易受到启发，能举一反三，触类旁通。主要涉及"情境关系发散"因子，能根据不同的情境和关系得出结论。

其三，表达的独创性：表现为具有与众不同的想法和别出心裁的解决问题思路，往往特别关注现象之间的差异，能够揭示现象与本质之间的差别。即从多方面、多角度、多起点、多层次、多原则和多结果等方面思考问题，并在多种思路的比较中，选择富有创造性的异乎寻常的新思路去探索解决问题的方法。主要涉及"语义关系发散""语义关系聚合"因子。

其四，表达的精致性：能通过想象和描述事物（事件）的具体细节。主要涉及"情境规则发散""语义策略发散""符号规则发散"等因子，即根据情境相关要素发展的规律推想出某些更细致、更深层细节，并运用方法、技巧将之描绘出来。

其五，表达的深刻性：这实际上是一种洞察力，是对情境要素之间关系的比较鉴别得出的聚合性思维结果，涉及"情境关系聚合""语义关系聚合"等因子。

三　实验设计

本研究有两个主要实验假设：一是情境性语义链接教学策略有利于儿童对文本的理解和语义网络的精确、完美、灵活的建构。这是由情境与语言的关系、情境与儿童语言学习的关系决定的。将语言的语义拆分成元素并义征化，将情境要素化，是创设情境的基础与依据。将语义特征（义征）与情境要素的对应关系形成链接，这就能将情境中的现实结构转化成儿童头脑中的语义结构，形成对情境结构的同化与顺应。这是解决精确理解、完美建构、灵活掌握的保障。二是情境性语义链接将语义思维与语义的源头——情境对应起来，在此基础上建构的语义网络，对思维的流畅性、灵活性、新颖性、发散性、聚合性的发展会带来积极影响，从而促进儿童语言表达的流畅性、变通性、独创性、精致性和深刻性。情境性语义链接教学策略能将"学习的新材料与学习者头脑中已经存在的知识之间建立起实质的和非人为的联系"[①]，这种通过有意义学习建构起来的语义结构，是以知识单元构成的网络化结构，有助于儿童的思维从一个知识单元到另一个知识单元的流动。思维在知识单元间的流动是创造性思维的基本形式。有了它，必将对创造性思维发展带来积极影响。

（一）实验对象

三年级实验班 43 人，其中男生 23 人，女生 20 人；三年级对照班 39 人，其中男生 21 人，女生 18 人。五年级实验班 57 人，其中男生 29 人，女生 28 人；五年级对照班 60 人，其中男生 30 人，女生 30 人。实验班与对照班人数、男女生比例、测试分数接近。实验班与对照班的老师在性别、年龄、学历、职称、工作态度和身体状况方面接近。

（二）实验变量

1. 自变量

情境性语义链接教学策略是本课题实验研究的自变量。本课题研究中的"情境"主要指教者根据文本作者提供的心智情境，努力还原出作者当时所处的现实情境，即语境。本课题将语境分为文本语境、境况语境、文化语境和认知语境，其中文本语境就是言辞语境；境况语境主要指语言发生者所处的客观环境；文化语境主要指文本涉及文化背景；认知语境指儿童在语言学习过程中，依托自身的经验、认识对语言的心理认知结构。对于儿童讲，文本语境、境况语境和文化语境要转化为儿童的认知语境，要经过情境性语义链接的结构化、场域化。

语义就是语言符号的意义，是语言形式所表达的内容。这种语义是一个包含元素和元素间关系的框架[②]。语义之间具有关联性，所谓的关系、单位、门类、系统，乃至规则、策略所建构的丰富的有层次的网络

---

① 高晓瑞、李陆军：《奥苏伯尔认知理论对有效教学的启示》，《辽宁教育》2012 年第 5 期。

② 郭锐：《语义结构和汉语虚词语义分析》，《世界汉语教学》2008 年第 4 期。

结构，都是建立在语义之间的关联性的基础上的。这种根据语义之间的关联性建立的联系就是语义链接。由语义链接作为机制形成的网络结构，就是语义网络。

一方面语义是语言符号的意义，它通过语义元素、元素关系与语言符号链接，另一方面又通过语义元素表达的意义特征与情境要素相连。情境性语义链接实际上是借助情境实现语义链接的教学策略，就是从情境中提炼要素，与表意文字的语义发生链接，从而实现语义链接转换和建构的教学策略。从文本语言符号的语义出发，以情境为中介，链接儿童观念系统的语义符号，使语义网络产生顺应或重组，这就是情境性语义链接所要研究的主要内容。

2. 因变量

儿童创造性思维发展是因变量。创造性思维有五个特性：（1）创造性活动新颖、独特且有意义；（2）思维加想象是创造性思维的两个重要成分；（3）创造性思维的过程中，新假设或新形象的产生带有不确定性，一般叫作灵感；（4）从思维清晰性角度看，创造性是直觉思维和分析思维的统一；（5）从创造性思维的形式角度看，它是发散思维与辐合思维的统一[1]。语言创造性思维的表现形态可以有异，它可以是对文本、世界的独特理解，可以是有创造性的口头表达，也可以是很有特色的书面作文，但其共同的本质特性应该是语言表达的流畅性、变通性、独创性、精致性和深刻性。语言是思维的工具[2]。语言表达的流畅性、变通性、独创性、精致性和深刻性，正反映着言语主体创造性思维的流畅性、变通性、独创性、精致性和深刻性。

3. 干扰变量的控制

一是做到实验班和对照班儿童的人数、性别比例、学业成绩和家庭环境大致平衡。二是实验班和对照班的班主任能力、语文任课教师的教学水平及使用的教材、教学进度、教学时间和课外活动大致相等。三是

---

① 林崇德：《培养和造就高素质的创造性人才》，《北京师范大学学报》（社会科学版）1999 年第 1 期。

② 叶蜚声、徐通锵：《语言学纲要》，北京大学出版社 1997 年版，第 13 页。

实验班和对照班保持正常的教学秩序，不形成人为的竞争的氛围。四是严格控制实验班和对照班的教师和儿童可能因为各种原因而调动工作、转学和退学。五是对照班语文任课老师必须是没有经过情境教育培训或者对情境教育知之甚少的。

（三）测量工具

本实验采用《托兰斯创造性思维测验》（TTCT）中的图画创造思维测验。它由美国心理学家托兰斯（E. P. Torrance）编制。此套测验根据基础图案绘图，得到流畅性、精致性、独创性、沉思性和标题抽象性五个分数。研究结果表明，测验的同质性信度 α 系数为 0.604，各维度之间的两两相关系数在 0.136 ~ 0.489 之间，各维度与总分之间的相关系数在 0.535 ~ 0.789 之间，且每个维度之间的系数小于每个维度与总分之间的系数，说明测验具有较好的信效度。

（四）统计分析

数据采用 SPSS18.0 统计软件进行数据处理和统计分析。

四 实验过程

（一）前期准备

（1）对情境教育、情境教学已有文献进行文本分析和经验分享，对国内外创造力研究成果进行文献梳理和资料综述，特别是对情境语义学、语言学的研究成果进行深度分析和思考，课题组成员一起开始情境教学的实验设计。

（2）继续梳理语义网络理论，并让实验老师一起了解语义网络理论。

（3）总结上一学年运用语义网络理论进行语文教学的成功经验，并开始梳理三、五年级语文课文结构，找出与儿童实际有脱离的节点，为创设情境桥梁作准备。

（4）根据三、五年级语文课文情境的关联性，进行整体设计和重组，形成主题大单元人文情境，并形成语义网络结构图。

（5）2014 年 9 月，对实验班和对照班进行前测。

（二）实验操作

选取三、五年级实验班为研究对象开展实验，按照实验手册形成情境性语义链接教学方案，并同时对儿童进行现场观察、记录和案例分析。

2015年6月，对实验班的孩子进行后测，总结出情境性语义链接教学实验的经验，完成研究报告。

1. 实验范围

研究情境性语义链接教学策略对儿童创造性思维发展是否具有促进作用。

2. 研究内容

（1）根据课程标准和小学语文的文本内容，归纳文本语言符号的表达方式、表现手法、描写范畴，特别是指向语言表达创造力方面的。

操作要点：

A. 涉及"语义单位认知"智力因子的文本时间、空间与事情的结构顺序归纳，涉及"语义类别认知"智力因子的文本总分结构关系的归纳，涉及"语义关系认知"智力因子的并列、因果、转折、条件和假设的文本结构、句子关系的归纳。前面的这些因子都支撑着"语义系统认知"因子。

B. 涉及"语义关系认知"智力因子的隐喻手法的归纳，如词类活用、比喻、拟人、对比、衬托、铺垫、伏笔、过渡、托物言志、借景抒情、借物喻人和借物寓理等。

C. 涉及"情境规则发散"智力因子、"语义规则发散"智力因子、"符号规则发散"智力因子的语言、动作、神情和心理活动的细节描写，积累情境——细节相对应的语料。

D. 涉及"情境关系发散"智力因子的虚词语义分析归纳。

（2）根据课程标准、小学语文的文本内容及儿童的年龄认知特点，建构儿童应该具有的观念系统和观念符号系统。

操作要点：

A. 利用情境性语义链接的训练平台，构建情境—语义—符号描写相对应的材料库，逐步帮助儿童形成敏锐的语感，使儿童在"情境关系发散""语义规则发散"智力因子方面得到发展，从而实现"符号规则发散"智力因子在语言表达精致性方面的效能。

B. 发挥"情境系统聚合"智力因子的作用，帮助儿童建立以语义支撑的，用语言符号表示的语义网络系统。

C. 强化"情境关系聚合"智力因子的训练，形成对情境要素之间关系的敏锐性，及时归纳总结，形成建构，提升儿童的洞察力，促进语言表达的深刻性。

（3）寻找借助情境，在文本符号语义与儿童观念语义符号之间建立链接的途径、方法。

操作要点：

A. 强化课前情境性语义链接的预设：根据教材和儿童的认知特点，可以立足全篇创设情境，让儿童在情境要素的分析研讨中进入文本语义符号的学习；可以在隐喻性片段的重难点处创设情境，在情境要素的比较、鉴别、取舍、提炼和总结中理解文本语义；可以在隐喻性语词上拓展情境，在理解语言的妙处时，品味语感。

B. 倾听课堂上儿童语义理解的偏差，联系相关情境，用情境要素反诘、追问，引起儿童观念语义系统的接纳和重组。

（4）研究关注情境性语义链接教学后，对儿童表达的创造性是否有促进作用。主要通过后测、学业成绩检测来考察，也可以跟踪案例，收集课堂发言、作文来考察。

3. 教学模式

皮亚杰认为，对象仅能通过由主体通过其各种活动而建构的一系列连续的接近而被主体所认知[①]。情境性语义链接教学模式（见图10—5）正是在此理论基础上建构的。根据皮亚杰的观点，我们把作为认知对象的课文和作为主体的认知理解置于一个连续循环体中，借用程序 For 循环处理的语句表述，"谈理解"就是一个通过不断"习得"而连续接近的变量——假定的学习目标（语义网络建构）。而"入情境""说感悟"就是情境性语义链接教学策略的活动设计。

这是一个基于主体对情境的知晓度而进行的动态设计。对情境的知晓度分为三个层次：生疏（strange）、了解（understand）和熟悉（know

---

① ［瑞士］英海尔德、辛克莱、博维尔：《学习与认知发展》，李其维译，华东师范大学出版社 2001 年版，第 5 页。

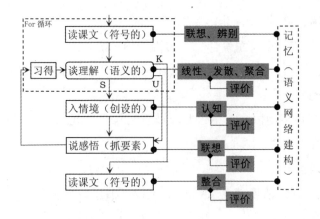

图10—5 情境性语义链接教学模式

well），分别用英文单词的第一个字母代替：S、U、K。学生通过"读课文"这一"注意"因素的联想、辨别的过滤，激活学生原有的语义网络，通过"谈理解"进行基于联想的线性、发散、聚合思维的语义建构。当学生对情境生疏时，就进入"入情境"阶段，通过"说感悟"而与语义产生链接，进行联想思维训练习得语义；当学生对情境了解时，就进入"说感悟"阶段，与语义产生链接，还是通过联想思维习得语义；当学生对情境熟悉时，就直接由"谈理解"进入"读课文"阶段，达到整合语义建构的目的，使习得的内容进入长时记忆。这里的"谈理解"还包括对自身学习行为的认知和规则、策略的总结与提取。

"入情境→说感悟→谈理解"是情境性语义链接教学策略的核心。根据前文图10—3的儿童语言学习的LAD装置，我们对这三个环节进行细化（见图10—6）。

这幅图具体描绘了儿童语言习得装置和表达装置。框内是儿童的心智世界，正是我们设法抵达和促进建构的心灵世界。

4. 教学原则

一是以文本语义为出发点。情境性语义链接的起点是文本符号，是建立在正常的阅读教学基础上的。文本符号的语义，决定了语境的掌握、课堂情境的创设。因此，教学设计仍然是从文本出发，并不会打破传统的备课方式，只是更为关注文本中情境创设的可能性、必要性和科学性。

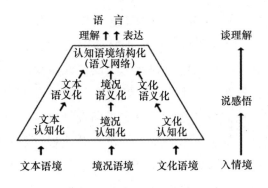

图10—6 文本情境学习模型

二是以观念符号为落脚点。儿童预习以后，头脑中原有的观念符号是否与文本符号相匹配？或者儿童头脑中有没有与文本符号相匹配的观念符号？这些观念符号是否形成稳固的结构状态？这些都是我们必须思考并为之努力解决的问题。一旦儿童形成了丰富的、稳固的、层次分明的语义网络结构，创造力就会自然形成。因为语义网络本身形成的过程就是思维方式形成的过程，就是智力增长的过程。

三是以情境创设为关键点。情境是文本符号与儿童头脑中的观念符号产生链接的中介，是桥梁，是纽带。文本符号通过语义穿越情境进入儿童的观念世界，才是真实的、生动的和有效的，它可以改变儿童观念世界中不科学的建构，丰富儿童的观念世界。丰富的情境刺激，自然会促进儿童语义网络的丰富建构。类似的情境刺激，自然会对儿童语义网络产生唤醒、激活和发散，促进其重组，创造性思维自然会得到发展。

四是以相关情境为建构点。努力发掘教材中的相关情境，并进行类似情境的归纳、重组，形成主题性大单元，使语义网络的建构更为清晰、更为稳固、更为丰富，并以此为出发点，对情境进行归纳和提升，努力与品位、与人文、与文化产生链接。

5. 教学设计

一是形成文本结构图。文本语境结构其实是作者语义网络的书面语言表达形式。我们只有认真梳理好文本的结构，形成图式的语义网络，对文本主题义、结构义、语境义与表现手法等，有一个清晰明了的认识，才能直面课堂而万变不离其宗。否则，只能以其昏昏，使人昭昭。

二是预设工艺流程图。形成文本结构图之后，就是要结合儿童特点，精心设计教学流程。精心到什么程度？就是要达到工艺设计的程度。不过这种工艺流程设计，与传统意义上的生产不同，它在后期的课堂教学实施中充满着变数。但没有先期设计的工艺性，后期课堂就容易失去方向性，就会降低效率。预设工艺流程，虽不同于生产，但同样要考虑以最小的时间消耗和最高的教学效率达到教学目的。它必须考虑总体的教学流程，同时又要考虑具体的实施步骤，还要考虑可以预见到课堂情境的变化，并预设解决的几种方案。简而言之，就是要充分考虑教学工艺流程的合理性、经济性、可操作性和可控制性等各个方面。

三是紧扣教学框架图。我们强调教学预设的工艺设计，并不是唯"工艺"是从，刻板地遵循工艺流程，而是强调工艺设计的精心，考虑因素的多元和动态性。而真正进入课堂，要坚持工艺设计的教学框架不动摇。虽然课堂上细枝末节的可能性常常存在，我们要从儿童的自主性和个性出发，加以引导和深化，重新回到预设的教学工艺流程上来。

具体可以采取放、搁、应、引、合等技巧，紧紧扣住教学工艺流程图，展开教学。放，即放手让儿童自学，放手让儿童讨论。儿童如果没有按照预设的工艺流程图的顺序进行，都不应牵着儿童的鼻子走。搁，即当进入一个具体的小流程时，我们要按部就班，对闯入此环节的内容就要搁一搁，否则学习就不能到位。应，这和"放"一样重要，都是尊重儿童主体的表现。搁在那儿的内容，在上一个环节讨论结束，时机成熟时，就要回应这一内容。引，要根据预设教学工艺流程的难易度、儿童的状况和教学时间来确定，如果儿童学习有难度，要运用情境创设环节化难为易，如果教学时间紧，可以适度进行语义链接的引导，促进重组。合，有放必有收，有分必有合。表面看，儿童的讨论可能并没有按照课文的顺序，也没有完全按照预设的工艺流程图进行，但是教者总要不失时机地进行总结和归纳，促进其建构。

四是反思互动路线图。课堂互动路线图，就是课堂对话语流的进程。

反思，也就是将课堂实录与预设的教学流程图进行对照，思考哪些环节预设得不够周密，在实际课堂教学中哪些环节比较生硬，哪些放得太开，没有及时收拢，哪些小环节没有进行到位等。

（三）总结推广

1. 实验总结

（1）厘清了语言与情境的关系。语言和情境的关系可以表示为：语言→语义（语义元素→义征）→（情境要素）情境。总结概括出语言学习的锥形现象和冰山原理。

1）语言学习的锥形现象。

我们发现了人类语言的产生与儿童语言学习有着惊人的相似之处。这种现象可以用"锥形"来表示。

从语言的产生看，底层是人类所处的情境和人类对自身行为的认识；二层是意义；三层是要表达的符号。当人类处于某种情境中的时候，就会对这个世界产生某种认知或体验。这样，他就获得了某种意义。当这种意义因为情绪或情感驱动需要表达时，人类便开始寻找某种方式或者某种符号。当这种符号付诸声音时，便产生了口语；付诸某种书写符号时，文字便产生了。因此，我们认为语言是由情境及情境中的人产生意义冲动，寻找表达方式产生的。可见，语言作为创造性的产物，其源头在情境。这与李吉林老师2012年提出的"情境教学与创造性思维的发展"所遵循的"情境表象→情境意义（建构）→语言表达"的路径是不谋而合的。情境教育中的情感驱动原理，在我们看来，情境触动情感，情感首先驱动的是意义。当儿童有了某种意义冲动时，必然会寻找到某种相契合的语言表达出来。

再看儿童语言的习得，与人类语言的产生有着惊人的契合：顶层是我们儿童学习的语言符号。而儿童要学习语言，必须进入语义层面，才会被儿童所理解、接受。当语义还不为儿童理解时，我们就必须借助情境。这与李吉林老师25年前在"以发展思维为重点，着眼创造性"实践中所遵循的思路"语言符号→语言意义（结构）→情境表象"是高度契合的。

为什么是锥形？因为情境（行为）永远是最丰富的，语义（意义）

的范围要比情境（行为）窄，而语言（符号）要比所要表达的语义（意义）窄。

2）语文教学的冰山原理。

我们语文教学凭借的是文本，见到的是文本语言。如果把刚才的锥形看作是冰山的话，那么语言只是浮在水面上的冰山一角，真正的美丽却隐藏在冰山之下（见图10—7）。

图 10—7　语文教学的冰山原理

语言首先与冰山下的语义产生链接，然后语义与情境产生链接。通过语言学习进入语义层面，再进入情境层面，三维目标就能达成。语义层面是打通语言符号和情境的桥梁，也是建构人类精神家园的核心所在。顶层的语言表现为词，二层就会有与之相应的语义，三层就会有与之对应的情境要素。随着顶层由字、词、句、篇和场域的语言符号系统的扩展，就会有丰富的语义系统与之相对应，底层就会有更为丰富的情境与之链接。李吉林当初的实验，正是循着"语言→语义→情境（行为）"的思路逐步摸索出情境教学规律的。

（2）明晰情境与儿童语言学习的关系。语义链接，就是借助情境使文本符号通过语义，与儿童头脑中的观念符号产生稳固的联系，可以表示为：文本符号→文本语义→外在心智情境（创设）→内在心智情境（儿童）→观点语义→观念符号。

（3）形成语文学习三维智力结构模型，用来解释儿童语言创造性表达的流畅性、变通性、独创性、精致性和深刻性。

（4）立足于教材，将情境划分为文本语境、境况语境和文化语境，建构文本情境学习模型。

（5）形成情境性语义链接的教学基本原则：一是以文本语义为出发点。二是以观念符号为落脚点。三是以情境创设为关键点。四是以相关情境为建构点。

（6）总结教学设计：形成文本结构图→预设工艺流程图→紧扣教学框架图→反思互动路线图。

（7）形成课堂操作的基本策略：放、搁、应、引、合。

2. 逐层推广

利用学校教研活动，讲解我们的研究成果。特别是利用听课、磨课的机会，进行渗透。2015 年 11 月，在宾山小学共同体学校做讲座"从情境走向语义的语文学习"，推广我们的研究成果。自从如东县被确立为南通市情境教育实验区后，本课题主持人丁寿平被县教育局特聘为情境教育兼职研究员。利用此身份，他将本实验区的研究重点放在情境学习上，以此为平台，推广"情境性语义链接"这一研究成果。

2015 年 12 月，南通市教育局主办，南通市教育科学研究中心、如东县教育局承办的市基础教育小学课程改革第十二次现场推进会在如东召开。本课题主持人组织"情境学习"研究沙龙，以"我们所理解的情境学习"为主题，结合不同学科的课例片段，多角度阐述我们自己对情境学习的认识和体会，推广课题组的研究成果，得到高度评价。

2015 年 6 月，参加中国创造力研究协作组举办的第二届全国创造力学术研讨会。课题主持人丁寿平作为唯一的基础教育领域的受邀者参加研讨，并作了题为《从情境走向语义——儿童语言创造力发展的有效路径》的主旨发言，主要阐述情境教育实验与研究的最新进展，介绍从语言、语义、情境（行为）三个层面构建的语言学习的情境模型，阐述最新发现的语言学习的锥形现象和语文教学的冰山原理，结合积淀了十多年的语义网络研究成果，提出语言是思维外壳，语义是思维内容，情境是思维基础的观点。之后，他回答了程淮教授关于通过课堂对话手段完成语义建构的问题，回答了衣新发副教授关于如何通过语义建构完成语言学习和创造性语言表达等问题。

五 实验结果

（一） 实验班与对照班儿童创造性思维的前测对比

经独立样本 t 检验结果显示（见表10—22），三年级在精致性、独创性、沉思性、标题性与总分维度上存在极其显著差异，在流畅性维度上存在非常显著差异。实验班的精致性、独创性、沉思性、标题性和总分极其显著低于对照班；实验班的流畅性非常显著低于对照班。

五年级在总分维度上存在极其显著差异，在流畅性、独创性、沉思性和标题性维度上存在非常显著差异。实验班的总分极其显著高于对照班；实验班的流畅性、独创性、沉思性和标题性非常显著高于对照班。

表10—22　　　　　　　　三、五年级儿童创造性思维前测比较

维度	班级	三年级			五年级		
		M	SD	t	M	SD	t
流畅性	实验班	23.79	6.67	-3.073^{**}	20.96	6.562	3.435^{**}
	对照班	28.49	6.359		16.3	7.378	
精致性	实验班	4.13	1.833	-3.692^{***}	4.63	1.727	1.56
	对照班	5.54	1.379		4.09	1.846	
独创性	实验班	4.55	4.494	-4.083^{***}	4.94	3.517	2.759^{**}
	对照班	8.37	3.361		3.48	1.514	
沉思性	实验班	3.95	2.13	-7.846^{***}	5.56	2.718	2.741^{**}
	对照班	8.6	2.851		4.22	2.288	
标题抽象性	实验班	3.47	2.215	-3.677^{***}	5.67	3.347	2.07^{**}
	对照班	5.94	3.438		4.52	2.272	
总分	实验班	39.89	10.812	-6.668^{***}	41.77	12.33	4.211^{***}
	对照班	56.94	11.021		32.61	9.976	

（二） 实验班与对照班儿童创造性思维的后测对比

结果显示（见表10—23），三年级在流畅性和精致性维度上存在极其显著差异，总分维度上存在非常显著差异。实验班的流畅性极其显著低于对照班；实验班的精致性极其显著低于对照班；实验班的总分非常显

著低于对照班。结合前测情况，经实验后，实验班儿童思维的独创性、沉思性、标题抽象性前测时的弱势已经消失，可见实验促进了实验班儿童创造性思维的发展。

五年级在流畅性和总分存在极其显著差异，独创性存在非常显著差异。实验班流畅性极其显著高于对照班，总分极其显著高于对照班，独创性非常显著高于对照班。结合前测情况，经实验后，实验班的总分和各维度均有较大提高。但与对照班相比，总分方面没有取得显著差异，流畅性维度比对照班有较为明显的进步，但标题抽象性维度也呈现了较为明显的退步。

表10—23　　　　　　　三、五年级学生创造性思维后测比较

维度	班级	三年级			五年级		
		M	SD	t	M	SD	t
流畅性	实验班	26.66	7.084	−4.059***	35.42	3.867	7.806***
	对照班	32.63	5.264		27.48	6.354	
精致性	实验班	5.29	1.16	−4.092***	5.54	1.038	1.2
	对照班	6.34	1.027		5.3	1.039	
独创性	实验班	14.29	4.223	0.727	16.33	3.974	3.438**
	对照班	13.6	3.852		13.59	4.205	
沉思性	实验班	5.18	2.524	−1.4	7.23	4.755	0.423
	对照班	6.37	4.393		6.91	2.837	
标题抽象性	实验班	4.74	3.562	−1.024	7.31	3.097	−0.813
	对照班	5.51	2.853		7.89	4.201	
总分	实验班	56.16	11.735	−3.139**	71.83	8.357	5.147***
	对照班	64.46	10.771		61.17	12.616	

（三）实验班儿童的案例追踪结果分析

研究者对三、五年级实验班的六位同学进行了追踪研究（见表10—24），分成优等生、中等生、学困生三组。从总分看，除夏同学略有下降，其他五名同学均取得了明显的进步，三组同学进步最大的为学困生（两名同学分别进步了19分、34分）。

表10—24　　　　　　三、五年级实验班儿童案例分析

维度	测试	优秀生		中等生		学困生	
		顾同学	韩同学	夏同学	马同学	张同学	季同学
流畅性	前测	25	23	27	21	15	21
	后测	24	40	27	31	21	37
精致性	前测	1	11	8	4	2	4
	后测	6	9	6	4	6	5
独创性	前测	4	22	21	6	2	4
	后测	14	14	14	16	12	14
沉思性	前测	2	8	8	2	8	3
	后测	8	20	7	12	6	8
标题性	前测	2	20	5	8	2	5
	后测	5	12	11	5	3	7
总分	前测	34	84	69	41	29	37
	后测	57	95	65	68	48	71

1. 优秀生思维的精致性、沉思性得到有效提升

顾同学是三年级实验班公认的学霸，唯独缺少思维的敏感度。在教学《鸟的天堂》一课时，学习完课文后，实验老师顾新娟问同学们有什么不懂的问题，顾同学思考了片刻，就问："'那翠绿的颜色明亮地照耀着我们的眼睛，似乎每一片树叶上都有一个新的生命在颤动'中的'有一个新的生命'指的是什么？为什么说'在颤动'？"这实际上是文本语境没有认知化。顾老师没有直接"告诉"，而是让其联系上下文情境，结合生活情境和自身经验，说说自己的理解。这就将文本语境与儿童自身的语义结构产生链接，使文本语境认知化、语义化。结果，孩子们的回答真是精彩极了：夏同学说是风吹，秦卫说是鸟动，欧瑞雪说是树叶绿得可爱，让作者看花了眼，产生了错觉。顾同学说是因为榕树很大，有着旺盛的生命力。无疑，情境性语义链接策略促进了儿童发散思维的发展，而通过交流，促进了儿童认知语境的结构化，儿童根据自己的理解正建构着自身的语义网络结构。尤其是像顾同学这样的优等生，不仅思维的独特性得到了提升，而且在思维的精致性上胜人一筹。由数据看，

顾同学在创造性思维的精致性、沉思性方面进步明显，后测分数是前测的 6 倍和 4 倍。

五年级实验班韩同学学习认真，成绩一直名列前茅，但很腼腆，反应不是很敏锐。实验老师丁寿平一直注重将情境与语义链接，引导儿童阅读课文。在情境的感召下，她对语言越来越敏感，无论是理解还是朗读的情感融入，越来越有味道。渐渐地，只要韩同学有发言、有朗读，都能听到同学们热烈的掌声。自信的建立，越来越唤醒了韩同学内在的创造潜能。作为江海小记者，在小记者活动中积极参与策划，充分展示了韩同学的创造性思维的流畅性、沉思性。从这两个维度看，后测分数是前测的 1.74 倍和 2.5 倍。本学年，她先后参与策划的活动有 6 个之多，获得了各级征文奖 4 次，发表作文 4 篇，参加演讲比赛 3 次，被评为优秀江海小记者文采之星。参加江苏省"成语新编"大赛获得优秀奖。

2. 中等生思维的独创性、沉思性有所发展

夏同学是三年级实验班的"淘气包""调皮鬼"。在实验中，像夏同学这样的中等生，对语言的敏感性显著增强，想象力越来越丰富。在教学《荷花》一课时，为了让孩子更好地理解"千姿百态的荷花，一朵有一朵的姿势，看看这朵很美，看看那朵也很美……"顾老师原本要先让孩子配乐欣赏一组事先准备好的图片，营造出清风荷塘的情境。谁知，夏同学突然举手说："老师，我从省略号中读出来，荷花还有好多姿态。""那你说说看！""有的侧着头，好像在深思；有的紧紧地靠在一起，似乎在说悄悄话；有的昂首挺胸，仿佛在展示自己美丽的身姿。"对于这样的学生，顾老师灵活地将事先创设的情境"搁"在那里，相反，儿童思维的空间、想象的余地更大了。当孩子有丰富的情境作为思维基础时，创设的情境往往束缚孩子的思维。这时，我们要顺势将文本符号与儿童的观念符号之间建立链接，并努力促进其建立起稳固的大容量的语义网络，这样才能促进儿童语言表达的创造性。

五年级实验班马同学爱看书，但作文并没有独特之处，升入五年级时，语文成绩处于班级中等位置。自从进入实验阶段，小马上课分神的眼睛渐渐亮了起来，脸上常常洋溢着幸福的笑容。上课上到动情处，也举手发言了。她的朗读特别有味道，声情并茂，音质很好。翻开她的

QQ动态，创意的语言随处可见：看到白天挂在天空的月亮，她会拍照，然后写上一句："大白天，你出来凑啥热闹啊！"假期要结束了，她这样写道："假期都去哪儿了，还没好好感受假期就没了，转眼就只剩下满桌的作业了。"这些独创性的语言，都来自对情境的独特感悟，显然与情境性语义链接的实验密不可分。期末考试作文《我和汉字的故事》思维的沉思性、独创性表现得很明显。从数据看，这两个维度进步了6倍、2.67倍。参加学校"七色光"现场作文比赛获得了二等奖，五年级第二学期期末考试，语文成绩已经跻身优等生的行列。

3. 学困生在情境中展现出的想象力、创造力让其重拾学习的信心

三年级实验班张同学是个外来务工子女，基础差。在实验前测进行《托兰斯创造性思维测验》图画测验时，张同学竟然每道题目都有至少四种答案，而且答案与别人都不一样。顾老师当时就在全班表扬了他，并告诉了他的父母。以后的课堂上，顾老师有意识地让张同学将根据文本情境创作的绘画作品展示给全班同学，让孩子重新获得自信；将情境性想象的问题让给张同学回答，让他得到鼓励。经过大半年努力，张同学最后期末测试居然及格了，性格也慢慢开朗活泼起来。可见，学习成绩差，并不代表创造力差。从测试成绩看，在独创性和精致性维度分别进步6倍和3倍。这些孩子学习差的原因就是因为对语言符号的掌握滞后。但只要将符号语义与情境进行链接，与生活接轨，学生学习创造潜能就会被唤醒，进而达成对语言符号的学习。

五年级实验班季同学是个令老师、家长头疼的"家伙"。平时取得的成绩，几乎是老师"盯"出来、"逼"出来的。自从开始实验，丁老师一方面对季同学予以鼓励，另一方面，情境的创设也逐渐将他由对语文不感兴趣向逐渐接纳过渡。原来游离的眼神专注起来，常常咬着指头思考问题了，有时也会举手发言了。上《清平乐村居》，在赏析"青青草"时，丁老师引导对比"青青草""青草"有什么不同时，其他孩子说"青青草"这样的绿更显得生机勃勃、生机盎然、青翠欲滴、绿得葱茏、绿得尤其可爱，而他说的是"非常的饱满"。当时，老师为之一振。要知道，"饱满"一般形容颗粒丰满、充实，或者充满感情。但是这里用来形容绿色饱满，一下子把小草青翠欲滴的情态描写出来了，这不能不说是

一种创造性感悟，是立足于情境，深入理解语义基础上的独特感受。测试数据也支持了这样的判断，季同学在独创性、沉思性两个维度分别进步 3.5 倍、2.7 倍。

六　对实验结果的讨论

从创造性思维总体结果来看，通过以情境性语义链接为教学策略的情境教育，三年级实验班的创造性思维得到显著提高，但五年级实验班的创造性思维并未得到显著提高。情境性语义链接对三年级儿童的独创性、沉思性、标题性和总分均产生了明显提高的效果，而对流畅性、精致性维度没有明显的影响。所以情境性语义链接教学策略干预下的儿童创造性思维的发展，年龄越小促进作用越大，各维度的发展不均衡。其原因分析如下：

第一，已有研究表明，研究者关于创造力发展的观点主要有两类：一类观点认为创造力水平随着年龄的增长交替呈现高峰和低谷期，9、12—14、17 岁都有可能是青少年创造力发展的低谷期，而 10—13、16 岁则可能是创造力发展的高峰期。另一类观点认为创造力水平随着个体生理的成熟和社会经验的获得而呈连续增长趋势[1][2][3]。两类观点探讨了创造力发展的阶段性与连续性问题。根据第一类观点分析，三年级学生处于创造力发展的低谷期，比较容易因为实验干预而产生明显的提高效果，而五年级学生年龄处于 10—13 岁，可能是创造力发展的高峰期，实验干预不容易再产生明显的提高效果。根据第二类观点分析，三年级处于创造力发展的增长早期阶段，实验干预容易产生明显的提高效果，而五年级学生创造力发展已经到了一定的高度，实验干预不能产生明显的提高效果。

第二，三年级学生以形象思维为主，语义形成不够稳固，语义结构

① Torrance，E . P. A，"longitudinal examination of the fourthgrade slump in creativity"，*Gifted Child Quarterly*，1968（4）.

② Claxton ，A. F . &T . C. Pannells. &P. A. Rhoads. "Developmental trends in the creativity of school - age children"，*Creativity Research Journal*，2005（4）.

③ 胡卫平、林崇德、申继亮、Adey：《英国青少年科学创造力的发展研究》，《心理科学》2003 年第 5 期。

比较松散。情境性语义链接恰恰帮助学生从情境中提取情境要素，并将情境要素语义化，语义特征结构化，给学生提供了大量的结构化的语义网络。而这，恰恰是创造性思维发展的基础。在这一点上明显优于对照班，自然对学生创造性思维的促进作用非常明显。

第三，造成三年级流畅性、精致性维度，五年级精致性、独创性、沉思性、标题性维度数据效果提高不明显，也有可能是实验过程中由于操作不当造成的。例如，实验班的老师未严格按照情境性语义链接教学策略上课，对照班的老师可能接受过情境教学训练而在无意识中使用了与情境性语义链接教学策略类似的方法来营造课堂氛围。

第四，五年级学生可能由于升学压力的影响而抑制了创造性思维的发展。

七 实验结论

（1）情境性语义链接教学策略干预下的儿童创造性思维的总体发展，年龄越小促进作用越大。

（2）情境性语义链接教学策略干预下的儿童创造性思维的各个维度发展呈现不均衡性，对三年级学生创造性思维独创性、沉思性、标题性维度的发展能起到更好的促进作用。

执笔：丁寿平

第六节 习作情境创设促进乡村小学生
创造力发展的实验研究*

习作是一门需要创造性思维的学科，将习作教学与情境教育联系起

* 本节系国家社会科学基金教育学一般课题"情境教育与儿童创造力发展的实验与研究"的实验课题"习作情境创设促进乡村小学生创造性思维发展的实验研究" （批准号：BHA120051－11）和江苏省教育科学"十二五"规划立项课题（批准号：D/2013/02/669）的研究成果。实验学校：如东县洋口镇洋口小学；主持人：赵娟；课题组成员：陆建华、缪伯权、顾十群、戴春红、吴雨澄（南通大学）、张培凤、缪莉丽。

来，探究习作情境创设对乡村小学生创造力的影响是至关重要的。本研究对江苏省如东县洋口小学的三年级、五年级学生进行为期一年的习作情境教育实验，探究习作情境创设对儿童创造力发展的影响。结果显示，习作情境创设能有效促进乡村小学生的创造性思维和创造性人格的发展。

一　问题提出

随着 21 世纪信息社会的到来，创造教育正在成为我国教育改革的热点。但反观我们的学校教育，对学生创新精神、创造能力的培养还不够重视。在小学作文教学课堂上，老师难教，学生难学的"两难"问题依然存在，指导过程单一，不灵活，脱离学生生活，脱离学生的认知，"一言堂""填鸭式"的现象并不少见；课堂激发不起学生的学习兴趣，学生感到无从下手；教学中不能引导学生体验生活，致使学生的作文中假话连篇，假故事、假感情层出不穷；或者教学时指导过于琐碎、详细，学生的想象思维没有自由空间，导致学生的表达趋向一致，缺乏内容、缺乏味道、缺乏创新。学生方面：学生有话写不出；语言积累单薄，难以写具体；对周围事物缺少留心的观察；缺乏想象力；题材千篇一律，难以表达真情实感等。尤其是乡村学校，教学活动形式单一，内容贫乏，随意性大等等，这些都使得学生的创造激情被严重抑制，个性得不到充分展示，创造性思维更得不到有效发展。基于以上认识，我们开展了习作情境创设促进乡村小学生创造性思维发展的实验研究，旨在以乡村习作情境创设为手段，以激发情趣为核心，改善制约学生表达能力形成的内外要素，将智力能力训练、思想情感教育融为一体，立足课内，链接课外，变封闭、保守、单调式教学为开放、新颖、多样式教学，引导学生细心观察，用心体验丰富多彩的乡村习作情境，从而锻炼学生的语言组织能力和文学能力，还能在练习中激发灵感，发展学生的创造力。

李吉林在南通市第二附属小学开展"情境作文"的研究，强调"作文是语言的训练，也是思维的训练"。[①] 南通第二附属小学特级教师施建平对当今习作教学的现状进行研究概括，对现状产生的原因进行总结，

---

① 李吉林：《情境教育三部曲（一）》，教育科学出版社 2013 年版，第 340 页。

阐述了如何进行小学的情境作文教学以及情境作文教学的作用。施建平认为情境作文要以孩子们的人格发展为本，以生活中的点点滴滴为源，以孩子们的体验为重，以孩子们的兴趣爱好为先，以文化的教育与熏陶为要。① 传统的作文课，孩子们都静静地坐在座位上，教师不许孩子们说话，要保持课堂纪律。情境作文则重在通过情境的创设，让学生们"动起来"，无论是身体还是思维，都"活起来"。

本课题通过梳理情境作文已有的理论成果和实践经验，从情境优化的视角调整教学模式进行实验，为提升创新人才的早期培养水平提供具有中国本土特色的情境作文范型。

二　理论基础

（一）情境教育理论

李吉林在情境教育的理论建构上，创造性地提出以优化情境为目标的课堂操作要义，并贯穿于她的创新教育，摆脱了学科教学与创新教育"两张皮"的尴尬局面，既提升了学科教学的境界，又使创新教育得到了落实，对我国基础教育产生了深远影响②。她再三强调、突出思维为核心的地位，并提出了具体可操作的实施策略③，坚持将创造教育作为教育的"高境界"，提出儿童创造力是"沉睡的巨大力量"、培养儿童的创新精神是"教育的灵魂"、教师应成为"思想者"等教育主张，为本课题的实验与研究提供了理论支撑。

（二）建构主义学习理论

建构主义理论认为，教学设计既要研究教学目标的设定，更需在此基础上，关注情境创设对学生建构意义的作用问题，教学设计的关键要素就包括情境创设。无论是支架式教学、抛锚式教学还是随机教学都利用情境、协作、会话等学习环境要素，充分发挥学生的主体性、活动性、创造精神。

---

① 施建平：《小学情境作文教学》，江苏凤凰教育出版社 2015 年，第 1—5 页。

② 王灿明、徐云：《李吉林的儿童创新教育思想探析》，载顾明远主编《李吉林和情境教育学派研究》，教育科学出版社 2011 年版，第 386—397 页。

③ 李吉林：《情境教育三部曲（三）》，教育科学出版社 2013 年版，第 273—274 页。

（三）创造力培养理论

在西方创造力发展理论中，吉尔福特提出了"智力三维结构"模型，认为只有当转化能力与发散思维结合在一起时，才能产生创造性思维；艾曼贝尔的"创造性组成成分理论"昭示我们加强儿童创造力的培养，精心呵护儿童创造兴趣和内在动机；奇凯岑特米哈伊的"创造性系统模型"认为，只有个人、文化、社会三者的交互作用才能产生出创造性成果；斯腾伯格和鲁巴特提出"创造力投资理论"认为，创造力需要智力、知识、思维风格、人格、动机和环境等六个独立而又相互联系的资源共同作用等。可见只有充分利用周围环境创设贴近儿童生活的"创造情境"，并让儿童在其中充分进行"创造活动"，才能将儿童创造力的培养与能力、人格发展整合起来，才能推动儿童的整体和谐发展。

三　实验设计

本研究采取实验组与对照组前后测的实验设计，其实验假设为优选和创设乡村习作情境，可以有效培养乡村小学生创造性思维和创造性人格的协同发展。

（一）实验对象

根据学校情况确定三（2）班、五（1）班为实验班，同时确定三（1）班、五（2）班为对照班。在自然的、正常的教育教学活动中进行情境作文实验，促进儿童的知识、能力和创造力的整体和谐发展（见表10—25）。

表10—25　　　　　　　　　　实验班和对照班班级人数对照表

实验班				对照班			
班级	人数	男生	女生	班级	人数	男生	女生
三（2）	44	25	19	三（1）	41	19	22
五（1）	37	19	18	五（2）	36	16	20

（二）实验变量

1. 自变量

本课题的自变量为优选和创设乡村习作情境。习作情境是指在习作教学中，教师精心选择或设计与学生共同参与的启智的、新颖的学习情境、生活情境、实物情境、图画情境、音乐情境、语言情境和表演情境等，引导学生在人为优化的条件下体验、探究、联想、想象，用语言记录所见、所闻、所思、所感，用真诚的文字表现人为优化的情境中的人、物、事、情。本课题研究以乡土生活为背景，以传统文化为积淀，以情境教学为手段，以多彩活动为载体，为学生创造力的开发提供"土壤"，使作文教学能朝着"地域化"、"儿童化"和"趣味化"的方向发展。

其操作要义有五点：

（1）注重心育，塑造人格。在写作教学中教师创设条件让学生与乡村生活情境亲密接触和对话，引导学生真实地反映现实生活，使其在生活中学习写作，在培养语言表达能力的同时，形成健康、高尚的人格和美好丰盈的心灵。

（2）立足生活，开启心智。习作情境创设首先创设真实的或者是模拟的生活情境，这些情境来源于生活又高于生活，以创设的情境唤起学生曾经的生活体验。

（3）深入体验，直抒心声。乡村习作情境是以乡村真实生活和模拟表演为主要形式的情境，让学生在真实的生活体验和模拟表演的过程中掌握知识、习得能力、发展创造力。

（4）激发兴趣，唤起情感。本课题优选并创设乡村习作情境，让学生走进乡村生活情境，体验乡村生活情境，旨在激发浓厚的习作兴趣，唤起学生创造的潜能和欲望。

（5）濡染文化，滋养心灵。语文，既是语言文字规范的实用工具，又是文化艺术，"文化"是习作情境创设的土壤，学生在感受习作情境的同时感受文化气息的濡染，感受中华汉语文化的博大精深，从而产生创造的热情。

2. 因变量

本课题的因变量包括实验班学生的创造性思维与创造性人格。本课题以笔试和面试的形式加以测量，并在课题研究过程中注意随时观察、记录和测量。如记录每节课的课堂实录（音频、文本同步），注意收集有实验意义和实验价值的课堂教学片断，为课题的研究积累真实的第一手资料。

3. 控制变量

本实验为自然实验，在不影响正常教学的情况下采取了一定的控制措施：一是做到实验班和对照班学生的人数、性别比例和家庭环境大致平衡，班级按学业成绩进行过基本均衡的分班；二是实验班和对照班的班主任能力、任课教师的教学水平及使用的教材、教学进度、教学时间、课外活动大致相等；三是在正常的教学秩序下开展实验研究；四是严格控制实验班和对照班的教师和学生可能因为各种原因而发生变化。

（三）测量工具

（1）《托兰斯创造性思维图画测验》（TTCT）。该测验主要测量儿童思维的流畅性、独创性、沉思性、标题抽象性和精致性。本研究采用同质性信度和重测信度系数来检验自编问卷的信度。创造性思维全问卷的同质性信度 α 系数为 0.744，问卷的 5 个维度之间的两两相关在 -0.002—0.375 之间，均达到较为显著的水平，且小于各自与全问卷的相关系数 0.406—0.791，研究结果说明本问卷具有较好的信效度。

（2）《威廉姆斯创造倾向测验》。这是由美国著名的创造力教学研究专家威廉姆斯设计的，它是公认的效果好、可信度高的测量工具。它主要测量人的冒险性、挑战性、想象力和好奇心这四个创造性人格。本研究采用同质性信度和重测信度系数来检验自编问卷的信度，创造性人格全问卷的同质性信度 α 系数为 0.751，问卷的 4 个维度之间的两两相关为 0.355—0.503，均达到较为显著的水平，且小于各自与全问卷的相关系数 0.721—0.799，研究结果说明本问卷具有较好的信效度。

（四）统计分析

本研究应用 SPSS18.0 软件进行分析。

四 实验过程

（一）前期准备（2014 年 6 月—2014 年 8 月）

建立课题研究小组，召开课题组专题会议。根据课题实验要求确定课题研究的实验班、对照班以及相关实验教师。对情境教育已有文献进行分析和总结，对国内外创造力研究成果进行梳理，课题组成员一起开始实验教学设计。实验教师阅读了与课题相关的书籍，主要参考文献有《情境教育三部曲》《情境教育的诗篇》《培养创造力》《创新教育新论》和《实验研究指导》等。

（二）实验研究（2014年9月—2015年12月）

本课题研究分两个阶段进行。第一阶段在2014年9月，完成实验前测。开学第一周对于选取的三、五年级各1个实验班、1个对照班采用《托兰斯创造性思维图画测验》和《威廉姆斯创造倾向测验》，测量儿童的创造性思维和创造性人格。再通过个别访谈，观察、研究儿童的创造力培养的起点，制定实验手册。组织实验教师培训学习活动。开展实验教师读书交流汇报活动。第二阶段在2014年9月至2015年6月之间，定期组织实验研究实践体会交流，开展实验教师读书交流活动。组织实验教师的研究课展示活动，发挥课题组的引领作用。校内开展每两周一次的研究活动，并保证一学期对全县开展一次情境教学展示活动。实验教师在市、县活动中上展示课8节；赵娟、顾十群老师在市县课题活动中交流发言；多节微课、论文在省市县获奖。邀请情境教育研究专家严清主任、王灿明教授及特级教师张启建到校做讲座，指导课题研究。开展多姿多彩的情境教育活动，组织实验班教师、学生走出校门、走进自然、走进生活，了解家乡巨变，丰富学生的习作素材，启迪学生思维。先后组织了观海、参观家乡建设规划馆、采访渔民、感受民俗多项专题活动。2015年6月底，圆满完成了实验后测的各项工作和实验课例的征集整理工作。2015年7月起，开展实验推广研究。

通过实验，课题组教师明确了在习作情境中促进儿童创造性思维发展的基本原理，探寻了在创设和优选习作情境中促进儿童创造性思维发展的教学原则，构建起促进儿童创造性思维发展的习作情境的操作途径。

1. 基本原理

（1）情感驱动原理。心理学告诉我们，情感是促使驱动力产生的关键条件之一。学生是富有情感的个体，在课题研究创设的情境中，很容易通过客观情境获得刺激，形成一种内驱力，从而主动投入学习活动中①。

（2）暗示导向原理。暗示教学法强调创造高度的动机，以激起个人潜力的心理倾向，发展记忆力、想象力，增强创造性解决问题的能力。本课题研究中通过习作情境的创设，利用暗示倾向，在学生进入这样的情境后，激起他们强烈的情绪，积极投入教学活动之中，使学生潜能得到充分的发展。

（3）角色转换原理。角色扮演，着眼于创造性、互动性和综合性。在角色扮演中，人们能亲身实践和体验他人的角色和内心情感，李吉林将角色转换的过程概括为"进入情境—担当角色—理解角色—体验角色—自己与角色同一——产生顿悟"。通过角色转换，学生从"被动角色"转化为"主动角色"，主体意识被唤醒。

（4）心理场整合原理。依据心理场理论，学生所在的空间，会影响并作用于他们的心理。习作情境创设的或者说优化的教育情境、人际情境、活动情境和校园情境，不仅富有教育内涵，而且富有智慧、情趣与美感，让学生体验丰富真切的情感，启发智慧，产生顿悟，不断改变自己的认知结构和心理结构。

2. 教学原则

本课题研究以促进儿童全面发展为目标，把儿童发展的许多因素统一在习作教学中，充分体现情境教学促进儿童发展的"五原则"。

（1）主动性原则。习作情境的创设重在把儿童带入情境，在探究中激发学习动机，在情境中强化学习动机。教师有意识地把儿童带入相关情境，儿童会因求知而兴奋，为探究而激动，这样的热烈情绪又反过来丰富情境，激发学生的自我发展的需要和动力。诱发主动性对促进儿童创造力发展有着重要意义，是必须遵循的首要原则。

（2）美感性原则。大自然是儿童智慧的源泉。优化的习作情境，选取那些生动的、形象鲜明的、健康的美的情境为学生提供描写美的人和事的作文题材，强化感受性，让儿童在感觉中训练思维，有效地提高儿

---

① 李吉林：《情境教育的诗篇》，高等教育出版社2004年版，第191页。

童的语言素养、情感素养。这是培养儿童创造力的重要基础。

（3）创造性原则。学生发展的着眼点，是学生创造性思维、创新精神的培养和发展。一是精细观察。习作教学往往从观察入手。人类的创造常常建筑在对事物敏锐的观察的基础上，可能是发现人们忽略的细节，产生直觉感受，也可以是在实际观察中产生发散思维、求异思维，从而受到启发。二是注重想象。想象越丰富，思维越深刻，儿童的体会就越深刻，表达也就越深刻。在习作教学中，想象可以让儿童潜在的创造才能得以充分的施展。三是鼓励求异。创设优化的习作情境，为儿童习作拓宽了思维空间，儿童的求异思维就可以得到深入发展，儿童的思维品质也更趋灵活性与广阔性。

（4）教育性原则。语文教学强调将教育性融入创作活动中，习作的表达要体现出积极向上的正能量①。情境的创设是情感的载体，也是儿童健康的思想意识、道德行为的促进者和鼓舞者。教师引导学生在生动的画面、语言的描绘、角色的体会中感知形象、受到启迪、激发思维。

（5）实践性原则。创造力的培养始终离不开儿童语言实践。情境教学中思维的发展依托的是语言的训练，语言能力的提高又依托于思维的发展，做到以"活"促"实"，"实"中见"活"。立足实践，培养儿童的创造力是大家一致认同的。情境教育强调实践性，其内容包括三个方面：一是社会的实践；二是课堂的模拟实践；三是学科能力训练。

3. 情境作文基本模式

情境作文以李吉林情境教学法为理论基础，初步形成了以下理论体系：

（1）三大理念：以生为本、情境相谐、个性生成。

以生为本，即以儿童为主体，课堂切合儿童实际，让学生有话可说；情境相谐，即创设有情之境、有趣之境，以境激情，激发表达；个性生成，即关注学生感受，用儿童的眼睛看世界，鼓励个性化表达、创造性表达。

---

① 中华人民共和国教育部：《义务教育语文课程标准》，北京师范大学出版社 2011 年版，第 23 页。

（2）教学模式：带入情境，激发创作动机——优化情境，激活创作体验——凭借情境，创新个性表达——拓宽情境，丰富创作积累。

带入情境，重视信息的积累，为创造性思维发展奠定基础；优化情境，激发写作情趣，为创造性思维的产生提供动力；凭借情境，培养思维方法，为丰富学生的表达提供依托；拓展情境，学会迁移运用，为学生的整合运用提供空间。

（3）教学流程（见图10—8）。

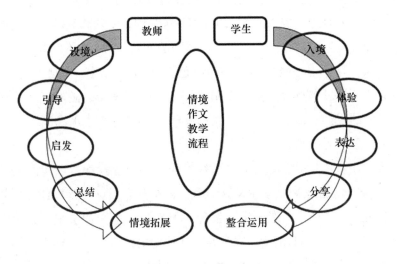

图10—8 教学流程

4. 情境创设途径

课题组实验教师充分挖掘乡村地域特色，将目光投向淳朴浓厚的风土人情，研究民间传统节日（春节、清明节、端午节、中秋节等）、生活习俗（服饰、饮食、居住、建房、搬迁、分家等）、行业习俗（农业、养殖业、商业等），从中发现和找寻乡土文化的气息，并把乡村"海文化"情境创设作为课题研究的重点内容，在情境创设上做了以下尝试：

（1）带入乡村情境，培养观察能力。

思维科学强调人是情境的产物，李吉林概括出的情境教育促进儿童发展的"五要素"中首要提出"以指导观察为基础，强化感受性"，刘道玉教授在《创造教育概论》中主张"三要素说"，即创造力的二级智力要素是由观察力、思维能力、实践能力组成的①，创造来源于观察，这是培养学生创造力的基础和前提。

第一，走进乡村生活。课题组先后组织学生开展"家乡游"活动，来到洋口镇政府、洋口渔港、围垦博物馆参观访问，并在海边进行了野炊活动。带领学生在政府大楼楼顶，眺望欣欣向荣的沿海经济开发区，感受镇区翻天覆地的巨变。在渔港码头，和渔民交流捕捞生活的艰辛与快乐，向渔民学习织网补网，了解捕鱼趣闻。在家乡新闸，观看来回穿梭的渔船。在围垦博物馆，通过解说员的介绍，了解家乡沧海变桑田的历史。学生发表的《美丽的渔港我的家》《观闸》等习作浓墨重彩地绘就了一条异彩纷呈的画廊，构筑了一道亮丽的文化景观。"那碧绿的黄海大草原，像一幅不用墨线勾勒，只用绿色渲染的水墨画一直延伸向远方，一架架银色的风车点缀其上，在阳光照耀下闪闪发光，显得格外壮观。"身临其境的观察，激发了学生的表达欲望，那唯美的"水墨画"就是学生创造性思维的火花。

第二，引入实践活动。王灿明教授强调，创造教育"以实践活动为主"，引导学生在实践中动手动脑，获得体验和方法。创造教育特别强调发挥学生的主体地位，课题实验教师在习作教学情境创设中，尝试围绕"海洋"特色创设体验活动，在丰富习作体验的过程中激发学生的创造性思维的独创性和灵活性。实验教师设计了"赶海"习作教学活动。老师带着孩子们在海边先观看海鸟，孩子们开心地用自己的望远镜观看各种海鸟，欣赏它们捕鱼的情景。等潮汐退去之后，又带孩子们一起下海抓鱼、逮螃蟹、拾泥螺等，尽管孩子们个个像个小泥鳅，但大家玩得都很开心，到处都荡漾着孩子们的笑声。然后在海边开展野炊活动，最后又一起观看了日落，在夕阳的余晖中，孩子们才恋恋不舍地离开。活动情境开拓了学生的视野，激活了学生的思维，在课堂上，回味起赶海中的开心一刻，有的孩子把踩文蛤想象成跳海上迪斯科，把挖螃蟹想象成扫地雷，最后提着"战利品"满载而"笑"，把到手的虾公说成了缴枪投降的俘虏，孩子们用丰富的想象再现了赶海的快乐，感受着大海带给他们

---

① 刘道玉：《创造教育概论》，武汉大学出版社2009年版，第55页。

的欢乐的童年。

（2）创设模拟情境，激发创作动机。

习作模拟情境，是依据习作教学实际情况，运用一定的手段对事物形象进行复现，从而达到激发思维的目的，常常以图画再现、音乐渲染、角色扮演等形式展现。学生在进入模拟情境后，可以充分调动自身的经验积累，联系眼前的客观形象，产生实际感受从而丰富学生的表达。

例如在开展上文中提到的"家乡游"活动的同时，实验教师还会选择图片、多媒体视频等来渲染习作教学情境，让学生再次回到"观察情境"之中，如播放家乡旅游风光片，让他们再一次感受家乡不一样的风采；还会让学生戴上小红帽，佩戴导游证，扮演小导游，尝试着给这段风光片配上解说词；也会让学生自己试着做一份旅游小报。在《舌尖上的小洋口》这次习作教学中，教者就尝试把学生进行分组，通过不同的展示形式，介绍家乡特产。课前学生有的充分收集资料，有的自己上网搜索，有的去实地观察摄影，有的亲自体验渔民生活，有的向长辈请教，学生或唱或诵，或跳或演，极大地启发学生的创造性。如此，从直接感受到想象表达，破除思维的局限性，训练了学生思维的新颖性和形象性。

通过音乐渲染模拟情境也是激发学生思维的手段之一。在市公开课《四季的脚步》上，教师播放一段溪水、小鸟的声音，学生闭上眼睛欣赏，先用自己的语言来描述自己看到的画面，再用文中的句式来写一写。有的学生这样说："小河苏醒了，一边唱着歌儿一边快乐地奔跑。桃花笑了，一片片花瓣随风飘落到河面上，河里的小鱼吐着泡泡，围着花瓣捉迷藏。小燕子'唧'的一声从河面上掠过，落在对岸的柳树上。"苏醒的小河，随风飘落的花瓣，吐着泡泡的小鱼，身姿矫健的小燕子，多么生动的画面啊！模拟情境让学生融入情境之中，抒写自己的心灵。

（3）丰富语表情境，激发学生思维。

在习作教学中，语表情境常常结合运用其他直观手段，把学生带入特定的情境，通过语言的意义、声调、形象和感情色彩激发学生的思维。由于语表情境较为抽象深刻，在高年级习作教学中，为促进学生形象思维到逻辑思维的过渡，可逐渐增加语表情境。

语表情境可以借助书本阅读来创设，学生在语言阅读中，引发想象和表达。例如学习课文《青海高原一株柳》，这株柳树经历了怎样的风雨磨炼，这个问题就自然引发了学生的思考，以此展开想象，进行文本补写训练。狂风暴雨、炙热严寒、电闪雷击等等，都浮现在学生的脑海里，诉诸学生的笔端。

语表情境还可以借助教师富有感染性的教学语言来创设。如《春天的遐想》习作教学中，教师声情并茂地娓娓道来："我国古代多少文人墨客喜欢春天的美景，在他们的眼中，春天是'等闲识得东风面，万紫千红总是春'，是'云淡风轻近午天，傍花随柳过前川'，是'千里莺啼绿映红，水村山郭酒旗风'……春天，映入你眼帘的是一幅怎样的画面？"一段描写春天的优美古诗句打开了学生的思维空间，那绿树红花、小桥流水、云淡风轻、春江水暖的美丽意境立刻触发了学生内心的表达。

（4）巧设推理情境，培养发散思维。

创造性思维过程，离不开推理、想象、联想、直觉等思维活动，创造性思维训练包括发散思维训练、横向思维训练和逆向思维训练，推理情境的创设，有助于学生的发散思维、横向思维和逆向思维的发展。例如立冬快到了，课题组组织了《创新汤圆，快乐过冬》的习作课，课上，实验教师让学生从汤圆的形状、颜色、馅料、烹调方法等不同角度，进行发散思维的训练。从汤圆的球形外形，想到正方体、各种动物形状，从白色的汤圆，推想到红色、绿色、黄色的五彩汤圆；从芝麻馅、桂花馅儿想到赤豆馅、红枣馅、各种水果馅；从甜味的汤圆到咸味的芹菜猪肉馅儿的汤圆；从纯面粉外皮到藿香面皮，从煮汤圆到炸汤圆、蒸汤圆，学生的思维被充分调动起来，各种不同的美味汤圆让人垂涎欲滴。再让学生动手制作，动笔记录，一气呵成。

再比如《滥竽充数》成语新编，南郭先生被赶出来后会有怎样的故事呢？学生有的觉得南郭先生会悔过自新、痛改前非，也有学生认为南郭先生依然不思悔改、我行我素；《三十年后的我》习作练习让学生畅想三十年后的自己，学生推想自己感兴趣的职业和生活，未来充满了情趣；《和_____聊天》习作练习，学生们有的和市长聊天，有的和网友聊天，有的和外星人聊天，有的和月亮地球聊天。《写字台上的花》习作教学课上，给学生提供了这样的开头材料：一大早，张老师发现办公桌上多了一束娇艳的玫瑰花，"这是谁送来的花？"让学生推想发生的故事。这些习作中推理情境的创设不仅从文题的宽泛性上给学生打开了思路，也从材料选择的求异性和表达方式的多样性上拓宽了学生的思路。

（5）创设想象情境，发展想象能力。

想象情境是立足于学生的想象活动，从表象中获取经验，再加以整合的情境。在创造性思维发展中，观察力、想象力、知识储备等都起到重要的作用。想象情境常常以实体情境、语表情境或模拟情境为载体，并比这些情境更广阔、更富有感情色彩。我国思维科学学科带头人，"相似论"的创立者张光鉴先生在《从思维科学看情境教育的重要性》一文中指出，牛顿在看到苹果落地这个情境下悟出了万有引力定律，阿基米德在洗澡的情境中悟出了浮力，而爱因斯坦就是在坐电梯时认识到惯性力和引力是等效的。科学家的创造性思维，就是在某种情境中解决问题时的一种思维，所以说什么是培养创造性思维，就是不断地在情境中培养儿童的想象，培养他们解决问题的能力，从小就要培养。李吉林认为想象是儿童最宝贵的思维品质，因为想象孕育着创新的嫩芽，想象是开发儿童创新潜能、发展创造力的一把金钥匙，儿童的创新往往萌发于他们的奇思妙想之中，应当采取创造性复述、想象作文、续编课文和童话故事等多种手段来训练学生的创造力①。在《海洋童话》习作教学中，实验教师设置了"看一看、画一画、说一说、写一写"等形式，来提高学生的说话能力，激发他们写作的兴趣，培养他们的想象力。如"画一画"环节中，教师给每个孩子都发了一张大海的图片，让学生给图画添加点什么。有的学生添加点海带、海草等等；有的添加些海洋生物，比如海龟、鲸鱼、带鱼等等；还有的添加上海螺、文蛤、大虾、螃蟹；也有学生在海面上画上海鸥、勺嘴鹬等鸟类。整个画面变得丰富多彩、生机勃勃了。在"说一说"的环节中，学生编写了许多有趣的海底童话，想用小鱼帮助乌贼找吃的、乌贼帮助小鱼脱险的故事，告诉大家要互相帮助才能生存下去；有的学生想用大鲨鱼教小鲨鱼游泳捕食的故事告诉大家，要努力要勇敢，才能变得更出色；有的学生想借海螺贴着海

---

① 顾明远：《李吉林和情境教育学派研究》，教育科学出版社 2011 年版，第 222 页。

船到世界各地旅行的故事告诉大家，只有勇敢地走出去才能看到外面精彩的世界……想象让学生的思维变得更广阔、更灵活、更形象、更独特。

（三）总结推广（2015年7月—2016年8月）

（1）校内推广。利用学校教研组的活动平台，展示课题研究成果，在各年级推广情境作文教学的研究成果，惠及536名师生。

（2）区域推介。第一，利用县内教学共同体的活动平台，展示课堂教学，并在学校交流汇报中推介研究成果。第二，积极承办如东县情境教育专题研讨活动，开设教学研究课，并在研讨活动中以讲座的形式推广课题研究取得的成果。在江苏省"十二五"规划课题开题活动中执教《四季的脚步》一课，获得好评，在如东县马塘小学、如东县栟茶镇浒零小学等学校承办的情境教育专题活动中做课题研究讲座《习作教学中的四少和四多》《源引生活之水激活情境作文》。第三，在县级以上骨干教师的培训活动中进行推广，2016年8月21日在县骨干教师培训活动中做了《追求理想的习作教学》的专题讲座。第四，外出送教，在2016年7月，课题主持人赴新疆伊犁哈萨克自治州伊犁职业中专（师范）学校，在为期20天的援疆支教活动中做了《小学语文情境教学实践研究》的讲座培训。

（3）师生成果展示。课题组的论文《源于观察，驰骋情智》发表在《新作文》2015年第10期，《海文化习作情境催开创造性思维之花》发表于《生活教育》2015年12期，《让习作教学植根于乡土文化的沃土》发表于《新作文语文教学研究》2016年第3期，《挖掘海边生活情趣，激发创造性思维》发表于《新作文》2016年第7期，论文《源引生活之水，激活情境作文》发表于《新作文》2016年第10期，并获省"行知杯"论文评比二等奖。实验学校教师在县以上开设公开课讲座28节，课题主持人赵娟在江苏省"蓝天杯"小语会课比赛、华东地区创新优质课比赛中获一等奖，在省市课堂教学比赛中获奖。全校近202人次在县级以上的作文、科技等比赛中获奖或发表作品，赵娟、顾十群等老师被评为省市县优秀指导老师。

（4）课题深化研究。在前期研究基础上，申报成功江苏省教育科学规划十二五课题《习作情境创设与乡村小学生创造性思维培养研究》，通过该课题的深入研究，推广前期研究成果，并继续深化研究。

五 实验结果

（一）实验班与对照班学生创造力的前测比较

1. 实验班与对照班学生创造性思维的前测比较

独立样本 t 检验结果显示（见表10—26），三年级创造性思维前测中，流畅性存在极其显著性差异，沉思性存在显著性差异，标题抽象性和总分存在非常显著性差异。说明三年级实验班的创造性思维高于对照班。

五年级的创造性思维前测中，精致性存在显著性差异，独创性存在非常显著性差异，沉思性和总分存在极其显著性差异。说明五年级实验班的创造性思维低于对照班。

表10—26　　　　实验班与对照班学生创造性思维的前测比较

维度	组别	三年级			五年级		
		M	SD	t	M	SD	t
流畅性	实验班	25.02	7.61	4.587***	25.60	6.88	-1.638
	对照班	18.20	5.73		28.63	8.50	
精致性	实验班	2.09	1.13	1.726	4.26	2.01	-2.210*
	对照班	1.68	1.07		5.17	1.40	
独创性	实验班	7.47	2.48	0.650	4.20	3.39	-3.386**
	对照班	7.08	2.98		7.17	3.93	
沉思性	实验班	6.23	3.36	2.345*	5.29	2.62	-6.130***
	对照班	4.43	3.67		9.57	3.20	
标题抽象性	实验班	3.67	3.26	-2.837**	4.34	3.10	-.202
	对照班	5.78	3.49		4.51	3.95	
总分	实验班	44.49	11.00	2.971**	43.69	11.78	-3.981***
	对照班	37.15	11.50		55.06	12.12	

2. 实验班与对照班学生创造性人格的前测比较

独立样本 t 检验结果显示（见表 10—27），三年级创造性人格前测中，只有想象力存在显著性差异，实验班儿童的想象力分数显著更低。说明实验班和对照班的创造性人格不存在显著差异。五年级创造性人格前测中，四个人格维度以及总分都没有显著性差异，说明实验班和对照班的创造性人格不存在显著差异。

表 10—27　　　　　实验班与对照班学生创造性人格的前测比较

维度	组别	三年级			五年级		
		M	SD	t	M	SD	t
冒险性	实验班	23.67	3.08	-0.530	23.77	2.87	-1.651
	对照班	24.03	2.94		25.11	3.55	
挑战性	实验班	28.33	3.44	0.065	29.31	2.48	0.423
	对照班	28.28	3.70		29.00	3.41	
想象力	实验班	25.28	3.18	-2.409 *	27.69	4.10	1.809
	对照班	27.03	3.42		25.71	4.54	
好奇心	实验班	31.28	4.47	-1.210	33.83	3.71	0.648
	对照班	32.38	3.71		33.18	4.25	
总分	实验班	108.56	10.65	-1.382	114.60	10.35	0.552
	对照班	111.70	10.02		113.00	12.66	

（二）实验班与对照班学生创造力的后测对比

1. 实验班与对照班学生创造性思维的后测比较

独立样本 t 检验结果显示（见表 10—28），三年级创造性思维后测中，尽管总分不存在显著性差异，但独创性存在显著性差异。说明一年的实验促进了实验班儿童的独创性的发展。

五年级创造性思维后测中，创造性思维五个维度以及总分均没有显著性差异，但和前测对照，五年级的精致性、独创性、沉思性和总分实验班原有的弱势消失，说明一年的实验产生了良好效果。

表 10—28　　　　　　实验班与对照班学生创造性思维的后测比较

	组别	三年级			五年级		
		M	SD	t	M	SD	t
流畅性	实验班	35.23	3.87	0.979	32.29	7.25	1.070
	对照班	34.28	5.00		30.36	6.92	
精致性	实验班	5.67	1.06	0.696	4.86	1.17	−1.288
	对照班	5.50	1.22		5.21	1.00	
独创性	实验班	16.33	3.91	2.202*	16.26	5.59	1.170
	对照班	14.63	3.04		14.68	4.97	
沉思性	实验班	6.42	4.08	−0.184	6.80	3.02	1.078
	对照班	6.58	3.62		6.04	2.49	
标题抽象性	实验班	5.51	5.56	1.181	4.77	4.11	0.114
	对照班	4.28	3.74		4.64	4.81	
总分	实验班	69.16	10.65	1.719	64.97	16.11	1.024
	对照班	65.25	10.04		60.93	14.86	

2. 实验班与对照班学生创造性人格的后测比较

独立样本 t 检验结果显示（见表 10—29），三年级创造性人格后测中，冒险性、想象力、好奇心和总分存在极其显著性差异，挑战性存在非常显著性差异。说明一年的实验干预对学生的创造性人格产生了极其显著的影响。

五年级创造性人格后测中，好奇心存在极其显著性差异，总分存在非常显著性差异。说明在后测中五年级对照班和实验班的创造性人格整体发展存在显著性差异，这种整体进步主要来自于好奇心。

表 10—29　　　　　　实验班与对照班学生创造性人格后测的比较

	组别	三年级			五年级		
		M	SD	t	M	SD	t
冒险性	实验班	27.14	2.58	6.049***	24.97	3.07	1.501
	对照班	23.43	3.01		23.82	2.96	

续表

	组别	三年级			五年级		
		M	SD	t	M	SD	t
挑战性	实验班	30.58	3.15	3.034**	28.14	3.90	1.681
	对照班	28.60	2.77		26.54	3.60	
想象力	实验班	31.49	4.06	5.268***	28.63	4.49	1.564
	对照班	26.68	4.26		26.96	3.80	
好奇心	实验班	35.47	4.01	4.453***	33.17	4.01	4.099***
	对照班	31.35	4.41		29.32	3.28	
总分	实验班	124.67	10.85	5.847***	114.91	10.68	3.223**
	对照班	110.05	11.94		106.64	9.37	

（三）实验班学生前测和后测配对分析

为了控制个体差异可能引起的误差，进一步对实验班的创造性思维和人格前后测进行配对分析。

1. 实验班学生创造性思维前测和后测配对分析

配对样本 t 检验结果显示（见表10—30），三年级实验班创造性思维中，流畅性、精致性、独创性、标题抽象性以及思维总分的后测分数明显高于前测分数，说明实验前后创造性思维的五个维度中，流畅性、精致性、独创性和标题抽象性这四个维度的分数以及思维总分均有明显变化，从这四个维度的分数的均值可以看出，实验后的分数均比实验前高，表明实验对流畅性、精致性、独创性和标题抽象性的发展是有效的。

表10—30　　　　实验班学生创造性思维前后测的比较

	组别	三年级			五年级		
		M	SD	t	M	SD	t
流畅性	前测	25.02	7.61	−7.220**	25.60	6.88	−3.405**
	后测	35.23	3.87		32.29	7.25	
精致性	前测	2.09	1.13	−15.185**	4.26	2.01	−1.759
	后测	5.67	1.06		4.86	1.17	

续表

	组别	三年级			五年级		
		M	SD	t	M	SD	t
独创性	前测	7.47	2.48	−13.813**	4.20	3.39	−11.229*
	后测	16.33	3.91		16.26	5.59	
沉思性	前测	6.23	3.36	−0.258	5.29	2.62	−2.500**
	后测	6.42	4.08		6.80	3.02	
标题抽象性	前测	3.67	3.26	−2.156*	4.34	3.10	−0.581
	后测	5.51	5.56		4.77	4.11	
总分	前测	44.49	11.00	−11.704**	43.69	11.78	−5.991**
	后测	69.16	10.65		64.97	16.11	

　　五年级实验班创造性思维中，流畅性、独创性、沉思性以及思维总分的后测分数显著高于前测分数，说明实验前后创造性思维的五个维度中，精致性和标题抽象性的分数没有明显变化，流畅性、独创性、沉思性的分数有显著变化，从这三个维度的分数的平均值可以看出，实验后的分数比实验前的分数高，表明实验对流畅性、独创性、沉思性的发展是有效的。

　　2. 实验班学生创造性人格前测和后测配对分析

　　配对样本 t 检验结果显示（见表10—31），三年级实验班创造性人格中，冒险性、挑战性、想象力、好奇心以及总分的后测分数明显高于前测分数。说明实验前后创造性人格的四个维度的分数都有明显变化，且后测分数都明显高于前测分数，表明实验对创造性人格的四个维度都有效果。

表10—31　　　　实验班学生创造性人格前后测的比较

	组别	三年级			五年级		
		M	SD	t	M	SD	t
冒险性	前测	23.67	3.08	−6.175**	23.77	2.87	−2.108*
	后测	27.14	2.58		24.97	3.07	

	组别	三年级			五年级		
		M	SD	t	M	SD	t
挑战性	前测	28.33	3.44	-3.887**	29.31	2.48	1.442
	后测	30.58	3.15		28.14	3.90	
想象力	前测	25.28	3.18	-10.171**	27.69	4.10	-0.941
	后测	31.49	4.06		28.63	4.49	
好奇心	前测	31.28	4.47	-5.113**	33.83	3.71	0.670
	后测	35.47	4.01		33.17	4.01	
总分	前测	108.56	10.65	-9.102**	114.60	10.35	-0.120
	后测	124.67	10.85		114.91	10.68	

五年级实验班创造性人格中，冒险性的后测分数明显高于前测分数。说明实验前后创造性人格的四个维度中，冒险性的分数有显著变化，实验后的分数比实验前的分数高，表明实验对冒险性维度有效。

（四）实验班儿童的案例追踪分析

课题组对两个实验班进行了追踪，发现实验班学生的自信心、好奇心、求知欲更强，在课堂上发言更积极，视野更开阔，敢于发表自己的观点，口头表达能力有了明显提高。对于习作课不再有明显的害怕情绪，作文想象力丰富，能独立选材，题材新颖，审美感强。

案例1：三（2）班学生芷琪形象思维强，兴趣爱好广泛，参加实验以来，在活动中视野得到扩展，能力得到发展，思维得到训练，其学习的好奇心、思维的独创性、灵活性、精致性以及面对挑战的坚持性都有了很大的提升。她和爸爸妈妈一起到海边赶海，捉螃蟹、捞海鱼、捡贝壳……回来之后，她根据贝壳的不同形状，做了许多的贝雕，如"牧童骑牛""雏鹰展翅""孔雀开屏""鸳鸯戏水"等，还和妈妈一起做了个漂亮的风铃挂在家里的窗户上，风一吹就发出清脆的响声。在参加学校的"观鸟"情境实践活动后，她对家乡海边独特的鸟类勺嘴鹬有了浓厚的兴趣，在代表学校参加小巧手比赛时，自然而然地把自己心目中的勺嘴鹬形象呈现出来，其贝雕作品《我和勺嘴鹬》获得评委们的一致好评。

她的音乐老师张老师说她自从上了三年级以后，变得比以前更大胆更自信了，课本剧表演栩栩如生，获得了镇第一的好成绩；故事演讲绘声绘色，获得了"故事大王"美誉；中队活动中幽默风趣的主持风格，给大家留下了深刻的印象……美术老师发现她绘画方面也有质的飞跃，绘画的内容变得丰富多彩，构图变得大胆创新，用色变得不拘一格。而且她的电脑绘画作品也多次获奖。（实验班老师：戴春红）

案例2：五（1）班学生成成平时说话声音小，一说话脸就红，开展情境作文教学以来，他经常和伙伴们一起去校外参加实践活动，走访老渔民、参观围垦博物馆，参加海边野炊、到海边放风筝、观海鸟等活动。孩子妈妈说："孩子在低年级时说话比较害羞，不敢大胆表达，现在回到家居然和我经常交流学校的见闻收获，说起来头头是道。"在活动中，他的语言表达能力提高明显，想象能力出乎教师意料，参加全省机器人大赛获得一等奖，写的作文在班级上被作为例文供同学赏析。美术课上，同学们采集贝壳，制作贝雕，其他学生只做了一个，他却做了三个造型，并且给作品取了非常新颖的名字：牧童骑黄牛、雏鹰展翅、孔雀开屏。（实验班老师：顾十群）

案例3：五（1）班学生小圣是参加实验以来提升最快的孩子之一。小圣四年级期末考试时，作文竟然只写了100多个字，孩子怕写作文，也不会写作文，孩子家长说每次回家写日记总要纠结半天，无从下笔。通过实验研究，他开始慢慢融入课堂教学，主动性增强，能积极参加课堂交流，从有话说到爱上表达。顾老师在班上组织了读书漂流的活动，鼓励大家多读书、多观察、多参加活动、多练笔，渐渐地他也爱上作文，也渐渐地掌握写作文的一些技巧。在每周班级"七色花作文吧"的赏读活动中，他的作文也被选录进去，在全班推荐赏读，自信的建立，越来越唤醒了小圣同学内在的创造潜能。小圣去年参加县书信文化大赛获得一等奖，五（1）班更有十多名学生获得等级奖。通过实验研究，学困生的学习兴趣、表达欲望和想象能力也有了明显提高。（实验班老师：顾十群）

六　对实验结果的讨论

实验结果显示，实验有效地促进了实验班三年级和五年级儿童的创造性思维与创造性人格的发展。

（一）习作情境创设对儿童创造性思维发展的影响

（1）优化习作情境的创设发展了学生的形象思维和抽象思维。人从感官、理解和交流中获得知识，情境教学通过生动形象的语言描绘、画面呈现、角色扮演等等，寓教学内容于具体形象的情境之中，使学生身临其境或如临其境，借鲜明具体的形象，让学生在感知、理解、交流中得到抽象的理性的顿悟，同时还能激发学生的学习情绪和学习兴趣，使学习活动成为学生主动的、自觉的活动。

（2）优化习作情境的创设可以促进学生创造性思维的广阔性和独创性。习作情境取自自然和生活，给学生提供了广阔的活动和思维的空间，让学生进入一种愉悦宽松的思维境界，在认识周围世界的典型场景中，展开丰富的想象，积极主动地思考问题，畅所欲言，丰富自己的个性表达。在教学过程中，学生围绕要解决的问题，收集以往资料，积累知识素材，收集的资料越丰富，越有利于开阔思路，受到启发，解决问题。

（3）优化习作情境的创设可以促进学生的求异思维，发展思维的灵活性。求异思维是创造性思维的一种主要形式，教师利用推理情境、想象情境，创设问题情境，从文题宽泛的范围、材料的多样性选择、表达形式的不同上，鼓励学生的求异意识。学生的习作取材、命题和表达手法灵活多样，力求新意。

（二）习作情境教育有效提高三年级学生的创造性人格

两因素方差分析的结果显示，实验有效地提高了三年级实验班学生的冒险性、挑战性、想象力和好奇心。三年级学生处于人格发展的初期，在习作情境教育的影响下人格提高明显，通过创设习作情境，唤醒了学生们的潜能，让他们在习作教学的活动中发展自身的人格。在习作教学中，不局限于单一的教学形式，鼓励学生自己创造、大胆想象、挑战不可能，对每个问题都寻找不同的答案，而不是统一标准答案。在课堂上保持轻松愉悦、民主自主的氛围，让学生独立思考、自主学习、想要习作和喜欢习作。

实验对五年级学生的冒险性、挑战性、想象力和好奇心维度均没有明显效果。但是进一步比较发现，五年级对照班学生的冒险性、挑战性和好奇心随着年龄的增长有一定下降，这和学校教育对于学生的学习要求有密切关系，由于小学高年级学业考试的压力，忽略了甚至阻碍了学生创造性人格的发展。而五年级实验班教师在平时教学中特别注重鼓励学生探索未知世界，例如尝试一题多解、学习骑单车、尝试一个人睡觉、到社区服务、参加科技创造活动等，这些都有助于培养学生的冒险精神，因而实验班学生的冒险性维度相比对照班还是有了明显提高。实验班与对照班学生创造性人格的后测比较中好奇心维度也有显著差异。实验班学生的创造性人格没有下降，人格总分相对还有一定提高。

（三）习作情境教育对学生创造力影响的发展变化

总体来说，习作情境教育对学生的创造力有影响，但对于不同维度和不同年级有着不同的影响程度。三年级学生和五年级学生的智力水平不同，思维的程度也不同，所以习作情境教育对他们的影响也不同。

三年级学生处于创造性发展的初期，相比较五年级的学生来说发展的空间较大，提升的空间也较大。三年级学生的创造性人格在习作情境的教育之下影响最为明显，显著提高了三年级学生的创造性人格中的所有维度，说明情境教育能有效提高中低年级学生的创造性人格，但对高年级学生的创造性人格影响很小。所以培养创造性人格需要从小开始。

在创造性思维方面，情境教育对两个年级都有影响，不过影响的维度不同，三年级学生的流畅性和标题抽象性有提高，五年级学生的独创性和沉思性有提高，说明了情境教育对不同年龄段的学生创造性思维的影响也是不一样的。所以培养创造性思维需要从低年级开始，在中低年级时培养流畅性和标题抽象性，在高年级时培养独创性和沉思性，这样的培养是最全面的。至于精致性，习作情境教育对其暂时没有提高，这与我们课堂教学的关注点与侧重点有关，所以通过习作情境教育来提高学生的精致性是有可能的，只要在教学方案与课堂教学中多加提点即可。

从实验结果可以看出，习作情境教育的施行效果与儿童的年龄和大脑发育情况密切相关。思维的流畅性、标题抽象性在低年级时会受到情境教育的影响，当达到一定年龄时，便不再受到情境教育的作用；思维的独创性和沉思性在低年级的时候不会有太多发展，而当进入高年级后，大脑发育相对成熟一些时，独创性和沉思性会在情境教育的影响下随着年龄的增长不断发展；实验对思维的精致性无影响。

七　实验结论

习作情境创设作为一种以儿童为本的教育方法，将习作与情境教育有效联系起来，创设与教学内容有关的情境，让学生们在情境中学习习作、进行习作和享受习作，使原本枯燥的习作活动变得丰富多彩，使习作教学"活"起来。总体来说，习作情境创设对学生的创造力发展有着较为明显的促进作用，说明全面推行情境教育的重要性。习作不单单是一门课程，也是培养学生创造力的一个窗口，合理有效地利用起这门课，将会使孩子们受益终生。

尽管实验结果验证了实验假设，但实验过程依然引起了我们的许多反思：

（1）在习作情境教育的设计过程中，要结合不同年龄阶段学生的心理生理特点，更加贴近学生，贴近生活，适应学生的发展需求。以大情境统领整堂课，小情境突破重难点，用变化的情境发散思维。善于利用情境角色扮演、情境再现和过程模拟等教学手段，使学生自主运用所学知识解决实际问题，使其获得成功的情绪体验，增强自尊自信。

（2）从小学低年级阶段开始推行说话写话的情境教育，为学生的创造性思维和创造性人格的发展提供一个开放、自由的环境。创造性思维和创造性人格在低年级的时候可塑性较强，因此情境教育要从娃娃抓起，为创造力的产生创造良好的条件。

（3）在情境教育的推行过程中，不仅仅局限于习作这一学科，要以点带面，积极探索不同学科的特点，将其融入情境教育中去，在整个教育教学领域中，形成情境教育助推创造力发展的新景象。同时，情境教育的推广要深入到家庭教育中去，以游戏、竞赛和实验等为主要情境，以亲子合作为主要学习方式，家校联合，共同发力，为创造力的发展提供良好的环境，为国家的未来塑造创新型人才。

执笔：赵娟

第七节　语文问题情境教学促进乡村儿童创造力发展的实验研究*

儿童是 21 世纪现代化建设的中坚。社会的迅猛发展，日新月异的变化，需要学校有效地发展儿童的创造性思维。通过各种教学，发展儿童的创造性思维，小学语文教学起着十分重要的作用。如何更好地在语文学科教育中培养学生的创造力，使创造力培养能普遍落实在日常的学科教学活动中，使创造力培养走向系统和科学化，是我们的梦想。

一　问题提出

创造力培养不是某一时代的创举，它伴随着人类社会发展而存在。理性思维、勇于探究、创意表达、乐学善学、勤于反思、批判质疑和问题解决已经成为中国学生发展应具备的核心素养。着眼于创新人才的早期培养，探索实施儿童创造教育的途径和方法，已成为我们教育人士义不容辞的责任。

"学问是什么？学问是学习怎样问问题。"杨福家教授一语中的，当一个孩子懂得了怎么去问问题，就等于拥有了一把万能钥匙。足见问题意识的重要性，我们要在语文教学中，让孩子善于发现并提出问题，保有解决问题的热情和兴趣，小组合作在特定的情境中，合理制定解决问题方案，提高儿童的思维与创造能力。传统语文教学从"满堂灌"到"满堂问"，碎问碎答且费时低效，"提问"似乎成了教师的"法宝"，学生被动学习语文，这样的语文学科教学的弊端，引发了无数语文教学改革。情境教育理论在小学语文教学中的实践，让我们找到了语文问题情境与儿童创造力发展的根脉。由于留守儿童的增多、信息的封闭、教学

* 本节系国家社会科学基金教育学一般课题"情境教育与儿童创造力发展的实验与研究"的实验课题"乡村小学语文问题情境与创造力发展的实验研究"（批准号：BHA120051—12）的研究成果。实验学校：如东县河口镇于港小学、河口小学；主持人：薛小丽；核心组成员：吴四海、吴刚刚、范丽华、李爱芸、陈爱华、田祝均、薛强、徐亚琴、周小兵、杨柳佳（南通大学）。

方法的陈旧,乡村小学生相对比较安静、规矩、听话,主动学习、合作、探究、想象、创新力低,不会提问、质疑,被动接受、强化储存。课堂中让学生提出问题、创设问题情境,对于孩子来说,无疑是打开了乡村小学生创造力之门。

基于以上认识,本课题定位于创造性人才的早期培养,旨在以问题情境创设为手段,以乡村小学生创造性思维和创造性人格发展为核心,注重改善影响学生语文学习力的内在因素和外部因素,从而提高学生的语文核心素养,为提升创新人才的早期培养水平提供具有中国乡土特色的情境教育范型。

二 理论基础

(一) 情境教育理论

情境教育从小学语文情境教学的探索开始,逐步发展成为情境教育学派,已经历了40多年的历程。"每个大脑发育正常的孩子如同一粒沉睡土壤、等待萌发、急切破土的种子,都孕育着创造力。"[①] 作为一个始终站在教改前沿的教育家,李吉林十分重视儿童创造力的培养,围绕"创新"与"儿童"两个关键词,开展了各种行之有效的创造教育活动,为本课题研究提供了坚实的理论依据。

(二) 问题情境理论

马赫穆托夫创立了"问题教学"理论,美国芝加哥大学盖泽尔斯把问题分为呈现型、发现型、创造型问题三类,都为本课题的研究提供了弥足珍贵的理论依据。

三 实验设计

(一) 实验对象

根据学校情况确定三、五两个年级进行改革实验,三(2)班、五(2)班为实验班,三(1)、五(1)班为对照班(参见表10—32)。

---

① 李吉林:《教育的灵魂:培养学生的创新精神(上)》,《人民教育》2001年第9期。

表 10—32 实验班和对照班基本情况

实验班				对照班			
班级	人数	男生	女生	班级	人数	男生	女生
三（2）	41	22	19	三（1）	42	21	21
五（2）	46	24	22	五（1）	52	21	31

（二）实验变量

1. 自变量

本课题的自变量是"语文问题情境教学"。"语文问题情境教学"是指语文教学中，教师有意识、有目的地把若干的新知巧妙地渗透到新奇有趣的情境之中，以情境中的问题解决为需要，激发学生在情境中发现问题以及自主或合作分析问题、探究问题、解决问题的兴趣和热情，寻找解决问题的策略和方法。

2. 因变量

本课题的因变量是儿童创造力，包括儿童创造性思维和创造性人格。

3. 干扰变量的控制

本实验为准实验，在不影响正常教学的情况下，采取了必要的控制措施：三年级和五年级两个年级根据上学期的成绩进行公平公正的分班。在自然的、正常的教育教学活动中进行作文、阅读、口语交际的情境教育实验，坚持整体改革实验的方向，最终达到知、能、情三维目标和创造力的整体和谐发展。实验班和对照班学生的人数、性别比例、学业成绩和家庭大致平衡，班主任能力、任课老师的适用的教材、教学水平及教学时间、教学进度、课外活动大致相同。

（三）测量工具

本课题采用《托兰斯创造性思维图画测验》和《威廉姆斯创造倾向测验》来测量儿童的创造性思维和创造性人格，前者测量思维的流畅性、沉思性、独创性、精致性和标题抽象性，后者测量人格的挑战性、冒险性、想象力和好奇心。

（四）统计分析

采用统计学软件 SPSS18.0 对数据进行统计分析。

四　实验过程

（一）前期准备（2014 年 4 月—2014 年 8 月）

（1）课题组的建立。建立研究小组，召开本课题组专题会议。根据课题实验要求确定课题研究的实验班、对照班，以及相关实验教师。对情境教育已有文献进行分析，对国内外创造力研究成果进行梳理，课题组成员一起开始情境教育与创造力的实验设计。撰写实验方案，邀请专家开题论证。

（2）理论学习。对情境教育已有文献进行文本分析和经验分享，对国内外创造力研究成果进行文献梳理，探寻国内外创新人才早期培养的成功经验和典型案例。注意搜集、整理国内外研究文献，充分发挥项目组部分成员的外文优势，跟踪学术前沿，作出综述，避免重复。主要参考文献有《培养创造力》《创新教育新论》《情境教育三部曲》《情境教育的诗篇》《实验研究指导》等。

（3）研究前测。对于实验班和对照班采用《托兰斯创造性思维测试》和《威廉姆斯创造倾向测验》测量儿童的创造性思维和创造性人格的发展现状。

（二）实验研究（2014 年 9 月—2016 年 1 月）

实施阶段分探索性实验阶段（2014 年 9 月—2015 年 6 月）和再验证实验阶段（2015 年 7 月—2016 年 6 月）。这一阶段的实验内容丰富，定期组织实验研究实践体会交流，开展实验教师读书交流活动。组织实验教师的研究课展示活动，发挥课题组的引领作用。校内开展每两周一次的研究活动，并保证一学期对全县开展一次情境教学展示活动。对照班不进行干预，按照常规上课；实验班开展多姿多彩的情境教育活动，组织实验后测。2015 年 6 月底，圆满完成了实验后测的各项工作，及时完成了实验课例的征集整理工作。

通过实验，课题组教师探寻了创设和优选语文问题情境促进儿童创造力发展的教学原则，构建促进儿童创造力发展的问题情境的教学类型。

1. 教学原则

（1）自主探究性原则。语文教学中，重在把儿童带入一定的问题情境，在探究中激发学习动机，基于自己的知识经验和认知水平去建构自己的知识结构并且赋予其经验与意义，充分体现其自主性。

（2）主体性原则。在教学中强调学生为本的三性，即主体性、能动性和创造性。课堂教学的一切行为都应该服从、服务于学生的"学"。通过问题情境的创设，促进学生进入"真"的学习状态，自主先学、质疑问难、小组合作和课堂展示。

（3）以学定教的原则。根据学生自主学习中的问题，科学确定教学起点、教学目标和教学方式。教师要善于分析学情，观察学生学习时的状态、文本笔记上的标注，及时发现问题，根据学情随时调整教学思路，因材施教，分层要求。用敏锐的眼光发现真问题，提高教学针对性。

（4）创造性原则。优化语文问题情境，让儿童自主发现问题、创造问题，生生互动去探究问题、解决问题，使儿童处于创造性思维的最佳心理状态。

2. 问题情境教学类型

在实验班，我们全面开展语文问题情境教育，通过对课堂活动的干预，建构起了语文情境课程网络以及问题情境创设的实施情况。引导学生带着问题"听"，围绕问题"辩"，寻找问题"究"。根据课题自变量，我们的语文课堂应围绕问题情境来完成课堂教学，呈现型、发现型和创造性三种问题形式可以单独使用，成为课堂教学的主体，也可以相互交流，不断生成，演绎不一样的课堂教学模式。

（1）呈现型问题情境教学。

呈现型问题是教学中最常用、最典型的问题情境，既定的问题、标准的答案，结论的获得只是"按图索骥"。在语文教学中，教者可以根据儿童的年龄特征与课标精神的实际需要，创设问题的情境，设计一两个主问题，努力挖掘学生的潜能，围绕主问题来分析、解决问题，为培养学生创造力奠定基础。呈现型问题情境教学是学生探究的过程，是在他们本身的"呈现问题——确定问题——解决问题——迁移问题"的矛盾运动中进行的。呈现型问题情境教学过程可以用图10—9表示。

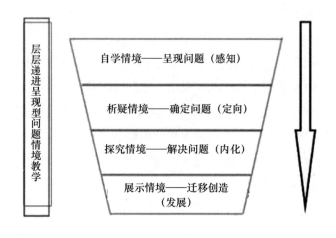

图10—9　呈现型问题情境教学

（2）发现型问题情境教学。

发现型问题虽然不是教者或教科书直接给定的，但答案明确，需要儿童自己提出或发现，对儿童而言是探索。本课题将根据教材中课文文体的不同，从故事、寓言、诗歌、童话、说理文、状物等不同教学去梳理情境教育已有的理论成果和实践经验，从学生问题情境创设这一角度，试图揭示每一种文体在课堂教学中的特质，并借鉴李吉林的情境教育理论以及国内外其他相关的先进理论和方法，从学生问题情境优化的视角调整课堂教学方法和教学模式。发现型问题情境教学流程见图10—10。

（3）循环式问题情境教学。

在语文课堂教学中，我们应当不满足于呈现问题，让学生学会解答问题（即使这种任务式的课堂教学相对完整、按照老师预设，能很好地完成教学目标），也不应当止于让学生发现问题，解决问题，要尝试在课堂教学中，让学生提出创造性问题。在这样的问题导学教学中发现问题、创造性问题是不断循环、交互生成的，这样的课堂是生态的，学生的思维是不断碰撞与创新的，一节课最关键、最核心、最精彩的地方和价值，恰恰是生成不同的问题，诞生精彩的观点。具体操作流程如图10—11所示。

（4）发散式主问题情境教学。

课堂教学中，创设精少、灵活、特定的问题情境，利用一个主问题来

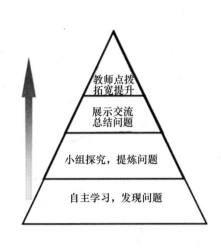

图 10—10　发现型问题情境教学

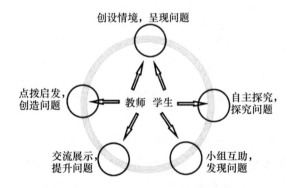

图 10—11　循环式问题情境教学

激活课堂、创新教学，让学习者真正成为有序学习活动的主体①。在这样的课堂教学中，学生围绕主问题发散性地发现新的问题，创造新的问题。

　　在由"主问题"牵引的阅读课堂上，教师与学生的对话是高度精练和有着充分预设的。这就要求每一位教师都能充分了解学生的实际能力和实际需求，细致深入地解读文本、把握文本的主旨，全面了解教材的

————————

① 俞国良：《创造力心理学》，浙江人民出版社 1999 年版，第 8 页。

板块与整体结构，这样才能独立而又系统地围绕目标和学情设计出高价值的"主问题"，处理好"预设"与"生成"的关系。这个过程，能够成为教师自主学习、自我提升的过程，这对于教师的专业成长是一件非常有意义的事（具体见图10—12）。

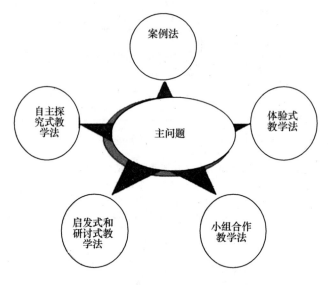

图10—12 发散式主问题情境教学

（三）总结推广（2015年9月—2016年11月）

召开学术沙龙和实验情况汇报会，实验老师分享实验心得和感受，把实验中获得的经验进行总结推广，在河口镇河口小学进行了推广性实验。利用学校教研组的活动平台，展示课题研究成果，利用听课磨课的机会，渗透情境语文的研究成果。利用县内教学共同体的活动平台，展示课堂教学，并在学校交流汇报中推介研究成果。积极承办如东县情境教育专题研讨活动，开设教学研究课，并在研讨活动中以讲座的形式推广课题研究取得的成果。先后在南通市郭里园小学、如东县栟茶镇栟茶小学等学校承办的情境教育专题活动中做课题研究讲座。在前期研究基础上，课题组申报成功县情境教育实验学校，通过该课题的深入研究，推广前期研究成果，并继续深化研究。我们从呈现型问题导学、发现型问题探究，到创造性问题探究，三个不同层面，分不同学段、不同文体的语文教材进行归类、实验，总结构建了适合小学语文教学的问题情境导学模式。发表省级以上论文 11 篇，执教县市级公开课 23 节。

五　实验结果

使用《托兰斯创造性思维图画测验》和《威廉姆斯创造倾向测验》对实验班与对照班学生的创造性思维与创造性人格进行了前测和后测，形成数据分析报告。

（一）实验班与对照班儿童的创造力前测比较

通过三、五年级学生创造性思维的前测，独立样本 t 检验结果显示，三年级和五年级实验班分数与对照班分数均存在显著差异。三年级除标题抽象性外，实验班在流畅性、精致性、独创性和总分方面，均显著低于对照班。五年级除流畅性外，精致性、独创性、沉思性和标题抽象性和总分方面，实验班显著高于对照班（参见表 10—33）。

表 10—33　　　　　三、五年级儿童创造性思维前测比较

维度	班级	三年级			五年级		
		M	SD	t	M	SD	t
流畅性	实验班	24.95	8.97	-2.162^*	24.62	6.69	-3.520^{**}
	对照班	28.60	6.07		29.75	7.59	
精致性	实验班	3.56	1.63	-9.171^{**}	5.67	1.87	5.776^{**}
	对照班	6.71	1.50		3.66	1.57	
独创性	实验班	3.73	1.84	-8.386^{**}	10.89	4.17	11.562^{**}
	对照班	9.24	3.82		3.08	1.92	
沉思性	实验班	4.63	2.40	-1.721	9.00	3.98	5.898^{**}
	对照班	5.45	1.90		4.94	2.54	
标题抽象性	实验班	4.78	3.10	2.691^{**}	6.89	3.25	3.220^{**}
	对照班	3.14	2.40		4.87	2.96	
总分	实验班	41.66	12.50	-4.895^{**}	57.07	12.72	4.555^{**}
	对照班	53.14	8.55		46.30	10.68	

注：$^*p<0.05$ 表示显著差异，$^{**}p<0.01$ 表示非常显著差异，$^{***}p<0.001$ 表示极其显著差异。下同。

通过三、五年级学生创造性人格的前测，从独立样本 t 检验结果显示，在冒险性、好奇心方面，三、五年级实验班分数与对照班分数均存在非常显著差异，三、五年级实验班的冒险性、好奇心分数和总分均显著低于对照班；五年级所有指标，实验班都显著低于对照班（参见表10—34）。

表10—34　　　　　　三、五年级儿童创造性人格前测比较

维度	班级	三年级			五年级		
		M	SD	t	M	SD	t
冒险性	实验班	23.10	2.69	−2.676**	22.22	3.13	−4.311**
	对照班	24.74	2.89		25.08	3.38	
挑战性	实验班	28.17	3.09	−1.733	26.29	3.17	−3.804**
	对照班	29.36	3.15		28.49	2.56	
想象力	实验班	26.76	3.69	−1.798	25.44	4.77	−5.055**
	对照班	28.12	3.12		29.83	3.62	
好奇心	实验班	31.15	4.16	−2.278*	29.87	4.58	−5.119**
	对照班	33.19	4.01		34.09	3.38	
总分	实验班	109.17	9.64	−2.736**	103.82	10.27	−6.480**
	对照班	115.40	11.05		117.49	10.52	

（二）实验班与对照班儿童的创造力后测对比

通过三、五年级学生创造性思维的后测，独立样本 t 检验结果显示，三年级在流畅性、精致性、独创性、标题抽象性和总分方面，实验班分数均显著高于对照班。五年级在标题抽象性方面，实验班分数显著高于对照班。结合前后测，说明实验干预对三、五年级儿童创造力均已产生显著影响（参见表10—35）。

通过三、五年级学生创造性人格的后测，独立样本 t 检验结果显示，三年级在想象力、总分方面，实验班显著高于对照班。五年级在冒险性、想象力和总分方面没有显著差异，结合前测，实验班原有的弱势消失，

冒险性、想象力的不足已经明显得到弥补，说明问题情境实验对实验班儿童创造力具有积极影响（参见表10—36）。

表10—35　　　　　　三、五年级儿童创造性思维后测比较

维度	班级	三年级			五年级		
		M	SD	t	M	SD	t
流畅性	实验班	33.78	6.55	7.482 **	30.50	7.10	0.861
	对照班	23.68	5.56		29.25	7.43	
精致性	实验班	6.58	1.15	5.931 **	5.61	1.24	0.183
	对照班	5.07	1.13		5.57	1.08	
独创性	实验班	16.00	4.29	6.862 **	13.76	5.08	-1.189
	对照班	10.29	3.12		14.94	4.81	
沉思性	实验班	5.73	2.26	-0.332	6.83	3.36	1.082
	对照班	5.90	2.54		6.17	2.67	
标题抽象性	实验班	9.70	4.40	8.386 **	9.04	4.72	3.354 **
	对照班	2.83	2.77		6.09	4.03	
总分	实验班	71.78	12.06	10.350 **	65.74	15.92	1.274
	对照班	47.78	8.55		62.02	13.12	

表10—36　　　　　　三、五年级学生创造性人格后测比较

维度	班级	三年级			五年级		
		M	SD	t	M	SD	t
冒险性	实验班	25.85	2.82	25.85	24.46	3.34	-0.498
	对照班	22.88	3.12		24.79	3.35	
挑战性	实验班	29.93	3.12	22.88	24.70	2.99	-7.025 **
	对照班	29.12	2.92		29.02	3.11	
想象力	实验班	29.70	3.04	29.93 *	26.48	5.09	-2.178 *
	对照班	26.54	3.42		28.57	4.45	
好奇心	实验班	33.38	4.09	29.12	31.87	3.69	-2.837 **
	对照班	31.98	3.69		34.00	3.76	
总分	实验班	118.85	11.25	29.70 **	107.50	12.52	-3.561 **
	对照班	110.51	9.70		116.38	12.24	

（三）实验班学生的创造力前测和后测配对分析

为了控制个体差异可能引起的误差，进一步对实验班创造性人格进行前后测配对分析。通过三、五年级实验班学生创造性思维前测和后测配对样本 t 检验，结果显示，三年级实验班在流畅性、精致性、独创性、沉思性、标题抽象性和总分方面均存在显著差异，实验班后测分数显著高于前测分数。五年级实验班在流畅性、独创性、标题抽象性和总分方面均存在显著差异，实验班后测分数显著高于前测分数。结合前测，说明情境教学实验对实验班的创造性思维有显著影响（参见表10—37）。

表10—37　　三、五年级实验班儿童创造性思维前测和后测的比较

维度	测验	三年级			五年级		
		M	SD	t	M	SD	t
流畅性	后测	33.78	6.55	6.726**	30.50	7.26	5.368**
	前测	25.33	8.75		24.50	6.72	
精致性	后测	6.58	1.15	13.185**	5.59	1.24	-0.279
	前测	3.56	1.55		5.67	1.89	
独创性	后测	16.00	4.29	19.903**	13.82	5.18	5.085**
	前测	3.83	1.77		10.75	4.12	
沉思性	后测	5.73	2.26	2.243*	6.73	3.37	-3.240**
	前测	4.72	2.36		8.98	4.02	
标题抽象性	后测	9.70	4.40	6.726**	9.02	4.82	2.713**
	前测	4.90	3.05		6.91	3.28	
总分	后测	71.78	12.06	15.116**	65.66	16.28	4.270**
	前测	42.43	11.64		56.80	12.73	

通过三、五年级实验班学生创造性人格前测和后测配对样本 t 检验，结果显示，三年级在冒险性、挑战性、想象力、好奇心和总分方面，实验班后测分数显著高于前测分数；五年级在冒险性、挑战性、好奇心和总分方面，实验班后测分数显著高于前测分数（参见表10—38）。

表10—38　　　三、五年级实验班学生创造性人格前测和后测比较

维度	测验	三年级			五年级		
		M	*SD*	*t*	*M*	*SD*	*t*
冒险性	后测	25.85	2.82	4.379**	24.64	3.31	4.065**
	前测	23.13	2.72		22.23	3.16	
挑战性	后测	29.93	3.12	2.088*	26.29	3.20	2.757**
	前测	28.40	2.75		24.67	3.00	
想象力	后测	29.70	3.04	3.507**	26.44	5.19	1.331
	前测	26.98	3.45		25.44	4.82	
好奇心	后测	33.38	4.09	2.087*	32.05	3.67	3.106**
	前测	31.38	3.95		29.84	4.63	
总分	后测	118.85	11.25	3.809**	107.91	12.63	2.580*
	前测	109.88	8.63		103.80	10.39	

（四）三年级实验班与对照班儿童的创造力两因素方差分析

通过对三年级实验班与对照班创造力两因素方差分析（参见表10—39），对交互作用显著的因素进一步进行简单效应分析，检验结果如下：

表10—39　　　三年级实验班与对照班创造力两因素方差分析

维度	测验	班级	*M*	*SD*	*F*（交互作用）	*D*
冒险性	后测	实验班	25.85	2.82	30.96**	✓
		对照班	22.88	3.12		
	前测	实验班	23.13	2.72		
		对照班	24.96	2.47		
挑战性	后测	实验班	29.93	3.12	4.40*	
		对照班	29.12	2.92		
	前测	实验班	28.40	2.75		
		对照班	29.44	3.14		
想象力	后测	实验班	29.70	3.04	16.96**	✓
		对照班	26.54	3.42		
	前测	实验班	26.98	3.45		
		对照班	28.29	3.04		

续表

维度	测验	班级	*M*	*SD*	*F*（交互作用）	*D*
好奇心	后测	实验班	33.38	4.09	9.31 *	
		对照班	31.98	3.69		
	前测	实验班	31.38	3.95		
		对照班	33.61	2.99		
流畅性	后测	实验班	33.78	6.55	67.27 **	✓
		对照班	23.68	5.56		
	前测	实验班	25.33	8.75		
		对照班	28.61	6.15		
精致性	后测	实验班	6.58	1.15	161.99 **	✓
		对照班	5.07	1.13		
	前测	实验班	3.65	1.55		
		对照班	6.76	1.50		
独创性	后测	实验班	16.00	4.29	191.08 *	
		对照班	10.29	3.12		
	前测	实验班	3.83	1.77		
		对照班	9.44	3.64		
沉思性	后测	实验班	5.73	2.26	0.91	
		对照班	5.90	2.54		
	前测	实验班	4.73	2.36		
		对照班	5.49	1.91		
标题抽象性	后测	实验班	9.70	4.40	30.43 *	
		对照班	2.83	2.78		
	前测	实验班	4.90	3.04		
		对照班	3.22	2.38		
人格总分	后测	实验班	118.85	11.25	24.13 **	✓
		对照班	110.51	9.70		
	前测	实验班	109.88	8.63		
		对照班	116.32	9.46		

续表

维度	测验	班级	M	SD	F（交互作用）	D
思维总分	后测	实验班	71.78	12.06	221.86**	√
		对照班	47.78	8.55		
	前测	实验班	42.43	11.64		
		对照班	53.51	8.31		

注：D 列符号√表示在该维度对照班有所下降，而实验班却显著提高了。

（1）在冒险性、想象力和创造性人格总分方面，对照班前测的分数显著高于后测的分数，说明冒险性、想象力和创造性人格会随着年龄的增长有所下降，而实验班后测的分数显著高于前测的分数，说明实验有效地提高了实验班学生的冒险性、想象力和创造性人格，也就是说实验不但抑制了实验班学生该指标的下降，而且提高了实验班学生的冒险性、想象力和创造性人格。

在挑战性、好奇心方面，实验班后测分数显著高于前测的分数，而对照班前测和后测分数不存在显著差异，说明实验有效提高了实验班学生的挑战性、好奇心。

（2）在流畅性、精致性和创造性思维总分方面，对照班前测的分数显著高于后测的分数，说明流畅性、精致性和创造性思维会随着年龄的增长有所下降，而实验班后测的分数显著高于前测的分数，说明实验有效地提高了实验班学生的流畅性、精致性和创造性思维，也就是说实验不但抑制了实验班学生该指标的下降，而且提高了实验班学生的流畅性、精致性和创造性思维。

在独创性、标题抽象性方面，实验班后测分数显著高于前测的分数，而对照班前测和后测分数不存在显著差异，说明实验有效提高了实验班学生的独创性、标题抽象性。

（五）实验班儿童的案例追踪访谈结果分析

课题组对两个实验班进行了追踪访谈，发现实验班学生的想象力、挑战性、自信心、好奇心、求知欲更强，实验班的孩子课堂发言积极，视野开阔，思辨性强，他们敢于发表自己的观点，挑战权威，口头表达能力提高显著，同时也提高了孩子们的语文核心素养。

1. 优秀生思维的精致性、独特性得到有效提升

小云是五年级实验班公认的学霸，思维非常缜密，口头表达、习作展示都很出色，但是缺少一定灵活与变通。实验老师一直注重创造性的问题情境，引导儿童发现问题、提出创造性的问题，勇于向教材挑战。促进了儿童发散性思维的发展，不仅提升了思维的独特性，而且在思维精致性上也略胜一筹。今年上半年，小云在《如东日报》《中国少年儿童》上发表6篇文章。

三（2）班小瑶学习认真，成绩一直名列前茅，但很腼腆，反应不是很敏锐。在情境的熏陶下，小瑶对语言越来越敏感，无论是理解还是朗读的情感融入，越来越有味道。渐渐地，只要有小瑶发言、朗读，就能听到伙伴们热烈的掌声。自信的建立，越来越唤醒了她内在的创造潜能。小瑶还发表多篇习作，成为优秀的"如东小记者"。

2. 中等生的想象力、思维的独特性发展明显

三（2）班小艳同学比较文静、腼腆，平时说话声音小，一说话脸就红。开展问题情境教学以来，老师经常让她带领小组同学围绕主问题进行小组探究、展示，甚至为一个问题进行辩论、完成研究报告。在活动中，小艳的语言表达能力提高明显，想象能力超出教师意料，去年竟然说服了邻居一位叔叔，让他放弃八岁的女儿辍学在家的想法而回到学校继续上课学习。

小杰学习平平，自参加实验以后好像变了一个人，开朗、兴奋，参加全省金钥匙比赛、南通市空竹比赛、县科技实验等，均获得了骄人成绩。三（2）班小冯琳的作文《外星球来的饼干》发表在《作文天地》上；小杰的作文《嘘，地球休息了》发表在儿童童话《趣味》上。

3. 学困生在情境中展现出的想象力、创造力让其重拾学习的信心

五（2）班小左，是个插班的外来务工子女，怕做作业，基础差，平时也不与人交流。在实验前测进行《托兰斯创造性思维图画测验》时，竟然把试卷纸放在抽屉里，没有做。在以后的课堂上，徐老师有意识地和他交流，鼓励他多读书、多观察、参加一些有意义的活动，现在小左加入了学校"微电影"社团了。

三（2）班小王是个先天强迫症的孩子，他根据文本情境创作的绘画作品展示张贴给全班同学欣赏，孩子得到鼓励，重新获得自信。经过大半年努力，三年级期末测试居然及格了，也渐渐活泼开朗起来。可见，学习差并不代表创造力差。只要将语文学习根植于问题情境中，学生学习的创造潜能就会被唤醒，进而达成对语言文字的学习。

六 对实验结果的讨论

呈现型问题、发现型问题、创造型问题可以成为问题情境教学的主要流程，也可将这些问题循环进行，或确定主问题发散式教学，引导学生进行语文能力、思维能力的训练，习得知识，也提高思维能力，培养创造性人格。

（一）呈现型问题情境影响儿童创造性思维的流畅性和精致性

创设问题情境，培养学生思维的流畅性与精致性，使儿童对探究问题与解决问题产生浓厚的兴趣，既打开思路，激发认识冲突，也为培养儿童的创造性思维奠定了坚实的基础，开辟了培养的沃土。于是，在执教《云房子》一课时，教师创设了极富挑战性的问题教学情境，呈现了新奇有趣的问题。

师：这么多好看的云房子，你们想不想像小鸟一样露一手，造一幢云房子？
…………

师：好，让我们合作，请你模仿课文中的句式"有的像_____那样_____ 。"把你设计的房子说具体，老师在黑板上把你的房子画出来，速度快、质量高的房子将获得"最佳设计奖"。

这下学生积极性高涨，一个个都希望自己设计的房子最好最奇特，同时又想把老师考倒。

很快，黑板上出现了各式各样、形状各异的房子，有像蘑菇的、有像靴子的、有像大山的、有像热带鱼的、有像橄榄球的……"天空"顿时变得多彩起来。

想象力得到锻炼后，表达能力也提升了，三年级的学生学说比喻句的难点轻易突破，看到学生的创作成果，我不禁被他们的奇思妙想所感动！学生思维的流畅性和精致性明显增强。

（二）发现型问题情境影响儿童创造性思维的独创性、沉思性和标题抽象性

创造力是根据既定目的，在一定情境中，运用一切已知信息，产生出某种独特、新颖、有社会或个人价值产品的能力品质[①]。新鲜、奇异的刺激，极易引起探究反射，为创新的思想产生提供重要条件。

在学习《普罗米修斯盗火》时，学生纷纷举手质疑，激发了强烈的学习欲望。看着孩子们提出的一个个鲜活的问题，实验老师顺水推舟——哪些问题你在课文中可以找到答案？自己读课文，边思考边做批注，然后在小组内交流自己的发现！探究的乐趣激发了学习动机，看似一串简单的问题，却需要学生在深入理解文本的基础上才能解决！于是，学生立即拿起课本，开始认真研读，把握人物的特点，了解文章的主旋律。发现型问题情境显著促进了儿童的创造性思维。

（三）循环式问题情境教学影响儿童创造性人格的冒险性、挑战性

创造性人格是具有创新活动倾向的各种心理品质的总和。在教学中，创设师生互动、生生互动的问题情境，呈现问题——探究问题——发现问题——提升问题——创造问题，不断循环，交互生成，这样的课堂是生态的，影响儿童创造性人格的冒险性、挑战性。

在教学《我们的秘密》中，利用"猜读教学"，看封面，猜想内容；看画面，猜想故事；读片段，猜想情节……关注封面、扉页、环衬、封底等细节，有利于提高阅读教学质量和学生语文综合能力。以联想、想象为手段，利用阅读期待、阅读反思和阅读批判等，根据已知的内容和已经掌握的信息，对文本尚未阅读的部分或文本的空白点进行预想猜测，然后品读精思、揣摩比较。读思结合，"猜读法"等于是给孩子们插上一双联想、想象的翅膀，增强阅读兴趣，形成阅读方法，融会贯通、透彻

---

① 林崇德：《培养和造就高素质的创造性人才》，《北京师范大学学报》（社会科学版）1999年第1期。

理解作品内容。实验结果显示，问题情境教学有效地提高了实验班学生的冒险性、挑战性。

（四）发散式问题情境教学影响儿童创造性人格的想象力、好奇心

创造性人格是构成创造行为的动力，问题情境教学有效地提高了儿童的想象力和好奇心。善于思维，亦即"生疑"、发现问题的能力。

在教学《花瓣飘香》一课时，教者在"初读课文，整体感知"阶段和最后"理解课文，总结升华"阶段都设计了这样一个问题：那是一片怎样的花瓣？

初读课文后，学生回答：

月季花的花瓣，红艳艳的花瓣，带露水的花瓣，摸上去像绒布一样的花瓣，闻起来有淡淡清香的花瓣……这些答案都是从花的外形、颜色等本身的特点去回答的。

而在充分学完之后，孩子们通过小女孩给生病的妈妈送花瓣的事，深刻感受到她是一个敬重父母的懂事的孩子。这时候，孩子们就觉得一片花瓣，一盆月季，都凝聚了孩子对妈妈的真情，这是一位多么可爱懂事的小女孩啊！于是，他们说：充满爱的花瓣，感恩的花瓣，孝顺的花瓣，贴心的花瓣……

同一个问题，不同的时候提问，得到呈阶梯性的回答，为孩子们的思维注入了活力。在情境教育的课堂实践过程中，努力营造情境课堂，让孩子充分感受、丰富想象。"情动辞发"，孩子逐步能独立地发现问题、分析并解决问题，润物无声中培养了创造性人格。

七　实验结论

实验研究发现，语文问题情境教学可以有效提高乡村小学生创造性思维和创造性人格的发展水平。

执笔：薛小丽

附　　录

情境教育：基础教育的新方向

前不久，首届基础教育国家级教学成果奖揭晓，儿童教育家李吉林凭借《情境教育的实践探索与理论研究》荣获特等奖第一名。笔者留意到，中央电视台播放李吉林和李希贵的专访时，曾打出"个性与情境教育：基础教育新方向"的字幕。虽是简短的一行字，却体现出了国家对情境教育独特优势的高度评价以及对基础教育新方向的指引，给我们留下了广阔的思考空间。

昭示教育教学改革的新方向

李吉林情境教育一贯主张情感是情境教育的命脉，并在各科的课堂教学实践中全面实施"择美构境——以境生情——以情启智——情智相长"的策略。这就从根本上颠覆了长期以来重知识灌输，忽视情感培养的唯理性教学传统。

情感是人的本质属性。哲学家李泽厚就提出"情本体"，因为情感是人生的根本。情境教育正是把情感既作为手段又作为目的，提出"以美激爱，以爱导行，以情激智""以情为纽带缩短与儿童的心理距离"，充分利用情感，激发学生主动学习的驱动力，同时又通过儿童道德情感、审美情感的培养，提高人的素质。

教育本是充满爱心和情感的事业，但现实中，学校以狭窄的应试为目的，使之异化为简单地灌输和反复地操练，学生为此付出的沉重代价，是快乐、情感和责任心的缺失。情境教育"以美为境界""让艺术走进课堂""情感活动与认知活动相结合"的育人模式，给教育教学注入了新的活力。

昭示创新人才培养的新方向

作为情境教育的开创者，李吉林始终重视儿童创造力的培养。早在20世纪80年代初，她就提出：情境教学应"以发展思维为核心，着眼创造性"。后来，她又提出：培养学生的创新精神是"教育的灵魂"。李吉林不仅提出要重视创造潜能的早期开发，更通过长期的教育实践证明："培养儿童的创造力，只有在学科学习中结合能力训练，发展儿童的想象力才能得到真正的落实。"在她的实践中，学科教学与创造教育是相互交融的，这就为我们的创造教育提供了新的启示。将创造教育局限于创造性思维或创造技法训练，或许能收一时之效，但非长久之计，有意识地通过启发想象将创造力培养渗透于日常的各科学习中，应成为今后创新人才培养的新常态。

昭示教师成长的新方向

创新人才的培养离不开具有创新精神的老师。李吉林的教育创新之路，就是一个创新型教师成长为教育家的典型范例。她最显著的特征就是对教育教学现状的永不满足，因而才会不断自我突破，达到新的高度。从"情境教育实验与研究"到"情境教育促进儿童素质全面发展""开发情境课程的实验与研究"以至"情境教育与儿童学习的实验与研究"，她用20年时间做了四期教育部重点课题，但始终围绕"情境"这一主题，锲而不舍地追寻儿童教育的完美境界。当代教师不正需要这种积极进取、努力超越自我的创新精神吗？

李吉林的实践创新是与她的不断学习紧密相连的。为了追逐自己的教育梦想，她到博大精深的中国文化经典中去寻"根"，反复研读古代文论"意境说"并从中概括出"真、美、情、思"四大元素，又注意借鉴吸纳西方现代教育学、心理学理论，坚持"学、思、行、著"的研究道路，形成了具有本土气息和时代精神的情境教育主张和教育思想。由此可见，当代教师不能再像过去那样只顾埋头苦干，而应努力开阔自己的视野，既要从传统文化中汲取智慧，又要学习国外先进的理论，边学习边反思，并与自身的实践相结合。唯有如此，才能在未来纷繁多变的信息社会中，为国家培养出既具适应力又能开拓创新的全面发展的人才。

（原载于《光明日报》2014年11月18日第14版，作者：王灿明）

情境教育：蕴含东方文化智慧的课程范式

作为全国教书育人十大楷模，李吉林可谓誉满天下，她所创立的情境教育已经成为我国实施素质教育的一个重要模式，她在国际论坛上发出了回应世界教育改革的中国声音，为创建具有中国特色、中国风格和中国气派的中国教育学派提供了一个成功范例。

梦想谱写的教育诗篇

李吉林形容自己是一位"长大的儿童"，她的一生都在追逐梦想。作为我国改革开放的第一批"弄潮儿"，她在1978年就启动了小学语文情境教学实验，并出人意料地取得了很好成效。1980年春，新华社记者对她所教的实验班学生的作文进行现场测试，证明二年级学生的作文水平高于三年级。于是，《人民日报》在头版"实干家"专栏报道《用心血催开智慧花朵的李吉林》，情境教学随之在全国产生了广泛的影响。声名鹊起之后的李吉林并没有停止探索的脚步，基于语文情境教学的成功经验，她又悉心制定情境教育的实验方案，并踏上了从单科到多科、从情境教学到情境教育的实验征程，最终提炼出情境教育的基本模式和基本原理。1996年，她又汲取各家课程论之精华，创造性地提出"情境课程"的主张，建构了包括学科情境课程、主题性大单元情境课程、野外情境课程以及过渡情境课程在内的情境课程体系。"情境教育三部曲"见证了李吉林历尽艰辛的逐梦历程。

三十多年心无旁骛的实践探索和理论思考，使李吉林的名字与情境教育紧紧相连，李吉林创造了情境教育，情境教育也成就了李吉林。她是中国当代最杰出的教育家之一，因为她有直面时代挑战的大家风范，她对儿童创新教育有诸多前瞻性思考，她对情境教育的探索甚至早于国际上情境认知及情境学习理论的提出，她在 1978 年提出的情境教学比瑞兹尼克（Lauren B. Resnick）在美国教育研究协会发表就职演说《学校内外的学习》整整早了 9 年。朱永新教授称她为"诗人教育家"，因为她热情地追逐生活中一切美好的东西，以诗人的激情谱写教育的美丽诗篇，使课堂成为创新人才成长的沃土。原国家教委副主任柳斌认为，李吉林在教改实践当中有勇敢的探索和创造，在教育科研方面有丰硕的成果，在教育理论方面有特色鲜明的见解和创新，是"素质教育的一面鲜艳的旗帜"。

植根本土的实践探索

情境教育起初是一种教学方法，后来发展为一种教学流派，现在已形成为一个生机勃勃的教育学派。该学派以"情感"为命脉，以"情境"为基因，以"儿童"为立场，以情境教学、情境教育和情境课程为主要架构，由此建构出迥异于当下教育学、课程论和教学论教科书的概念谱系、理论框架及操作体系，形成一批具有鲜明特色的本土性、原创性理论成果。对此，著名教育家吕型伟给予极高评价，认为"李吉林情境教育学派的出现，与苏联的合作教育学派一样，打破了认为学派只能出现在高等学府的传统观点"。显然，李吉林的情境教育学派不属于"学院派"，她的研究不做线性关系的假设检验，不做貌合神离的理论概推，更不盲目求取精细控制的实验数据，但她是把自己全部的心血都倾注在儿童身上的生命化研究，是诗意行走于教育田野上的扎根研究，是基于她的教育经验和案例诠释的自然主义研究，朱小蔓教授称之为"中国基础教育实践和研究的典范"。

情境教育学派以其独树一帜的理论体系在许多领域做出了开创性的研究，为儿童寻找到了一条高效学习、快乐成长的教育路径。在中国教育国际交流协会、教育部课程教材中心、中央教科所、华东师范大学等机构联合召开的"李吉林情境教育国际论坛"上，顾明远教授指出："长期以来，我们只介绍宣传外国的教育家，把他们的学说拿来推广引用，总说没有出现我们自己的教育家。今天我们终于看到了我们自己的土生土长的教育家，看到了她的教育思想体系。"他称情境教育为"具有中国特色的原创的教育思想体系"，认为其原创性来自李吉林作为一线教师始终拥抱实践的草根性，来自她扎根自身专业学科教学的实践性，来自她从事儿童教育的责任心和使命感。情境教育学派秉持当代中国基础教育创新的本土性，又与国际教育改革大潮相呼应，堪称"蕴含东方文化智慧的课程范式，回应世界教育改革的中国声音"。

民族文化的理论滋养

我国教育理论走过了一条曲折坎坷的发展之路，从 20 世纪初期仿效日本，进而学习欧美，到新中国成立后几乎全盘照搬苏联的教育理论，连教材都是人家的。对此，李吉林深表忧虑，她旗帜鲜明地提出："我们不能反复地去论证别人已经做过的，要有我们自己的东西。国外的先进教育思想要知晓，但只是借鉴，而不是照搬。"情境教育之所以能够走出一条属于自己的路，是她自觉地从民族文化中"寻根"的结果。她善于"借古人之境界为我之境界"，认为古代文论"意境说"不仅是民族文化的瑰宝，而且是国际上情境认知研究之空白，应该传承和弘扬其精髓。正是刘勰的《文心雕龙》和王国维的《人间词话》中"情景交融""境界为上"的思想，使她很早就意识到情感活动与认知活动相结合、符号学习与多彩生活相链接的教育价值，进而概括出创设情境的六大途径，并从中提炼出"真、美、情、思"四大特点，使情境教育达到了一个新的、更高的境界。对情境教育学派的解读，再次证明"越是民族的，就越是世界的"。面对全球化浪潮带来的外来文化冲击，必须注重本土资源的开发利用，只有让理论创新之根深深扎在中华文脉的肥沃土壤之中，才能为中国教育赢得足以自豪的话语权。

创建具有中国特色、中国风格和中国气派的学术话语体系，是中国实现从教育大国向教育强国迈进的时代诉求。情境教育学派的创生使我们更加清醒地认识到，只有同时具备了中国教育家、中国教育实践和中国文化三个关键条件，才能建构出充满本土气息和时代精神的中国教育学派。

（原载于《社会科学报》2014 年 6 月 12 日第 5 版，作者：王灿明）

让课堂成为儿童创新的沃土

随着《李吉林和情境教育学派研究》一书的出版，关于本土教育学派的话题再次成为我国教育界关注的焦点。中国教育学会会长顾明远认为，情境教育思想具有浓郁的中国文化特色，是"具有中国特色、中国气派、中国风格的教育思想体系"。中央教育科学研究所原所长卓晴君认为，李吉林的思想和行为总是走在时代的前列，"为我们教育工作者树立了一个教育创新的典范，她是教育创新的一面旗帜"。

人们常把教师比喻为"园丁"，李吉林却认为农民的耕作，对教师有更深一层的启发。农民首先是一个播种者，他要为了种子的发芽，把土地深耕细作，施好底肥；为了种子萌发，培育好土壤。儿童的创造力正如"沉睡在土壤中的种子"，需要教师去"精心耕种"。唯其如此，"教师已不再仅仅是一般意义上的知识的传授者，而是播种者，唤醒者，鼓舞者——去播撒创新的种子，去唤醒创新的潜能，去鼓舞创新的志向"。为此，李吉林做了许多思考和探索，使课堂真正成为创新人才成长的沃土。

创新人才培养的突破口

苏霍姆林斯基说："教育，如果没有美，没有艺术，那是不可思议的。"早在 20 世纪 80 年代初期，李吉林就开始了审美课题的研究，提倡"让艺术走进语文教学"，1997 年更明确地主张教学应当倡导"美感性原则"。

李吉林常说，美是创新的出发点，美让孩子走向创新。在她看来，创新是人的情感与智慧交融的结晶，通过美，我们不仅可以培养学生健康高尚的审美情趣，而且可以熏陶、感染学生的幼小心灵，进而在学生获得美感的过程中，产生创新的欲望和动力，所以她一直将美作为儿童创新潜能开发的突破口。

三十多年的探索，李吉林总结出"再现美的教学内容""选择美的教学手段""运用美的教学语言""表现美的教师仪态"等多种方式，构建了一个个独特而充满灵性的"审美场域",培养儿童的创新精神,进而影响儿童的整个精神世界。"当他们长大以后,会因为追求美的境界,而不惜代价地为事业、为民族、为人类去创造,真正成为有益于社会的创新人才。"她以为,这才是我们今天培养创新人才的终极目标。

给孩子宽阔的思维空间

没有思维就没有创新可言,思维迸发出来的最灿烂、最具价值的火花就是创新。培养儿童的创新能力,首先必须开发儿童的创新思维。李吉林认为,这种思维并非传统意义上一味注重抽象、概括、归纳和演绎的逻辑思维,并非追求统一答案的定向思维,教师应引导、鼓励儿童想得远些,想得快些,想得与过去不一样,想得与别人不相同。

她创造性地提出"要给孩子一个宽阔的思维空间"的教育主张。在她的心目中,"宽阔的思维空间"就是可以随意地想,甚至可以想入非非,想错了也无妨,不受约束,没有规定,不需剪裁,唯有这样,才能促使儿童无拘无束地思考。她说,儿童思维空间的"宽"与"窄"与教师的主导思想紧密相连,所谓某老师把学生教"活"了,某老师把学生教"呆"了,这是与教师提供思维空间的"宽"与"窄"相关的。

情境教育创设的"优化的情境"具有和谐的美感、广远的意境以及情感的驱动,因而它成为最适宜儿童展开幻想的思维空间,凭借情境激起的想象,儿童可以视通万里、思接千载,在臆想中揣摩,在幻境中创新,创新思维也就从中得到了锻炼。

建立实践创新的运行机制

诺贝尔经济学奖获得者、瑞典科学家赫伯特·亚历山大·西蒙(Herbert Alexander Simon)和瑞典心理学家安德斯·埃里克森(Anders Ericsson)认为,任何领域里天才的产生都是本人坚持不懈努力的结果,"任何人在自己感兴趣的领域中经过10年时间的训练,都可以有天才般的表现"。李吉林从天才成长的"十年定律"中得到启示,认为训练是创新能力培养的必由之路。

新课改强调用活教材,教活学生,让课堂教学充满活力。但李吉林认为，小学阶段的课程是基础性的，基础的形成依赖于学生的亲身实践，在实践中体验，在实践中感悟，在实践中熟练，在实践中提升。因而，在把学生教"活"的同时，务必要讲究"实"。她所讲的训练绝对不是"题海战术"。她说，我们绝不能将训练和那些单向的习题练习混为一谈，"训练是能力的训练，说的更明确一些是实践能力的训练，实践是创新的基础，创新是实践产生的价值"。在她看来，实践训练的目标就是为儿童的创新打下必要的基础。

凭借优化的情境，她给学生设计了观察、探究、审美、评判和语言等活动，既引导学生用形象思维展开联想、想象，甚至浮想联翩，又引导学生进行推理判断的逻辑思维，让学生沉思冥想，通过多样性的教学手段，让学生在趣中学，在做中学，使得看似矛盾的"活"与"实"相互交融、相辅相成。

构建"宽容、宽厚、宽松"的师生关系

作为中国的文化象征，"师道尊严"由来已久，但"师道尊严"必然导致教师的权威以及随之而来的儿童主体性的沦丧。多少年来，我们所培养的人才亦步亦趋，畏首畏尾，不敢逾越雷池一步，折射出的恰是这种长期被扭曲的师生关系。

"这虽然不是教师的本意，但这种有距离、有鸿沟的师生关系，却严重地摧残了学生处于萌芽状态的创新潜能。"李吉林深有感触地说，一个爱学生的教师应该学会"宽容、宽厚、宽松"。"宽容是一种伟大的精神，有了这点精神，教师就不再是凌驾于学生之上的知识传授者，不再'唯我独尊''唯我独是'。"

她提出了一些切实可行的具体措施，其一是倾注期待。她从"罗森塔尔效应"中得到启示，认为教师倾注的殷切期待会积极作用于儿童的内心世界，使他们从中汲取力量，进而形成强大的创新驱动力。其二是真情交融。李吉林说，情感可以在无意间激活儿童的创新动机，美好的情感会使人变得聪明起来，因而建设和谐的师生关系应以情感为纽带，让教学充满生命活力。其三是合作互动。儿童在学习活动中相互倾听小伙伴的发言，从各自不同的角度去思考、去发现，并在这种互动交往中

引发新的思考。在这样亲和、互助的环境中，培养起儿童敢于创新的勇气、乐于创新的热情以及"我能创新"的自信，这对释放他们的创新潜能无疑是大有裨益的，也为他们日后事业的成功奠定了"第一块基石"。

（原载于《中国教育报》2012年4月3日第8版，作者：王灿明，收入本书时略有改动）

构建儿童创造教育的"情境驱动模式"

回顾创造教育的发展历程，我们可以概括出三种基本模式：一是心理驱动模式，注重创造性思维和创造技法训练，如开设"创造性思维"或"学会发明"课，但因其脱离学科（领域）教学而不被教师普遍重视；二是学科（领域）驱动模式，强调学科（领域）渗透和全员参与，但由于缺乏有效载体，实效性差；三是实践驱动模式，开展课外兴趣小组和科技社团活动，能够充分发挥儿童的主体性，但随意性强、受益面小。为积极推进情境教育与儿童创造教育的深度融合，我们归纳提炼出儿童创造教育的"情境驱动模式"，为创新人才的早期培养提供了一种全新视角和实践路径。

情境驱动模式的核心理念为"情境驱动创造，创造点亮童年"。它是依据李吉林情境教育理论，以情境建构为手段，以情境教学为方法，以情境活动为载体，在情境中滋养、激活和生发儿童的创造性活动，进而促进儿童创造力发展的一种创造教育模式。

实施情境驱动模式，应该遵循以下基本原则：一是解放性原则。教师不是儿童天性的禁锢者和抹杀者，而是儿童天性的发现者和解放者，让儿童的创造力灿烂绽放。二是融合性原则。将创造性思维训练、科技创新活动融入学科（领域）教学之中，实现小学情境教育的"全学科覆盖"和学前情境教育的"全领域推进"。三是体验性原则。基于大卫·库伯的"体验学习圈"理论，应加强团队学习，搭建儿童亲历体验、头脑风暴和自我突破的成长平台。四是共情性原则。儿童的科学探究是科学家科学实践的简约再现，我们应创设优化的情境，使儿童既能体验"发

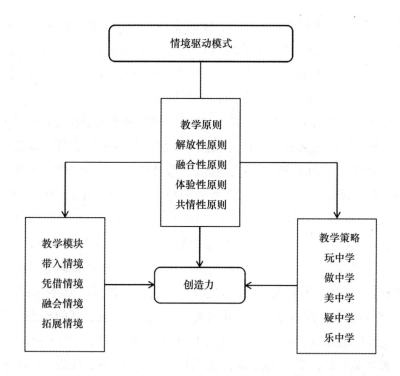

现的过程"，又能享受"创造的乐趣"。这些原则从情境教育的主体、内容和方法等方面提出明确要求，有助于全面落实创新人才早期培养任务。

任何教学模式都必须建立相对稳定的教学结构和行之有效的教学流程。情境驱动模式主要包括四个模块，每个模块指向不同的教学目标：第一，带入情境，在需要中诱发创造动机。教师采用不同形式将儿童带入情境，或巧设提问，引发悬念，儿童因好奇而创造；或巧用音画，感悟诗意，儿童因爱美而创造；或投身实践，发现矛盾，儿童因困惑而创造。第二，凭借情境，在探究中激发创造性思维。建构科学探究情境，促儿童的逻辑思维发展；创设文学探究情境，助儿童的形象思维发展；创设艺术探究情境，让儿童的灵性思维发展。第三，融会情境，在体验中塑造创造性人格。情境是具身化的环境，应注重分析儿童的认知特点、审美趣味和情绪状态，建构契合儿童的教学情境，让他们沉浸于"丰富、新颖而富有意义"的情境之中，接受"真、情、思、美"的濡染，创造性人格就会顺其自然地生成。第四，拓展情境，在活动中训练创造性行为。创设生动有趣的探究情境，激发学生的好奇心和求知欲，培养其动手操作能力；拓展野外情境课程，推进主题大单元活动，切实提升其创新能力。"四大模块"将情境的设计、探究、体验与迁移链式连接，关注儿童具体、真实和多元的生活经验，对落实创新人才培养发挥重要作用。在实际操作中，这些模块构成教学的基本流程，至于如何进行合理选用和优化组合，则取决于教学内容，因而它又是一种十分灵便的教学模式。

此外，我们还借鉴李吉林情境教育思想，精心开发了情境驱动模式的操作策略。一是以释放天性为前提，"玩中学"。将游戏理念和游戏精神融进教学过程，在游戏中激发儿童的想象力，唤醒他们的创造潜能。二是以活动探究为载体，"做中学"。注重项目式学习，让儿童主动探索、发现和认识规律，探寻、感悟和掌握方法。三是以指导观察为基础，"美中学"。引导儿童体察自然、体验生活、体味艺术，领悟多彩世界的神奇与神韵，以审美体验诱发儿童的创造力。四是以问题解决为导向，"疑中学"。注重创设问题情境，鼓励儿童大胆提出新的问题、新的构想，勇于探索生命的起源和宇宙的奥秘。五是以激发情感为动因，"乐中学"。精心营造"美、智、趣"的教学情境，让儿童享受学习的快乐，产生创造的内驱力。显然，在这五个策略中，无论是"前提""导向"，还是"载体""基础""动因"，都强调要符合儿童的心理特点和发展规律，遵循教师主导作用与学生主体作用相统一的规律。

为了检验情境驱动模式的可行性及有效性，我们在江苏南通市开展了为期四年的实验研究，包括8所小学和4所幼儿园，涵盖城市、县城和乡镇3个层次。结果显示：情境教育实验可以有效促进中低年级小学生创造性思维的发展，但对高年级学生创造性思维发展的影响并不显著，说明情境教育对小学生创造性思维发展的促进作用有着较为明显的阶段性特征与累积性效应；学前情境教育实验不仅对每个年龄班幼儿的创造性思维发展都有显著促进作用，而且帮助中班幼儿走出了创造性思维发展的"低潮期"。目前，情境驱动模式已在南通市2个情境教育实验区、66所情境教育实验学校（幼儿园）得到推广。

（原载于《中国社会科学报》2017年7月20日教育学版，作者：王灿明）

"让创造点亮童年"

——记南通大学教授王灿明及其儿童创造力课题研究

"实际上，总课题组已成为一所无形而有效的'教师发展学校'，各实验课题是诸多'分校'，极大地促进了一线教师的专业发展，建构了大学学术研究'下嫁'和中小学实践研究'上靠'的有效行动范式……" 3月24日，《情境教育与儿童创造力发展的实验与研究》实验项目结题鉴定会在情境教育发源地南通师范学校第二附属小学举行，专家们如是表示。"让情境驱动创造，让创造点亮童年"是该课题主持人、江苏情境教育研究所所长、南通大学教授王灿明的教育梦想。4年来，从理论到实践，从城市到农村，通过高校与小学、幼儿园的合作探究，王灿明正和他的团队将梦想一步步变为现实。

着眼"创造"，寻找研究土壤

"让创造成为儿童的向往""情境教育要以思维为核心，着眼创造性"，多年来，王灿明始终谨记李吉林的嘱托。情境教育汲取中国古典文论中意境说的精华并创造性地运用于教育，不断探索基础教育发展的变革之路。创新时代的儿童创造教育面临许多新的挑战。2012年，王灿明抓住这一契机，向情境教育研究深处漫溯，一举拿下国家社科基金项目。

此后，他组建了一支以高校教授、博士为主体开展理论研究，以特级教师、学术带头人、骨干教师为主体进行实践研究的课题团队，一头扎进实验基地。他们选取8所小学的一、三、五年级18个班和4所幼儿园的小、中班8个实验班，针对语文、数学、美术等多个学科，开展七巧板、民间艺术、绘本阅读等12项探索实验，逐步建构起儿童创造力发展的"情境驱动模式"。此外，课题团队还对116个实验课例、102名儿童进行质化研究。

通师二附的"学科情境教学促进儿童创造力发展"实验研究，通州幼儿园的"美术情境教育促进幼儿创造性思维发展"实验研究……诸项结果显示，无论是小学生还是学前儿童，情境教育均显著促进了他们创造性思维的发展，这给了研究团队一个个惊喜。

一线求"真"，打通理实路径

看到实验在中期就取得较好成效，于是，王灿明又往前迈了一步——他主动将实验基地从南通市区、县城拓展到偏远乡镇、农村。小学学科情境教学实验设计、小学数学情境教育实验研究、小学情境性语义链接实验研究……虽然没有刚性的实施指令，但多所学校主动报名，积极参与，一项项实验彰显出不同学校的教学理念和办学特色，呈现出勃勃生机。

教育科研进基层为一线教师带来了福音。"王教授给我们提供了这么好的平台，我感到非常荣幸。"通师二附的年轻教师王玉娟作为主持人，成功申请到了省级课题《基于儿童创造力发展的情境教学设计研究》。如东县孙窑小学教师薛志华几乎以一己之力完成了该校的实验研究，他所在的乡村小学还因此多次得到媒体关注。高校教授和博士不仅为基层教师提供了国家课题研究机会，也弥补了他们所缺失的理论和方法，促进基层教师将理论与实践贯通，极大提升了基层教师的专业自信。

高校的"专"与基层教师的"群"结合，挑战必然不小。通州幼儿园园长张宏云至今对当初面临的困难记忆犹新："教育研究的规范性和严谨性、研究前途的未知性以及新领域的挑战性都对我们提出了很高的要求。不过王灿明教授多次带领团队成员莅临我们幼儿园，他的悉心指导给了我们前行的勇气和信心。"

在这一过程中，王灿明扎根一线，在与教师们实验操作与讨论中探究"真问题"，发现"真知识"，寻找"真方法"。南通市教育局副局长金海清说："王灿明教授给予我们的最大启示，就是让我们明白了基础教育研究要用好高校资源。同时，高校的基础教育研究也要走进基层，到基层去做课程、做课堂和做课题，帮助教师专业成长。"他称赞王灿明为南通高校扎根基础教育做课题"第一人"。

硕果累累，师生共同成长

郭里园小学学生参加华东地区机器人公开赛，3 人获一等奖，7 人获二、三等奖；崇川学校学生王周洲在全球最大规模、最高水平的机器人大赛中勇夺小学组冠军，为中国争得了荣誉；通师二附、如东县宾山小学学生先后出版了作文集……情境教育实验有效促进了当地儿童创造力的发展，实验班学生在科技创新和作文竞赛中屡创佳绩。"看着孩子们津津有味地说着自己的故事，那脸上洋溢的自信与笑容让我由衷地感到激动和欣慰。"张宏云说。

与此同时，情境教育实验也激发了教师的创造力，加速了教师的专业成长。4 年中，陆红兵、唐颖颖、杨慧娟等 6 名教师被评为省特级教师，一大批教师在学科竞赛、教学科研中脱颖而出。

截至目前，王灿明主持的课题已出版专著 10 部，在《教育研究》等 CSSCI 期刊发表论文 11 篇，在《人民教育》等核心期刊发表论文 13 篇，在《光明日报》等主流媒体发表文章 21 篇，在美国、新西兰、韩国和我国台湾学术期刊发表论文 4 篇。其中，李吉林的论文《学习科学与儿童情境学习》荣获全国教育科学研究优秀成果奖一等奖和江苏省哲学社会科学优秀成果一等奖，王灿明的专著《儿童创造教育新论》荣获中国创造学会创造成果一等奖。

（原载于《江苏教育报》2017 年 4 月 14 日第 1 版，作者：刘璐、王艳芳）

主题索引[*]

---

* 名词索引中的数字代表章节，如 1.1，即第一章第一节。——笔者注

参考文献

一 著作

［美］Joan Packer Isenberg、Mary Renck Jalongo：《创造性思维和基于艺术的学习——学前阶段到小学四年级》，叶平枝等译，高等教育出版社2012年第5版。

［美］Ronald A. Beghetto，James C. Kaufman：《培养学生的创造力》，陈菲等译，华东师范大学出版社2013年版。

［美］爱德华·威尔逊：《创造的本源》，魏薇译，浙江人民出版社2018年版。

［瑞典］安娜·赫伯特：《创造力教育学》，陈峥译，社会科学文献出版社2014年版。

［美］伯尼·特里林、查尔斯·菲德尔：《21世纪技能：为我们所生存的时代而学习》，洪友译，天津社会科学出版社2011年版。

曹莲霞：《创新思维与创新性技法新编》，中国经济出版社2010年版。

陈洁：《国家创新体系架构与运行机制研究：芬兰的启示与借鉴》，上海交通大学出版社2010年版。

陈劲、唐孝威：《脑与创新：神经创新学研究评述》，科学出版社2013年版。

程胜：《学习中的创造》，教育科学出版社2010年版。

大江中学课题组：《学会发明（第6版）》，陕西人民出版社2011年版。

［美］戴耘、蔡金法：《英才教育在美国》，浙江教育出版社2013年版。

［美］戴耘：《超常能力的本质和培养：超常教育理论的前沿探索》，刘倩
　　等译，华东师范大学出版社 2013 年版。

冯增俊：《教育创新与民族创新精神》，福建教育出版社 2005 年版。

傅世侠、罗玲玲：《建构科技团体创造力评估模型》，北京大学出版社
　　2005 年版。

甘自恒：《创造学原理和方法：广义创造学》，科学出版社 2010 年版。

高文、徐斌艳、吴刚：《建构主义教育研究》，教育科学出版社 2008
　　年版。

龚春燕：《创新教学策略》，北京师范大学出版社 2010 年版。

龚春燕：《创新学习论纲》，人民教育出版社 2007 年版。

谷传华：《社会创造心理学》，中国社会科学出版社 2011 年版。

顾明远：《李吉林和情境教育学派研究》，教育科学出版社 2011 年版。

韩琴：《课堂互动与青少年的创造性研究》，科学出版社 2013 年版。

贺淑曼、陈龙安、陈劲：《创新与超常发展：像天才一样思维》，北京工
　　业大学出版社 2009 年版。

［法］亨利·柏格森：《创造进化论》，肖聿译，译林出版社 2011 年版。

胡卫平：《中国创造力研究进展报告（2017—2018）》，陕西师范大学出版
　　社 2018 年版。

胡卫平：《中国创造力研究进展报告（第 1 卷）》，陕西师范大学出版社
　　2016 年版。

胡珍生、刘奎林：《创造性思维学概论》，经济管理出版社 2006 年版。

［美］霍华德·加德纳：《大师的创造力：成就人生的 7 种智能》，沈致隆
　　等译，中国人民大学出版社 2012 年版。

［美］吉尔福德：《创造性才能：它们的性质、用途与培养》，施良方等
　　译，人民教育出版社 2006 年版。

［美］凯斯·索耶：《天才团队：如何激发团队创造力》，汤超颖等译，中
　　国人民大学出版社 2009 年版。

［美］克拉夫特：《创造力和教育的未来：数字时代的学习》，张恒升等
　　译，华东师范大学出版社 2013 年版。

［美］雷·库兹韦尔：《如何创造思维：人类思想所揭示出的奥秘》，盛杨

燕译，浙江人民出版社 2014 年版。

李吉林：《40 年情境教育在路上（3 卷）》，人民教育出版社 2018 年版。

李吉林：《潺潺清泉：李吉林教育随笔》，教育科学出版社 2016 年版。

李吉林：《激情萌发智慧：李吉林情境教育论文选》，教育科学出版社 2016 年版。

李吉林：《情境教育精要》，教育科学出版社 2016 年版。

李吉林：《情境教育理论探究与实践创新》，北京师范大学出版社 2018 年版。

李吉林：《情境教育三部曲（三卷）》，教育科学出版社 2012 年版。

李吉林：《情境课程的操作与案例》，教育科学出版社 2008 年版。

李吉林、王林：《情境数学典型案例设计与评析》，教育科学出版社 2012 年版。

李吉林：《为儿童的学习：情境课程的实验与建构》，外语教学与研究出版社 2008 年版。

李吉林：《我在实践中研究教育：〈教育研究〉发表李吉林论文专集》，教育科学出版社 2017 年版。

李庆明：《儿童教育诗：李吉林与她的情境教育》，江苏凤凰科学技术出版社 2014 年版。

李孝忠：《中小学学生创造力培养与开发》，人民教育出版社 2013 年版。

林崇德：《创新人才与教育创新》，经济科学出版社 2009 年版。

林崇德：《创造性心理学》，北京师范大学出版社 2018 年版。

刘道玉：《创造教育概论》，武汉大学出版社 2009 年版。

刘勇：《感悟创造：复杂系统创造论》，科学出版社 2008 年版。

刘仲林：《中西会通创造学》，天津人民出版社 2017 年版。

柳小梅：《"智慧庄园"中的散步：我的情境数学行与思》，陕西人民教育出版社 2016 年版。

卢家楣：《学习心理与教学理论和实践》，上海教育出版社 2009 年版。

卢家楣：《中国当代青少年情感素质研究》，上海人民出版社 2014 年版。

陆红兵：《寻找路标：散步美学引领下语文教学的领悟与实践》，江苏教育出版社 2013 年版。

［美］罗伯特·J·斯腾伯格：《创造力手册》，施建农等译，北京理工大学出版社 2005 年版。

罗玲玲：《创意思维训练》，首都经济贸易大学出版社 2008 年版。

［美］罗洛·梅：《创造的勇气》，杨韶刚译，中国人民大学出版社 2008 年版。

马樟根：《李吉林与情境教育》，人民教育出版社 2007 年版。

［美］米哈里·希斯赞特米哈伊：《创造力：心流与创新心理学》，黄珏苹译，上海教育出版社 2015 年版。

牛灵江：《创新之路：青少年科技创新教育活动辅导与研究》，机械工业出版社 2005 年版。

裴晓敏、陈锋、张增常：《创造方法学》，西南交通大学出版社 2015 年版。

彭健伯：《创新的源头工具：思维方法学》，光明日报出版社 2010 年版。

彭健伯：《创新哲学论》，人民出版社 2006 年版。

［美］彭尼·皮尔斯：《直觉力：打开灵感和创造力的心理学》，张鎏译，中信出版社 2012 年版。

彭智勇：《创新学习与创新城市研究》，西南师范大学出版社 2007 年版。

钱贵晴、刘文利：《创新教育概论》，北京师范大学出版社 2009 年版。

钱明辉、秦侠、李跃：《研究性创新：青少年科技创新能力培养的原理与方法》，科学出版社 2009 年版。

芮仁杰：《创造教育与高级思维能力培养：创造教育的深化研究和实践报告》，上海社会科学院出版社 2009 年版。

［英］瑞恩博德：《情境中的工作场所学习》，匡瑛译，外语教学与研究出版社 2011 年版。

沈世德：《TRIZ 技法简明教程》，机械工业出版社 2010 年版。

生家琦：《情境视界：创造适合儿童的教育》，江苏教育出版社 2016 年版。

施丹瑾：《情境课堂：儿童学习的第一现场》，江苏教育出版社 2016 年版。

施建农：《超常儿童成长之路：中国超常教育 30 年历程》，科学出版社

2008 年版。

施建平：《情境活动：儿童生命成长的沃野》，江苏教育出版社 2016 年版。

施建平：《小学情境作文教学》，江苏教育出版社 2015 年版。

［美］斯腾伯格：《智慧、智力和创造力》，王利群译，北京理工大学出版社 2007 年版。

苏雪云、张旭：《超常儿童的发展与教育》，北京大学出版社 2011 年版。

［美］索耶：《创造性：人类创新的科学》，师保国译，华东师范大学出版社 2013 年第 2 版。

谭小宏：《创造教育学导论》，北京师范大学出版社 2012 年版。

谭宗梅、黄龙岗：《创造学简明教程》，科学出版社 2011 年版。

檀润华：《创新技法与实践》，机械工业出版社 2010 年版。

唐殿强：《新编创新能力教程》，中国人口出版社 2006 年版。

唐颖颖：《小学语文主题情境学习的实践与探索》，江苏教育出版社 2015 年版。

田友谊：《环境营造与儿童创造》，人民教育出版社 2012 年版。

王灿明、陈爱萍等：《学前儿童创造力发展与教育》，南京大学出版社 2016 年版。

王灿明：《儿童创造教育论》，上海教育出版社 2004 年版。

王灿明：《儿童创造教育新论》，上海教育出版社 2015 年版。

王灿明：《儿童创造心理发展引论》，社会科学文献出版社 2005 年版。

王灿明、郭志明：《十字路口的顽童》，华东师范大学出版社 2006 年版。

王如平：《创造性思维的开发与培养》，光明日报出版社 2012 年版。

王申亮、孙峰华：《TRIZ 创新理论与应用原理》，科学出版社 2010 年版。

王振宇：《创新思维与发明技法》，中国工人出版社 2008 年版。

吴建国、沈世德：《创造力开发简明教程》，东南大学出版社 2009 年版。

徐云：《对李吉林语文创新教育的认识和实践》，陕西人民教育出版社 2017 年版。

杨计明：《创造性教学》，广东高等教育出版社 2009 年版。

杨莉君：《儿童创造教育障碍论》，湖南师范大学出版社 2008 年版。

杨曼英：《创新教育导论》，湖南师范大学出版社2009年版。

俞文钊、刘建荣：《创新与创造力》，东北财经大学出版社2008年版。

袁迪：《生活教育与创新教育》，南京师范大学出版社2005年版。

袁张度、许诺：《创造学与创新方法》，上海社会科学院出版社2010年版。

［美］约翰·杜威：《经验与自然》，傅统先译，商务印书馆2014年版。

［美］约翰·杜威：《民主·经验·教育》，彭正梅译，上海人民出版社2009年版。

［美］约翰·杜威：《学校与社会·明日之学校》，赵祥麟等译，人民教育出版社2008年版。

岳晓东：《青少年创造力培养思考与研究》，香港城市大学出版社2011年版。

曾春玲：《小学语文情境教学的思考与实践》，广东高等教育出版社2015年版。

［挪威］詹·法格博格、［美］戴·莫利、［美］理查德·纳尔逊：《牛津创新手册》，柳卸林等译，知识产权出版社2009年版。

张洪涛：《游戏作文：书写悠雅童年》，陕西人民教育出版社2015年版。

张景焕：《创造型教师：心理特征及成长历程》，山东教育出版社2010年版。

张军瑾：《让创造成为习惯》，上海教育出版社2011年版。

张庆林、李艾丽莎：《创造性培养与教学策略》，重庆出版社2006年版。

张世慧：《创造力：理论技法与教学》，五南图书出版股份有限公司2013年版。

周治金、谷传华：《创造心理学》，中国社会科学出版社2015年版。

朱小蔓：《情感教育论纲》，人民出版社2008年版。

庄寿强：《普通（行为）创造学》，中国矿业大学出版社2006年版。

二　论文

陈晶：《价值理解：基于"结构化"和"多维度"——"用连除解决两步计算实际问题"教学思考》，人大复印资料《小学数学教与学》2015

年第 3 期。

陈晓冰：《从创设情境走向审美体验：特级教师李吉林〈月光曲〉第一课时片段赏析》，《小学教学（语文版）》2011 年第 11 期。

陈志萍：《小学德育，从这儿起步——情境中的行为训练》，《人民教育》2013 年第 Z3 期。

成尚荣：《李吉林的智慧品格》，《人民教育》2013 年第 Z3 期。

成尚荣：《中国情境教育的原创性：李吉林理论与实践研究的求真品格》，《中国教育学刊》2016 年第 10 期。

程然：《李吉林"情境教育"的符号学研究》，《江苏第二师范学院学报》2016 年第 7 期。

程然、赵晓梅：《论情境教育的中国特色》，《江苏教育研究》2016 年第 Z4 期。

丁锦宏、朱小蔓：《教师是"德行博物馆"的"看守人"：关于教师教学中主导价值传递的思考》，《人民教育》2006 年第 Z3 期。

丁玲：《儿童阅读从这里起步：以小学一年级为例》，人大复印资料《小学语文教与学》2013 年第 10 期。

丁寿平：《从情境走向语义：儿童语文学习的朝向》，《创新人才教育》2017 年第 3 期。

丁伟：《教育五境浅解》，《教育研究与评论》2017 年第 2 期。

董一红：《情境教育的魅力》，《中国德育》2014 年第 3 期。

杜艳芳：《小学生创造力的发展研究》，《上海教育科研》2009 年第 3 期。

冯卫东：《李吉林：在"学、思、行、著"中研究》，《江苏教育研究》2008 年第 9 期。

冯卫东：《论李吉林老师的成长》，《南通大学学报》（教育科学版）2007 年第 1 期。

顾娟：《为思维的通透而教：我在数学情境教学上的追求与实践》，《小学数学教师》2016 年第 5 期。

顾明远：《在李吉林教育思想研讨会上的发言》，《中国教育学刊》2006 年第 7 期。

郭毅浩：《推广情境教育，丰富南通教育现代化建设内涵》，《人民教育》

2013 年第 Z3 期。

郝京华：《李吉林情境教育三部曲的课程论意义》，《中国教育学刊》2016
年第 10 期。

郝京华：《情境教育三部曲的认识论意义》，《课程·教材·教法》2009
年第 6 期。

郝宁、汤梦颖：《动机对创造力的作用：研究现状与展望》，《华东师范大
学学报（教育科学版）》2017 年第 4 期。

胡金波：《情境教育：探求儿童学习的秘密》，《人民教育》2015 年第
14 期。

胡卫平、王兴起：《情绪对创造性科学问题提出能力的影响》，《心理科
学》2010 年第 3 期。

胡卫平：《中小学生创造力发展的课堂教学影响因素》，《教育理论与实
践》2010 年第 22 期。

胡小勇、朱龙：《智慧学习环境中的创造力培养实证研究》，《中国电化教
育》2017 年第 6 期。

蒋晖：《情境教学理念下小学语文本真课堂构建策略思考》，《语文教学通
讯》2015 年第 2 期。

李吉林：《28 年蹚出一条小路——教育创新需要持久地下功夫》，《中国
教育学刊》2006 年第 7 期。

李吉林：《情感：情境教育理论构建的命脉》，《教育研究》2011 年第
7 期。

李吉林：《情境教育的独特优势及其建构》，《教育研究》2009 年第 3 期。

李吉林：《情境教育与班主任工作》，《中国德育》2013 年第 13 期。

李吉林：《情境教育与德育》，《中国德育》2006 年第 9 期。

李吉林：《倘若我们真爱孩子》，《中国教育学刊》2006 年第 2 期。

李吉林：《为儿童快乐学习的情境教学》，《课程·教材·教法》2013 年
第 2 期。.

李吉林：《为儿童学习构建情境课程》，《中国教育学刊》2016 年第
10 期。

李吉林：《学习科学与儿童情境学习》，《教育研究》2013 年第 11 期。

李吉林：《"意境说"给予情境教育的理论滋养》，《教育研究》2007 年第
　2 期。

李吉林：《中国式儿童情境学习范式的建构》，《教育研究》2017 年第
　3 期。

李吉品、郭晓光：《艺术创造力评估的结构效度与指标权重研究》，《东北
　师大学报》（哲学社会科学版）2018 年第 3 期。

李庆明：《情境学习论的本体论意蕴》，《教育研究与评论》2017 年第
　6 期。

李庆明：《什么样的理论打动教师？——李吉林情境教育学派的启示》，
　《教育研究与评论》2017 年第 2 期。

李庆明：《书写儿童教育的"史诗"：李吉林情境教育流派研究》，《江苏
　教育》2010 年第 Z1 期。

林崇德：《创造性人才特征与教育模式再构》，《中国教育学刊》2010 年
　第 6 期。

林崇德、胡卫平：《创造性人才的成长规律和培养模式》，《北京师范大学
　学报》（社会科学版）2012 年第 1 期。

林崇德、罗良：《情境教学的心理学诠释——评李吉林教育思想》，《教育
　研究》2007 年第 2 期。

刘昌、沈汪兵、罗劲：《创造性与道德的正向关联：来自认知神经科学的
　研究证据》，《南京师大学报》（社会科学版）2014 年第 4 期。

刘立德、张璐：《向世界教育发展贡献中国智慧——中国情境教育儿童学
　习范式国际研讨会述评》，《教育研究》2018 年第 2 期。

刘立德：《中国特色的教育诗篇素质教育的一面旗帜——李吉林教育思想
　研讨会暨〈李吉林文集〉首发式述评》，《中国教育学刊》2006 年第
　7 期。

刘莎、龚少英：《小学英语情境教学模式探讨》，《中小学教材教学》2006
　年第 10 期。

刘堂江：《李吉林八大成长基因》，《未来教育家》2015 年第 4 期。

刘卫锋：《在即时情境中涵育学生的精神成长》，《中国德育》2014 年第
　13 期。

柳斌：《再谈李吉林老师的"情境教育"》，《人民教育》2009年第5期。

柳小梅：《促进学生主动地从"经历"走向"经验"》，人大复印资料《小学数学教与学》2013年第2期。

柳小梅：《数学课堂学习中发展儿童创造力的教师支持策略》，《写作》2016年第7期。

柳小梅：《在"悬念—发现"中走向创造》，《小学数学教育》2016年第2期。

柳小梅：《走出认识误区 创设数学味的情境》，《中国教育学刊》2009年第1期。

鲁洁：《一种不同范式的研究——对情境教育的再思考》，《人民教育》2011年第18期。

陆红兵：《儿童深度：小学语文教学的重要命题》，《人民教育》2011年第Z3期。

陆红兵：《情境教学中课堂操作例谈》，《江苏教育》2010年第5期。

陆平、何敏：《实用文写作教学情境创设策略探析》，《语文知识》2016年第24期。

陆平：《李吉林与南通教育文化》，《教育文化论坛》2012年第5期。

陆平、周月：《儿童教育家李吉林想象作文教学策略探析》，《赤峰学院学报》（哲学社会科学版）2015年第3期。

陆小兵、钱小龙、王灿明：《国际视野下教育促进创造力发展的分析：理论观点与现实经验》，《新华文摘》2015年第10期。

陆晓云：《基于创造力发展的儿童绘画研究》，《南通大学学报》（社会科学版）2016年第5期。

罗俊龙、李奥斯卡：《双加工视角下的创造性思维研究述评》，《西北师大学报》（社会科学版）2018年第1期。

梅云霞：《李吉林对教师专业发展的启示》，《中国教育学刊》2010年第9期。

梅云霞、陆军：《再论李吉林对教师专业发展的启示——基于"教学即研究"的视角》，《中小学教师培训》2015年第12期。

庞维国：《课堂中的创新学习：生成论的视角》，《华东师范大学学报》

（教育科学版）2009 年第 4 期。

庞维国：《中小学教师与学生创新观的测查研究》，《华东师范大学学报》（教育科学版）2011 年第 1 期。

裴娣娜：《基于变革性实践的创新——对李吉林情境教育思想的再认识》，《课程·教材·教法》2009 年第 6 期。

裴娣娜：《基于情境教育理念的课堂教学重构》，《中国教育学刊》2016 年第 10 期。

裴新宁：《国际视野下李吉林情境课程优势分析》，《中国教育学刊》2016 年第 10 期。

裴新宁、王美：《为了儿童学习的课程：中国情境教育学派李吉林情境课程的建构》，《教育研究》2011 年第 11 期。

齐宪代：《关于中国中小学开展创造教育的回顾与思考》，《科学》2013 年第 2 期。

钱明明：《跨区域教育科研活动的组织形式与运作机制——以李吉林情境教育跨区域科研活动为例》，《江苏教育研究》2014 年第 22 期。

乔翠花、刘正奎、晏静露：《青少年课堂学习与创造性思维发展的相关分析》，《教育理论与实践》2017 年第 34 期。

秦虹、张武升：《创新精神的本质特点与结构构成》，《教育科学》2006 年第 2 期。

沈林、黄翔：《数学教学中的情境设计：类型与原则》，《中国教育学刊》2011 年第 6 期。

沈汪兵、刘昌、陈晶晶：《创造力的脑结构与脑功能基础》，《心理科学进展》2010 年第 9 期。

沈永江：《情境教育沃土盛开的心育之花》，《江苏教育》2018 年第 8 期。

生家琦：《小学数学情境教学原理与操作要领》，人大复印资料《小学数学教与学》2015 年第 3 期。

施建平：《奇趣童话镇："盗"一个想象空间，让学生尽情"撒野"》，《创新人才教育》2016 年第 4 期。

施建平：《用生活润泽童心 以真情叙写生命——情境作文的探索》，《人民教育》2013 年第 Z3 期。

施建平：《有效情境的九项特质》，《语文世界》2011 年第 9 期。

施敏华、吴云霞、陈迎：《情境教育的班集体建设操作模式》，《中国德育》2008 年第 2 期。

汤超颖、范一好：《构建我国儿童创造教育理论的新体系》，《教育理论与实践》2016 年第 13 期。

陶西平：《情境教育对中国传统教育弊端的挑战》，《人民教育》2013 年第 Z3 期。

陶西平：《新时代教育改革的壮丽画卷——从情境教学到情境教育》，《中国教育学刊》2016 年第 10 期。

田慧生：《情境教育的理论框架与操作体系》，《教育研究》2006 年第 9 期。

王灿明：《创新：情境体验的本质》，《中国教育学刊》2010 年第 1 期。

王灿明：《创造性教学的核心理念、路径选择与条件分析》，《当代教育论坛》2008 年第 8 期。

王灿明：《关于中小学生创造性思维发展的三个问题之探索》，《南通大学学报》（教育科学版）2005 年第 4 期。

王灿明、刘璐：《植根本土的中国情境教育探索》，《教育研究》2016 年第 11 期。

王灿明、钱小龙：《创新时代的儿童创造教育：理论建构与实践路径》，《教育研究与实验》2016 年第 4 期。

王灿明：《情境教育视域下的儿童创新教育》，《中国教育学刊》2014 年第 2 期。

王灿明：《情境教育：中国气派的教育学派》，《教育研究》2013 年第 3 期。

王灿明：《体验学习解读》，《全球教育展望》2005 年第 12 期。

王灿明：《体验学习影响小学生创造性人格发展的实验研究》，《华东师范大学学报》（教育科学版）2014 年第 2 期。

王灿明、许映建：《我国小学创造教育四十年：模式、经验与展望》，《现代基础教育研究》2019 年第 1 期。

王灿明、张海燕：《创造力：不该被忽视的盲童教育目标》，《当代青年研究》2009 年第 10 期。

王灿明、张海燕：《江苏省青少年科技创新的现状、问题与对策》，《中国青年研究》2009 年第 1 期。

王灿明：《中国当代创造教育：探索、困境与对策》，《现代基础教育研究》2011 年第 4 期。

王海峰：《情境自觉：小学情境数学的应然追求》，《江苏教育研究》2014 年第 1 期。

王海峰：《让数学学习真正发生，须以情境为桥》，《教学与管理》2018 年第 8 期。

王美：《情境教育的发展与追求》，《人民教育》2013 年第 Z3 期。

王胜华：《"情境"数学与儿童创造性思维发展实践研究》，《创新人才教育》2017 年第 1 期。

王笑梅：《梦想的翅膀：我和李吉林老师的故事》，《人民教育》2011 年第 23 期。

王亦晴：《聚焦儿童学习，情境教育迈入新阶段》，《教育研究》2014 年第 3 期。

王亦晴：《快乐、高效的儿童情境学习：李吉林情境教育实践与研究的核心》，《基础教育参考》2014 年第 16 期。

王亦晴：《人文熏陶也是很实在的：情境课堂"工具"与"人文"的交融》，《人民教育》2013 年第 Z3 期。

王玉娟：《基于扎根研究理论的情境课堂价值引导解析》，《教育研究与评论》2013 年第 3 期。

王玉娟：《情境，唤醒创新潜能》，《小学语文教师》2014 年第 11 期。

王玉娟：《情境教育学派的本土建构与发展》，《课程·教材·教法》2012 年第 4 期。

王湛：《让教育与生活走得更近——对李吉林情境教育的三点认识》，《人民教育》2018 年第 2 期。

文云全：《儿童创造力发展的动力体系及运行策略》，《现代中小学教育》2017 年第 12 期。

文云全：《儿童创造力发展的情境性特征》，《现代中小学教育》2015 年第 11 期。

吴刚：《情境教育与优质教学》，《课程·教材·教法》2009 年第 6 期。

吴功正：《坚守文化自信　扩容传统美学——李吉林情境教育论的启示》，《中国教育学刊》2018 年第 8 期。

吴康宁：《李吉林教育思想基本特征与情境教育研究拓展空间》，《课程·教材·教法》2009 年第 6 期。

徐明聪：《陶行知创造教育思想及其时代意义》，《中国教育学刊》2011 年第 11 期。

严清：《从教育装备的演变看儿童学习的情境性规定》，《江苏教育研究》2014 年第 19 期。

严清：《李吉林，其实就是个孩子》，《江苏教育》2012 年第 5 期。

杨惠娟：《小学数学情境教育发展儿童创造性思维》，《江苏教育研究》2014 年第 34 期。

杨九俊：《人生的意义：试说李吉林老师对教育的贡献》，《人民教育》2006 年第 19 期。

叶水涛：《教育实践的"中国智慧"：李吉林情境教育理论的创建》，《中国教育学刊》2018 年第 8 期。

叶水涛：《李吉林：爱与智慧改变人生——"情境教育"创新实践的价值与启示》，《教育家》2016 年第 37 期。

衣新发、蔡曙山：《创新人才所需的六种心智》，《北京师范大学学报》（社会科学版）2011 年第 4 期。

余文森：《论情境教学的教学论意义、类型及创设要求》，《中小学教材教学》2017 年第 1 期。

张弛：《小论情景教学、情境教学和情境教育三者的联系与区别》，《科学教育》2007 年第 1 期。

张楚廷：《论创造与创造教育》，《课程·教材·教法》2011 年第 5 期。

张定强、张元媛：《数学情境创设的机制性分析》，《中小学教材教学》2016 年第 6 期。

张定强、张元媛、王彤：《数学情境教学：理解现状与增润课堂》，《中小学教师培训》2017 年第 5 期。

张洪家、汪玲、张敏：《创造性认知风格、创造性人格与创造性思维的关系》，《心理与行为研究》2018 年第 1 期。

张杰：《基于儿童言语创造力培养的七巧板游戏作文》，《创新人才教育》2017 年第 2 期。

张景焕、金盛华：《具有创造成就的科学家关于创造的概念结构》，《心理学报》2007 年第 1 期。

张景焕、林崇德、金盛华：《创造力研究的回顾与前瞻》，《心理科学》2007 年第 4 期。

张鹏程、于珊桑、王灿明：《积极情绪体验对创造力影响》，《心理与行为研究》2017 年第 5 期。

张鹏程、于珊桑、王灿明：《消极情绪体验对创造力影响的实证研究》，（台湾）《创造学刊》2016 年第 1 期。

张武升：《关于创新规律与创新人才培养的探讨》，《教育学报》2006 年第 4 期。

张武升：《学生创新精神与实践能力培养的特点》，《人民教育》2007 年第 9 期。

赵华：《情境教育，奏响残障儿童生命乐章》，《现代特殊教育》2015 年第 11 期。

赵娟：《基于创造性思维发展的习作情境创设》，《创新人才教育》2017 年第 2 期。

钟祖荣：《近 20 年西方创造力研究进展：心理学的视角》，《北京教育学院学报》（自然科学版）2012 年第 4 期。

周治金、李瑞菊：《有关创造力研究对创新教育的启示》，《教育研究与实验》2009 年第 1 期。

朱小蔓：《从教师中走出的教育专家和儿童教育家》，《中国教育学刊》2006 年第 7 期。

朱小蔓：《情境教育与儿童学习》，《课程·教材·教法》2009 年第 6 期。

朱兴国：《人的全面发展学说视野下的创新教育》，《教育探索》2015 年第 11 期。